Thanks for reading the book! Now go out and use it. Explore the edges...

# 편안함의 습격

**THE COMFORT CRISIS**

ⓒ 2021 by Michael Easter.
Published by agreement with Folio Literary Mangement, LLC and Danny Hong Agency.
Korean translation copyright ⓒ 2025 by SUOBOOKS, INC.

이 책의 한국어판 저작권은 대니홍 에이전시를 통한 저작권사와의 독점 계약으로 도서출판 수오서재에 있습니다. 신저작권법에 의해 한국 내에서 보호를 받는 저작물이므로 무단전재와 무단복제를 금합니다.

편리와 효율, 멸균과 풍족의 시대가 우리에게서
앗아간 것들에 관하여

# 편안함의 습격

마이클 이스터
김원진 옮김

# THE COMFORT CRISIS

수오서재

언제나 나를 웃게 하고
나에게 영양가 없는 말을 한 적이 없는
아내 레아에게

## 추천의 글

인간은 본능적으로 편안함을 추구한다. 그러나 마이클 이스터는 되묻는다. 그 갈망이 지나쳐버렸을 때, 우리는 무엇을 잃는가?《편안함의 습격》은 우리가 도달한 현대 문명의 정점, 그 안락한 공간에서 잃어버린 감각과 생존의 본능을 되짚는 여정이다. 알래스카의 거친 바람 속에서, 고요한 산악 사냥 속에서, 이스터는 우리에게 익숙한 온도와 음식, 연결과 안전이라는 틀을 벗고, 오래된 불편함의 가치를 되살린다.

이 책은 단순한 모험담이 아니다. 저자는 시인처럼 문장을 다루고, 과학자처럼 데이터를 분석한다. 신경과학자, 운동생리학자, 불교 수행자들과의 대화는 서늘한 통찰을 품고 다가온다. 우리는 자연 속에서 몰입의 순간을 경험하고, '미소기'라는 고대 일본 수련법에서 고의적 고통의 철학을 배우며, 편안함이라는 전 지구적 중독을 벗어날 가능성을 발견하게 된다. 특히 '인지적 부하cognitive load'와 '주의 자원attentional resources'의 균형을 회복하는 데 있어 불편함이 가진 기능적 효용은, 뇌과학자로서도 무척 인상 깊다. 단순한 불편함이 교감신경계를 적절히 활성화하고, 그로 인해 자율신

경계의 복원력이 강화되며, 궁극적으로 전전두엽의 통제 기능과 감정 조절 능력이 향상된다는 점은 과학적으로도 상당히 설득력 있다.

《편안함의 습격》은 자기계발서의 외피를 쓰고 있지만, 그 정수에는 인간 존재에 대한 깊은 성찰이 담겨 있다. 이스터는 우리에게 조용히 속삭인다. 당신이 그토록 피하고자 하는 불편함 속에야말로 진짜 삶이 숨 쉬고 있다고. 신경계는 반복되는 익숙함에 적응하지만, 생동감은 언제나 예측 불가능성과 경계에서 발생한다. 명상이 우리에게 '내면의 야생'을 조용히 바라보게 한다면, 이스터는 외부 세계에서 그 야생을 마주함으로써 스스로를 재구성하는 경험을 제안한다. 우리는 이 책을 통해 안락함을 거부하는 용기를 배우고, 그로 인해 더 생생한 하루를 맞이하게 된다.

— 정재승, 카이스트 뇌인지과학과 교수, 융합인재학부 학부장

《편안함의 습격》은 우리가 일상에서 얼마나 '편안함'에 중독되어 있는지를 날카롭게 짚어내며, 그로 인해 잃어버린 정신적 회복력과 삶의 생동감을 되찾는 법을 제시한다. 정신과의사로서 나는 이 책이 현대인의 불안과 우울을 이해하는 새로운 시각을 제공한다고 느꼈다.

저자는 낯선 환경, 신체적 도전, 불확실성 속에서 인간 본연의 강인함과 기쁨을 발견할 수 있음을, 실제로 알래스카의 척박한 자연 속에서 33일간 생존한 자신의 체험과 다양한 분야의 과학적 연구로 풀어낸다. 심리적 불편을 회피하기보다 정면으로 마주할 때,

우리는 더 강하고 의미 있는 삶을 살 수 있다.

  더불어 이 책은 정신적 탄력성, 자기효능감, 몰입과 회복의 심리를 직관적이면서도 깊이 있게 탐구한다. 편안함 너머의 진짜 자신을 만나고 싶은 사람, 삶을 더 깊이 있게 살아가는 법을 찾고 있는 사람이라면 꼭 한번 읽어볼 만한 책이다.

        — 권준수, 한양대학교병원 정신건강의학과, 서울대학교 의과대학 명예교수

요즘 나의 번역 수업을 듣는 학생들은 종이사전을 펼쳐놓고 연필로 번역 연습을 한다. AI가 번역을 하는 세상인데, 무슨 시대에 역행하는 발상이냐고 묻는 사람들이 있을지 모르겠다. 그러나 배움의 과정에서 때로는 멀리 돌아가는 길이 가장 빠른 길이다. 30여 년간 수련해온 주짓수에서도 다르지 않다. 주짓수의 목표는 싸움을 잘하고 경쟁에서 이기는 것이 아니다. 편안함에 길든 일상에 굳이 불편을 초대하고 감수하고 극복함으로써, 무디어진 정신을 날카롭게 세우고 육체의 한계를 넓혀가는 것이 주짓수의 본질이다.

  나는 오래전부터 인간을 살아 있게 하고 인간의 삶을 의미 있게 하는 것은 편안함이 아닌 불편함이라고 생각해왔다. 나의 삶은 내가 초대한 불편들로 채워져 있고 나는 그 속에서 편안하다. 불편함은 우리의 감각을 깨우고 우리를 진정으로 살아 있게 한다. 내가 늘 생각해왔던 것들이 이 책에 담겨 있다. 이 책을 읽고 주변의 많은 이들에게 추천했고, 감사하게도 한국에 이 책이 소개되는 데 작게나마 역할을 할 수 있었다.

  인류는 유사 이래 늘 효율과 편안함을 추구해왔다. 그렇게 확보

한 시간을 우리가 얼마나 유의미하게 보내고 있는지의 문제는 제쳐두고라도, 우리는 그 과정에서 많은 것을 잃었다. 정확히 무엇을 잃었는지 자각조차 하지 못한 채로.《편안함의 습격》에서 마이클 이스터는 우리가 잃은 것들에 대해 얘기한다. 그리고 어쩌면 우리가 소위 발전과 혁신이라 말하는 모든 것이 오히려 인간의 삶에서 가장 필요한 기능의 퇴화일 수도 있음을 경고한다. 이 책을 읽는 것 역시 불편할 것이다. 그러나 그 불편은 고맙고 이로우며, 우리를 잘 살게 하는 불편이라고 감히 말하고 싶다. 불편함을 마주하는 것, 불편함을 선택하는 것, 때로는 일부러라도 조금 더 불편해질 궁리를 하는 것. 그것이야말로 온갖 편안함의 습격 속에서 우리가 인간 본연의 에너지와 생명력을 잃지 않고 살아가기 위해 반드시 필요한 지혜이기 때문이다.

— 존 프랭클, 연세대학교 언더우드국제대학 교수, 존프랭클 주짓수 수장

현대 세계를 바라보는 우리의 사고방식과 일상 속 편리함이 인간다움의 본질을 어떻게 갉아먹고 있는지 다시 생각하게 만든다.

— 리처드 도먼트, 〈맨스 헬스 Men's Health〉 편집장

앉은 자리에서 단숨에 읽었다. 그리고 그 즉시 나의 일상 습관을 변화시켰다. 두 달이 지난 지금, 나는 그 어느 때보다 건강하고, 자신감이 넘치며, 행복하다. 만약 당신이 건강, 체력, 개인적 성장을 한 단계 끌어올린 무언가를 찾고 있다면, 바로 이 책이다.

— 멀리사 어번, Whole30 CEO,《적당한 거리를 두고 싶어》 저자

재미있고 통찰력 있는 책이다. 야생성을 되찾은 식단과 창의적인 따분함, 감각을 회복하는 불편함을 찾아 나선 저자의 여정은 과학적 근거 위에 유쾌하고 흥미진진한 모험을 더했다.

— 댄 페이긴, 퓰리처상 수상작 《톰스 리버 Toms River》 저자

험난한 모험과 엄격한 과학이 융합한 책! 경쾌하면서도 자극적이다. 우리를 도전의 시험 속에 내던져야 한다는 메시지가 이토록 즐겁게 읽힌다니, 아이러니하면서도 매력적이다.

— 로버트 무어, 《온 트레일스》 저자

인류학, 생리학, 신경과학 등 다양한 분야의 연구를 흥미롭고도 도발적인 모험 속에서 풀어낸 책. 이스터는 진정한 행복이 단지 추위, 배고픔, 따분함이 없는 상태가 아니라는 점을 설득력 있게 보여준다. 어쩌면 불편함이야말로 우리에게 꼭 필요한 것일지도 모른다.

— 알렉스 허친슨, 《인듀어》 저자

이 책은 인간이 추구했던 지나치게 안락한 삶이 어떻게 우리의 신체적, 정신적, 정서적 건강을 조금씩 무너뜨려 왔는지를 통찰력 있게 보여준다. 우리의 사고방식을 완전히 뒤바꾼다!

— 리즈 플로서, 〈우먼스 헬스 Women's Health〉 편집장

익숙한 편안함과 안락함의 흐름을 거슬러 올라가야 한다는 이색

적이고 강렬한 외침. 강인해지고 싶은 사람이라면 분명 이 책의 매력에 이끌릴 것이다. 삶에 대한 통념을 전면적으로 뒤흔드는 책!

― **제임스 클래퍼**, 전 미국 국가정보국DNI 국장

인간의 위대함은 결코 편안함 속에서 피어나지 않는다는 사실을 보여준다. 성장과 성취를 극대화하고 싶다면 이 책이 해답을 줄 것이다.

― **브라이언 L. 로지**, 전 미 해군 특수전사령부 사령관

책을 읽는 동안 나는 역경, 도전, 불편함을 이전과 다르게 바라보게 되었고, 더 나은 사람이 되고 싶다는 마음을 갖게 되었다. 단연코 책이 줄 수 있는 최고의 경험을 선사한다.

― **타마 하스펠**, 〈워싱턴포스트Washington Post〉 칼럼니스트

차례

추천의 글　　　　　　　　　　　　　　　　　　　6

## 1부 ┃ 아주 힘들어야 한다, 그러나 죽지 않아야 한다

33일　알래스카 순록 사냥의 출발　　　　　　　17

35, 55, 혹은 75　편안함의 세계를 벗어나다　　24

0.004퍼센트　본능적이며 진화적인 게으름　　　31

800개의 얼굴　편안함에 잠식된 인류　　　　　41

18미터　자연의 일부로 회귀하다　　　　　　　46

50 대 50　죽지 않을 정도의 고생은 인간을 더 강하게 만든다　60

50, 70, 혹은 90　살아서 돌아오기 위한 준비　　91

150명　도시인의 불행에 관한 흥미로운 연구　　110

163킬로미터　홀로 있음과 건강의 상관관계　　121

시속 110킬로미터　북극에서의 첫날　　　　　135

## 2부 ┃ 따분함을 즐겨라

11시간 6분　디지털기기에 빼앗긴 시간　　　　147

20분, 5시간, 3일　자연은 천연 신경안정제다　　180

열두 군데　고요의 스트레스 완화 효과　　　　204

## 3부 | 배고픔을 느껴라

- -4,000칼로리 　배고픔의 재발견 　　　　　　　　　217
- 12~16시간 　배고픔이 우리를 건강하게 만든다 　　262

## 4부 | 매일 죽음을 생각하라

- 멀쩡한 다리 셋 　순록 사냥 　　　　　　　　　　277
- 12월 31일 23시 59분 33초 　부탄의 죽음 성찰 문화 　291
- 20분 11초 　죽음을 직면하다 　　　　　　　　　　323

## 5부 | 짐을 날라라

- 45킬로그램 　역사상 가장 나약한 인간 　　　　　　339
- 23킬로그램 　운반 본능을 깨워라 　　　　　　　　360
- 80퍼센트 　감금된 인간 　　　　　　　　　　　　396

에필로그　81.2년　혹독한 불편함이 수명을 늘린다　　410
감사의 말　　　　　　　　　　　　　　　　　　　442

**일러두기**
거의 모든 각주는 옮긴이의 것이며, 저자의 것일 경우 별도로 명기해두었다.

# 1부

# 아주 힘들어야 한다, 그러나 죽지 않아야 한다

# 33일

## 알래스카 순록 사냥의 출발

축치해Chukchi Sea에 면한 북극권에서 32킬로미터 위쪽에 자리 잡은 알래스카주 코체부Kotzebue. 지금 나는 인구 3,000명인 이 마을의 바람 부는 아스팔트 위에 서 있다. 내 앞에는 비행기 두 대가 서 있다. 한 대는 곧 알래스카 북극 깊숙한 곳에 나를 떨어뜨릴 예정이다. 지구상에서 가장 고독하고, 가장 외지고, 가장 가혹한 곳이라고들 하는 곳. 불안하다. 코앞에 닥친 북극 원정을 이제 피해 갈 수 없다. 나는 결코 비행을 좋아하는 사람이 아니다. 특히 나를 실어 갈 비행기가 이렇게 생겨먹은 경우에는 말이다. 단발 엔진에 앞에 둘, 뒤에 넷이 앉을 수 있는 고릿적 철물. 한마디로 빈 통조림 깡통에 날개를 붙여놨다고 보면 된다.

도니 빈센트Donnie Vincent가 나의 불안을 알아챈 모양이다. 그는 이번 원정을 이끄는 오지 사냥꾼이자 다큐멘터리 제작자다. 곁으로 다가온 그가 내게 상체를 기대면서 목소리를 내리깐다.

"이곳 파일럿들은 위스키를 병째로 마시는 진정한 카우보이 산사나이들이죠. 걸핏하면 술집에서 싸움판이 벌어진답니다."

도니의 목소리가 매서운 바람을 뚫고 다가든다.

"하지만 알다시피 제가 완벽한 최고의 파일럿을 모셨습니다. 브라이언은 '탑건'이에요."

나는 고맙다는 뜻으로 고개를 끄덕여주었다. 도니가 다음 말을 이었다.

"그렇다고 우리가 추락해서 죽지 않을 거라는 말은 아닙니다. 이건 정말 위험한 일이에요, 안 그래요? 하지만 브라이언은 잘할 겁니다. 그러니까 우리가 사고를 당할 확률은…."

나는 아까부터 느꼈던 불안이 존재적 공포로 증폭되는 것을 느끼며 그의 말을 잘랐다.

"오케이, 접수!"

상업적인 비행은 믿기 어려울 만큼 안전하다. 통계상으로 보면 비행기 안에서 죽을 확률보다 공항으로 가는 도중에 교통사고로 죽을 확률이 훨씬 높다. 하지만 이 확률은 알래스카의 고물 비행기에는 해당되지 않는다. 이런 비행의 약 100건 정도가 매년 지옥불로 끝이 난다. 연이은 사고를 보다 못한 미국연방항공청FAA은 최근 알래스카 고물 비행기 파일럿들에게 전례 없는 경고를 날렸다. 특히 올해가 최악이었다. 혹독한 날씨와 짙은 안개, 마른번개 연기가 시야를 가리기 일쑤였다. 도니의 말에 따르면, 마이크라고 하는 브라이언의 동료도 최근에 기상 오판으로 사고를 당했다고 한다. 마이크는 운 좋게 비행기에서 걸어 나올 수 있었지만 비행기는 전면 수리해야 했다.

브라이언이 우리를 북극 오지에 떨어뜨려 놓은 뒤에는 더 많은 위험이 기다리고 있다. 난폭한 북극곰, 700킬로그램에 육박하는 무스, 굶주린 늑대 무리, 사나운 눈빛의 울버린, 피 맛에 길든 오소리, 포효하며 흐르는 빙하, 사방 천지가 백색이라 방향 감각을 잃어버린다는 화이트아웃, 매서운 눈보라, 영하의 추위, 허리케인급 폭풍, 깎아지른 듯한 절벽, 야생토끼병이니 한타바이러스니 하는 치명적 질병들, 모기 떼, 생쥐 떼, 들쥐 떼, 도주, 구토, 피…. 미국 서부에서 죽는 방법이 100만 가지라면, 알래스카 오지에서 죽는 방법은 200만 가지쯤 된다.

우리의 유일한 탈출 수단은? 33일 뒤에 브라이언이 픽업하러 올 때까지 이 거친 땅 수백 킬로미터를 두 발로 걸어서 헤매야 한다. 그렇게 걷는 동안 우리가 할 일은 신비로운 순록 무리를 찾아내는 것이다. 북극의 동토를 조용히 배회하는 180킬로그램짜리 유령들, 거친 뿔을 매달고 투명한 안개 속에서 나타났다 바람과 힘께 사라지는 네발짐승들 말이다.

앞으로 5주간은 옴짝달싹할 수 없다. 무슨 말인가 하면 퍼시픽 크레스트Pacific Crest 하이킹이나 애팔래치아 트레일Appalachian Trail 하이킹과는 차원이 다르다. 이곳 알래스카 오지 깊은 곳에서는 아무리 춥고 배고프다 해도 길에서 몇 킬로미터쯤 걸어 나와 고속도로에서 택시를 잡아타고 인근 식당으로 가서 뜨거운 커피 한 잔과

핫케이크로 배를 채우는 일 따위는 결코 할 수 없다는 말이다. 길조차 거의 없다. 가장 가까운 도로, 마을, 휴대폰 수신 지점, 병원은 수백 킬로미터씩 떨어져 있다. 죽음조차 탈출구가 되지 못할 것이다. 불행하게도 내가 들어놓은 보험에 '오지 시신 후송'을 보장한다는 조항이 없으니까.

모든 상황이 집에서 안전하고 편안한 생활을 누리는 것과는 한참 거리가 멀다. 이것이 요점이다. 요즘 사람 대부분은 자신의 '컴포트존Comfort Zone'을 벗어나는 일이 거의 없다. 우리는 나날이 편안해지는 거처와 냉난방이 조절되는 멸균의 장소에서 도전이라고는 일절 없는 안전한 울타리를 벗어나지 않고 과식하며 살고 있다. 이런 현실에서 사람들은 시인 메리 올리버Mary Oliver가 말한 "야성적이고 소중한 삶"의 경험을 스스로 제한하고 있다.

최근에 쏟아진 증거들은 옛날 옛적 조상들이 겪었던 것과 똑같은 불편함을 경험하면 모든 면에서 이전보다 훨씬 나은 상태가 된다고 밝히고 있다. 육체적으로 튼튼해지고, 정신적으로 강인해지고, 영적으로 건강해진다. 학자들은 불편함이 우리를 수많은 육체적·정신적 문제로부터 보호해준다는 사실을 속속 밝혀내고 있다. 비만, 심장병, 암, 당뇨병, 우울증, 불안은 물론, 삶의 의미와 목적을 느끼지 못하는 것과 같은 정신적인 문제도 포함된다.

생각해보자. 일부러 불편함을 경험해서 이득을 얻는다고 했을 때, 쉬운 방법은 얼마든지 있을 것이다. 일상생활에 쉽게 적용해서 몸과 마음과 정신을 개선할 수 있는 방법들 말이다. 하지만 이 책에서 제안하는 여정은 여러 분야의 연구자들이 우리 삶에 포함시키라고 권하는 '처방'의 '극단적인 끝'에 있다. 야생으로의 회귀이며, 부분적으로는 사고방식의 재구성이다. 그리고 그 혜택은 측량할 수조차 없이 전방위적이다.

브라이언, 도니, 그리고 촬영감독이자 도니의 오랜 단짝인 윌리엄 올트먼Willian Altman, 마지막으로 나는 지금 코체부 지역 공항에서 램 항공Ram Aviation의 운영본부 코넥스Conex 화물 컨테이너 바깥에 있다. 바다 쪽에서 불어온 성난 바람이 황야를 지나 흐릿한 잿빛 산줄기 쪽으로 찝찔한 안개를 실어 나르고 있다. 매서운 바람이 정신없이 장비를 챙기고 있는 네 사내의 얼굴을 후려친다.

"안개가 더 심해지기 전에 얼른 싣고 출발합시다."

브라이언이 바람 속에서 소리쳤다.

어류 및 야생동물 관리국Fish and Wildlife Service 소속 생물학자인 도니는 1년 중 6개월을 알래스카 오지에서 보낸다. 그때마다 그의 집은 "거대한 노랑 사탕"이라고 부르는 노란색의 노스페이스 텐트가 된다. 그는 지구상에서 가장 멀고 외진 곳들을 돌아다니며 연구하고, 사냥하고, 촬영한다. 이건 절대로 농담이 아닌데, 유콘Yukon 삼각주의 툴룩삭Tuluksak강에 서식하는 연어들을 연구하던 어느 해 여름에는 늑대 무리 속에 뒤섞여 살았다고 한다.

도니와 거의 모든 사냥을 함께한 윌리엄은 지금이 마치 1899년인 것처럼 파티를 즐기는 별종이다. 20대에 막 접어든 그는 지난 10년의 대부분을 인터넷도 없고 수도도 없는 메인주 산속의 사방 2.5미터 작은 오두막에서 지냈다. 이 젊은이의 식량은 거의 전부 손수 사냥하고, 기르고, 키운 것들이다.

이런 사내들과 동행한다는 사실은 나의 걱정을 덜어준다. 하지만 이것도 어느 정도까지만이다. 자연은 예측할 수 없고 용서도 없다. 경험도 아무 소용 없다. 전에 그 장소에서 무슨 일을 겪었는지 전혀 중요하지 않다. 자연은 언제든 우리를 더 가혹한 시련 속으로 던져놓을 수 있기 때문이다. 더 고약한 동물, 더 높은 절벽, 더 낮은 기온, 더 넓은 개울, 그리고 더 많은 눈, 비, 바람, 진눈깨비….

도니와 윌리엄이 함께 겪었던 몇 가지 끔찍한 상황을 전해 들었는데, 한번은 픽업하러 와야 할 비행기가 극심한 눈보라로 나흘이나 늦게 도착해 식량도 떨어지고 꼼짝없이 얼어죽을 뻔했다고 한다. 또 한번은 무섭게 달려드는 기관차 크기의 회색곰을 총으로 쓰러뜨린 적도 있었다. 총이 없었다면 자신들의 내장 기관이 재배열될 수도 있었다며, 운 좋게도 총알이 곰의 두개골을 맞힌 덕에 놈을 눈밭에 쓰러뜨릴 수 있었다고 말했다.

나는 백팩을 집어 들었다. 옷 몇 벌, 음식, 비상구급함 등등 앞으로 한 달간 생존하는 데 필요한 거의 모든 것이 들어 있는 36킬로그램짜리 배낭이다. 끙끙대며 배낭을 브라이언의 비행기에 실으려고 하는데 브라이언이 제지한다.

"기자님하고 윌리엄은 저걸 타세요."

브라이언이 녹색과 금색으로 새로 도색한 4인승 세스나를 가리킨다. 군말 없이 윌리엄과 나는 그가 가리킨 비행기에 다시 끙끙거리며 짐을 실었다. 출입문에 한 발을 걸치고 올라가 뒷좌석에 몸을 구겨 넣었다. 자리에 앉으니 무릎이 목구멍에 닿으려 했다. 윌리엄과 내가 기다리는 사이, 도니와 브라이언을 실은 비행기가 활주로를 선회한 뒤 안개 속으로 이륙했다. 마침내 우리의 파일럿이 왔다. 앞머리는 길고 옆머리는 짧은 헤어스타일에 야구 모자를 푹 눌러쓴 젊은이다. 항공 선글라스를 끼고 멋지게 뛰어 올라와 조종석으로 미끄러져 들어갔다. 그러고는 뒤를 돌아보며 악수를 하자며 장갑 낀 손을 내밀었다.

"반갑습니다. 여러분을 모실 조종사 마이크입니다."

윌리엄이 썩은 미소와 함께 나를 돌아본다.

'가만, 이 마이크가 자기 비행기를 박살냈다는 그 마이크인가?'

프로펠러가 툴툴 돌아가기 시작하면서 엔진의 굉음이 내 안의 비명을 집어삼켰다.

# 35, 55, 혹은 75

## 편안함의 세계를 벗어나다

나는 폭음과 개소리와 과대망상에 빠져 살아온 집안 출신이다. 내가 엄마 배 속에 있을 때 사라진 아버지는 성 패트릭 축일에 술에 만취한 상태로 온통 녹색으로 칠한 말에 어머니가 아닌 여자를 태우고 술집으로 돌진했다고 한다. 삼촌 역시 만취 상태로 유치장에 갇혔는데, 그 안에서 "젠장, 젠장, 폭스바겐!" 하며 밤새도록 꽥꽥 소리를 질렀다. 소리를 지른 당사자도, 그 밤 유치장 안에 있었던 모든 사람들도 이유를 알지 못했다. 그 와중에 조카 한 놈은 유치장에서 즉석 가족 상봉을 했다. 경찰관이 하필 조카와 삼촌을 한 감방에 처넣는 바람에 말이다. 또 다른 삼촌은 지금도 아이다호주 교도소를 수시로 들락거리고 있으며, 할아버지는 에이다 카운티 Ada County 지역을 통틀어 가장 매력적이고 잘생긴 거짓말쟁이이자

유명한 사기꾼이며 지독한 술주정뱅이로 명성을 떨친 바 있다. 나는 이런 남성 집단 출신인 것이다.

근 10년 전, 내 몸에도 똑같은 피가 흐르고 있다는 사실을 알게 됐다. "어, 내 차가 어디 있지?" 하는 몇 번의 순간들, 여기저기 부러진 뼈, 파탄으로 치달은 관계…. 한번은 술이 떡이 돼서 접이식 스쿠터로 지상 최고 속도를 깨는 시도를 하던 중 체포당했다.

나는 일종의 직업적 위선자이기도 했다. 꽤 이름 있는 잡지의 건강 저널리스트로서 더 나은 삶을 사는 방법을 전파해왔다. 남부럽지 않은 경력을 가졌으며 일도 꽤나 잘했다. 그러나 나는 내가 끼적여댄 지혜에 따라 살지 않았다. 오히려 정반대로 술에 취했다가 또다시 술에 집착하는 상황을 반복하며 살았다.

삶의 거의 모든 것이 알코올과 얽혀 있었다. 마시지 않을 때는 주말까지 하릴없이 시간을 보내다가 금요일 밤부터 다시 술을 들이마셨다. 이런 버릇은 생활 전체를 삽시간에 안개 속으로 몰아넣었고, 주말마다 이어지는 폭음의 굴레 속에서 여러 해를 허비했다. 아침이면 깨질 듯한 머리를 감싸쥐고 이번에는 무슨 일이 있어도 술을 끊고 다시는 고주망태가 되지 않으리라 다짐했다. 어금니를 악무는 고난의 행군은 딱 월요일부터 금요일 낮까지만 이어졌다.

알코올은 나에게 편안한 이불이었다. 술은 스트레스를 날려주고, 따분함을 삽시간에 몰아내주었다. 슬픔과 걱정과 두려움을 잊게 했다. 알코올은 인간이 당연히 겪어야 할 불편함들, 즉 불안한 상황, 생각, 감정 등으로부터 나를 잠재우고 덮어주었다. 그러다 스물여덟 살이 된 어느 날 아침, 나는 위스키가 뒤섞인 토사물을 뒤집어쓴 채 고통과 함께 깨어났다. 그런 모양새로 맞는 이틀째 아침이었고, 이전에도 숱하게 경험했던 장면이었다. 그런데 이날 아침은 뭔가 달랐다. 내가 알 수 있었던 것은 내 안에서 뭔가 다른 종류의 큰일이 일어나고 있다는 것뿐이었다.

머릿속이 또렷했다. 그 무렵 빠져 있던 소립자 물리학만큼이나 명징한 느낌이었다. 내 삶이 있는 그대로 보였다. 스스로 혀를 깨물 만큼 멍청한 주정뱅이에다 직업 사기꾼이 되어버린 상황이, 이미 개판인 주변의 모든 것이, 매주 점점 더 엉망진창이 되어가고 있는 현실이 또렷이 보였다. 조만간 이런 생활이 들통 나 일자리를 잃게 될 것이라는 생각이 들었다. 그다음에 잃게 될 것은 인간관계였다. 나와 함께 술을 마시면 처음엔 재미있다가도 5차 정도가 지나면 전혀 그렇지 않았기 때문이다. 이어서 내가 가지고 있는 모든 재산을 잃게 될 것이다. 차, 집, 돈 기타 등등.

그리고 마침내 목숨을 잃게 될 것이다. 35세에 죽을지, 55세나 75세에 죽을지는 모른다. 다만 알코올 중독이 나를 일찍 죽게 만들리라는 건 명백했다. '여기 있는 맥주들 전부 후딱 해치우고 오픈카나 몰자'는 식의 인간이 장수 모델일 수는 없다. 알코올이 주는 위로는 내가 살고자 했던 삶을 망각하게 만드는 것을 넘어, 나를 죽이고 있었다.

선택지는 두 가지였다. 옵션 1, 아무것도 하지 않는다. 그냥 이대로 산다. 안일함과 무감각한 생활 방식은 결국 비극적인 결말을 초래하겠지만 대신 계속 술독에 빠져 지낼 수 있다.

옵션 2, 불편해진다. 안락했던 액체 이불을 걷어차 버린다. 단,

두 번째 옵션이 나를 어디로 데려갈지, 내가 해낼 수 있을지 전혀 알 수 없어 더럭 겁이 났다.

토사물에 덮여 깨어나는 일이 흥미로웠던 점은, 나를 이렇게 만든 것과 정반대되는 일을 하겠다는 결심을 더 쉽게 만들어줬다는 점이다. 누구도 금요일 저녁에 술을 끊겠다고 결심하지 않는다. 나의 결심은 일요일 아침, 전부 무너져 내린 것 같은 순간에 이루어졌다.

나는 이 바보 같던 삶에 백기를 들었다. 그러자 불편함이 곧바로 시작됐다. 온몸이 말라버리는 것 같은 끔찍한 지옥이 며칠 동안 이어졌다. 두통, 메스꺼움, 탈진, 오한, 땀, 그리고 몸속 여기저기서 느껴지는 다양한 고통들. 줄담배를 피우면서 술을 마시는 습관이 있었던 나는 어느 순간 발암 물질 칵테일 같은 것을 토해내기 시작했다.

몸의 고통들은 시간이 흐르며 마침내 의식 아래로 사라졌다. 하지만 금주에서 오는 더 큰 시련이 시작되었다. 알코올에 절여 있던 뇌가 재부팅되면서 걷잡을 수 없는 충동이 일어났다. 마치 단단한 고무공이 대포에서 발사되어 콘크리트 방 안을 사방으로 튕겨 다니는 것 같았다. 고도로 광적인 정신 상태에서, 살아 있다는 기쁨에 들떴다가 이내 우울증에 빠져서 끝없는 두려움에 사로잡히는 극과 극을 오가는 상태가 반복되었다.

'어떻게 술을 안 마시지? 주말마다 뭘 하지? 누군가 나에게 술을 권하면 뭐라고 해야 하지? 동창회나 결혼식에서 친구들을 만나면 당연히 마셔야 할 것 같은데?'

사실 대답은 이미 정해져 있었다.

"난 이제 술 안 마셔", "술만 빼곤 뭐든지 오케이야!", "고맙지만 사양할게", 또는 "우리 술 마시는 대신에 산책이나 하면서 얘기 나눌래?"

그때는 막 걸음마를 뗀 아이에게 Y에 대한 X값을 구하라고 하는 것만큼이나 심오하고 어려운 문제였다. 정신 질환 시설에 수용된 사람들 중 절반이 물질 남용 장애에 시달린다는 것은 전혀 놀라운 사실이 아니다. 나는 인생을 다시 배우고 있었다. 어떻게 하면 새로운 인생을 살 수 있는지 스스로에게 물었다. 여러 세대에 걸쳐 위스키 지옥에 빠져 살던 가족 염색체가 부활절이라도 만난 듯 되살아나서 새로운 길에 저항했다. 이런 유형의 유전자 코드가 속삭이는 믿음은 이런 것이다.

'조지 존스를 연주하는 주크박스가 있는 연기 자욱한 술집은 진짜 최고라고! 이번 술판에서는 절대, 아무 문제도 없을 거야. 장담해!'

결국 나는 지독한 변화 속에서 하루하루 깊숙이 다가오는 모든 생경한 불편함들을 받아들였고, 곧 새로운 세상이 열렸다. 살아 있다는 것의 아름다움을 자각하게 되었고, 세상 속에서 내가 해야 할 일을 더 잘 이해하게 되었다. 예를 들어, 금주를 하기 전에는 내가 우주의 완벽한 중심인 것 같았다. 그런데 술을 끊고 나니 광대한 세계 안에서 나는 그리 중요한 존재가 아니라는 깨달음이 찾아왔다. 처음에는 허탈했다. 하지만 이내 받아들였다.

'나는 나약한 사람이며, 내가 아는 것이 전부가 아니며, 오히려

내가 아는 것은 매우 적고, 나는 타인의 도움을 받을 수 있다.'

인정하고 나니 마음이 가라앉으면서 주변이 보이기 시작했다. 사랑하는 사람들과 새롭게, 더 깊이 연결되었다. 침묵을 발견했고, 고요를 경험했고, 나 자신에 대해 '괜찮다'고 느꼈다. 내 안에만 빠져 있지 않기 위해 반려견을 입양해 매일 아침 가까운 강가로 산책을 나갔다. 새벽 5시의 안개 낀 고요한 강가에서, 오랫동안 잊고 있었던 평화와 자신감을 느꼈다. 그리고 바쁜 업무, 교통체증, 마감일, 복잡한 청구서 같은 일상의 문제도 더 여유로운 마음으로 마주할 수 있게 되었다.

물론 못 알아볼 정도의 완전한 새 사람이 된 것은 아니다. 하지만 좀 더 깨어 있는 상태에서 주변의 모든 것을 편안하게 느끼고 있었다. 그리고 점점 더 그런 상태에 젖어들어 갔다. 이 모든 과정은 그 무엇도 파괴하지 않으면서 서서히 진행되었다. 나는 그저 나의 일상생활을 가만히 바라보기만 하면 되었다. 과장 없이 말해 매 순간이 편안했다.

지금까지의 생활은 어떠했나. 아침이면 에어컨이 빵빵하게 나오는 집 안의 푹신한 침대에서 몸을 일으킨다. 럭셔리 세단과 똑같은 편의 장치를 갖춘 고사양 픽업 트럭을 타고 출근한다. 어떤 따분함이든 스마트폰으로 즉각 날려버린다. 인체 공학적으로 설계된 의자에 앉아 온종일 스크린을 들여다보며 육체가 아니라 머리로 일한다. 일을 마치고 집으로 돌아오면 나의 저녁거리가 되어줄 정체를 알 수 없는 고칼로리 음식을 바라보며 흐뭇한 미소를 만면에

띤다. 그런 다음 푹신한 소파에 몸을 맡기고 우주 어딘가에서 송출된 티브이 프로그램을 보면서 배를 채운다.

  불편함이 느껴질 일은 거의 없다. 당시 가장 육체적으로 불편한 일이라고 하면 운동 정도였는데 이마저도 냉방 시스템이 돌아가는 건물 안에서, 나의 허접한 세계관을 뒤흔드는 것이 아니라 점점 강화해주는 케이블 방송들을 보면서 행해졌다. 모든 조건이 편안하지 않은 상황이라면 아예 야외로 나가 뛸 생각을 하지 않는다. 너무 덥지도, 너무 춥지도, 너무 습하지도 않다면 말이다. 만약 이런 편안함들을 송두리째 포기하고 나면 나는 어떻게 될까?

# 0.004퍼센트

## 본능적이며 진화적인 게으름

인간은 편안함을 추구하도록 진화해왔다. 본능적으로 인간은 안전, 은신처, 온기, 잉여 음식물, 최소한의 노력을 추구한다. 거의 모든 역사를 관통해온 이 동력은 생존에 결정적이고 유익한 도움을 주었다.

불편함에는 육체적인 것뿐 아니라 정서적인 것도 있다. 배고픔, 추위, 통증, 피로, 스트레스, 그 밖의 온갖 괴로운 감각과 감정들은 불편함을 야기한다. 편안함을 향한 욕구는 인간으로 하여금 먹을 것을 찾게 만들고, 집을 짓고 은신처를 만들게 한다. 또 포식자로부터 도망치게 하고, 지나치게 위험한 결정을 피하게 한다. 나아가 생존을 유지하고 DNA를 퍼뜨리는 데 도움이 되는 모든 일을 하도록 만든다. 따라서 우리가 편안함에 안주하려는 것은 그다지 놀랄 만한 일이 아니다.

과거에는 편안함이라고 해봐야 보잘것없고 오래가지 못하는 것들이었다. 불편한 세상에서 자잘한 위안을 추구해온 끊임없는 노력은 인류를 살아남게 했다. 다만 문제는 환경이 바뀌었는데도 본능적인 회로는 그대로라는 점이다. 게다가 이 회로는 너무 깊은 곳에 뿌리박혀 있다.

지금으로부터 약 250만 년 전, 당시 가장 똑똑했던 유인원으로부터 우리의 조상인 호모하빌리스Homo Habilis가 진화했다. 두 발로 걷고 석기를 사용하면서 자연에서 우위를 점해나갔지만 생김새는 현재의 우리와 비슷하지 않았다. 뇌의 크기도 절반 정도였다. 시간은 또다시 흘러 지금으로부터 약 180만 년 전, 호모에렉투스Homo Erectus가 등장한다. 이 종은 생김새와 행동이 현생 인류와 좀 더 가까웠다. 키는 180센티미터쯤이었고, 협동적인 수렵채집 사회를 이루어 살았다. 아마 불을 사용했으며, 추상적인 사고를 했을 것이다. 이러한 추측이 가능한 이유는 이들이 자연에서 얻은 물건에 도안을 새김으로써 예술을 창조했기 때문이다. 물론 시스티나 성당 벽화에 비한다면 많이 유치한 수준이었지만 어쨌든 진보는 진보였다.

이어서 약 70만 년 전 호모하이델베르겐시스Homo Heidelbergensis와 호모네안데르탈렌시스Homo Neanderthalensis가 등장한다. 이들의 뇌는 놀랍게도 우리보다 약간 컸고, 도구를 사용하고 불을 피우는 등 앞선 종들의 모든 기술을 물려받았다. 집을 짓고 옷을 만들었으며, 이 기술들 덕에 사냥도 능숙하게 할 수 있었다. 최상위 포식자가 되어 돌촉이 달린 창을 이용해 붉은사슴이나 코뿔소, 심지어 매머드까지 쓰러뜨렸다. 매머드는 약 8톤가량의 켄워스 세미트럭만큼이나 무게가 나가는 놈들이었다. 장엄한 사냥에는 팀워크가 필요했다. 남자든 여자든 매머드와 홀로 맞서는 것은 자살 행위다. 하지만 팀이라면 해볼 수 있었다. 이때부터 우리 조상은 공통의 문제를 해결하기 위해 머리를 맞대는 것이 단지 생존을 넘어 더 나은 생활에 도움이 된다는 사실을 깨닫기 시작했다.

이제 현생 인류, 호모사피엔스Homo Sapiens를 보자. 인류학자에 따라 조금씩 다르긴 하지만 호모사피엔스는 20만 년에서 30만 년 동안 지구 위를 걸어 다녔다. 그리고 그 사이에 고도로 진화하는 데 성공했다. 초기의 호모사피엔스는 복잡한 도구, 언어, 도시, 화폐, 농업, 운송 체계 등등을 개발했다. 이것은 기껏해야 5천 년 정도밖에 안 되는, 인류가 기록해온 모든 인간 역사 이전의 일이다.

자동차, 컴퓨터, 티브이, 냉난방기, 스마트폰, 초가공식품 등 오늘날 일상생활에 가장 큰 영향을 끼치는 현대의 편안함과 편의 장치의 역사는 채 100년이 되지 않는다. 100년은 호모사피엔스가 지구 위를 걸어 다닌 시간의 고작 0.03퍼센트 정도에 해당한다. 하빌리스, 에렉투스, 하이델베르겐시스, 네안데르탈렌시스, 그리고 지금의 우리까지 이르는 모든 호모들을 뭉뚱그려서 250만 년의 역사로 계산한다면, 수치는 0.004퍼센트로 떨어진다. 즉, '지속적인 편안함'이란 인간 역사에서 지극히 최근에 나타난 현상이다.

지난 250만 년 동안 우리 조상의 삶은 불편함과 긴밀하게 얽혀 있었고, 자연에 지속적으로 노출되어 있었다. 너무 덥고, 너무 춥고, 너무 습하고, 너무 건조하고, 너무 바람이 세고, 눈보라가 휘몰아쳤다. 이런 날씨에서 도망치는 유일한 방법은 박쥐와 들쥐가 우글거리는 냉랭하고 습기 찬 동굴로 숨어들거나 땅에 구덩이를 파고 잔가지나 짐승 가죽으로 천장을 덮은 원시적인 은신처로 피신하는 것뿐이었다. 그 밖에 생존에 충분한 은신처가 되는 조야한 구조물들은 몇 가지가 채 되지 않았다.

그에 비해 오늘날 지구인 대다수는 섭씨 22도 정도 되는 온화한 기후 속에 살고 있다. 날씨를 경험하는 시간은 대략 2분 정도에 불과하다. 가령, 마트 입구에서 주차장에 세워둔 차까지 걸어가거나 전철역에서 빠져나와 사무실 빌딩 입구까지 걸어갈 때뿐이다. 미국인은 하루 중 93퍼센트 이상의 시간을 냉난방 시스템이 있는 실내에서 지낸다. 극단적인 사막 기후에 위치한 미국 애리조나주의 피닉스와 네바다주의 라스베이거스는 에어컨이 없었다면 아예 도시 자체가 생겨나지 못했을지도 모른다.

옛 조상들은 늘 배가 고팠다. 현재에도 옛 조상과 비슷한 모습으로 수렵채집하며 살고 있는 탄자니아의 하드자Hadza 부족은 인류학자만 나타났다 하면 배가 고프다며 푸념을 늘어놓는다. 소위 '먹방' 유튜브나 음식 방송을 보다가 문득 생각난 듯한 배고픔이 아니다. 이들이 경험하는 것은 깊고 지속적인 태생적 배고픔이다.

초기의 인류는 칼로리 높은 음식을 아무 때나 쉽게 구할 수 없었다. 그런 와중에 적당한 거처를 마련하기 위해 땅을 깊이 파거나 나무 위의 높고 안전한 잠자리를 마련하기 위해 먼 길을 걸어야 했다. 목숨을 걸어야 하는 크고 작은 동물들과 맞서기도 했다. 요즘도 하드자 부족민은 온몸을 쏘아대는 벌떼와 싸워가며 별미인 꿀을 채취한다. 네안데르탈렌시스의 유골 중 거의 80퍼센트가 짐승에 의해 상해를 입거나 즉사했다는 증거를 보여주고 있다.

오늘날의 우리는 어떤가? 앱을 통해 배달 음식을 시키거나 대형 마트로 쳐들어가서 뭐든지 언제든지 살 수 있다. 앙증맞은 플라스틱 곰돌이 용기에 든 꿀에서부터 비닐 랩으로 포장한 붉은 고기에 이르기까지 마음껏 사재끼면서도 자신의 행위가 몸에 어떤 비극적인 고통을 불러오지 않을까 하는 걱정을 꿈에도 하지 않는다.

조상은 먹을 것을 구하러 다니지 않을 때나 마스토돈Mastodon* 들에게 두들겨 맞지 않는 동안에는 몇 시간이고 한가로운 시간을 보냈다. 그러다 보면 따분해졌을 것이고, 심심풀이가 필요했을 것이다. 그래서 찾아낸 방법은 마음이 자유롭게 방랑하도록 내버려 두는 것이었다. 또는 창의력과 협동이 필요한 놀이를 만들어냈다.

아내와 교제한 지 얼마 되지 않았을 때 같이 캠핑을 갔는데, 아름답고 무뚝뚝한 그녀는 이렇게 말했다.

"3시간 만에 이야깃거리가 떨어진 뒤로는 한나절을 그냥 멍하니 보냈네요."

1920년대, 라디오가 대중에게 방송되자 처음으로 온종일 생각할 필요가 없어졌다. 권태의 탈출구가 생긴 것이다. 1950년대에는 위대한 텔레비전이 등장했다. 그리고 마침내 운명의 2007년 6월 29일, 아이폰이 탄생하자 따분함은 영원하고 완전한 사망 선고를

---

\* 신생대 제3기에 살았던 동물. 몸집은 코끼리보다 작았으나 엄니는 훨씬 길었다.

받게 되었다. 동시에 우리의 상상력과 사회적 유대 또한 따분함과 운명을 함께했다.

조상들은 가만히 앉아 아무것도 하지 않을 때를 제외하면 매우, 매우 열심히 일했다. 하드자 부족은 미국인보다 평균 14배 더 많이 움직인다. 이들은 하루에 약 2시간 20분 동안 빠르고 격렬하게 운동하는데, 정확하게 말하면 이들이 하고 있는 것은 '운동'이 아니라 '생활'이다. 초기 인간은 물과 식량을 구하기 위해 수십 킬로미터를 걷거나 뛰었다. 인체가 지금처럼 오목한 발바닥, 긴 다리 힘줄, 땀샘 등등을 갖추게 된 것은 먹잇감을 따라잡기 위해 진화한 결과다. 인간들은 동물들이 열사병으로 쓰러질 때까지 거리를 불문하고 추적하며 따라다녔다. 그런 다음 죽이고, 고기를 자르고, 갔던 길을 되짚어서 오두막까지 운반해 왔다. 때로 사냥감이 너무 무거워서 끌고 오기 어려울 때는 아예 거처를 먹을거리가 널브러져 있는 곳으로 옮겼다.

그렇게 본다면 옛날 사람들도 스트레스가 있었을 것이다. 아니, 지금보다 더 많았다. 식량을 찾지 못하면 오직 죽음뿐이니까 말이다. 게다가 만약 사자가 먹을 것을 구해야겠다고 결심하면? 사자와 대면한 인간은 죽을 수밖에 없다. 혹은 도망치다가 상처를 입었을 것이다. 물에서 너무 멀리 떨어지게 됐을 때도 죽었고, 사나운 날씨가 닥쳐와도 죽었다. 감염되어도 죽었다. 발을 잘못 디뎌 다리가 부러져도 죽었다. 그 밖에도 이렇게 저렇게 해서 죽었다.

현대인도 물론 스트레스를 받는다. 미국 심리학협회에 따르면, 요즘 사람들은 그 어느 때보다도 많은 스트레스를 받고 있다. 하지만 수백만 년 동안 인간을 괴롭혀온 것과 같은 모진 스트레스와는 조금 결이 다르다. 극심한 허기를 느끼거나, 먹잇감을 쫓아가다 탈진하거나, 무거운 짐을 나르거나, 이상한 세균이나 극심한 기온 변화에 노출되는 것 같은 육체적인 스트레스를 경험하지는 않는다. 다음 끼니는 어디서 구해 와야 하나 걱정한다든지, 이빨을 드러낸 포식자를 두려워한다든지, 상처가 덧나서 일주일 만에 죽을지도 모르겠다며 두려워한다든지 하는 정신적인 스트레스에 시달리지도 않는다. 실제로 코로나19 팬데믹은 많은 사람들이 오랫동안 잊고 있었던 생존과 직결된 스트레스를 겪게 하면서 인간이 여전히 자연 앞에서 무력함을 깨닫게 했다.

대부분의 현대 미국인에게 흔히 스트레스란 '이놈의 교통체증 때문에 요가 수업에 늦겠어' 하는 류의 것이다. 아니면 '옆집이 나보다 돈을 더 많이 버나?' 하는 스트레스이거나 '이 스프레드시트는 시간이 한정없이 걸리네!', 아니면 '우리 애가 아이비리그 대학에 못 들어가면 우리 집은 끝장이야' 등등 모두 제1세계적인 스트레스다.

바로 이런 이유에서 학자들이 너도나도 세계의 전반적인 발전상에 대해 글을 써대고 있는 것이다. 그들은 오늘날 현대인들이 더 긴 수명과 더 나은 삶을 누리고 있으며, 더 많은 돈을 벌고, 이전의 모든 시대와 비교했을 때 살해당하거나 굶주림에 처할 가능성이 낮아졌다고 말한다. 미국에서 가장 가난하다는 사람도 이전의 모든 시대에 비하면 더 부자랍니다! 보세요! 이 수치와 데이터와 그래프가 실제로 세계가 더 나아졌다고 말하지 않습니까? 확실히 세상은 더 좋아졌습니다!

그런데 여기에 함정이 있다. 우리 선조는 날마다 수많은 불편함을 겪고 있었기 때문에, 그들은 오늘날 현대 문명이 직면한 가장 절박한 문제들을 겪지 않아도 되었다. 즉, 수많은 이들의 삶을 더 건강하지 못하게, 더 불행하게, 더 왜소하게 만들고 있는 문제들 말이다. 맞다. 현대 의학 덕분에 사람들은 그 어느 때보다도 오래 살고 있지만 정작 데이터를 들여다보면 적지 않은 시간을 약물과 기계에 의존한 채 살아간다. 생존 기간은 길어졌으나 건강한 삶은 짧아졌다.

미국인의 32퍼센트가 과체중이고, 38퍼센트가 비만이며, 그중 8퍼센트는 초고도 비만이다. 다 합치면 무려 70퍼센트의 미국인들이 너무 무겁다. 전체 미국인의 3분의 1에 가까운 사람들이 당뇨이거나 당뇨 전 단계다.* 4천만이 넘는 미국인이 본인의 무게 때문에 A지점에서 B지점으로 이동하는 데 어려움을 느끼는 이동 장애를 가지고 있다. 미국인의 4분의 1이 심장 질환으로 사망한다. 이런 의학적인 문제는 20세기 전까지 거의 존재하지 않았던 것들이다.

우울증, 불안, 중독, 자살 등 절망이 낳은 질병에 시달리는 사람들도 갈수록 늘고 있다. 최근 20년 사이에 약물 과다 복용으로 인

---

\* 한국의 경우 대한비만학회에 따르면, 2021년 기준 남성의 비만 유병률은 46.2퍼센트이며, 여성의 비만 유병률은 27.3퍼센트로 해마다 증가하고 있다. 또한 건강보험심사평가원 통계 자료를 보면, 2023년 기준 당뇨병 환자는 383만 771명으로 2019년 대비 5년 동안 19퍼센트 늘었다.

한 사망이 세 배 이상 증가했고, 평범한 미국인이 스스로 목숨을 끊을 확률은 역대 최대치다.

연구에 따르면, 인류 전 역사를 통틀어 자살 현상은 거의 없었다. 하지만 오늘날 내 주변 지인들의 이야기를 덧붙이면, 고등학교 동기 400명 중에서 졸업 이후 지금까지 해마다 적게는 한 명에서 많게는 세 명에 이르는 친구들이 약물 과다 복용이나 자살로 생을 마감했다. 이런 절망의 질병들은 2016년, 2017년, 2018년에 걸쳐 미국인의 기대 수명을 감소시켰다. 기대 수명이 줄어든 것은 제1차 세계대전과 스페인 독감이 겹쳐 죽음의 교향곡을 연출했던 1915년에서 1918년 사이 이후로 처음 있는 일이다.

그렇다. 이제 우리는 먹을 것을 사냥하거나 날마다 고된 이동을 하거나 혹독한 배고픔에 시달리거나 거친 자연에 맞서는 따위의 불편함을 맞닥뜨릴 필요가 없다. 하지만 대신 편안함에 따르는 부작용을 맞이하게 되었다. 장기간에 걸친 육체적·정신적 건강 문제들 말이다.

육체적 고난은 거의 사라졌다. 사람은 먹을 것을 위해 고되게 몸을 놀리지 않아도 된다. 게다가 고통에 무감각해질 수 있는 수단이 도처에 널려 있다. 맛있는 음식, 담배, 알코올, 약, 스마트폰, 티브이…. 반면 우리에게 행복감을 주고 살아 있음을 느끼게 해주던 것들은 모두 우리에게서 멀어졌다. 유대, 자연 속에 머무르기, 노력, 인내….

우리는 사실 뭔가 잘못되어 가고 있음을 느끼고 있다. 한 설문 조사에 따르면, 미국인의 단 6퍼센트만이 세상이 나아지고 있다고 믿는다. 실제로 일부 인류학자는 인류 탄생 이후 기원전 1만 3천 년에 이르는 기간에 살았던 모든 인간이 지금의 인간보다 더 행복했을 것이라고 주장한다. 그들은 욕구가 단순한 만큼 충족하기 쉬웠고, 따라서 현재에 더 충실할 수 있었다.

물론 편안함과 편리함은 좋은 것이다. 그러나 인간에게 가장 중요한 지표인 '행복하고 건강한 삶'이라는 측면에서 우리를 늘 진보시키지만은 않았다. 점점 과도하게 편안하고 풍족함이 넘치는 환경에만 머물렀던 우리의 지난날은 아무도 의도하지 않은 결과를 낳았다. 이제 인류는 심오하고 깊이 있는 경험을 할 기회가 극히 제한되었다. 마땅히 겪어야 할 경험들은 더 이상 우리의 삶과 아무 관련이 없어졌다. 이는 의심할 여지없이 인간을 변화시켰고, 그 방향이 늘 최선은 아니었다.

# 800개의 얼굴

## 편안함에 잠식된 인류

    데이비드 레버리David Levari는 30대 초반의 하버드대학교 심리학과 교수다. 전도유망한 아이비리그 심리학 박사의 전형인 그는 흠결 없는 언사에 완벽한 수염의 소유자로, 인간의 행동 방식에 관한 거대한 질문을 탐구한다.

    저명한 학자 다니엘 길버트Daniel Gilbert 박사 밑에서 연구 중이던 레버리가 스승과 함께 학회 참석차 길을 나섰을 때였다. 공항 검색대 앞에 서 있던 두 사람은 문득 흥미로운 사실을 깨달았다. 교통안전국TSA 요원들이 누가 봐도 위험하지 않은 사람들을 잠재적 위험인물처럼 다루고 있었던 것이다. 누구나 한 번쯤은 공항에서 이런 일을 겪은 적이 있을 것이다. TSA 요원들이 내 캐리어 속에 들어 있는 바나나를 구경 9밀리미터 베레타 권총으로 오해하고 가방을 찢어발기듯이 열어보았던 적이나 혹은 휠체어에 의지한 90세 할머니가 핸드백에 반쯤 남은 헤어스프레이를 깜빡한 대가로 자신의 온몸을 더듬는 손길을 감내하는 광경을 목격했거나. 물론 이런 풍경은 "나중에 후회하는 것보다 안전한 게 낫다"는 경구를 실천한 결과다.

레버리가 말했다.

"이런 의문이 들었습니다. 만일 모든 사람들이 기내 반입 금지 물품을 전혀 가져오지 않아 수하물 검색기의 경보음이 울리는 일이 아예 사라진다면, TSA 요원은 그저 긴장을 풀고 아무것도 하지 않을까요? 우리는 TSA 요원이 적발할 물품이 없어지면, 무의식적이든 의도적이든 더 넓은 범위의 물품들을 들여다보기 시작할 거라고 예측했습니다. 왜냐하면 위협을 찾아내는 것이 그들의 일이기 때문입니다."

이런 문제의식에서 최근 레버리 박사는 어떤 문제가 드문드문해졌거나 아예 존재하지 않는데도 인간의 뇌가 굳이 문제를 찾아내는 경향성에 관해 연구를 진행했다. 그중 한 연구는 피실험자에게 매우 험악한 표정에서 완전히 온화해 보이는 표정에 이르기까지 800개의 얼굴을 하나씩 보여주는 실험이었다. 실험에 참여한 사람은 '위협적'으로 보이는 얼굴을 골라내야 했다. 200번째 얼굴에 이르렀을 때, 레버리는 피실험자 모르게 조금씩 덜 위협적인 얼굴을 보여주기 시작했다.

그는 비슷한 방법을 적용해 또 다른 연구를 진행했다. 이번에는 피실험자에게 연구계획서 240개를 하나씩 검토하면서 연구계획이 '윤리적'인지 '비윤리적'인지를 판단하게 했다. 과정이 절반쯤 진행되었을 때, 레버리는 피실험자에게 점진적으로 덜 '비윤리적인' 계획서를 보여주기 시작했다.

두 가지 실험 시나리오는 흑백 논리에 따른 판단을 요구하고 있다. 얼굴의 주인공은 위협적이거나, 그렇지 않아야 한다. 하나의 연구계획서는 도덕적 기준을 침범하거나, 그렇지 않아야 한다. 그런데 실제로 대부분의 사람은 이런 상황에서 흑백을 칼같이 가려내지 못한다. 이 사실은 과거 우리가 내렸던 그간의 판단을 정말로 신뢰할 수 있는가 하는 질문을 던진다. 편안함에도 이 질문은 적용 가능하다. 우리는 얼마만큼 편안해졌는가, 그리고 그 편안함은 우리에게 어떤 영향을 미치고 있는가.

모든 데이터를 검토한 뒤, 레버리는 인간이 흑과 백을 구분하지 못한다는 결론을 내렸다. 우리는 회색을 본다. 그리고 눈에 들어오는 회색의 음영은 이전에 보았던 모든 음영에 의해 좌우된다. 즉, 우리는 기대치를 조절한다. 위협적인 얼굴이 드물어지는 시점이 되자 피실험자는 중립적인 얼굴을 위협적으로 느끼기 시작했고, 비윤리적인 연구계획서가 드물어지자 사람들은 윤리성이 모호한 연구계획서를 비윤리적인 것으로 판단하기 시작했다.

레버리는 이것을 "문제 발생률에 따른 개념 변화prevalence-induced concept change"라고 부른다. 본질적으로 '문제에 의한 잠식problem creep'이다. 이는 더 적은 문제를 경험할수록, 더 만족스러워지는 것이 아니라는 것을 증명한다. 단지 무엇을 문제라고 여기는지에 대한 기준점이 낮아질 뿐이다. 결국 우리는 이전과 동일한 수의 문제에 시달린다. 그 새로운 문제라고 하는 것들이 갈수록 허상에 가까워지고 있다는 사실을 깨닫지 못한 채 말이다. 즉, 더 큰 만족으로 갈 수 있는 길을 내 손으로 막는다.

이로써 레버리는 사람들이 전 인류를 압도한다 할 정도로 좋은 환경에서 살고 있음에도 기어코 문젯거리를 찾아내고야 마는 이유를 알아냈다. 우리는 끊임없이 기준의 골대를 옮겨놓고 있다. 이른바 제1세계가 겪고 있는 문제라는 것에는 이처럼 과학적으로 확실한 근거가 있다.

레버리는 말했다.

"저는 이것이 인간 심리의 저차원적 특징이라고 생각합니다."

인간의 뇌는 상대적인 비교를 하도록 진화했다. 자신이 보거나 경험한 모든 상황을 기억하는 것보다 상대 비교를 하는 것이 뇌의 에너지를 훨씬 적게 소모하기 때문이다. 뇌 메커니즘 덕분에 초기 인간들은 더 빠른 결정을 할 수 있었고 환경을 더 안전하게 헤쳐나갈 수 있었다. 하지만 이것이 오늘날의 세계에도 적용될까?

"상대적 판단이 반복되면 동일한 대상에서 느끼는 만족감이 갈수록 떨어지게 됩니다."

잠식 현상은 현대인들이 편안함을 느끼는 방식에서도 볼 수 있다고 레버리는 말한다. 이것을 '편안함에 의한 잠식 comfort creep'이라고 해두자. 사람들은 새로 등장한 편안함에 적응하면 이전의 편안함을 더는 수용하지 못한다. 즉, 오늘의 편안함은 내일의 불편함이 된다. 그러면서 편안함의 새로운 기준이 끊임없이 생겨난다.

계단이 경이로운 효율성을 자랑하던 시절이 있었다. 그러나 에스컬레이터가 출현한 마당에 계단을 오르내릴 까닭은 무엇일까? 힘들게 얻은 살코기 한 점과 못생긴 감자 몇 알이 1년 중 가장 훌륭한 식사였던 시절도 있었다. 그러나 설탕과 소금과 기름의 완벽한 합을 제공하는 식당이 골목마다 들어선 판에 이 밋밋한 조합을 굳이 먹을 까닭은 또 무엇일까? 북아메리카 원주민의 원뿔형 천막인 티피Tepee나 몽골, 시베리아 유목민의 천막 유르트Yurt, 또는 나무로 만든 수수한 오두막은 과거엔 험악한 날씨를 피할 수 있는 최고급 주거 시설이었다. 그에 비해 오늘날 우리는 실내 온도를 마음대로 조절할 수 있는 공간에서 살고 있다.

새로운 편안함이 등장하면서 예전에는 받아들일 수 있는 수준이라고 여겼던 불편함의 골대가 한참 뒤로 밀려나게 되었다. 사람들의 '컴포트존'은 점점 더 좁아지고 있다.

레버리는 말했다.

"중요한 것은, 이런 모든 일이 무의식중에 일어나고 있다는 겁니다."

사람들은 끔찍할 정도로 두려워한다. 편안함이 자신을 갉아먹고 있다는 사실을 알게 되는 것을. 그리고 그것이 자신에게 어떤 영향을 미치고 있는지 알아채는 것을. 이런 상황에서 눈을 가리고 있던 뿌연 안개가 걷히고 '편안함에 의한 잠식'의 정체가 똑똑히 드러나게 된다면 과연 어떤 일이 벌어질까?

# 18미터

## 자연의 일부로 회귀하다

도니를 처음 만난 것은 2017년 가을이었다. 당시 나는 한 잡지에서 기사 청탁을 받았다. 사냥 세계에서 일어나고 있는 의미심장한 변화에 대해 글을 써달라는 부탁이었다. 문명 세계의 변방으로 차를 몰고 가서, 순수하고 웅장한 짐승이 당당한 자태를 드러내기를 기다리며 간식을 우물거리다가, 마침내 동물이 어슬렁거리며 제 모습을 드러내면, 얼른 총을 쏘아 넘어뜨려 사무실 벽에 새 장식품으로 추가하는, 물렁살에 뼈드렁니가 튀어나온 남부 촌뜨기…. 이런 사냥꾼의 전형을 파괴하는 무리가 늘고 있다. 이러한 사냥 방식은 옛날 우리 조상들의 스타일과 거리가 멀어도 한참 멀다. 당연히 도니의 방식도 아니다.

도니는 아직은 작지만 나날이 성장 중인 오지 사냥꾼 집단을 이

끌고 있는 사실상의 리더다. 이 구성원들은 단순한 사냥꾼을 넘어 극강의 지구력을 지닌 운동가이면서 현지의 음식만을 고집하는 생존전문가이자 자연주의자들이다. 도니는 반평생을 옛 조상들처럼 살면서 보냈다. 생존에 필요한 모든 것을 등에 짊어지고, 가장 아름답고 외지고 혹독한 자연 속으로 뛰어들어 몇 달씩 지내다 오는 것이 그의 연례행사다. 활로 쏘아 잡은 짐승을 30킬로그램에서 45킬로그램 단위로 포장한 뒤 등에 짊어지고 수십 킬로미터를 걸어서 픽업 장소에 도착하면 그의 사냥은 성공이다. 캐나다 북서부 유콘강 유역에 서식하는 45킬로그램짜리 유콘 사슴을 잡은 원정만 벌써 열네 번이다. 사냥감의 몸뚱이에서 가용 가능한 모든 부위를 잘라내 가족과 친구들을 먹이곤 하는데, 그 고기는 홀푸드Whole Foods 같은 유기농 식료품 전문 판매점에서 매우 비싸게 팔고 있는 것과 똑같다. 항생제나 살충제가 전혀 없이 방목 환경에서 풀을 먹고 자라 과도하게 비싼 값을 매기는 바로 그 고기 말이다.

자동차가 라스베이거스 경계를 벗어나 네바다의 그레이트베이슨Great Basin을 남북으로 가로지르는 2차선 고속도로인 93번 국도로 들어섰을 때 가장 먼저 마주친 불빛은 라스베이거스 최대 유흥지역 스트립The Strip의 네온사인이었다. 지나가는 차량보다 산토끼가 더 많고 라디오 AM 채널조차 쓸모없게 만드는 사막 한복판을 4시간 넘게 달려온 참이었다. 그렇게 해서 도착한 곳은 거주 인구 숫자보다 해발 높이를 나타내는 숫자가 더 큰 엘리Ely라는 작은 마을이었다.

F-250 픽업 트럭에서 뛰쳐나온 도니가 나를 향해 설렁설렁 걸어온다. 플란넬 셔츠에 헐렁한 등산화. 필슨$_{Filson}$ 워치캡$_{watch\ cap}$* 밑으로 비어져 나온 머리칼이 어깨까지 늘어져 있다. 파비오$_{Fabio}$**가 수염을 기르고 서부 영화에 나온 느낌이다. 도니가 거친 손을 뻗어서 내 손을 잡아 흔들더니 곧바로 완벽한 레인저 릭$_{Ranger\ Rick}$***으로 변신했다.

"지금 일주일째 저 위에 있어요. 또… 그… 아름다워요. 여긴 환상적이에요! 정말이지, 환상적인 동네죠."

도니는 그렇게 말하고는 세이지 향이 섞인 네바다의 공기를 두어 번 연달아 들이켠 뒤 화이트파인$_{White\ Pine}$ 산맥의 3,000미터급 봉우리로 고개를 돌리면서 말했다.

"가시죠."

도니의 트럭이 텅 빈 고속도로로 올라서는가 싶더니 얼마 되지 않아 울퉁불퉁하고 먼지 나는 샛길로 들어섰다. 길가에는 야생 쑥이 자라고 있었다. 길옆에 서 있는 또 다른 픽업 트럭 한 대가 보였다. 위장복을 입은 배불뚝이 사내들이 차 주변에서 망원경으로 산등성이를 살펴보고 있었다.

"가까운 호텔에 숙소를 잡아놓고 저렇게 사냥하는 사람들이 많

---

\*     필슨은 아웃도어 브랜드. 워치캡은 미국 해병이 선상에서 쓰는 챙 없는 니트 모자.
\*\*    이탈리아계 미국인 배우이자 패션모델 파비오 란초니$_{Fabio\ Lanzoni}$를 가리키는 듯하다. 도니와 마찬가지로 헤어스타일이 장발일 때가 많다.
\*\*\*  미국 국립야생동물협회가 발행하는 어린이 잡지의 연재만화에 등장하는 호기심과 모험심으로 가득 찬 너구리 캐릭터.

아요."

도니가 고개를 가로저으며 말했다. 높직한 사막을 빠져나온 차가 침침한 협곡으로 이어진 돌투성이 길로 들어섰다. 그가 속마음을 털어놓기 시작했다. 자신은 사냥 자체보다 몇 개월간 이 환상적인 풍경 속에서 지내면서 사냥감을 쫓는 영적이고 육체적 과정에서 더 많은 것을 얻는다고 했다. 그 과정 자체가 보상이라고. 하지만 결과가 성공적이면 과정은 더 보람된 것이 된다고 말했다.

"우리 집안은 원래 사냥이나 낚시하고는 거리가 멀었어요. 어렸을 때 〈아웃도어 라이프Outdoor Life〉를 구독하자마자 바로 이 세계에 빠져들었죠. 거기 나오는 멋진 모험들을 하고 싶었어요. 그러다가 대학에 들어간 첫해에 흑곰 사냥을 하러 알래스카의 프린스윌리엄 해협Prince William Sound으로 떠났죠."

차는 돌길에 파인 바퀴 자국을 따라가고 있었다. 바퀴가 흙벽에 부딪치고 미끄러지기를 반복하면서 두 탑승자의 몸뚱이를 사방으로 흔들어댔다. 도니가 말을 이었다.

"제 머릿속에는 곰을 잡아서 들쳐 메고 오겠다는 생각밖에 없었습니다. 그러다가 웨일베이Whale Bay의 외진 해안까지 갔는데, 거기서 처음 곰을 봤어요. 그 순간 내가 뭘 하러 여길 왔는지 아무 생각이 안 나더군요. 짙은 검은색의 곰이 두 발로 바위 위를 걷는 모습, 물에 들어가 앞발로 연어를 낚아채 입에 집어넣는 모습을 그저 멍하니 바라보고 있었습니다. 생김새, 눈빛, 숨 쉬는 모습까지 다 보였어요. 완전히 넋이 나갔죠. '아, 저놈하고 내가 연결됐구나.' 심장이 내려앉으면서 눈물이 나려고 하더군요."

마침내 도로가 끝났다. 군데군데 소나무가 자라고 있는 깊은 협곡 밑은 탐색로가 시작되는 지점이었다. 우리는 트럭에서 뛰어 내렸다. 도니가 배낭에 장비를 꾸려 집어넣기 시작했다. 위장 용품은 전혀 없었다. 대신, 카벨라스Cabela's가 아니라 레이REI*에서 볼 수 있을 법한 어두운 색의 기능성 장비가 거의 전부였다. 초경량 다운 제품이나 산악용 고어텍스 외투 같은 장비들이 몸에 맞고 기능도 더 좋다는 게 도니의 설명이다. 이런 옷차림이어야 사냥꾼이 아닌 사람들에게 친근하게 보이기도 한다고.

"어쨌든 덩치가 큰 동물들은 색깔을 못 보거든요. 흑백만 볼 수 있어요. 사냥용 위장복은 다 팔아먹기 위한 마케팅 꼼수예요."

도니가 앞서 하던 이야기를 이었다.

"왠지 그 곰을 쏠 수가 없었어요. 그날 밤, 제가 머물고 있던 보트의 선장이 그러더군요. '내가 보기에 자네는 뼛속까지 사냥꾼이야. 곰을 들쳐 메지 않고서 여길 뜨게 된다면 틀림없이 실망할걸세' 하고 말예요."

소나무숲 사이로 가파른 길이 이어졌다. 해가 낮아지면서 협곡에 땅거미가 내려앉고 있었다. 돌투성이 개울을 건너가면서 도니가 말을 다시 이었다.

"다음 날 해안으로 다시 갔어요. 눈을 뒤집어쓴 봉우리들이 사방을 에워싸고 있었는데, 정말 믿을 수 없을 정도로 아름다웠어요.

---

\* 카벨라스는 위장복, 사냥복, 무기류 등을 취급하는 캠핑, 낚시, 사냥 용품 전문 브랜드이며, 레이는 등산, 백패킹 장비 등 다양한 아웃도어 브랜드를 취급하는 소비자협동조합.

하늘 위에서는 대머리수리들이 물고기 사냥을 하고 있었어요. 바다에서는 범고래 한 마리가 새끼 혹등고래를 사냥하느라 해안가가 핏빛이 되어 있었죠. 그리고 숲에서 곰이 튀어나왔어요. 총을 겨냥하고 숨을 멈췄죠. 그리고 쐈어요. 곰이 '쿵' 하고 쓰러졌어요. 제 마음도 '쿵' 했죠. 그놈은 더 이상 곰이 아니었어요. 그건 곧 나였어요. 잠시 그 자리에 앉아 있는데, 독수리와 고래가 눈에 들어오더군요. 다들 사냥을 하고 있었어요. 여기저기 까마귀들이 날아다녔어요. 아마 독수리와 고래가 사냥한 동물과 내가 쓰러뜨린 곰의 시체 부스러기를 낚아채려고 그랬겠죠. 이렇게 표현하면 어떨지 모르겠어요. '드디어 이 생태계 안에 나를 집어넣었어. 이젠 나도 이 자연에 속하게 된 거야.' 이런 마음이 들었습니다."

이후로 도니는 자연에 속한 존재로 살아왔다. 대학을 졸업한 뒤에는 미국 어류 및 야생동물 관리국의 현장 생물학자로 일했다. 몇 년에 걸쳐 알래스카의 툴룩삭강에 서식하는 연어의 개체수를 조사하기 위해 1년 중 절반을 야생에서 보내기도 했다.

"6개월간 혼자 지냈습니다. 노란 3인용 텐트에서 살았죠. 3주에 한 번 사람을 볼 수 있었어요. 감독관이 보급품을 주러 올 때였죠. 저녁거리를 장만하려고 늑대 무리 곁에서 낚시를 하기도 했어요."

그러다가 도니는 자신의 모험을 영상으로 기록하기 시작했다. 자신의 잭 런던*스러운 스토리에 증거 자료를 추가하기 위해서

---

\*　잭 런던(Jack London, 1876-1916). 미국의 소설가, 사회평론가. 불우한 소년 시절과 방랑하던 청년 시절을 거쳐 여러 직업을 전전하다 개의 야성과 환경을 다룬 《야성의 부름》, 《화이트팽》 등의 소설로 인기를 얻었다. 특히 북극을 무대로 한 몇 편

이기도 했고, 사람들이 놓치고 있는 것들을 보여주자는 생각도 있었다. 처음에는 싸구려 휴대용 카메라로 찍었다. 그러다가 북서부에서 사냥 과정을 찍고 있었던 다큐멘터리 감독 윌리엄을 만났다. 둘은 사냥 다큐멘터리를 만들어 〈더 리버스 디바이드The River's Divide〉라는 제목을 붙였다. 아웃도어 채널에 나오는 흔한 다큐멘터리와는 전혀 다른 내용이었다.

"동물의 죽음을 축하하는 다큐나 쇼가 너무 많아요. '갈겨라, 쌓아라' 하는 식이죠. 역겨워요. 정말 역겨워요."

그의 영상물들은 〈플래닛 어스Planet Earth〉*에 더 가깝다. 사냥이 더해졌다는 점만 다를 뿐이다. 예를 들면 안개 낀 가을날 아침의 고요한 연못 경치가 담긴 장면이나 여우가 처음 나타난 순간부터 굴속으로 사라지는 순간을 오랜 시간 끈기 있게 촬영했다.

〈더 리버스 디바이드〉는 미국 사우스다코타주와 네브래스카주에 걸쳐 있는 불모의 땅, 배드랜즈Badlands에 사는 흰꼬리사슴 한 마리를 추적하는 4년의 여정을 담고 있다. 이 작품에는 도니가 '스티브'라는 이름을 붙인 수사슴의 서식지, 발달 과정, 성격 등과 함께 도니가 사슴을 쏘아 죽이고 나서 느낀 복잡하고 복합적인 감정들까지 모두 담겨 있다.

---

의 단편소설을 남긴 이력이 본문의 내용과 맞닿는다.

\* 영국 BBC의 자연 다큐멘터리 시리즈. 2006년의 첫 시리즈 방영 후 2016년에 2차, 2023년에 3차 시리즈를 방영했다. 제작에 5년이 걸린 첫 시리즈는 BBC 역사상 가장 많은 제작비를 투자한 프로그램으로, 에미상 4개 부문을 비롯하여 수많은 수상 기록을 남겼다.

"다큐를 발표하고 나서 사냥꾼과 사냥꾼이 아닌 사람들, 양쪽에서 수천 통의 편지를 받았어요. 다들 저의 접근 방식을 좋아하더군요. 그리고 작품에 많이 공감해줬는데, 생쥐들의 경주 같은 현대인의 삶에서 벗어나 자연 속에 존재하면서 그 일부가 되는 일의 가치를 보여줬다고 생각하는 것 같아요."

요즘 도니는 스스로 생쥐들의 경주에서 벗어나 해마다 북극, 멕시코, 러시아, 알래스카, 유콘 등의 거친 오지에서 몇 달씩 보내고 있다. 우리는 계속 자연 탐색로를 헤쳐 나가고 있었다. 날이 저물어 가자 높이 솟은 소나무들의 검은 실루엣 뒤로 달빛을 머금은 검푸른 하늘이 펼쳐졌다.

"굉장한 경험을 하고 싶다면 굉장한 곳으로 뛰어들어야 합니다."

도니가 말했다. 아무튼 이 사내는 데이비 크로켓\*, 데이비드 아텐버러\*\*, 달라이 라마를 합쳐놓은 별종이다.

마침내 첫 야영지에 도착했다. 라스베이거스에서는 결코 볼 수 없는 종류의 어둠이 사방을 에워싸고 있었다. 비탈진 산지 초원에서 유일하게 평지에 가까운 땅이 있었다. 경사진 언덕에서 흘러나오는 물을 물병에 가득 받아서 길게 들이켰다. 몸이 떨렸다. 기온이 거의 영하로 떨어져 있었다. 냉난방 걱정이 없는 집에서 차로, 사무실로, 다시 집으로 돌아오는 나의 22도 생활 양식은 나의 뇌

---

\*   데이비 크로켓(Davy Crockett, 1786-1836). 미국의 민속 영웅, 국경 지대의 군인, 그리고 정치가이다. '야생 국경의 왕'이라는 별칭으로 흔히 언급된다.
\*\*  데이비드 아텐버러(David Attenborough, 1926- ). 영국의 동물학자이자 환경보호론자.

와 신체를 22도가 아닌 그 어떤 유형의 날씨에도 대비시키지 못한 것이 분명했다. 사지 끝까지 뻗었다가 다시 몸 한복판으로 파고드는 추위를 느꼈다. 싸 들고 갔던 옷을 몽땅 꺼내 껴입었다. 울 티셔츠, 울 패딩, 다운 조끼, 점퍼, 모자, 장갑…. 완전 무장을 했는데도 몸은 계속 떨렸다.

윌리엄은 마치 기온에 무감각한 돌덩이처럼 반팔 티셔츠 차림으로 샘 근처에 수도자 같은 모습으로 서 있었다. 춥지 않냐고 묻자 그가 말했다.

"전혀요. 날이 좀 쌀쌀하긴 하네요. 하지만 상관없어요. 저는 이런 느낌이 좋아요. 보통 영상 4, 5도까지는 티셔츠만 입어요."

저녁을 먹기 위해 도니의 천막 안에 둘러앉았다. 천장이 높고 바닥 커버가 없는 텐트였다. 나는 사냥 반대론자는 아니지만 아직은 총이나 활을 집어 들 준비가 전혀 되어 있지 않았다. 그래서 도니에게 물었다. 도대체 왜 사냥을 하는 거냐고. 전리품을 얻기 위한 사냥은 혐오스럽게 느껴졌다. 고기라면 식당이나 마트에 널려 있지 않은가.

도니는 전리품 사냥에 대해 나와 생각이 같다고 말했다. 그리고 이어서 야생동물 연구자로 일해오면서 정립한 엄격한 잣대를 설명했다. 예를 들면, 무리에서 나이가 제일 많은 동물만 사냥한다. 나이 많은 개체 하나가 사라지면 무리의 전반적인 생존조건이 나아질 수 있기 때문이다. 당연한 얘기지만 어린 개체를 잡으면 반대효과가 나타난다. 즉, 어린 동물은 도니와 같은 사냥 방식 덕분에 무리에서 정상적인 수명을 누릴 수 있다. 그는 사냥을 하다 갑자기 전리품 사냥같이 느껴질 때면 혼란스럽고 당혹스럽다는 말을 덧붙였다.

"뿔 달린 놈들만 찾아다니는 건 분명히 아닌데, 대개는 나이든 동물일수록 뿔이 크기 마련이더라고요."

도니가 침낭에 등을 기대면서 철학적인 말을 했다.

"인간은 포식자와 피식자로 구성된 생태계를 통과해왔습니다. 만약 토끼한테 '너는 왜 토끼니?' 하고 묻는다면 이렇게 대답할 겁니다. '몰라요. 나는 그냥 토끼예요. 당근을 먹고, 이렇게 풍성한 꼬리와 팔랑거리는 귀가 달렸지요. 나는 언제나 토끼였어요.'

제 대답도 비슷합니다. 저는 사냥꾼입니다. 이런저런 껍데기를 다 벗기고 보면, 인간은 기본적으로 단세포 유기체에서 유인원을 거쳐 진화해온 존재입니다. 우리는 동물입니다. 원래부터 사냥하고 채집하던 동물이죠. 지금도 사람은 모종의 차원에서 포식자와 피식자 관계에 연루되어 있습니다. 여전히 사냥하고 채집합니다. 대부분의 인간은 고기를 먹고, 모든 인간은 채소를 먹습니다.

그런데 오늘날 인간은 자신을 위한 사냥과 채집을 산업이 대신해주는 사치를 누리고 있어요. 만약 이런 산업이 없었다면 인간은 너 나 할 것 없이 손수 사냥하고 채집했을 겁니다. 결국 저 같은 사냥꾼은 인간 본연의 모습에 조금 더 가까이 가 있는 존재라고 할 수 있는 거죠."

도니가 잠시 말을 끊었다가 다시 이야기를 이어갔다.

"사냥이 논란의 대상이라는 것을 잘 압니다. 고기를 먹는 사람에게 진입 장벽이라고 해봐야 마트에 들어가서 신용카드를 긁는 정도일 겁니다. 정작 자신이 먹고 있는 동물에 대해서는 아는 게 아무것도 없습니다. 어떻게 살았는지, 어디에서 왔는지, 또는 어떤 삶을 살았는지. 하지만 저는 알고 있습니다."

저녁을 먹으면서 우리는 고기에 대해 많은 얘기를 나누었다. 실제 식사에 고기가 있었던 것은 아니다. 물을 부어 먹는 휴대용 옥수수죽 한 그릇이 전부였으니까. 이야기를 마치고, 나는 트레킹 폴로 겨우 지지해놓은 방수포에 불과한 나의 소박한 거처로 옮겨가 잠을 청했다.

원정은 지금부터 더 불편해질 일만 남아 있었다. 우선 며칠 동안은 30킬로그램에 육박하는 배낭을 지고 몇 시간씩 거칠고 가파른 경사를 올라가야 한다. 고지에서 물을 먹으려면 다시 아래쪽에 있는 샘으로 1킬로미터를 내려갔다가 무겁고 불편한 물주머니를 짊어지고 야영지로 돌아와야 했다. 이따금 행군을 멈추고 언덕마루에 앉아 바람을 맞으며 순록을 찾기 위해 망원경으로 사방을 살피기도 했다. 하나뿐인 망원경을 윌리엄이나 도니가 눈에 갖다 대고 있는 동안, 나는 어디를 살펴야 할지 전혀 알 수가 없었다. 고등학교 시절 수학 시간이 끝나기를 기다렸던 때 이후로는 경험하지 못한 기나긴 무료함 속에 그저 멍하니 앉아 있었다.

우리는 짐을 더 가볍게 만들고야 말겠다는 일념으로 매일 스니커즈 한두 개와 냉동건조 식품 하나씩을 먹어치웠다. 이 정도면 패션모델에게는 충분한 양일지 모르겠지만 하루 종일 헉헉거리며 비탈 위로 무거운 배낭을 짊어져 나른 성인 남성에게는 턱없이 부족한 양임이 분명하다. 나는 매일 허기에 시달렸다. 게다가 샤워는 커녕 온 사방에 손소독제 퓨렐Purell이 있는 시대에 기괴하게도 손 한 번 씻어보질 못했다. 몸에 두른 옷가지, 장갑, 모자 역시 한순간도 내 몸과 작별한 적이 없었다. 이렇게까지 고생할 필요가 있을까 하는 생각이 수시로 머릿속을 스쳐갔다.

하지만 캘리포니아 전나무들 사이로 솟아오른 고도 3,000미터의 화강암과 석회암 능선을 며칠 동안 행군한 끝에 마침내 가슴 뛰는 순간을 마주하게 되었다.

"숙이세요!"

도니가 속삭이듯 소리쳤다.

50미터 앞에 픽업 트럭만 한 큰사슴이 서 있었다. 수컷이다. 놈이 엉덩이를 우리 쪽으로 향하고 고개를 숙인 채 풀을 뜯고 있었다. 가지진 두 뿔이 건설용 크레인처럼 높이 뻗쳐 올라가 메마른 산 공기를 휘젓고 있었다. 우리는 몸을 잔뜩 낮췄다. 만약 놈이 우리 냄새를 맡는다면 시속 65킬로미터로 질주해 순식간에 시야에서 사라지고 말 것이다.

도니가 활에 화살을 넣은 뒤 만화 영화 주인공 같은 발끝걸음으로 조심스럽게 이동하기 시작했다. 거리는 18미터 정도로 가까워졌고, 우리는 화강암 바위 뒤에 몸을 숨겼다. 우리가 기대하는 것은 놈이 어깨를 드러내며 돌아서는 것이었다. 그러면 소리 없이 날아간 화살이 깔끔하게 큰사슴의 어깨를 파고 들어가 등 대동맥을 가르고 폐에 명중하리라. 그런 화살을 맞는다면 길어야 몇 초 안에 숨이 끊어지고 말 것이다. 활은 조용하고 날카롭다. 놈은 자신의 절망적 상황을 알아채기도 전에 쓰러질 것이다.

놈이 씹는 동작을 멈췄다. 밝은 갈색을 띤 두 귀가 뒤로 눕는 것과 동시에 검은 두 눈동자가 곁눈질을 했다. 그러고는 머리를 쳐들고 주변을 살피기 시작했다. 그러자 놈의 치명적인 부분이 노출됐다. 도니가 활시위를 힘껏 뒤로 당겼다.

선승들은 지금의 나와 같은 존재 상태에 도달하기 위해 수십 년을 수행한다. 나의 모든 감각은 오로지 큰사슴을 향해, 그리고 놈과 나의 관계에 집중되었다. 두꺼운 털, 황갈색에서 연갈색을 지나 흰색으로 변해가는 우아한 털빛, 가지를 치듯 솟구쳐 오른 뿔의 혹과 얕은 만곡과 뾰족한 말단까지, 모든 것이 나의 감각 기관의 포로가 되어 있었다. 이빨로 풀을 갈며 씹는 소리가 들렸다. 놈의 흉곽이 부풀어 오를 때마다 거친 숨소리가 났다.

살아 있는 것이 생명 주기를 끝내고 다른 무언가로 전이하는 순간. 죽음이라는 것을 이렇게 가까이에서 본 적이 없었다. 그때까지 내가 먹은 마지막 고기는 종이봉지에 감싸진 빵 사이에 들어 있던 것이었다. 아마도 중서부의 어느 비밀스러운 도축장을 떠나 선박에 실려 온 것이었을 거다.

머릿속에는 도니가 정말로 저 얌전하고 거대한 큰사슴을 향해 시속 320킬로미터로 화살을 날릴 것인가 하는 의문밖에 없었다. 적어도 구경꾼 하나가 나타나기 전까지는 말이다. 뒤쪽에서 코요테 한 마리가 큰사슴 내장으로 저녁을 즐기겠다는 포부를 품고 조용히 다가왔다. 놈의 존재를 알아차린 큰사슴은 겁에 질려 성큼성큼 달아났다. 도니는 당겼던 활시위를 천천히 풀었다.

"몸집도 크고 예뻤는데, 너무 어리네요."

우리는 능선을 따라 야영지로 향했다. 서쪽에서 날아온 연기가 태양을 가리면서 적갈색 음영을 만들어내고 있었다. '살아 있구나' 하는 느낌이 밀려든다. 내 앞에 완전히 새로운 삶이 놓여 있음을 깨달았던 금주 초기 며칠 동안보다도 훨씬 더 강렬한 느낌이었다. 마음은 더 고요해져 있었고, 몸은 더 쓸모 있는 것이 되어 있었다. 부산스럽기만 한 현대 생활의 주파수보다 몇 배 높은 야생의 리듬 속에 나는 어느새 동조되어 있었다.

# 50 대 50

## 죽지 않을 정도의 고생은
## 인간을 더 강하게 만든다

'문명'으로 돌아온 뒤, 불편함이 남긴 잔향은 몇 주 동안이나 나를 휘감았다. 험준한 산자락을 오르면서, 배를 곯아가면서, 추위에서 도망쳐보려는 헛된 노력을 하면서, 거친 세계가 바로 다음 순간 무엇을 던져줄지 전혀 예측하지 못한 채로 야생에서 지낸 그 며칠 동안 나를 사로잡았던 느낌이 끊임없이 맴돌았다. '편안함에 의한 잠식'과 완전히 상반되는 느낌이었다. 그것은 내가 곧 하버드 출신 박사를 통해 알게 될 일종의 '미소기misogi'*였다.

---

* 미소기는 일본 신도에서 행해지던 정화 의식으로, 물을 사용해 신체와 마음의 부정을 씻어내는 전통적인 관습이다. 주로 차가운 폭포나 강물 등의 극한 환경에서 수행되는 경우가 많고, 이를 통해 자기 극복과 정신 단련을 추구한다. ('정화수행'과 혼용하며 번역했다.)

일본의 고문헌 《고사기》는 서기 711년에 겐메이 천황의 명으로 편찬되었다. 일본에 현존하는 문헌들 중 가장 오래된 기록으로 신화, 전설, 일본 열도의 여러 섬에 대한 역사적 기록, 천지의 형성, 일본의 토착 신앙인 신도神道의 신들과 영웅들의 기원 등을 담고 있다. '미소기'는 《고사기》에 실려 있는 가장 장엄한 이야기의 산물이다.

이야기의 주인공은 이자나기伊邪那岐다. 신도 신앙의 신인 이자나기는 창조와 죽음을 다스리는 여신 이자나미伊邪那美와 결혼해 완벽한 삶을 살았지만 비극은 이자나미가 출산 중에 죽음을 맞이하며 시작된다. 여신은 죽은 자들의 땅, 즉 모든 신이 사후에 가는 지하 세계로 내려간다. 아내를 잃고 절망한 이자나기는 애통함과 무기력에 빠진 나날을 보낸다. 마침내 더는 이렇게 살 수 없다고 여긴 이자나기는 저승으로 가서 아내를 구해 오겠다고 결심한다. 그는 지하 세계로 이어진 동굴로 들어갔다. 더 깊은 곳으로 내려간 이자나기는 섬뜩한 상황에 처한다. 악마, 귀신과 같은 기괴한 존재들이 달려들어 그를 영원히 지하 세계에 가두려 했다.

지옥의 온갖 존재들이 앞을 가로막았지만 이자나기는 모든 난관을 이겨내고 마침내 아내를 찾아낸다. 그러나 아내는 이미 지옥의 힘에 정복당한 뒤였고, 몸 여기저기가 썩고, 마치 악마와 같은 형상이 되어 있었다. 이자나기는 빨리 그곳을 벗어나지 않는다면 자신마저 지하 세계의 제물이 되고 말 것임을 깨달았다. 지옥의 동굴을 돌파하려 했지만 악마와 괴물들은 그를 더욱더 아래로 끌어내리려 했다. 실패는 눈앞에 임박한 듯 보였다. 단념하기 직전, 심

신의 모든 힘을 끌어모아 계속 나아갔고, 끝끝내 동굴을 빠져나올 수 있었다. 지상으로 나온 이자나기는 인근의 얼어붙을 듯한 차디찬 강물로 뛰어들어, 지옥에서 묻혀 온 타락의 기운을 정화했다. 이 행위는 이자나기를 정신과 육체의 순수한 청정 상태인 '스미키리澄み切り'*로 이끌어 모든 불순과 약점과 과거의 한계를 제거했다. 그리하여 이자나기의 정신과 육체와 영혼은 더욱 강인해졌다는 이야기다.

정화수행이 가져다준 청정 상태는 고대의 합기도 수련자들이 자연의 차가운 물에 몸을 담갔던 이유와 같다. 폭포, 냇물, 또는 바다는 수련자의 불순함을 씻어내 그를 우주와 재연결해주는 매개체였다. 이후 정화수행이라는 개념은 문명 세계에서 얻은 오염을 정화하기 위해 자연 속으로 장엄한 도전을 떠나는 방식으로 응용되기도 했다. 현대의 극한 자기수련은 굳어 있는 뇌와 육체와 정신을 재부팅시킨다. 한계를 깨부숨으로써, 옛 일본의 합기도 수련자들이 추구하던 마음챙김과 중심 잡힌 자신감, 정신력을 안겨준다. 마커스 엘리엇Marcus Elliott 박사는 이런 새로운 유형의 수행 및 수련을 연구했고, 효과를 확신했다.

하버드 의과대학을 졸업한 엘리엇 박사는 심층 생체 측정 데이터를 활용해 프로 운동선수들의 경기력을 향상시키는 스포츠과학 시설, P3를 운영하고 있다. 정화수행에 관해 알기 위해 그에게 연

---

\* 스미키리는 일본 신도에서 미소기를 통해 신체적, 정신적 상태가 맑고 깨끗해져 더 이상 불순물이 없는 상태를 묘사할 때 사용한다. 종교적인 의미에 그치지 않고 예술 작품이나 철학적인 맥락, 명상에서도 쓰이는 표현이다.

락했을 때 그는 NBA 선수들과 관련한 숫자와 지표, 발목 부상의 생체역학, 수직 점프의 압축 하중, 스텝 백 3점 슛 상황에서 발생하는 편심력 등에 대해 이야기하는 것에 지쳤다고 말했다.

"저는 기자님이 운동선수 관련 데이터와 모델링을 궁금해하는 줄 알았습니다. 제가 좋아하는 분야죠. 하지만 그런 얘기는 별로 하고 싶지 않습니다."

최근 〈월스트리트 저널〉이 산타바바라Santa Barbara에 있는 그의 시설을 방문하기도 했다. 이 신문은 엘리엇이 각종 운동 기구와 컴퓨터, 과학 장비가 들어찬, 간판도 없는 창고형 체육관 건물에서 2018년 NBA 신인왕이자 올스타인 루카 돈치치Luka Doncic를 대상으로 진행하고 있는 연구를 취재해 갔다.

돈치치 선수가 슬로베니아에 있는 집을 떠나 산타바바라까지 9,600킬로미터를 날아온 것은 만 15세가 된 직후였다. 엘리엇은 이 젊은 선수의 플레이에 숨어 있던 비밀 코드를 찾아냈다. 연구진은 돈치치의 가슴, 등, 다리, 무릎, 발목, 발등에 수십 개의 반응 장치를 부착해 경기 중에 나올 수 있는 모든 동작을 반복시켰다. 영화 촬영 장비급 3D 카메라가 5,000개 이상의 데이터 포인트를 포착했고, 여기서 얻은 정보를 통해 엘리엇은 돈치치에게 부상을 입힐 수 있는 운동 비대칭이 무엇인지, 그리고 이 선수가 잘하는 신체 기술이 무엇이고, 잘하지 못하는 것은 무엇인지를 파악했다.

데이터는 돈치치가 선수 수명을 오래 유지하려면 되도록 점프를 하지 않는 것이 좋겠다는 조언부터 들려주었다. 반면에 편심력을 활용하는 데 놀라운 재능이 있음을 발견했다. 즉, 순식간에 속도를 줄이는 능력이 뛰어났다. 엘리엇은 돈치치가 경기력을 높이기 위해 어떤 플레이에 더 집중해야 하는지를 짚어주었다. 전방 전력 질주 활용, 돌발적인 전력 질주 중단, 그리고 슛을 던질 때 상대 수비가 수그렸던 상체를 미처 일으키기 전에 공이 골대를 향해 아치를 그리도록 하기 등. 돈치치는 조언을 받아들였고, 이내 NBA의 미래가 되었다. 이후 NBA 선수 중 약 60퍼센트가 자신의 운동 패턴에 숨어 있는 위험 요소와 기회 요소를 찾아내기 위해 P3를 거쳐 갔다.

놀라운 일이다. 하지만 이것은 내가 얘기하고 싶었던 주제가 아니었다. 내 머릿속에는 정화수행에 대한 생각뿐이었고, 엘리엇 또한 나에게 들려주고 싶어 한 주제였다. 엘리엇은 말했다.

"그거라면 밤새도록 얘기할 수 있죠!"

몇 달 뒤, 나는 엘리엇과 함께 산타바바라 위쪽 절벽 길을 올라가고 있었다. 개울을 건너고 바위를 타고 넘어 돌투성이 평원을 지나 유칼립투스 비슷한 냄새가 나는 짙푸른 숲들을 통과했다. 한참 만에 바다가 보이는 급경사 지대에 올라선 우리는 몸을 구부리고 양 무릎에 손을 짚은 채 공기를 들이켰다.

엘리엇이 말했다.

"수십만 년에 걸쳐 진화하는 동안 인간이 힘든 일을 하지 않았다면 절대로 생존할 수 없었을 겁니다. 안전망도 없었죠. 옛날 사람들은 늘 도전에 맞닥뜨렸습니다. 사냥할 때, 부족을 위해 식량을 구할 때, 여름이 끝나고 겨울로 넘어가는 계절에 등등. 도전에 맞닥뜨려가면서 인간은 점점 자신의 잠재력에 눈을 떴습니다."

엘리엇은 키 185센티미터에 철인3종경기로 다져진 약 86킬로그램의 늘씬한 체형을 지니고 있다. 건강하게 그을린 피부를 가진 그는 나이가 54세이지만, 40세라고 해도 믿어질 정도다.

"그런데 어느 날 갑자기 현대 사회가 도래하면서 도전받지 않고도 생존하는 일이 가능해졌습니다. 먹을 것은 넘쳐나고, 편안한 집이 있고, 좋은 직장과 나를 사랑하는 몇몇 사람들, 한마디로 'OK 인생' 아닙니까? 그런데… 나의 잠재력이 이 큰 원이라고 생각해 봅시다."

엘리엇이 오솔길 양쪽의 수풀까지 감쌀 정도로 허공에 큰 원을 그리면서 말했다. 그리고 큰 원 한가운데에 접시만 한 동그라미를 그렸다.

"사람들은 이 작은 동그라미 안에 살고 있습니다. '여기까지가 내 잠재력이다' 하면서, 그 너머에 뭐가 있는지, 울타리를 벗어나면 어떤 일이 벌어질지 전혀 생각하지 않아요. 이건… 정말로 중요한 걸 놓치고 있는 거죠."

바다 쪽에서 소금기를 품고 날아온 바람이 땀에 젖은 내 티셔츠를 스치며 언덕 위쪽으로 불어 올라갔다. 그는 말을 이었다.

"저는 사람들이 자연 속으로 뛰어들어서 '헉' 소리 나게 힘든 도전을 하면 자동으로 천부적인 정화 장치가 작동한다고 믿습니다. 그러니까 '컴포트존'에만 머물러 있지 말고 제발 그 너머를 탐색해보라는 겁니다."

잠재력의 한계를 시험하는 정화수행에 뛰어들라는 말이었다. 실제로 엘리엇은 지난 25년 동안 해마다 오지 원정에 도전해왔다.

"연구소에서 저는 선수에게 위험 요소가 될 만한 문제를 찾아냅니다. 그리고 체육관과 똑같은 환경을 만들어놓고 그 안에서 훈련을 하게 합니다. 이런 훈련 덕에 예측 불가능한 상황이 난무하는 실제 경기에서 퍼포먼스를 개선할 수 있습니다."

맞은편에서 검은 래브라도리트리버와 산책을 나온 사람이 다가왔다. 엘리엇과 나는 리트리버를 가볍게 쓰다듬어주었다.

"제가 하고 있는 것이 바로 정화수행과 똑같은 겁니다. 조건이 현대적이라는 점만 다른 거죠. 인류가 끊임없이 직면했던 도전들을 모방해서 육체적으로 힘든 과제에 도전하는, 인위적이고 작위적인 극한의 자기수련인 셈이죠. 이제는 그런 도전들이 사라져버렸으니까요. 과정을 잘 마치고 일상으로 복귀하면 서부 개척 시대 뺨치는 오늘날의 험난한 세상을 더 잘 헤쳐 나갈 수 있게 됩니다. 이보다 더 좋은 처방이 어디 있겠습니까?"

엘리엇은 이런 훈련이 자신의 신체적, 정신적, 영적 건강과 잠재력의 수준을 몰라보게 향상시켜준다고 말한다. 같은 목적을 가지고 동참했던 사람들도 동일한 경험을 했음은 물론이다. 예를 들어, 산타바바라에 사는 넬슨 패리시Nelson Parrish는 회화, 금속 조소, 목각을 아우르는 40대 예술가다. 그 자신의 표현을 빌리면 "속도의 수다와 색의 언어를 통해 맥락화된" 작품들을 만든다. 그에게 예술의 목표는 작품을 감상하는 사람들로 하여금 "주변적인 것들로부터 해방시켜 시간의 확장과 수축에 대해 생각하도록" 하는 것이다. 패리시의 작업은 〈보그〉에 소개되기도 했고, 에르메스 일가, 미국의 배우이자 영화감독인 롭 로Rob Lowe, 그리고 R&B 싱어송

라이터 존 레전드John Legend 등등이 그의 작품을 소장하고 있다.

 패리시는 말했다.

 "정화수행의 초점은 육체적 성취가 아닙니다. '당신이 더 나은 인간이 되기 위해 정신적으로 영적으로 기꺼이 경험하고자 하는 것은 무엇인가'를 묻습니다. 제 작업에서 보시다시피, 정화수행 덕분에 두려움과 불안을 놓아버릴 수 있었습니다."

 NBA 올스타로 예술적인 점프슛 능력을 보유한 카일 코버Kyle Korver는 역대 3점 슛 최대 득점 4위에 올라 있다. 그는 위기에 특히 강한 자신의 플레이가 정화수행 덕분이라고 말한다.

 "어느 해인가, 40킬로그램 정도 되는 돌덩이를 물속에서 5킬로미터를 옮긴 적이 있습니다."

 엘리엇이 패리시와 코버가 함께 참여했던 도전에 대해 입을 열었다. 그 도전은 지금 우리가 걷고 있는, 산타바바라 섬 해안을 따라 이어진 탐색로에서 몇 킬로미터 정도 떨어진 절벽 아래에서 진행되었다. 한 사람이 물속 2~3미터 아래로 잠수를 한다. 그런 다음 40킬로그램 정도 되는 돌덩이를 물속에서 끌어안고 잠수한 채로 걸어서 가능한 한 멀리(추측컨대 10~20미터) 전진한다. 그러면 다른 사람이 물속으로 뛰어들어서 똑같은 작업을 수행한다. 5시간 동안 이 과정을 반복해서 돌덩이를 옮겨놓는다.

 "또 다른 해에는 서서 타는 서핑보드를 타고 폭이 40킬로미터쯤 되는 산타바바라만을 횡단하기도 했습니다. 횡단 내내 서핑보드에 서 있었던 시간은 별로 없었습니다. 거의 10분마다 파도에 맞아 물에 빠졌기 때문이죠. 해협을 끝까지 횡단해야겠다는 생각

같은 건 애초에 할 수 없습니다. 그저 당장 눈앞의 숙제를 해결해야 했으니까요. 균형을 유지하면서 노 한 번 젓고, 그리고 노를 반대편으로 해서 또 한 번 젓고…. 어느 순간 고개를 들어보니 바다를 건너왔더군요."

코버는 자신이 NBA 사상 최다 연속 경기 3점 슛 기록을 깰 수 있었던 것이 이 서핑보드 체험 덕분이라고 말한다. 그가 기록 경신에 근접해가고 있을 때 팀 동료들이 다가와 이제 최다 3점 슛 기록까지 열두 경기밖에 안 남았다는 식으로 말해주곤 했었다. 그때마다 그의 관심은 '오직 다음 한 번의 완벽한 노젓기'에 있었다.

정화수행에는 많은 사람들이 도달하고자 하는 '몰입 상태$_{\text{flow state}}$'의 비밀이 숨어 있는지도 모른다. 1960년대에 활동했던 심리학자 미하이 칙센트미하이$_{\text{Mihaly Csikszentmihalyi}}$는 예술가를 연구하다가 매우 흥미로운 사실을 발견했다. 그의 눈에 비친 예술가는 순간에 완전히 녹아든 상태에서 작품에 몰두하고 있었다. 그들의 행동과 의식은 마치 하나로 융합된 것처럼 보였다. 잡다한 생각, 통증이나 허기 같은 신체적인 감각, 심지어 에고와 자아에 대한 감각조차 모두 사라진 것 같았다. 그것은 한마디로 예술을 통한 긴 명상이었다.

미하이는 훗날 자신이 '몰입 상태'라 명명한 이 상태를 연구하기 시작했다. 시카고대학교 심리학과 과장, 미국심리학회 회장 등을 포함한 화려한 경력 기간 내내 고수준의 몰입 상태에 도달한 사람 수천 명을 인터뷰했다. 체스 선수, 암벽 등반가, 화가, 외과 전문의, 작가, 포뮬러1 레이서에 이르기까지, 분야를 가리지 않았다.

그의 연구에 따르면 몰입 상태에 빠져드는 데에는 두 가지 조건이 필요하다. 수행자의 한계를 확장시키는 '과제'가 주어져야 하고, 과제에 '명확한 목표'가 있어야 한다. 미하이를 비롯한 학자들이 얻은 결론은, 개인의 행복과 성장의 핵심적인 동력이 바로 몰입 상태라는 것이다. 그는 자신의 책에 이렇게 썼다.

"몰입 상태는 삶을 더 풍요롭고 열정적이고 의미 있는 것으로 만드는 힘이 있다. 자아를 강화해주고 자아가 지닌 다양한 특성들을 성장하게 한다는 점에서 바람직하다."

엘리엇은 미식축구와 야구를 비롯해서 할 수 있는 운동은 다 했다고 할 정도로 여러 가지 운동을 하면서 성장했다. 그리고 일찍부터 심리학과 인간 행동에 남다른 호기심을 품었다. 이런 관심은 10대에 접어들어 더욱 깊어져서, 부모에게 크리스마스 선물로 〈스포츠 및 운동의 의학과 과학Medicine & Science in Sports & Exercise〉학술지를 구독하게 해달라고 조를 정도였다. 대학교 야구 선수가 되고 싶었지만 고등학생 때 부상을 당해 포기해야 했다. 그는 운동을 정복하는 대신 대학들을 정복했다. UC버클리에서 UC산타바바라로, 그리고 다시 하버드를 접수했다.

엘리엇이 말했다.

"부상에서 회복된 뒤에도 저한테는 여전히 육체적인 도전 같은 게 필요했던 것 같아요. 그래서 뛰어든 게 지구력 스포츠 철인3종 경기였죠. 대학에 다니는 동안 파티 한번 가지 않은 사람은 저밖에 없을 거예요. 거의 미친 사람처럼 훈련하고 공부만 했죠. 몇 년 동안 폭스바겐 밴 안에서 살았어요. 모든 게 간단했죠. 살림살이가 몇 가지 되지 않았거든요. 오늘 하루도 건강하고 유익하게 잘 마무리했다, 그런 생각을 하면 기분이 좋았습니다."

큰 대회에서 몇 차례 우승하면서 나이키의 후원을 받았고, 철인3종경기 세계 랭킹 10위 안에 들기도 했다. 이 무렵 하버드 의대와 MIT의 생체역학 박사 프로그램에 지원했고, 두 학교에서 모두 입학 허가를 받아냈다.

"의사가 되고 싶은 마음은 전혀 없었습니다. 하지만 결국 의과대학에 가게 됐죠. 그쪽이 더 흥미로울 거라는 생각이 들더군요. 사람의 배를 가르고, 정신과 환자를 상담하고…."

의대 재학 기간에는 철인3종경기를 그만두었다. 이미 스물다섯이 되면 운동을 그만두겠다고 마음을 먹었다고 한다. 일주일에 100시간씩 강의를 듣고, 경기 뛰고 연구하는 생활은 어느 쪽에도 좋을 리 없었다. 그러나 맨몸으로 뛰고 자전거를 타고 달리고 바다를 헤엄치면서 보낸 고요하고 고독했던 시간들은 그의 정신을 개조해놓았다. 불편함이 오히려 편안하게 느껴졌다. 온몸이 들고 일어나 '이제 속도를 늦추라고, 뛰지 말고 걸으라'고 충동질하는데도 끝내 굴복하지 않았던 시간들이었다.

"지구력 스포츠를 통해서 한계를 뛰어넘는다는 게 뭔지, 내 안에서 새로운 것을 발견한다는 게 무엇인지를 알게 됐습니다. 철인3종경기를 그만두고 나서도 도전 의식은 그대로 제 안에 남았습니다. '한계치에 도전해 나의 더 나은 부분을 찾아내고 싶다' 그런 욕구였죠."

엘리엇은 스스로 '기막힌 도전들'이라고 부르는 것들을 실행하기 시작했다. 먼저 1년에 한두 차례 비체계적인 고난이도 도전을 수행했다. 이를테면 이런 것이다.

"일과가 끝난 뒤에 밤새 한숨도 안 자고 뉴햄프셔주에 있는 화이트산맥으로 차를 몰고 갔습니다. 사전 준비 같은 것도 없었습니다. 산에 도착해 앞으로 24시간 동안 갈 수 있는 데까지 가보자는 막연한 생각뿐이었습니다. 그냥 내가 정말 할 수 있는지를 알고 싶었습니다. 1년에 한두 차례 반복하다 보니 기록들이 계속 깨져나가더군요. 어느 날 보니 처음 시작했을 때보다 훨씬 먼 곳까지 와 있었습니다. 정말이지, 뿌듯했습니다."

여러 해 전 엘리엇은 중학교 동기인 가스 메클러Garth Meckler와 함께 '기막힌 도전들' 중 하나에 도전하기 위해 와이오밍주 리버턴으로 날아갔다.

"공항에서 우편 배달 트럭을 얻어 타고 자연 탐색로 입구까지 갔습니다. 36킬로그램 가방을 등에 지고 하루에 15시간씩 황무지를 행군했죠. 서로 벌을 주는 것 같았습니다. 가스는 올림픽 대표급 유도 선수거든요. 하이킹을 하는 동안 일본 사무라이들로부터 물려받은 정신에 대한 얘기를 해주더군요. 사무라이는 합기도로부터 물려받았는데, 합기도는 고대 일본의 종교 문헌들로부터 물려받았다고 했습니다. 그게 바로 '미소기의 도전'이라고 하더군요. 그 뒤로 저는 이런 기막힌 도전을 '미소기'라고 부르고 있습니다. 가스에 대한 고마움의 표시이기도 하고, 이런 행위가 마음의 정화를 선사하고 삶을 고양해준다는 믿음도 있었죠."

의과대학을 졸업할 무렵에 엘리엇의 부채는 33만 달러까지 불어나 있었다.

"하버드 지도 교수님들은 의학자의 길을 권하시더군요. 하지만 연구실, 병원, 사무실 같은 데서 감옥살이하듯 살고 싶지 않았습니다. 현장으로 나가서 세상에 실질적인 영향을 주고 싶었죠."

당시 미국 프로 스포츠팀의 훈련은 선수 개개인의 상황에 따라 세트와 횟수를 조정하는 데에서 크게 벗어나지 않은 수준이었다.

"확신이 있었습니다. 앞으로 스포츠에서 과학의 역할이 훨씬 더 중요해질 것이고, 지금 내가 시작하지 않는다면 두고두고 후회하게 될 것 같았어요. 당장 내가 풀 숙제를 만나고 싶었습니다."

엘리엇이 찾던 숙제는 미식축구팀 뉴잉글랜드 패트리어츠에서 나왔다. 당시 패트리어츠는 한 해 평균 21.5회의 햄스트링 부상에 시달리는 별 볼 일 없는 축구 팀이었다. 엘리엇은 과학자의 관점에서 문제에 접근했다. 여러 해에 걸친 선수 데이터를 분석해 가장 흔하게 일어나는 부상 상황들을 조사하고 팀을 실험했다. 그런 다음 의사의 관점에서 해결책을 찾고, 선수 훈련을 개별적으로 개발해 처방했다. 과거 지도 교수들로부터 "훈련 의학은 세계적 수준 교육 낭비"라는 말을 들었음에도, 자신의 처방이 부상을 줄일 것이라고 확신했다. 결과적으로 그의 작업은 패트리어츠의 선수들의 햄스트링 부상을 시즌당 3개 수준으로 떨어뜨렸다.

"그리고 우리 팀은 슈퍼볼에서 두 번이나 우승했죠."

그의 자랑거리 중 하나다. 엘리엇은 미국메이저리그MLB 최초로 '스포츠과학 및 수행 감독'이 되었고, 야구 일을 지금까지 이어서 하고 있다. P3는 2006년에 문을 열었다. 엘리엇은 스포츠과학 분야의 선구자이자 세계 최고의 학자 가운데 한 사람으로 인정받았으며, 그의 브랜드는 NBA와 공식 파트너 관계를 맺었다. 제임스 하든James Harden, 커와이 레너드Kawhi Leonard, 야니스 아데토쿤보Giannis Antetokounmpo, 돈치치 등등 그의 고객 명단은 농구계 명사 인명록이나 다름없을 정도다. 또한 종목을 넘나들며 수많은 프로 선수들과 작업하고 있으며, 국제축구연맹FIFA과 미국 자동차경주 협회NASCAR 자문도 했다. 최근에 하버드 의과대학은 엘리엇에게 학교의 최고 영예 중 하나인 아우구스투스 손다이크 방문 강연상 Augustus Thorndike Visiting Award을 수여했다.

"저한테 시간 낭비한다고 손가락질하던 사람들이 '와서 우리 좀 가르쳐줘' 한다는 게 좀 웃기죠?"

그의 기막힌 도전은 지금도 1년에 한 차례씩 이어지고 있다. 덕분에 개인적인 생활뿐 아니라 공적인 생활면에서도 커다란 자신감이 생겼다고 말한다.

"누구나 이런 도전들을 통해서 잠재력을 발견할 수 있고, 한계라고 생각했던 것들을 하나씩 깨뜨릴 수 있습니다. 실패에 대한 두려움을 무릅쓰고 일단 뛰어들어보면, 두려움이 점점 사라지면서 상황이 알아서 돌아가기 시작합니다."

엘리엇이 나에게 따라오라는 시늉을 하더니 몸을 돌려 뛰어 내려가기 시작했다. 곧게 뻗은 두 다리가 한 쌍의 피스톤처럼 움직이며 먼지를 일으킨다. 한참을 달려서 그늘진 숲으로 들어섰다. 오르막이 끝나면서 길이 평탄해졌다.

"우리 도전 모델에서 원칙은 딱 두 가지입니다. 1번, 과제가 엄청나게 힘든 것이어야 한다. 2번, 죽지 않는다."

'죽지 않는다'는 대목은 금방 이해가 갔는데, '엄청나게 힘듦'의 기준은 뭔지 궁금했다.

"모든 과정을 제대로 수행한다는 전제 아래, 성공할 가능성이 50퍼센트여야 한다는 것이 일반적인 기준입니다. 그러니까 만일 40킬로미터를 주파한다는 목표를 세워놓고, 준비하는 과정에서 30킬로미터 뛰는 훈련을 하고 일주일에 한 번 60킬로미터 정도를 뛴다면, 그건 우리의 도전 모델이 아닙니다. 실패 확률이 너무 낮습니다. 준비 과정에서 15킬로미터 이상 뛰지 못했고, 두어 번 정도 25킬로미터를 뛰어보긴 했지만, 30킬로미터까지 뛸 수 있을지 아주 의심스러운 상황이라면, 목표는 약 40킬로미터가 되는 거죠."

목표는 유동적이다. 어떤 사람의 50퍼센트는 다른 사람의 50퍼센트와 같지 않을 테니 말이다.

"3킬로미터 이상 달려본 적이 없는 사람이라면 10킬로미터가 목표가 될 수 있겠죠."

모든 현대인에게 몹시 힘든 일에 도전해보는 경험이 필요할지도 모른다. 최근의 한 연구는 우울증, 불안, 비소속감 같은 정신적 증상들이 육체적인 나태함과 관련이 있다고 말한다.

"그러면 절반 정도는 실패하는 겁니까?"

내가 물었다.

"실제로 저도 최근에 두 번 실패했습니다."

엘리엇의 최근 도전은 그랜드캐니언의 한쪽 끝에서 반대편 끝까지 갔다가 돌아오는 것이었다. 6,700미터나 되는 고도 변화를 이겨내며 74킬로미터를 달려야 하는 더없이 야심찬 계획이었다.

엘리엇이 말했다.

"몇 년 동안 달려본 적이 없어서 준비 과정에서 30킬로미터 달리기를 두 번이나 했죠."

그러나 결국 실패했다. 너무 힘들었다.

"그랜드캐니언의 사우스 림South Rim을 내려갈 때는 정말 무릎이 터져나가기 직전이었습니다. 노스 림North Rim까지 올라갔다가 다시 협곡 밑으로 돌아 내려가기 시작했습니다. '성공하지 못하겠구나' 하는 생각이 들더군요. 계속했다면 아마 헬리콥터로 후송됐을 겁니다. 그래서 다시 노스 림 쪽으로 걸어 올라갔고, 4시간마다 운행하는 마지막 셔틀버스를 겨우 잡아타고 차를 세워놓았던 사우스 림으로 돌아왔습니다."

우리는 숲을 빠져나와 가파른 구간으로 들어섰다. 엘리엇이 비탈을 오르며 가쁜 숨을 몰아쉬었다.

"확실히 말할 수 있는 건, 인간의 뇌는 실패라는 개념을 싫어한다는 겁니다. 뇌가 가장 원하는 건 실패와 아무런 관련이 없는 상태입니다. 특히 준비 과정을 완벽하게 수행했을 때는 더더욱 그렇습니다."

이것은 인간 내면에 뿌리박힌 현상이다. 두려움의 진화적 기원을 탐구한 미시간대학교 연구진에 따르면, 우리가 현재에 느끼고 있는 두려움들은 과거의 생활 양식에서 온 것일 때가 많다. 초기의 인간은 목숨을 위협받는 상황에 처하는 것이 일상이었다. 굶주린

포식자, 독을 품은 뱀, 적대적인 상대 부족, 혹독한 날씨, 예측 불가능한 자연, 사회적 지위 상실 등등. (이것은 오늘날 우리가 죽음을 맞이하는 일부 방식에 대해 항상 은근한 두려움을 안고 살아가는 이유를 설명해주기도 한다. 예컨대 자동차 사고 같은.) 수풀 속의 바스락거림이나 풀밭을 기어가는 뱀을 쉽게 알아채는 이유도 바로 이 때문이다. 낯선 사람을 경계하는 이유, 궂은 날씨와 높은 곳을 피하려는 이유, 대중 연설을 하면서 자신의 목덜미를 많은 사람 앞에 드러낼 때 불안을 느끼는 이유도 마찬가지다.

"불과 100년 전까지만 해도 실패는 곧 죽음을 의미했습니다. 그런데 오늘날에는 사람들이 실패의 결과를 엄청나게 과대평가하고 있습니다. 요즘은 실패라고 하면 파워포인트 프레젠테이션을 망쳐서 상사한테 찍히는 정도를 의미하죠."

인간의 마음은 프레젠테이션을 망치는 것 같은 결과를 과대평가하도록 프로그래밍되어 있다. 앞의 미시간대학교 연구진에 따르면, 과거에 사회적 실패란 부족으로부터 추방당해 자연에 의해 죽임을 당하는 것을 의미할 때가 많았다.

"그러니까 우리 안에 남아 있는 이 진화적 메커니즘은 이제 도움이 안 된다는 겁니다. 삶에서 정말로 위대한 것은 결코 완전한 성공이 보장되어 있을 때 오지 않습니다. 단언할 수 있습니다. 완벽하게 실행하더라도 실패 확률이 높은 도전에 참여하는 것, 그런 상황에 과감히 뛰어드는 행동은 엄청난 파급 효과를 가져다줍니다. 실패에 대한 두려움도 없애주고, 내 안의 잠재력을 알게 해주죠."

엘리엇이 가쁜 숨을 몰아쉬며 말을 이었다.

"그랜드캐니언 왕복 도전을 돌아보면… 전 32킬로미터도 못 뛰었습니다. 애초부터 성공 확률이 50퍼센트도 안 됐죠. 50퍼센트는 커녕 10퍼센트나 15퍼센트밖에 안 됐을 겁니다. 그런데 처음에 그랜드캐니언의 사우스 림 가장자리에 섰을 때, 내가 초인이라는 느낌까지는 아니어도 '이미 나에게 도전을 할 적절한 도구가 갖춰져 있구나' 하고 느꼈습니다. 내가 알고 있던 힘, 그 이상의 힘이 느껴지더군요. 일종의 모험심이라고나 할까요."

인간의 장엄한 도전은 시간과 공간을 초월한다. 그리스, 메소포타미아, 불교, 스칸디나비아, 기독교, 인도, 고대 이집트 등의 신화는 하나같이 미국의 신화학자 조지프 캠벨Joseph Campbell이 "영웅의 여정the hero's journey"이라 부른 것에 해당하는 동일한 버전을 가지고 있다. 영웅은 집에서 누리던 편안함과 안락함을 버리고 모험을 떠난다. 그리고 도전에 직면한다. 육체적, 정신적, 영적 강인함을 시험하는 도전 속에서 영웅은 분투한다. 그리고 마침내 이겨낸다. 더욱 깊어진 지식과 기술과 자신감과 경험을 가지게 되며, 세상 속 자신의 위치에 대한 더욱 명확해진 인식과 함께 귀환한다.

1800년대 말로 거슬러 올라가는 한 연구도, 극한의 육체적 시련이 지극히 평범한 인간에게 이로움을 가져다준다는 사실을 증명했다.

1873년 프랑스에서 태어난 아놀드 반 제넵Arnold van Gennep은 명석하면서도 늘 골치를 썩이는 아이였다. 초등학교 선생님들은 반 제넵이 똑똑하지만 끔찍한 아이라는 평가를 내렸다. 부모는 그를 기숙학교로 전학시켰지만 그곳에서도 아이는 그간의 평판을 꿋꿋하게 유지했다.

외과의사였던 의붓아버지는 아들이 자신의 길을 따라 리옹에서 외과 의술을 공부하기를 바랐지만 반 제넵은 이 공부를 할 바에는 차라리 파리에서 하기로 마음먹는다. 의붓아버지가 뜻을 꺾으려 하지 않자 그는 아버지를 더 지치게 만들기로 했다. 아예 의과대학을 가지 않겠다고 선언한 것이다. 대신 언어학과 인류학을 공부하겠다고 말했다. 반 제넵 자신의 말에 따르면, 그는 18개 언어와 상당수의 방언들을 구사할 수 있었고, 이런 재능은 다른 문화에 대한 관심을 불러일으켰다.

대학을 졸업한 뒤 그는 인류학 연구서들을 번역하기 시작했다. 식민주의 덕분에 세계 각국에서 인류학 연구들이 제각기 다른 언어로 쏟아져 나오던 때였다. 그는 스스로 이 새로운 학문의 종착역이 되어 몽골 평원과 북아메리카에서부터 피지섬과 그리스에 이르기까지 세계 각지에 살고 있는 사람들에 관한 수많은 현장 연구들을 번역했다.

얼마 가지 않아 그는 각기 멀리 떨어져 살고 있는 인간 무리 사이에서의 독특한 공통점을 발견했다. 모든 문화에서 자연을 무대로 한 육체적 통과의례를 거치고 있었다. 예를 들면, 약 6만 5천 년 동안 섬 대륙에 살아온 오스트레일리아 원주민의 젊은 남자들은 '유랑walkabout'을 떠났다. 사람이 살기 거의 불가능한 오지로 들어가 최대 6개월 동안 홀로 지냈다. 이 지역의 한여름 최고 기온은 40도를 넘나들며, 서식하는 독사들은 세계에서 가장 치명적인 종류에 속한다. 만일 모험에 나선 젊은이가 더위를 피할 은신처 제작, 식량을 위한 사냥과 채집, 약초에 관한 공부 등을 포함해 생존에 필요한 기술을 미리 익히지 않았다면 금세 토스트가 되고 마는 상황이다. 아니면 실패하고 마을로 돌아올 수도 있다. 만약 돌아올 수만 있다면 말이다. 반대로 이 도전 과제를 완수한다면, 젊은이는 육체적으로나 정신적으로 더 강인해지고 더 유능해진 것은 물론 세계와 부족 안에서 자신의 위치에 대해 더 넓은 이해를 지닌 존재가 되어 부족민들에게 돌아올 것이다.

알래스카 이누이트족에게도 비슷한 전통이 있다. 기간이 그다지 길지 않고 혼자 수행하는 과제도 아니지만, 과정은 훨씬 더 혹독하다. 이누이트족은 아이에게 어느 정도 힘이 생겼다고 판단되는 12세쯤, 아이들을 북극 지방으로 데려간다. 아이들의 첫 사냥을 위해서다. 천막, 창, 기타 필수품을 들고 가서 끼니는 사냥한 것으로 먹는다. 여정은 몇 주에 걸쳐 수십 킬로미터를 이동해가며 진행된다. 예비 성인들은 일각고래, 순록, 턱수염바다물범 등을 쓰러뜨려야 한다. 이와 같은 귀중한 생존 기술들을 익혀야 비로소 어른이 될 수 있다. 어른이 되는 데 필요한 기술들을 배우는 것과 더불어 여정 내내 아이들을 괴롭히는 혹독한 환경 조건도 아이를 더 강인하게 만들어준다.

케냐와 탄자니아에 사는 마사이 부족에게도 통과의례가 있다. 젊은 마사이 남성은 혼자 사바나로 들어가 사자를 사냥해야 한다. 총도 활도 없다. 손에 들린 것은 창 하나뿐이다. 이런 단독 사자 사냥은 어마어마한 양의 훈련을 요한다. 근력, 지구력, 불굴의 용기,

최고의 사냥 기술을 갖춰야 하며, 그리고 말 그대로 목숨을 걸어야 한다. 잠들어 있는 사자에게 살금살금 다가가는 것이 아니다. 종소리를 내가며 사자를 쫓아가, 마침내 이 맹수로 하여금 깡마른 사냥꾼을 향해 정면으로 마주서도록 만들어야 한다. 마사이 청년이 도전에 성공하면 극강의 육체적·정신적 과제를 완수한 것이 인정되어 자신의 부족으로부터 전사로 공인받는다. 반대로 실패한다면 사자의 저녁거리가 된다. 마사이 부족의 유산을 보존하고 기념하는 마사이협회에 따르면, 실제로 많은 청년들이 사자에게 목숨을 잃는다.

태평양 연안 북서부에 사는 아메리카 원주민인 네즈퍼스Nez Perce 부족의 젊은이들은 '지혜 원정vision quests'을 떠난다. 이들은 식량도 무기도 지니지 않고 홀로 산속이나 사막으로 들어가 일주일 정도를 보낸다. 물도 없는 곳에서 배를 곯아가며 자연에 자신을 노출한 채 은신처도, 불도 없이 살아가는 것이다. 1877년의 네즈퍼스전쟁에 참가했던 전사 '노란 늑대Yellow Wolf'는 이런 경험이 "위기 때나 전투 시에 필요한 힘"을 길러준다고 설명했다. 정신과 육체와 영혼을 동시에 강화하는 이런 유형의 원정은 아메리카 토착 부족들 사이에서 흔하게 찾아볼 수 있다.

엘리엇이 말했다.

"연장자의 관점에서 통과의례라는 건 이런 개념입니다. '네 안에 있는 잠재력을 총 발휘해서 시험을 통과해라. 이 시험을 통과하는 모습을 우리가 지켜보마.' 이런 과제들이 당사자는 물론이고 주변의 모든 사람을 여러 차원에서 이롭게 해줄 거라는 뜻이죠. 연장자들은 이렇게 말하고 있는 겁니다. '우리는 네가 이미 자격을 갖추었다고 생각하지만, 너 스스로 깊이 파고들어서 너만의 것을 찾아야 해.'"

1909년에 반 제넵은 이러한 사례들을 모아 《통과의례The Rites of Passage》를 출간했다. (그는 '통과의례'라는 용어의 창시자다.) 통과의례는 오지를 돌아다니든, 케냐에서 사자를 사냥하든, 컬럼비아고원을 탐험하든, 그 밖에 어떤 도전적 모험을 수행하든 예외 없이 세 가지 핵심 요소를 지니고 있다.

첫째는 분리Separation다. 주인공은 자신이 속해 있던 사회를 벗어나 낯설고 거친 세계에 도전한다. 둘째는 전이Transition다. 주인공은 기로에 서게 된다. 포기하라고 말하는 자연과 싸우고, 단념하라고 속삭이는 마음과 싸운다. 셋째는 통합Incorporation이다. 주인공은 도전을 완수하고 향상된 존재가 되어 정상 세계로 재진입한다. 이것은 한 인간의 '컴포트존' 너머 세계에 대한 탐험이자 확장이다.

엘리엇은 정화수행도 똑같다고 말한다.

"정화수행은 육체적 도전을 가장한 정서적, 영적, 정신적 도전입니다."

나는 그와 계속 걸으며 전통적인 의미의 통과의례가 얼마나 광범위하게 행해졌는지에 관해 들었다.

"지금은 어떤 통과의례가 남아 있죠?"

엘리엇의 물음은 현대 사회를 돌아보게 한다.

지금도 몇몇 문화에는 통과의례가 남아 있다. 네덜란드 사람들은 '드롭핑Dropping'이라는 탐험 전통을 지켜오고 있다. 아이들의 눈을 가린 후 최소한의 물품만 주고는 한밤중에 숲속에 던져놓고 스스로 집을 찾아오도록 하는 것이다. 하지만 나는 세계 어디서든 부모가 아이를 미지의 땅에 던져놓으면서 "6개월 뒤에 보자"고 했다는 경우를 들어보지 못했다. 혹은 아이에게 조악한 무기를 쥐여주면서 "눈에 띄는 짐승 중에 제일 무시무시한 놈의 시체를 가져오라"고 했다는 얘기도 들어본 적이 없다. 오히려 오늘날의 사회는 정반대의 접근을 취하고 있다.

뉴욕대학교 학자들은 1990년대를 '헬리콥터 양육'의 시작으로 본다. 연구진에 따르면 이 무렵 부모들은 미디어가 조장한 납치에 대한 두려움에 아이가 16세가 되기 전까지는 보호자 없이 집 밖에 나가는 것을 허락하지 않았다. 그리고 이제 헬리콥터 양육은 '제설기 양육'으로 전락했다. 부모는 자녀가 가는 길에 놓인 모든 장애물을 맹렬하게 치워버린다. 불안과 우울에 시달리는 젊은이의 비율이 비정상적으로 높은 것을 넘어 계속 증가하고 있는 현상의 원인을 아이의 탐험을 가로막는 풍조에서 찾는 것이 일반적인 분석이다. 한 연구에 따르면, 헬리콥터 양육이 시작된 직후 그 세대에 속한 대학생들 사이에 불안과 우울증이 80퍼센트가량 증가했다. 미국의 몇몇 주에서는 부모가 아이를 혼자 집 밖에 나가도록 방치한 혐의로 기소되는 사태가 발생하자 부랴부랴 '자유 방목형 육아법 Free-Range Parenting Laws'을 제정하는 일까지 있었다.

나이를 먹을 만큼 먹은 세대인 나는 유년기의 대부분을 밖에서 혼자 또는 친구들과 보냈다. 그런데 엘리엇과 함께 걸으면서 이야기를 나누다 보니, 나의 통과의례는 과연 무엇이었는가 하는 의문이 들었다. 어릴 적 보이스카우트 최우수 등급을 받았지만 스카우트 활동 중 가장 도전적이라고 일컬어지는 야외 모험조차 사실 실패 가능성이 전혀 없는 과제였다. 우리 분대가 받은 임무 중에 '드롭핑'에 가장 가까웠던 것은 '황야 생존 공로 배지 훈련'이었는데 아이로니컬하게도 궂은 날씨로 취소되기 일쑤였다.

융 학파 심리학자인 앤서니 스티븐스Anthony Stevens는 원형Archetype과 통과의례를 연구하는 데 평생을 바쳤다. 그는 이런 의례들이 인간 경험의 근본적인 부분이라고 믿었다. 모래 위에 그어진 선을 넘어가는 일에 비유할 수 있는 이런 과정들이 인간을 인간답게 만들어준다는 것이다. 스티븐스 박사는 이렇게 썼다.

"우리 문화가 통과의례를 위축시켜 무용지물로 만들었음에도, 모든 인간의 내부에는 새로운 삶의 단계에 들어서고자 하는 본능적 욕구가 남아 있다."

그날 오후 7시 35분, 엘리엇과 나는 산타바바라의 구릉 지대에 자리 잡은 엘리엇의 집에 앉아 있었다. 트레킹을 마치고 P3 시설을 둘러본 뒤 그의 집으로 올라가 부인 나딘Nadine이 차려준 라자냐로 막 저녁식사를 끝낸 참이었다. 독일 바이에른 지역의 작은 마을에서 태어난 나딘은 미국으로 건너온 뒤 엘리엇을 만나기 전까지 학위를 여러 개 취득한 공부 벌레다. 키가 크고 금발인 그녀는 헬리콥터 부모들과는 정반대 유형이어서, 아이들을 부추겨 서핑 같은 간단한 도전들을 수행하게 한다. 물론 그때마다 "죽지 않는다"는 두 번째 원칙은 권유가 아닌 강요가 되긴 하지만 말이다.

"누구나 가족이 있잖아요?"

엘리엇이 입을 열었다.

"어떤 도전이든 최악의 경우는 실패하는 것입니다. 과제를 수행하는 과정에서 상처가 한두 군데 생길 수도 있겠죠. 하지만 죽으면 절대로 안 됩니다. 아주 단순한 원칙이죠."

"도전을 하다가 두 번째 원칙을 범하지 않을 거라는 건 어떻게 확신할 수 있나요?"

나딘의 앞이라 적당한 표현을 골라가며 조심스럽게 물었다.

"과제를 수행하다 보면 자신이 통제할 수 있는 범위를 넘어섰다고 느껴지는 순간이 반드시 옵니다. 하지만 죽는 일은 없을 겁니다. 최후의 안전 보장 수단을 마련해둬야죠. 우리가 물속에서 돌나르기를 했을 때 안전 다이빙 팀이 상주해 있었습니다. 해협 횡단 때는 안전 보트가 있었죠."

저녁이 깊어갈 무렵, 엘리엇이 자신의 도전 프로그램에는 가이드라인이라고 할 만한 좀 더 유연한 원칙이 두 개 더 있다고 말했다. 첫 번째는 "기발하고 창의적이고 파격적이고 비범한 과제여야 한다"는 것이다.

"이를테면 물속에서 40킬로그램짜리 돌을 옮기는 과제 같은?"

내가 물었다.

"네. 이런 가이드라인을 세운 이유는 기발한 과제일수록 다른 것과 비교하기가 어려워지기 때문입니다. 중요한 것은 '나'의 도전이 될 만한 것이어야 한다는 겁니다. 자기 자신을 상대로 한 싸움입니다. '오, 저 사람이 이 시간 안에 해냈으니 나는 더 빨리 해낼 거야' 하는 풍조에 대항하는 행위이기도 하죠. 그런 건 일종의 비교 쇼핑 같은 겁니다. 인생을 살아가는 아주 나쁜 방식이죠. 피상적인 지표들을 치워버리면 더 많은 것을 이룰 수 있습니다."

이야기는 자연스럽게 두 번째 가이드라인으로 넘어갔다.

"두 번째 원칙. 자신의 도전을 광고하지 않는다. 친구들이나 가족에게 이야기하는 것은 괜찮다. 하지만 트위터나 인스타그램이나 페이스북에 올리지 말 것이며, 여기저기 떠벌리지도 말라."

엘리엇이 말했다.

"요즘 사람들은 너무 바깥만 보면서 살고 있습니다. 무더기의 '좋아요'를 받기 위해 튀는 행동을 하고 그걸 소셜미디어에 올립니다. 인생의 진짜 도전은 내면을 향해야 합니다. 가장 중요한 모토는 내가 정말로 불편한 뭔가를 해내겠다는 겁니다. 틀림없이 도중에 포기하고 싶다는 마음이 들 겁니다. 보는 사람이 아무도 없기 때문에 더 쉽게 포기할 수 있죠. 하지만 '내가' 보고 있기 때문에 포기하지 않을 겁니다. 도전을 마치고 나면 내가 나를 지켜보는 유일한 사람이었다는 사실, 힘들었던 상황에 당당하게 대처했던 자신을 돌아볼 수 있습니다. 그때 말로 다할 수 없는 깊은 만족감이 찾아옵니다. 지금껏 살아오면서 지켜보는 사람이 나밖에 없을 때 스스로 옳다고 생각하는 일을 제대로 해본 적이 몇 번이나 있을까요? 그런 일을 하려면 청중이나 타인의 대단한 칭찬이 필요한 걸까요? 나는 자신을 위해 그런 일을 할 수 있을 만큼 대단한 존재가 아닌 걸까요? 아무튼 저는 소셜미디어가 생기기 전부터 이런 가이드라인을 세워놓고 있었는데, 요즘에는 의미가 더 커졌습니다."

엘리엇은 하버드에서 의학박사 학위를 취득하고 인간 행동 개선 관련 연구를 해온 특출난 캐릭터다. 스릴을 좇는 그의 '기막힌 도전들'은 학자의 모습과 다소 거리가 있어 보인다. 엘리엇의 카리스마적 매력에서 빠져나온 뒤 나는 이 주제에 관한 과학적 연구가 더 있는지 알아보기 위해 또 다른 학자를 찾아 나섰다.

마크 시어리Mark Seery 박사는 '컴포트존' 경계선 연구에 일생을 바친 사람이다. 버팔로대학교 심리학과 교수인 그는 "죽지 않을 정도의 고생은 인간을 더 강하게 만든다"는 문장에 오랫동안 심취해 있었다. 이런 식의 짤막한 경구들은 언제나 귀중한 진실을 담고 있는 듯 보이지만 격언을 뒷받침해줄 만한 데이터는 애석하게도 존재하지 않았다.

"기존 연구가 공통적으로 말하고 있는 내용은 명확했습니다. 한 번 좋지 않은 일이 일어나면 비슷한 일이 계속 따라오고, 계속해서 역경이 닥쳐와 결국 부정적인 결말을 맞게 된다는 거죠. 그리고 오랜 후유증까지 남긴다는 겁니다. 더 심각한 정신적 위기를 초래하는 것은 물론 육체적 건강 문제까지 일으킨다는 겁니다. 아주 우울한 그림이죠."

어느 날 시어리는 '단련Toughening'이라는 개념에 관한 연구를 접하게 되었다.

"이 개념은 기존과 비슷하게 부정적이고 힘든 대상에 완전히 압도당하는 것은 좋지 않다고 말하고 있습니다. 하지만 다른 점은 완벽한 보호를 받는 것 또한 최선이 아니라는 것이었죠. 최적의 정신적·육체적 안녕을 누리기 위해서는 어느 정도의 시련이 필요하다는 것이었습니다."

시어리는 동물을 대상으로 단련 현상을 실험한 자료를 찾아냈다. 그중의 하나가 스탠퍼드대학교의 다람쥐원숭이 스트레스 연구였다. 연구진은 10주 동안 매주 한 번씩 어린 원숭이를 가족에게서 떨어뜨려 놓았고, 이 원숭이들은 성장했을 때 가족의 보호에 머물러 있었던 또래들에 비해 훨씬 뛰어난 활동성과 현실 적응 능력을 보여주었다. 한마디로 리더이자 적극적인 행동가의 면모를 보여준 것이다.

그는 궁금했다. 단련 현상이 인간에게도 적용될까? 연구팀과 함께 작업에 착수했다. 먼저, 사람들에게 인생에서 가장 큰 스트레스 요인이 무엇인지 물었다. 미국 내의 다종다양한 집단을 대표하는 지극히 평범한 2,500명이 조사 대상이었다. 18세에서 101세까지, 성별은 절반 비율에, 인종 구성도 전체 미국인의 구성비와 똑같이 잡았다. 소득 수준은 부자도 있었고 가난한 사람도 있었다. 이 그룹은 한마디로 미국의 축소판이었다.

사람들은 무료 인터넷 접속을 대가로 정기적인 온라인 설문에 참여했다. 설문은 이들에게 심각한 질병이나 경제적 어려움, 사랑하는 이의 죽음, 폭력, 홍수, 지진 등등의 스트레스 요인을 몇 차례나 겪었는지 물었다. 건강 상태와 행복감에 대해서도 질문했다. '우울하거나 불안하십니까?' '병이 있거나 아프십니까?' '병원에는 얼마나 자주 가고, 처방약은 얼마나 드시고 계십니까?' '행복하십니까?' 등. 설문을 통해 발견한 내용은 시어리의 개념을 입증해주면서, 기존 연구를 무색하게 만들었다. 시어리는 말했다.

"평생을 보호 속에 살아온 사람들에 비해 역경을 겪은 사람들이 정신적 안녕 지수가 높다는 것이 지난 몇 년에 걸친 연구의 결론입니다. 생활 만족도가 더 높았고, 정신적, 육체적 증상을 겪는 일도 상대적으로 적었습니다. 진통제를 처방받는 비율도 더 낮았고 건강 관리 서비스를 받는 비율도 낮았습니다. 고용 상태에 관한 질문에 장애인이라고 응답한 비율도 마찬가지였습니다."

모종의 시련을 겪었지만 압도당할 만큼은 아니었던 사람들은 내적 역량을 키웠고, 그로 인해 더 강인해졌고, 회복력이 높아졌다. 나아가 이전에 겪어보지 못했던 새로운 스트레스에도 더 잘 대처할 수 있었다.

시어리는 자신이 엄청난 발견을 했다고 생각했다. 그런데 통제된 환경에서도 비슷한 결과가 나올지가 궁금했다. 그래서 사람들을 연구실에 불러 지금까지 살아오는 동안 힘든 일을 몇 번이나 겪었는지 물었다. 그런 다음 얼음물이 들어 있는 양동이에 손을 집어넣고 버틸 수 있을 때까지 버텨보라고 요청했다.

"똑같은 상관관계가 보이더군요. 일생 동안 어느 정도의 역경을 겪은 경험이 있는 사람들이 고통을 더 약하게 느꼈습니다. 역경이 매우 높은 수준은 아니어야 하지만, 중요한 건 역경이 '제로'여야 한다는 건 아니었죠. 실험을 진행하는 동안 마음이 부정적인 쪽으로 기우는 비율도 낮았습니다. 얼음물에 손을 넣고 있을 때나 손을 뺀 뒤, 부정적인 생각들을 덜했습니다."

이 실험을 시작으로 시어리는 스트레스를 야기하는 온갖 과제들로 연구 범위를 넓혀 나갔다. 참가자들에게 시험을 치르게 하거나 많은 청중 앞에서 연설을 시키기도 했다. 연구 결과는 일관됐다. 약간의 역경을 겪은 사람들이 더 긍정적인 반응을 보였으며, 이들은 실험을 두려움의 대상으로 여기기보다는 흥미로운 기회로 받아들이는 경향이 있었다.

시어리의 연구에 힘입어, 큰 도전들을 설계해 같은 결과를 얻은 연구들이 점점 늘고 있다. 엘리엇의 경우와 마찬가지로, 이런 연구들은 하나같이 참가자들의 과제 수행이 '육체적, 정신적, 정서적, 영적 무기'를 획득하는 과정이었음을 보고하고 있다.

뉴질랜드와 영국의 합동 연구팀이 밝혀낸 내용을 들여다보자. 그들은 야외 도전 과제가 미치는 심리적 효과를 다룬 약 100개의 연구 논문을 샅샅이 분석했다. 연구팀은 현대의 멸균 세계를 떠나 새로운 스트레스 요인에 자신을 노출시키는 것은 강인함을 키우는 데 도움이 된다고 결론지었다. 연구팀은 이렇게 썼다.

"위기, 두려움, 또는 위험에 맞서는 일은 최적의 스트레스와 불편함을 초래하며, 이는 결과적으로 향상된 자존감, 인격 형성, 그리고 심리적 회복력을 증진시킨다."

프로젝트에 참여했던 한 연구자에 따르면, 인간이 밖으로 나가서 자신을 시험하고자 하는 욕구를 느끼는 것은 '갈수록 규제되고 획일화된 삶의 방식에서 벗어나 새로운 탈출구를 찾고 있는 시대적 징후'다. 또한 도전적 과제를 수행하는 경험들이 우리 안의 깊은 곳에 있는 무언가에 불을 지피는 이유는, 그것이 오늘날의 모든 편안함이 도래하기 전에 살다 간 옛 인류가 직면했던 것과 매우 유사한 스트레스를 불러일으키기 때문이라는 것이 이 연구자들의 주장이다. 연구자들이 오지 사냥이나 정상 등반과 같이 야외를 무대로 한 시험이 도시 마라톤이나 팀 스포츠같이 더 인위적인 도전들보다 더 낫다고 말하는 이유가 바로 여기에 있다.

이 주제와 관련해서 미국의 선도적인 신경과학자인 더글러스 필즈Douglas Fields와 이야기를 나눈 적이 있었다. 필즈는 미국 국립보건원NIH의 뉴런을 연구하는 신경세포학 분과 선임 연구원이다. 그에 따르면, 육체적으로 매우 힘든 일을 경험할 때 단기 기억이 장기 기억으로 변환된다. 즉, 방금 일어난 일과 그로 인해 벌어질 일, 그리고 다음에 유사한 상황을 맞았을 때 어떻게 해야 하는지를 한데 묶어서 기억한다는 뜻이다. 일반적으로 기억은 미래에 관한 것이기 때문에 뇌는 미래에 유사한 경우가 생겼을 때 생존에 도움이 될 만한 가치 있는 경험들을 기억에 저장한다.

나는 엘리엇, 패리시, 코버의 연구를 언급하면서 그들의 연구에 대한 시어리의 생각을 물었다.

"제 생각도 같습니다. 도전의 종류가 다른데 비슷한 효과를 얻었다는 것은, 그 안에서 공통된 심리적 메커니즘이 작동했다는 뜻이 됩니다. 수영을 열심히 해서 체력을 기르면 당연히 달리기를 할 때도 도움이 될 겁니다. 마라톤 대회에서 우승할 정도까지는 아니더라도 심장혈관계의 지구력은 좋아지겠죠. '단련' 과정도 마찬가지입니다. 그런 경험을 하고 나면, 그 정신력으로 다른 여러 가지 일을 더 잘 해낼 수 있는 힘이 생기게 되어 있습니다."

# 50, 70, 혹은 90

## 살아서 돌아오기 위한 준비

엘리엇은 모험 전도사다. 그는 나에게 야성적이고 무시무시하고 기나긴 모험에 뛰어들고 싶다는 마음을 불러일으켰다. 그 덕에 도니가 전화로 세상 울타리 밖으로 함께 떠나보는 게 어떻겠느냐고 진지하게 꼬드겼을 때, 나는 이미 저지를 준비가 되어 있었다.

도니가 말했다.

"한 달 정도 알래스카에 가 있을 생각입니다. 굉장한, 정말 굉장한 모험이 될 겁니다. 북극권 깊숙이 들어가서 순록을 사냥할 겁니다. 북극으로 날아가는 순간 '이건 현실이 아니야' 하는 생각이 들걸요? 사람의 손길이 닿은 적 없는 거친 땅이 사방으로 끝없이 펼쳐지거든요. 툰드라가 정말 엄청나게 넓어요. 순록 대이동 시기에 맞춰서 일정을 잡을 겁니다. 수천 마리 순록 떼가 남쪽으로 이동할 건데, 살아오면서 본 것 중 가장 놀라운 광경이 될 겁니다. 회색곰들이 사방에서 어슬렁거리고 늑대도 있을 거고요. 오래된 산들을 넘고 빙하를 건널 겁니다. 사나운 폭풍도 만날 겁니다. 북극은 지구상에서 최고로 거친 곳이거든요. 거기서 우리는 완전히 혼자가 될 겁니다. 날씨가 사나우면 여러 날 고립될 수도 있고요."

"여러 날요?"

내가 물었다.

"아, 예, 여러 날…."

그가 말끝을 흐렸다가 다시 말을 이었다.

"저는 이게 진지한, 매우 진지한 모험이 됐으면 좋겠습니다. 매일매일 우리의 상상을 완전히 뛰어넘는 것들을 겪을 겁니다. 그러니까 올인하겠다는 마음이 없으면 아예 시작을 안 하는 게 좋습니다."

"좋아요, 올인하죠!"

전화를 끊자마자 행복감이 몰려왔다. 약 2분 정도? 그리고 바로 다음 순간, 내가 위험을 감수할 정도로 충분한 준비가 되지 않았다는 자각이 밀려들었다. 지난 번 도니와 함께했던 네바다 원정이 떠올랐다. 그 원정은 너무 힘들었다. 여정 내내 현대 생활의 멸균과 안락함과 안정감을 절절히 그리워했었다. 그래도 그때는 내가 여정을 완수할 가능성이 50퍼센트는 됐다. 그런데 이번 원정은? 비교가 아예 안 될 정도로 힘들고 위험할 것이다.

그랜드캐니언의 사우스 림 꼭대기에 서서 노스 림까지 이어진 2,500미터 깊이의 협곡을 내려다보던 엘리엇의 심정이 이해됐다.

모험의 설렘과 두려움. 도니와 했던 통화 중에 이런 대목이 기억에 남는다.

"미리 아셔야 할 건 네바다 원정보다 훨씬 더 가혹하고 위험할 거라는 겁니다."

"알겠습니다. 근데 얼마나 더 가혹하고 위험할까요?"

"20배요."

"아, 그럼 됐어요. 50배라고 할까 봐 겁이 났거든요."

"어…. 50배가 될 수도 있어요. 70배가 될 수도 있고…. 아니면 90배."

90배? 맙소사. 그렇다, 나는 스물한 개 이상의 공훈 배지를 받은 최우수 보이스카우트 단원, 이글 스카우트$_{\text{Eagle Scout}}$다. 하지만 살인적인 추위, 성난 야생동물, 방심을 절대 불허하는 지반에서 살아남기, 비상용 화덕 만들기, 임시 대피소 짓기, 지혈대 만들기, 각종 상황에 맞는 적절한 매듭 묶기 같은 것들은 대학 시절 에반윌리엄스 할인 버번을 발견한 뒤로 쥐도 새도 모르게 기억에서 사라져버렸다. 매듭 묶기? 나는 신발끈도 겨우 묶는다. 여섯 살 아이 수준으로 말이다.

엘리엇은 말했었다.

"완벽하게 설계된 정화수행의 경우 모든 것을 쏟아부은 끝에 겨우 해내게 됩니다. 어쩌면 간신히 실패하기도 하죠. 그래도 실패할 가능성이 아주 낮죠. 목표까지 많이 남은 상태에서 끝내는 건 제대로 하는 게 절대 아닙니다. 내 안에 과연 어떤 능력이 있는지 알아내고야 말겠다는 각오로 한계 지점까지 밀고 나가야죠."

아무튼 이렇게 해서 나의 극한 야생 모험 작전이 시작되었다. 깡통 비행기가 코체부 활주로에서 이륙 준비를 마치기 6개월 전의 일이었다. 미리 준비만 잘한다면 목숨이 왔다 갔다 하는 상황에서 전체 여정을 완주할 확률이 동전을 던져서 앞면이 나오는 수준 정도는 될 수 있을 거라 생각했다.

네바다에서 도니가 들려준 이야기가 생각났다.

"내일이 사냥을 시작하는 날이라고 해보죠."

큰사슴을 사냥하기로 계획한 3,400미터 고지 클리브 크릭 볼디 Cleve Creek Baldy 정상을 향해 걸어 올라가던 참이었다.

"특정한 시간에 특정한 장소에서 특정한 동물을 잡기 위해 철저하게 준비하는 것, 이게 전부 아닌가요?"

내가 묻자, 도니는 물론 활시위를 당기는 법이나 소총 쏘는 법을 알아야 하지만 그에 더해 지역의 사냥 규정, 날씨, 지형 패턴을 숙지해야 하고, 동물의 생태를 낱낱이 알고 있어야 한다고 말했다. 가장 예민한 감각 기관을 어떻게 사용하는지, 이동 습성은 어떠한지, 긴장했을 때 어떻게 행동하는지. 여기에 수면 주기, 식습관, 본능 등등….

"거기다 제대로 된 연장을 구비해야 되고, 필요한 식량을 계산해야 됩니다."

도니가 말을 이었다. 사냥은 우리 여정의 마지막 단계다. 이건 숲속을 산책하는 일이 아니다.

"노련한 사냥꾼도 사냥 성공 확률이 25퍼센트 정도입니다. 인간이 자기를 노리고 있다는 걸 알았을 때 동물이 숲속에서 어떻게 움직이고 행동할지 생각해보세요. 덩치 큰 동물들의 행동 방식 하나하나가 그런 숱한 과정을 거쳐서 진화해온 겁니다."

나는 책상에 눌어붙은 글쟁이에서 현대판 산 사나이로 변신해야 했다. 엄청나게 어려운 시험을 앞두고 벼락치기 공부를 할 수 있는 시간이 고작 몇 달밖에 남아 있지 않았다. 도전의 두 번째 원칙이 떠오르면서, 이번 원정에서만큼은 "살아서 돌아오기"가 우선순위 첫 번째가 되어야 한다는 생각이 들었다.

집에서 가까운 주립 공원의 방문자 센터에서 응급야생의학 강좌를 신청했다. 이틀짜리 강좌는 "오지에서 확실하게 활용할 수 있는 야생 의학 기술을 가르침, 오지의 개인들에게 이상적"이라고 쓰여 있었다. 나는 목숨이 왔다 갔다 하는 온갖 참사에 대처하는 법을 배웠다. 척추 골절 또는 두개골 함몰(비행기 추락), 복합 골절과 공동성 자창(절벽 추락, 돌출 지형에 의한 타박상), 저체온증, 낙뢰, 폐부종(알래스카의 기후와 자연조건에 따른) 등등.

수강생은 야외 모험 가이드, 스카우트 마스터, 캠프 지도 강사, 정부 소속 야생동물 전문가로 채워져 있었다. 이들은 보험 요건 충족을 위해 강좌 수료 사실을 증명하는 직인 찍힌 공식 수료증을 원했다. 그중 사파리 여행과 에베레스트산 정상 등반 사이에 잠깐 들른 듯한 차림의 두 남성이 있었다. 이들은 1,300달러짜리 하이테크 여행 바지, 셔츠, 모자, 특대 사이즈 방수 등산화, 정체 모를 내용물로 꽉 들어찬 배낭으로 무장하고 있었다. 나는 이런 사람들이 왜 이 강좌를 수강하러 왔는지 이해가 되지 않았다. 두 사람은 과거를 그리워하는 표정으로 야외에서 일어나는 각종 참사에 관한 풍문들을 늘어놓았다. 마치 야생에 대해, 그리고 야생에서 생존하는 법에 대해 이미 모든 것을 알고 있음을 과시하듯이 말이다.

나는 이틀 동안 생고생을 해가며 강사들과 은퇴 노인들이 내가 오지에서 죽거나 다칠 수 있는 수많은 경우에 관해 설교하는 것을 들었다. 하지만 정작 내가 가장 두려워하고 있던 문제는 끝까지 언급되지 않았다. 코스가 끝나자마자 나는 싱글거리고 있는 왜소한 체구의 강사에게 다가갔다. 미네소타 여름 캠프 지도 선생님 같은 타입이었다. 내가 물었다.

"회색곰이 공격해올 경우에는 어떻게 해야 되죠?"

강사가 사뭇 아쉬운 표정으로 대답했다.

"아, 예…. 저희 수업에서는 동물의 공격은 다루지 않습니다. 야생에서 사람을 공격해 올 수 있는 동물의 종류가 너무 많아서요."

강사가 원기를 회복한 듯 말을 이었다.

"하지만 이제 선생님은 찢어진 상처를 어떻게 처치하는지 아시잖아요! 그러니까 만약에 곰이 공격해 온다면 여기서 배운 지혈법을 활용해서…."

그가 상처 처치법을 내 귓가에 재방송하는 동안 내 마음은 고등학교 때 지리 선생님이 들려주시던 이야기 속 장면으로 흘러갔다. 이 선생님은 여름만 되면 알래스카의 고기잡이배에서 일을 했다. 그리고 학생들이 숙제를 제대로 해오면 보상으로 항해 모험담을 들려주었다. 어선에서 일하던 한 선원의 이야기는 특히 무시무시했다. 이 어린 선원은 강가에서 큼지막한 블루베리 덤불을 발견하고는 그걸 따서 손님들을 먹이겠다는 생각으로 덤불을 향해 걸어갔다. 그는 열매를 따기 시작했고, 보트에 탄 손님들은 멀리서 그 모습을 바라보고 있었다. 다음 순간 덤불 반대편에서 뭔가가 움직이는 것이 보였다. 체중 500킬로그램짜리 회색곰 한 마리도 블루베리가 상큼한 간식이 될 것이라 생각했던 것이다. 곰과 청년은 서로 아무것도 모른 채 덤불 주위를 돌며 열매를 따고 있었고, 손님들은 청년을 향해 고래고래 소리를 질렀지만 매서운 북극의 바람 소리에 묻혀버렸다.

곰과 청년은 계속 열매를 땄고, 둘의 거리가 점점 가까워졌다. 마침내 둘은 마주쳤고, 청년의 두 눈이 접시만 해졌다. 회색곰은 뒷발로 상체를 일으키더니 거대한 앞발을 뒤로 젖혔다. 그리고 청년의 머리통을 깨끗하게 날려버렸다. 마치 배트를 잡은 야구선수가 폴대 위의 야구공을 날려 보내듯이…. 하지만 너무 걱정 마세요! 제가 상처 지혈법을 알고 있거든요!

집에 도착해서 '회색곰 공격시 대처법'을 검색하다가, 미국 국립공원 관리국에서 나온 자료의 한 페이지에서 눈이 멈췄다. 만일 450킬로그램짜리 회색곰이 77킬로그램인 나에게 싸움을 걸어온다면, 우선 짐을 벗어놓고 얼굴을 땅에 대고 엎드린 다음, 두 손으로 목을 감싸 쥔 자세로 죽은 척하고 있으라는 것이 미국 정부의 공식 조언이다. 어차피 결국에 목이 달아나겠지만 그래도 이 방법을 쓰면 조금은 지연시킬 수 있을 것 같았다. 그렇게 엎드려 있다가 저려오는 다리를 쭉 펼 수도 있을 것이다. 그러면 곰이 내 몸뚱이를 조금 더 쉽게 뒤집을 수 있게 되고, 곧이어 10센티미터짜리 발톱 여러 개가 나의 영혼 깊숙이 들어와 박히게 될 것이다⋯.

곰이 인간을 공격하는 이유는 대부분 우리가 실수로 곰의 새끼나 먹이에 접근했거나 영역을 침범했기 때문이다. 대개 이런 경우 곰은 사람을 죽이기보다는 위협적인 행동으로 쫓아버린다. 하지만 만에 하나 한밤중에 내가 자고 있는 텐트 안으로 곰이 들어온다면, 모든 게 끝이다. 그것은 인간의 살을 갈망하는 짐승의 신호다. 만일 그런 일이 벌어진다면 나는 무려 슈거 레이 로빈슨\*으로 빙의해 곰의 면상에 스트레이트, 잽, 어퍼컷을 날릴 것이다. 나는 이 테크닉이 꽤 쓸모가 있다고 생각한다, 손을 망가뜨리는 데 말이다. 그러면 검시관은 유족에게 "고인께서는 용감하게 싸우시다 돌아가셨습니다" 하고 말할 수 있는 충분한 증거를 확보하게 될 것이다. 물론 시신을 수습할 수 있다는 가정하에 말이다.

지금 내가 가는 곳에는 곰이 넘쳐날 것이다. 곰이 먹을 만한 것들도 넘쳐날 것이다. 나도 그곳에서 사냥을 해서 먹어야 한다. 만약 사냥에 실패한다면 먹고 살아남을 수 있는 것이 필요하다.

도니는 설명했다.

"사냥감 하나를 찾아내는 데 몇 주가 걸릴 수도 있어요. 찾아낸다는 것도 가정일 뿐이고요. 필요하다 싶은 건 전부 싸야 됩니다."

문제는 식량, 옷가지, 연장이 늘 때마다 내 등을 짓누르는 무게도 늘어난다는 사실이다. 사냥터에서 철수할 때 짐이 남아 있을 정

---

\* 슈거 레이 로빈슨(Sugar Ray Robinson, 1921-1989). 미국의 전설적인 권투선수. 웰터급에서 1차례, 미들급에서 5차례, 모두 6차례 세계 챔피언을 지냈다.

도가 되면 안 된다. 그 무게가 원정 내내 나를 고달프게 할 것이기 때문이다. 하지만 반대로 원정 중에 식량이 바닥나는 사태가 벌어져서도 안 된다. 이건 어디까지나 사냥이지, 단식 투쟁이 아니다.

이리저리 따져본 결과 원정 기간 중 하루에 소모하게 될 칼로리가 대략 5,000칼로리에서 8,000칼로리라는 계산이 나왔는데, 이 계산에 따르면 짊어지고 가야 할 식량이 너무 많아 보였다. 도니는 최소한의 생존에 필요한 칼로리만큼만 챙기는 게 좋을 거라고 충고했다. 즉, 하루에 1,800칼로리에서 2,500칼로리. 추가로 필요한 에너지는 내 몸의 초과 체중에서 나올 수 있다고 설명해주었다.

"아, 배가 고플 겁니다."

도니가 말했다.

"하지만 죽지는 않을 거예요. 저 같은 경우에는 한 달짜리 사냥에 보통 7킬로그램 정도 빠집니다."

도니는 아침과 점심으로 에너지바나 견과류, 건과일 같은 칼로리 밀도가 높은 것들을 먹겠단다. 준비라고 할 것도 없었다. 저녁거리는 파우치에 든 캠핑용 동결 건조 식품이다. 인스턴트 컵라면을 먹을 때처럼 끓는 물을 파우치에 직접 부어 '조리'하는 식이다. 보통 이런 음식들은 유통기한 30년에, 무게는 면봉 몇 개 정도, 맛은 다 거기서 거기다.

지난번 원정 때 먹은 것들이 썩 맘에 들지 않았지만 그의 논리에는 수긍이 갔다. 그래서 나도 에너지바와 캠핑용 동결 건조 식품들을 쌌다. 그리고 견과류와 말린 과일, 초콜릿 등이 섞인 작은 스낵 두어 봉지, 초코바도 서너 개 배낭에 넣었다. 바야흐로 방부제와 설탕을 듬뿍 가미한 밍밍한 한 달이 나를 기다리고 있었다.

우선순위 두 번째. 창피 당하지 않기. 무슨 일이 있어도 '최후의 순간까지 감춘다'는 원칙을 고수하리라. 일행의 발목을 잡고 싶지 않았고, 내 입에서 불평이 나가는 것도 원치 않았다. 단, 내 문제가 '죽지 않는다'는 원칙을 위반하는 위험으로 일행들을 몰아넣지 않는 한은 말이다.

예를 들면, "추워요."

이건 안 된다.

"추워요. 아무래도 왼발이 동상에 걸린 것 같은데, 만일 마비가 다리 위로 올라오면 여러분이 나를 들쳐 메고 이곳을 빠져나가야 할지도 몰라요."

이건 된다.

"피곤해요."

이건 안 된다.

"피곤해요. 아까 지나온 길에서 한타바이러스에 감염된 것 같아요. 여러분이 저를 쳐다보기만 해도 이놈들이 옮겨갈까 봐 걱정이 됩니다."

이건 된다.

원정 내내 춥고, 젖고, 지친 상태로 보내리라는 것은 불 보듯 뻔하다. 추위는 움직임과 겹겹이 입은 옷의 함수다. 나는 많이 움직일 거고, 그러면 체온이 올라가겠지? 그러니까 나는 동상과 지속적인 치아 떨림을 방지하기 위해 즐거운 마음으로 여벌옷들을 가져갈 거야… 하지만 나는 짐 속에 옷가지 하나 챙겨 넣을 수가 없었다. 실제로, 엉뚱한 물품을 가져가면 야생에서 죽기 딱 알맞다는 게 도니의 충고다. 무엇보다도 면이 가장 위험하다. 면은 습기를 먹으면 차가워진다. "추… 워… 무슨 문제가… 생긴 거야?" 하고 채 내뱉기도 전에 저체온증이 덮쳐 올 것이다.

"울하고 합성 섬유는 젖어도 온기를 유지하기 때문에 반드시 제일 안쪽에 입어줘야 합니다. 그리고 울로 된 스웨터와 양말을 준비해야죠. 다운 바지하고 후드 달린 다운 재킷도 필수예요. 장갑과 모자, 그리고 방수 외투도 있어야 하고요. 어쨌거나 우리는 매일 같은 옷을 입어야 할 겁니다. 젖었을 때를 대비해서 여분의 내복과 양말이 있으면 좋죠. 그 외에는 하나씩만 있으면 돼요."

신발과 관련해서 도니는 100년 기업인 독일의 등산화 브랜드 한바그Hanwag를 소개해주었다. 나는 웹사이트에서 몇 가지 조건을 검색해서 겨울 등반을 위한 맞춤 제품 몇 종을 찾아냈다. 그중에 영하 40도에서도 보온이 가능한 제품이 있었는데, 가격이 거의 400달러나 되었다. 매장에서 신발을 집어 들고 아내한테 내밀었더니 하는 말, "아니, 발가락 몇 개 보호하는 데 돈을 얼마나 쓸 작정이야?" 나의 소중한 발가락을 위해서라면 400달러 이상도 쓸 수 있지. 그래서 신발을 카트에 골인시켰다.

나는 좋은 장비와 가벼운 음식들을 살 수 있는 능력이 충분했고, 실제로도 샀다. 그런데 신용카드로 피해 갈 수 없었던 한 가지 문제는 육체적 준비였다. 나는 45킬로그램 단위로 잘라서 지고 오게 될 짐승을 찾아 험한 비탈을 수천 번 오르락내리락하게 될 것이다. 운동이 필요했다.

현대인 대부분이 그렇듯, 나의 통상적인 운동은 수영장에서 부정적인 눈길을 끌지 않는 것이 기본 목적이다. 한마디로 기술보다는 폼이다. 하지만 이번 원정은 인간이 수백만 년 동안 생존하는 데 필요했던 기술들을 요구한다. 깎아지른 절벽 오르기, 사냥감을 향해 신속하게 달려들거나 놈에게서 재빨리 도망치기, 개울 뛰어 넘기, 울퉁불퉁한 땅에서 자빠지지 않기, 무거운 짐을 지고 장거리 행군하다 픽 쓰러지지 않기.

미 공군 소속 특수부대 항공구조대에 근무하고 있는 오랜 친구 더그 케치지언Doug Kechijian 박사한테 이메일을 보냈다. 미 해군 소속 특수부대 네이비실Navy SEALs이나 미 육군 소속 특수공격대원 아미레인저Army Ranger 요원이 전장에서 부상을 당했을 때 낙하산으로 투입해 이들을 구조해 오는 것이 더그의 임무였다. 이라크, 아프가니스탄, 아프리카 북동부 소말리아 등지에서 임무를 수행하면서 공군 MVP를 뜻하는 '올해의 우수 항공대원'으로 뽑히기도 했다. 이라크 팔루자에서 인명 구조 활동을 끝낸 그는 컬럼비아대학교에서 물리치료 박사 과정을 밟았다. IQ를 평균치에서 40 정도 이상 끌어올린 실존하는 캡틴아메리카라고나 할까.

현재 더그는 앞서 말한 특수부대 병사는 물론 주요 스포츠 종목을 망라한 프로 운동선수가 임무나 경기 중 부상을 피하기 위한 적절한 한계점을 찾아내는 데 도움을 주고 있다. 오락실에서 쟁취한 농구공 던지기 게임 고득점을 가장 큰 운동 업적으로 여기는 호리호리한 글쟁이인 나에게, 더그는 스포츠와 관련한 지혜를 기꺼이 나누어주었다.

"이제부터 자네를 육체적으로 아주 유능한 인간으로 바꿔주겠네."

그가 말한 존재가 되기 위해 나는 매주 이틀씩 케틀벨과 바벨, 그리고 체중을 이용한 근력 운동, 스쿼트, 점프, 런지, 턱걸이, 짐 나르기 등등을 해야 했다. 이에 더해서 스프린트, 23킬로그램짜리 배낭 지고 언덕 오르기, 무작정 8~24킬로미터를 걷는 운동을 일주일에 한 번씩 했다. 발목, 무릎, 어깨를 포함해 원정 중에 다치기 쉬운 관절을 강화하는 훈련도 빠뜨리지 않았다. 야생에서 발목을 접질리기라도 한다면 절뚝거리는 걸음으로 머나먼 길을 하염없이 걸어 문명 세계로 귀환해야 한다. 물론 전제는 늑대가 나를 먼저 발견하는 일이 없어야 한다는 것.

도전 원칙 1번에 점점 더 가까이 다가가는 듯했다. 실패는 물론 성공의 확률도 반반이어야 한다는 원칙 말이다. 확률 반반에 조금씩 근접해가고 있었다.

라스베이거스에서 불편함을 찾아내는 것은 식은 죽 먹기다. 문을 열고 사막으로 걸어 들어가기만 하면 된다. 한여름의 사막은 아궁이 속이나 다름없다. 그런데 그런 곳에서의 운동이 인공적인 환경 속의 일상을 탈출하게 해주는 오아시스처럼 느껴졌다. 주말마다 거금 400달러를 주고 산 신발을 신고(나중에는 부은 발을 욱여넣어야 했다) 붉은 암반 협곡, 검은 바위 사막, 조슈아 나무숲, 전나무 고원 지대를 몇 시간씩 터벅터벅 걸었다. 이 모든 자연환경이 주중에 쌓인 마음속의 먼지를 날려버리는 고압 세척기 역할을 했다. 길고 조용하고 인적 없는 탐색로가 눈앞에서 내 발걸음을 기다리 있는데, 굳이 시간당 100달러짜리 상담치료사를 찾아가서 수다를 떨 필요가 있을까?

땡볕 더위 속에서 수행한 운동은 에어컨 빵빵한 초현대식 헬스장에서 리얼리티 프로그램 따위를 시청하면서 반복했던 이두근 수축 운동이나 러닝머신 달리기를 통해서는 결코 얻을 수 없었던 효과가 있었다. 오리건주립대학교 연구진에 따르면, 38도의 실내 공간에서 10일 동안 운동을 한 사람들은 냉방 시설이 있는 공간에서 똑같은 운동을 수행한 그룹에 비해 체력 성과 지표가 현저히 높다. 열기 속에서 감행한 운동은 '심장의 좌심실에 설명하기 어려운 변화'를 일으켰다. 이런 운동은 심장의 건강과 효율성을 향상시킨다. 고온 운동은 '열 충격 단백질'과 'BDNF(Brain-Derived Neurotrophic Factor, 뇌 유래 신경영양인자)'를 활성화하기도 한다. 열 충격 단백질은 염증을 억제하고 수명을 연장시키는 것과 관련이 있으며, BDNF는 뉴런의 생존과 성장을 촉진하는 화학 물질이다. 미국 국립보건원에 따르면 BDNF는 우울증과 알츠하이머 예방에도 도움이 된다.

운동에 창의성을 약간 가미하기도 했다. 하루 종일 무거운 짐을 지고 다니는 데 익숙해지기 위해 20~30킬로그램짜리 배낭을 멘 채로 집안일을 했다. 상상해보라. 마치 보병 전투원처럼 군장을 메고, 청소기를 돌리고, 빨랫감을 정리하고, 화장실 바닥을 닦는 나의 모습을 말이다. 때론 배낭을 지고 겨울용 등산화를 신고서 반려견과 함께 동네를 산책하기도 했다. 내 꼴은 오갈 데 없는 '동네 바보' 같았고, 내 느낌도 그랬다. 하지만 나는 북극을 갔다 온 적이 있는 사람처럼 굴기보다는 라스베이거스의 동네 주민처럼 보이고 싶었다. 어쨌거나 무거운 것을 지고 거리를 걸어 다니는 훈련은 체력과 지구력을 동시에 강화해주는 일석이조 효과가 있었다.

밤에는 알래스카 지역 환경에 관한 책들과 오래된 정부 간행물들을 읽었다. 예를 들면 도니가 성서처럼 여기는 잭 오코너Jack O'Conner의 《북아메리카의 대형 사냥감들The Big Game Animals of North America》 같은 책이나 보존과학·정책·윤리에 관한 알도 레오폴드 Aldo Leopold의 《모래군의 열두 달》 같은 책을 읽었다. 우리가 사냥하게 될 북극의 순록 떼에 관한 논문들도 읽었다. 그 땅을 직접 밟고 돌아온 사람들의 눈을 통해 간접 경험을 하면서 모험담을 듣는 게 정말 좋았다. 개중엔 나 같은 괴짜 글쟁이들이 제법 끼어 있었던 덕분이다.

준비 과정을 시작하자마자 새삼스럽게 '내가 지금 새로운 분야에 덤벼들고 있구나' 하는 생각이 들었다. 나는 야생동물 학자가 아니다. 생존 기술 습득을 위한 노력, 칼로리 산정과 필수품 계산, 각종 운동과 훈련, 복잡한 생태계에 대한 이해 등등 하나같이 당혹스러운 경험이었고, 겸손해질 수밖에 없었다.

훈련을 하다가 당장 때려치우고 싶은 순간도 있었고, 낯선 지식들과 씨름하면서 좌절감에 빠진 적도 있었다. 이번 도전을 깡그리 망쳐서 인생에서 가장 비참한 한 달을 보내게 될 것 같다는 두려움이 몰려들기도 했다. 내가 그렇게 오랜 기간을 버텨낼 수 있을까 하는 의구심이 들기도 했다. 하지만 준비 기간 내내 나는 혼자가 아니라는 사실에서 위안을 얻었다. 누구나 살다 보면 새로운 것을 만나게 된다. 하지만 그 무엇도, '컴포트존'을 과감하게 박차고 나감으로써 얻을 수 있는 것보다 더 많은 것을 주지는 못할 것이다.

새로운 기술들(특히 인간에게 수백만 년 동안 필수적이었고 정신과 육체를 모두 사용할 것을 요구했던 기술들)을 익히는 일은 단순히 알래스카를 위한 준비를 넘어서 하나의 선禪으로 다가왔다. 과정 자체가 목표였다. 내가 씨름하고 있던 전문 기술들은 하나같이 새로운 것이었다. 그런 기술을 습득하는 과정은 향 피우기, 불교 진언 외기, 명상 앱 같은 것의 도움 없이 현재 순간에 대한 자각을 고양하는 가장 좋은 방법이었다.

나에게 필요한 것은 알래스카를 위한 준비를 시작하기 전에 내가 무엇을 하고 있었는지 돌아보는 것뿐이었다. 나는 5년이 넘는 시간 동안 똑같은 음식을 먹었고, 똑같은 길을 운전해서 일터로 갔고, 동료들과 똑같은 대화를 나눴고, 집으로 돌아와 똑같은 티브이 프로그램을 보았다.

최근 영국의 과학자들은 인간의 뇌가 몽환 상태와 비슷한 '자동조종autopilot' 또는 '몽유병sleepwalking' 모드를 갖추고 있다는 사실을 밝혀냈다. 그 일이 익숙해지면 점점 무의식적으로 흘러간다. 현재 순간에 집중하거나 주의를 기울이기보다는 머릿속 어딘가에서 길을 잃게 되는 것이다. 예를 들어, 우리는 저녁에 무엇을 먹을지 계획하고, 티브이 프로그램 새 시즌이 언제부터 방영되는지 궁금해하고, 사무실 라이벌의 연봉이 얼마일까 등 쓸데없는 생각으로 머리를 굴린다. 우리는 쉬지 않고 돌아가는 정신적 믹서와 의미 없는 수다 속에 살고 있다.

몇 달에 걸친 알래스카 준비 작업은 이런 상태를 상당 부분 바꾸어놓았다. 새로운 상황은 정신적 소란을 가라앉혔고, 새로운 환경은 현존과 몰입 상태에 나를 몰아넣었다. 앞으로 닥쳐올 일이 무엇인지, 거기에 어떻게 대응해야 할지 예측할 수 없는 상황은 빨리 감기로 몰아가는 삶의 몽환 상태를 깨뜨린다. 새로움은 심지어 우리의 시간 감각을 늦춘다. 어린 시절에 시간이 더 느리게 느껴졌던 이유가 바로 이것이다. 어릴 땐 모든 것이 새로웠고, 우리는 끊임없이 배우고 있었다.

심리학자 윌리엄 제임스William James는《심리학의 원리》에 이렇게 썼다.

"사람들은 나이가 들수록 동일한 시공간을 더 짧게 느낀다. (…) 성장기에는 하루의 모든 순간마다 주관적이든 객관적이든 완전히 새로운 경험을 하게 된다. 불안은 생생하게 다가오고, 기억력은 왕성하게 작동한다. 그래서 이 시기의 추억들은 신나는 여행에서 아쉽게만 느껴졌던 시간이 그러하듯 세밀하고 오래 지속된다. 그런데 시간이 흐르면서 이런 경험들은 거의 의식하지 못하는 자동적인 일상이 되어 기억 속의 나날들이 밋밋해지며 내용 없는 단위가 되어가고, 그 시절은 점점 더 공허한 것이 되어 흩어져버린다."

이스라엘의 한 연구팀은 여섯 차례에 걸친 연구를 통해 제임스의 견해를 뒷받침했다. 연구팀은 사람들이 새로운 일을 할 때와 해 보았던 일을 할 때를 나누어 관찰했다.

"모든 연구에서 우리는 (…) 비일상적인 활동에 비해 일상적인 활동을 할 때 사람들의 기억 지속 시간이 더 짧아지는 현상을 발견했다."

시간이 느려지는 현상은 정화수행에서 흔히 일어나는 일이라고 산타바바라의 예술가, 패리시는 말했다.

"눈앞의 도전을 수행할 때 엄청나게 몰입하게 돼죠. 그러면 몇 시간 동안의 정화수행이 마치 며칠간의 경험처럼 느껴질 때가 있습니다. 세세한 것들이 전부 생생히 기억나기 때문이죠."

한 가지 사실을 덧붙이자면 '컴포트존'을 벗어나 정신과 육체를 한꺼번에 동원해야 하는 새로운 기술들을 학습하는 과정은 우리의 뇌 회로에 의미심장한 변화를 일으킨다. 놀랍게도 변화는 일부 질병에 대한 회복력을 높여준다. 마치 신경계에 8기통 엔진을 달아주듯이 미엘린myelin 형성을 증가시킴으로써 뇌와 신체 전반에 걸쳐 더 강하고 더 효율적인 신경 신호를 생성해준다. 즉, 뇌 속에 미엘린이 증가하면 전반적인 뇌 기능이 향상되고, 반대로 부족하면 알츠하이머와 같은 신경퇴행성 질환의 위험이 커진다. 한 예로, 미시간대학교 연구진은 학습에 더 많은 시간을 투자한 사람들의 경우 치매 발생률이 현저히 낮아진다는 사실을 밝혀냈다. 매우 흥미로운 부분은, 학습자 사이에서 일반적으로 치매 발병률을 높이는 요인인 당뇨 수치가 증가했음에도 불구하고 실제 치매 발생은 감소했다는 점이다. 이 현상은 새로운 것을 학습하는 데 몰두하는 시간이 나쁜 습관을 일정 부분 상쇄하는 데 도움이 될 수 있음을 시사한다.

알래스카로 출발하기 전날, 나는 냉장고만 한 배낭을 싸고 있었다. 울로 된 옷, 비옷, 등산화, 에너지바, 동결 건조 식품…. 거의 중노동이었다. 배낭을 다 싼 뒤 체크리스트를 훑어보았다. 지난 몇 달 동안 정신적, 육체적으로 준비하면서 어릴 적 받았던 보이스카우트 배지들을 전부 재획득하지는 못했지만, 도전 원칙 1번과 2번에 조금 더 근접해진 것 같았다.

몸은 더 날씬해지고 더 강해져 있었다. (아이러니하지만 더 날씬해진 부분은 사냥 과정에서 막대한 양의 칼로리를 태우기 시작하면 실질적으로는 해를 끼치게 될 것이다.) 이제 나는 23킬로그램짜리 배낭을 지고서 관리인이 나를 불러세울 때까지 꽤 먼 거리를 걸을 수 있게 되었다. 그리고 머릿속에 자연에 관한 지식으로 가득 찬 새 도서관을 집어넣은 덕분에, 아내에게 "회색곰이 나방을 좋아한다면 믿겠어? 나방을 하루에 4만 마리나 먹는대" 또는 "동맥이 끊어지면 단 5분 만에 피가 다 빠져나간다는 거 알아?" 하고 으스댈 수 있게 되었다.

나는 아내의 차 트렁크에 짐을 던져 넣었다. 그리고 최후의 잠을 위해 따뜻하고 푹신한 침대로 향했다. 이튿날 아침 공항까지 배웅해준 아내는 한 차례 포옹과 부탁 한마디를 남기고 떠났다.

"회색곰한테 머리통을 얻어맞지는 마."

# 150명

## 도시인의 불행에 관한 흥미로운 연구

"비행기가 작을수록 모험은 더 커집니다."

원정을 계획할 때 도니가 했던 말이다. 안락한 환경에서 탈출해 불편한 환경으로 향하는 길은 종종 다단계 과정을 거친다. 우리가 진정한 야생에서 너무도 멀리 벗어나 있기 때문이다. 북극처럼 멀고 단절되고 불편한 곳으로 가기 위해서는 갈수록 작아지면서 점점 더 원시적인 일련의 운송 수단들을 거쳐야 한다. 결코 끝나지 않을 것만 같은 이동이다. 점보제트기에서 시작해 깡통비행기, 사륜구동지프, 그리고 이후의 모든 길은 두 발을 이용해야 한다.

라스베이거스 공항을 걸으면서 불안했다. 이 신경 과민이 곧 닥쳐올 깡통비행기 비행 때문에 오는 것인지, 아니면 단벌 바지와 겨우 안면 정도가 있을 뿐인 두 남자와 함께 문명과 단절된 33일짜리 원정을 저지르는 데서 오는 것인지 알 수가 없었다. 어쩌면 현대 사회의 한 증상일 수도 있다. 내가 탈출하고 싶어 하는 고질적인 불안 증상 말이다.

사토시 가나자와Satoshi Kanazawa 박사는 건물과 사람이 넘쳐나는 환경 속에 사는 인간에게 어떤 일이 일어나는지를 연구해왔다. 런던경제대학 소속 진화심리학자인 그는 인간의 뇌가 어떻게 진화해왔으며, 현대의 새로운 세계가 우리의 뇌를 어떻게 변화시키고 있는지를 다룬다.

인간은 갈수록 도시 안에 자신을 욱여넣고 있다. 미국 독립선언서가 서명될 당시 도시 인구는 5퍼센트에 불과했다. 1867년까지도 수치는 25퍼센트에 지나지 않았다. 그런데 약 100년 전부터 사람들은 도시 생활을 선호하기 시작했고, 오늘날 미국인의 약 84퍼센트가 도시에 산다. 그리고 수치는 계속 상승하고 있다. 기괴한 현상이다.

최근의 갤럽 설문 조사에 따르면, 실제로 도시에 살고 싶어 하는 미국인은 12퍼센트밖에 되지 않는다(이 조사는 코로나 사태 전에 실시한 것이다). 지금으로부터 6,000년 전 무렵 인간이 도시에 살기 시작했을 때조차 사람들은 도시를 좋아하지 않았을지 모른다.

존 크라카우어Jon Krakauer의 《야생 속으로》로 더 알려지게 된 실존 인물 크리스토퍼 맥캔들리스Christopher McCandless가 알래스카 숲으로 향하기 전이나 1845년에 헨리 데이비드 소로Henry David Thoreau가 800미터를 터벅터벅 걸어서 숲속으로 들어가 월든 호숫가에 오두막을 짓기 전에는 아무런 환송행사 없이 문명에서 탈출해 사람들의 눈과 귀에서 벗어나 조용히 살아간 사람이 부지기수였다. 3세기에 문명을 등지고 이집트 사막에서 홀로 살아간 수도사들인 사막 교부와 교모 Desert Fathers and Mothers도 있었다. 기원전 540년 무렵 부유한 왕궁을 버리고 넓은 세상을 떠돌며 수도자로 살아간 붓다가 있었고, 예수도 40일 동안 광야를 유랑했다. 예수는 기도하고 금식하며 세속의 유혹과 성공 장래성에 저항했다. 오늘날 기독교인이 사순절 기간 동안 술과 고기를 끊고 기도와 금식을 하게 된 연유다.

인간의 내면 깊숙한 곳에는 문명에 길들여지지 않는 것을 향한 충동이 존재하는 듯하다. 위의 갤럽 조사는 오늘날 미국인의 대다수가 시골이나 작은 전원 마을에서 살고 싶어 한다는 것을 보여준다. 인간의 생존 본능을 고려했을 때 논리적으로 전혀 말이 되지 않는다. 그렇지 않은가? 다윈의 진화론은 모든 종이 지닌 특성은 생존과 번식에 유리한 방향으로 진화해왔다는 생각에 바탕을 두고 있다. 외딴곳에 사는 것이 정말 생존과 DNA 유포에 가장 좋은 방법일까?

도시는 훨씬 더 안락하고 편리한 삶을 제공한다. 통계는 도시 거주자가 돈을 더 많이 벌고(생활비를 충당하고도 남을 정도로), 더 많은 기회를 누린다는 것을 보여준다. 여기에 더해 공중위생 서비스, 건강 관리, 영양 식품에도 더 쉽게 접근할 수 있다. 조금만 걷거나 우버를 타면 약국, 슈퍼마켓, 응급실, 정신과 의사, 식당, 술집, 콘서트장, 박물관에 쉽게 갈 수 있다. 이런 장소들은 모두 생존에 유익하거나 짝을 찾는 데 도움을 준다. 22평방마일 면적의 맨

해튼에 몰려 있는 수천수만 개의 바, 레스토랑, 약국, 슈퍼마켓, 콘서트홀, 박물관, 병원을 생각해보라.

오늘날에는 대도시 아파트에서 한 발짝도 밖으로 나오지 않고 살아가는 일이 가능하다. 말 그대로다. 현관문을 들락거릴 필요가 없다. 인터넷 연결만 있으면 원격으로 일을 할 수 있고, 음식과 식료품을 배달시킬 수 있고, 의료에 원격으로 접속할 수 있다. 이런 현실이 이미 우리 곁에 와 있다. 일본 정부의 보고서에 따르면 방 안에만 틀어박혀 사는 일본 젊은이가 50만 명에 이른다고 한다. 타임아웃 상태를 자청한 이런 사람들을 히키코모리Hikikomori라고 부른다. 이들 중 3분의 1은 7년 이상 고립됐다.

그렇다면 우리는 왜 열린 공간에서 살고 싶어 하는 걸까? 우리의 생존 본능을 추종하고 있는 것처럼 보이는 도시가 우리에게 충분히 주지 못하고 있는 것은 무엇일까? 이것이 바로 가나자와 박사가 여러 해 동안 탐구해온 물음이다.

요즘 일부 정신건강 연구자들은 날로 확산하는 콘크리트 환경을 '절망의 경관landscape of despair'이라고 부른다. 산업혁명은 사람들에게 안전한 일자리를 약속하며 대규모 도시 유입을 부채질했다. 도시화는 거스를 수 없는 흐름이었다. 그런데 더없이 흥미로운 사실은 돈이 도시와 농촌 간의 행복 격차를 메워주지 않았다는 것이다. 중국의 농촌에 사는 극빈자들이 도시의 부유한 거주자들보다 더 행복하다는 보고들이 있다.

도시가 사람을 억누른다는 생각을 뒷받침해주는 자료들은 도처에 널려 있다. 도시에 사는 사람은 농촌 지역 거주자에 비해 불안에 시달릴 확률이 21퍼센트 더 높고, 우울증에 걸릴 확률은 39퍼센트 더 높다.

이런 도시와 농촌 간 행복 격차를 이해하는 데에는 두 가지 현상이 도움이 된다. 첫째는 다음과 같은 사뭇 흥미로운 숫자다. 150. 아래 숫자들을 보자.

148.4
150
150~200
125

이 숫자들은 위에서부터 수렵채집 부족, 석기 시대 집단, 고대 메소포타미아의 마을, 고대 로마 군단의 평균적인 구성원 수를 보여준다. '던바의 수Dunbar's number'라는 이름을 가진 이 수치는 처음 발견한 영국의 인류학자 던바 로빈Dunbar Robin의 이름에서 명칭을 따왔다. 이 수치에 따르면, 대략 150명 안팎이 이상적인 공동체인 것처럼 보인다. 즉, 한 사람이 안정적인 사회적 관계를 유지할 수 있는 사람의 수다. 인류 진화 과정에서 150명 정도의 집단은 구성원들에게 사냥과 양육과 분배와 성장에 필요한 충분한 자원을 제공했다.

그런데 집단의 크기가 이 한계를 넘어서자 상황이 이상하게 돌아갔다. 150명이 넘는 사람들의 이름과 얼굴을 관리하고 그들 사이에서 일어나는 사회적 대화를 제대로 처리하기에 뇌의 용량이 부족했다. 더 큰 사회는 복잡했고 정부와 법률을 만들어야 했기에 시간이 많이 소요됐고, 구성원을 지치게 만들었다. 수백만 년에 걸친 진화의 시간 동안 인간들의 뇌 회로에는 150명쯤 되는 집단 크기에 대한 선호가 자리 잡았을 것이고, 이런 현상은 지금도 나타나고 있다. 아래 숫자들을 보자.

112.8
180
153.5
169

이 숫자들은 위에서부터 펜실베이니아주에 거주하는 아미시 Amish* 공동체의 평균 구성원 수, 제2차세계대전 기간 군수 회사들의 평균 종업원 수, 일반적인 미국인의 개인적 네트워크에 속한 사람의 수, 페이스북 사용자가 보유한 진짜 친구의 수('페이스북 친구'의 수는 더 많지만, 정말 유의미한 '진짜 친구' 수를 말한다)를 보여준다.

던바는 이것을 이렇게 설명했다.

"인간 사회는 자연스럽게 형성된 150명 정도의 집단들을 품고 있다. 이것은 술집에서 우연히 마주쳤을 때 당황하지 않고 합석할 수 있는 사람의 수다."

---

\* 자동차, 전기 전자 제품, 전화, 컴퓨터 등의 현대 문명을 거부하고 외부 세계와 격리된 생활을 하는 재세례파 계통의 개신교 종파.

말콤 글래드웰Malcom Gladwell은 《티핑 포인트》에서 이 숫자가 비즈니스에 어떤 영향을 주는지를 설명했다. 신발, 바지, 점퍼 등에 쓰이는 고어텍스를 발명한 회사, 고어 앤드 어소시에이츠W.L. Gore & Associates를 예로 들어보자. 이들은 시행착오 끝에 한 사무실 건물 안에 150명이 넘는 종업원을 수용했을 때 의사소통 등에서 훨씬 더 많은 문제가 생긴다는 것을 알게 되었다. 해결책은, 150명 이하만 수용할 수 있는 사무실을 여러 군데로 분산 배치하는 것이었다. 이 회사가 10억 달러짜리 브랜드로 성장하고 미국에서 가장 일하고 싶은 회사 중 하나로 자리 잡게 된 데에는 이런 사무실 재배치가 큰 몫을 했다. 흥미로운 일이다. 단지 사무실 크기를 변동해서 더 많은 돈을 벌었다.

그런데 가나자와가 더 관심을 기울이고 있는 주제는 던바의 수가 도시에서 벗어나 시골에서 살고자 하는 사람들의 욕망과 어떤 관계가 있느냐 하는 것이다. 그는 사람들이 여전히 150명 단위 집단 크기를 선호하고 있다고 확신한다. 농촌이나 작은 마을에서 보내는 삶은 인간이 과거 진화해온 환경을 더 많이 닮아 있다. 인간이 수렵채집 사회에 살고 있었을 때 세계의 인구 밀도는 6평방마일 당 약 1명꼴이었다. 똑같은 6평방마일 공간에 417,000명 정도가 바글거리고 있는 맨해튼과 비교해보라. 프로비던스, 로드아일랜드, 포틀랜드, 오리건 같은 작은 도시들도 6평방마일 당 26,000명에서 58,000명 사이의 인구 밀도를 보여준다.

따라서, 가나자와는 "인구 밀도가 지나치게 높아지면 인간의 뇌는 불안감과 불편함을 느끼게 되고, 이런 불안감과 불편함은 주관적인 행복감의 하락으로 해석할 수 있다"고 말한다.

도시가 주는 불안감으로 인해 자신의 삶을 기본 수준 이상으로 끌어올리는 일을 힘들어하는 사람이 너무나 많다. 모든 것이 정신없이 돌아가고, 건물도 사람도 넘쳐나고, 온갖 자극이 판을 치고, 노력이 필요 없는 상황들을 강요당하다 보니 심리적 압박감의 무게가 덤프트럭 한 대 분량이다. 가나자와는 자신의 개념을 '행복의 사바나 이론Savanna Theory of Happiness'이라고 부른다. 이 이론은 인구 밀도가 높을수록 행복감을 느낄 가능성이 낮아진다고 주장한다. 최근 하버드대학 연구팀이 발표한 조사에서 미국 내 도시들의 행복지수 순위에서 뉴욕시가 꼴찌(318개 도시 중 318등)를 기록한 이유가 바로 이것일지 모른다.

108명 정원의 제트기가 나를 시애틀로 실어다 주었다. 여기서 도니, 윌리엄과 합류해 앵커리지로 가는 비행기로 갈아탈 예정이다. 도니와 윌리엄은 숲속에 처박혀서 흡사 일주일은 굶은 듯한 그런지Grunge 밴드 멤버 같은 모습으로 게이트에 앉아 있었다. 둘 다 긴 머리에 수염이 텁수룩했고, 플란넬 셔츠 차림에 큼지막한 한바그 등산화를 신고 있었다. 첵스 믹스와 땅콩버터 M&M's가 쉴 새 없이 두 사람의 입안을 드나들었다.

두 사내가 씩 웃으며 나를 올려다보더니 갑자기 낄낄거린다. 일주일간의 숲속 체험을 신청하러 온 여피족yuppie*···. 내 모습이 딱

---

\*   도시에 사는 젊고 세련된 고소득 전문직 종사자.

그랬다. 이틀 동안 자란 짧은 수염, 야외용 요가 바지, 후드 점퍼, 그리고 캠프에서 신을 요량으로 장만한 크록스 신발. 전부 완전 새 것이었다.

"준비되신 거죠?"

도니가 물었다. 합당한 질문이었다.

"해봐야죠."

내가 대답했다.

윌리엄이 M&M's를 내밀었지만 거절했다. 아직 오전 10시밖에 안 되었기 때문이다. 윌리엄이 앙상해진 내 몸을 위아래로 훑는다.

"좀 드셔야겠어요!"

그러면서 M&M's 예닐곱 개를 입안에 털어 넣는다.

"저는 어제 부리토 하나에 파이브가이즈 버거 하나랑 감자튀김을 단번에 먹었어요. 한 달을 기름기 없이 보내려면 최대한 살을 찌워놔야죠!"

윌리엄의 말에 '짐을 더 싸 올걸' 하는 생각이 들면서, 나도 모르게 첵스 믹스 한 줌을 집어 들었다.

도니가 나에게 몸을 기대며 말했다.

"검색을 받아야 할 가방이 열다섯 갭니다."

배낭, 식량, 천막, 카메라 장비, 총, 활 등등을 합친 것이었다.

"그래서 언론사 요금을 적용받으려고 가짜 언론사 패스를 만들었죠. 원래는 다 해서 1,500달러인데, 300달러만 내면 돼요."

그러면서 나에게 언론사 배지를 건넨다.

"근사하죠?"

신용카드만 한 배지에 목걸이 줄이 달려 있다. 전면에는 도니의 얼굴과 함께 그의 프로덕션 회사인 시만타Sicmanta 로고가 인쇄되어 있다. 상단을 가로질러 "MEDIA" 스탬프가 찍혀 있고, 하단에는 바코드가 박혀 있다.

"이 바코드는 뭐죠?"

내가 물었다.

"어…. 인터넷에서 '바코드 이미지'를 검색하다가 찾은 겁니다."

도니의 당당한 대답이다. 지금까지 모든 경력을 통틀어서 나는 미국 국방부 건물 펜타곤이나 보안이 엄중한 곳들을 출입하는 언론사 패스 수백 가지를 써봤다.

"와, 이건 정말 내가 차봤던 어떤 언론사 패스보다도 더 진짜 같네요!"

잠시 후 탑승 안내 방송이 흘러나왔고, 앵커리지를 향한 4시간의 비행길에 올랐다. 램 항공의 내부용 지도상에서 북동쪽에 점으로 표시해놓은 최종 목적지로 가는 데에는 장장 이틀의 여정이 더 필요했다. 그래서 우리는 앵커리지에서 하룻밤을 보냈다. 호텔에서 보내준 밴 기사에게 무거운 배낭 열여섯 개를 실어야 한다고 말했을 때, 이 불쌍한 기사는 마치 우리가 자기 할머니한테 욕이라도 한 것처럼 증오스러운 눈길로 우리를 쳐다보았다.

이튿날 동이 트기 전, 서너 시간 정도 눈을 붙이고 일어나 코체부로 향하는 알래스칸 에어라인을 타기 위해 다시 앵커리지의 테드 스티븐스 국제공항으로 향했다. (이 공항은 비행기 사고로 죽은 상원의원의 이름을 따서 지었다고 한다. 이상하다고 생각하는 내가 이상한 걸까?)

  잿빛 이불 같은 구름 위로 해가 솟아오를 무렵, 124인승 제트기가 북쪽으로 날아올랐다. 1시간쯤 지나자 네온사인 같은 밤색 띠가 지평선을 가로질러 아래로 쏟아져 내리며 연청색 하늘 속으로 사라져 갔다. 아래로 보이는 지상의 흔적은 해발 6,190미터 높이로 솟아오른 북아메리카 최고봉 디날리Denali의 두텁고 흰 봉우리뿐이었다.

# 163킬로미터

## 홀로 있음과 건강의 상관관계

코체부로 갈 때 탔던 비행기가 생각난다. 나는 그 비행기에게 훨씬 더 큰 감사를 느꼈어야 했다. 현대적 사치의 마지막 파편들, 즉 앞좌석 등받이의 다채널 티브이, 공짜 커피, 세면대의 물, 현대식 화장실을 깊이 음미할 생각을 미처 하지 못했다. 마이크가 북극으로 향하는 비행기를 이륙시키면서 등받이로 내 몸뚱이를 밀어붙이는 순간, 좁지만 편안했던 코체부 비행기의 좌석이 사무치게 그리워졌다.

고도가 359피트에서 678피트로, 다시 993피트로 높아지면서 판잣집 같은 램 항공사 건물이 점점 작아졌다. 비행기가 산맥을 향해 펼쳐진 이끼 덮인 툰드라를 따라 천천히 고도를 높였다. 기다란 전나무들 사이로 흐르는 강줄기가 우윳빛 에메랄드그린으로 물들어 있었다. 침엽수림 지대 타이가Taiga를 가로지르는 강은 이리 굽고 저리 휘면서 자연스러운 곡선을 연출했다. 사향과 흙내가 섞인 차갑고 깨끗한 대지의 냄새가 하늘까지 올라와 우리를 반겼다.

앞에 앉은 윌리엄이 이마를 유리에 갖다 붙이고 맹금류처럼 지상을 내려다본다. 그러면서 육안으로 찾아낸 회색곰, 늑대, 순록을 연신 손가락으로 가리킨다. 변덕스러운 바람이 비행기 안의 네 남자를 위로 솟구치게 했다가 아래로 떨어뜨리는가 싶더니 이내 옆으로 밀쳐버린다. 프로펠러를 돌리는 가열찬 엔진 소리에 귀가 먹먹하다.

지금 나는 뒷좌석에 구겨져서 통찰 비슷한 것을 경험하고 있다. 비행 공포? 온데간데없다. 대지의 냄새, 시야에 들어오는 경치, 그리고 사냥꾼들이 걸어서 한 달은 족히 걸릴 일을 해주고 있는 이상하고 조그만 비행 물체, 이 모든 경험이 그저 믿어지지 않는다. 두려움이란 대개 경험하기 이전에 느끼는 심적 경향에 불과한 것이 틀림없다. 비행 내내 나는 하늘 아래에 펼쳐진 세계에 경외를 느꼈다.

1시간이 지나 마이크가 조종 레버를 밀었을 때는 귀가 터지는 줄 알았다. 엔진이 굉음을 토하면서 비행기가 고도를 떨어뜨리기 시작했다. 그것도 아주 빨리. 강하라기보다는 폭탄 투하에 가까웠다. 고도가 1,900피트를 찍었다. 그리고 1,700, 그리고 1,600. 비행기 바퀴가 툰드라 지대의 평평한 돌투성이 땅에 거칠게 부딪쳤다.

충격을 흡수하고 거친 땅에 착륙할 수 있도록 크기를 한껏 키우고 내부 압력을 낮춘 둥글납작한 모양의 툰드라 타이어가 마치 물

수제비를 뜨듯이 세스나를 지면에서 튕겨냈다. 비행기는 한 번 튀고, 두 번 튀고, 세 번 튄 다음 멈췄다. 마이크가 우리 짐을 서둘러 내려놓고는 최종 목적지에 착륙하기에는 자기 비행기가 너무 크다며 자랑인지 불평인지 모를 말을 한다.

"오늘 안으로 브라이언이 다른 비행기를 갖고 올 겁니다."

그러고는 횡하니 비행기와 함께 떠나버렸다. 윌리엄과 내가 산더미 같은 짐과 함께 서 있는 '활주로'는 90미터 남짓한 길이의 얼어붙은 땅에 불과한 툰드라였다.

여기서부터 땅이 잠시 낮아지다가 다시 산맥을 향해 길게 뻗어 올라간 경사면이 이어진다. 온통 서리로 뒤덮인 회색과 녹색의 세계다. 황홀한 운무와 눈부시게 흰 뭉게구름 위로 청명한 하늘이 펼쳐져 있었다. 기온은 10도 이상 급강하한 상태다. 시각은 오전 11시 48분, 가장 가까운 마을은 160킬로미터 이상 떨어져 있다.

코체부에서 15센티미터를 벗어나면서부터 휴대전화 신호는 아예 사라졌다. 브라이언이 도니를 태우고 오기를 기다리는 것 외에는 할 수 있는 일이 없었다. 아무런 자극도 없는 시간을 어떻게 보내야 할지 몰라 방황하다가, 윌리엄에게 메인주의 생활에 대해 물어보았다. 그리고 곧 그에 대해 두 가지 사실을 알게 되었다.

첫째, 윌리엄은 말수가 적은 사람이다. 사냥이 대화의 주제가 될 때를 빼면. 둘째, 윌리엄은 사람들이 모든 말에 "그…"를 내뱉는 빈도만큼이나 "F"로 시작하는 욕을 입에 달고 사는 훌륭한 청년이다.

40대 메인주 토박이인 윌리엄의 아버지가 바로 어제 '빅풋

Bigfoot'을 활로 쏘아 잡았다는 사실도 알게 되었다. 북아메리카 숲속을 배회한다는 전설 속의 털북숭이 유인원이 아니라, 이 부자가 6년 전에 처음 발견한 거대한 몸집의 흰꼬리사슴이다.

"메인주 해안에 있는 롱아일랜드라는 섬에서였어요. 메인주에서 제일 큰 섬인데, 제대로 된 마을 하나 없는 곳이죠."

윌리엄은 롱아일랜드섬으로 노를 저어 건너가서 추적 카메라를 몇 대 설치했다. 움직임이 감지되면 작동하는, 사냥꾼이나 생물학자들이 흔히 쓰는 카메라였다.

"어느 날 사진을 봤는데, 덩치가 무지하게 큰 사슴이 찍혀 있더라고요."

그때부터 윌리엄과 그의 아버지는 섬에서 수천 시간을 보내면서 그 땅에 대해 알아갔다. 사슴이 잘 자라라고 서식지를 손봐주기도 하면서, 이 특별한 사슴이 어떤 식으로 살아가는지를 꼼꼼히 추적했다.

"그러다가 어느 날 그 거인 같은 놈을 가까이서 딱 마주쳤어요. 정말 크더라고요. 그래서 이름을 '빅풋'이라고 지어줬죠."

아무튼 그렇게 해서 이 사슴은 몇 달 동안 윌리엄의 가족에게 청정한 고기를 제공하는 신세가 되었다.

윌리엄이 언 땅에서 벗어나 풀들이 자라고 있는 쪽으로 걸어갔다. 나는 이미 다섯 겹을 껴입은 몸에 한 겹을 더 두르기 위해 배낭을 헤집고 있었다. 북극의 추위가 나의 메마른 뼛속을 사정없이 파고들었다.

윌리엄이 풀밭에 서서 외쳤다.

"기자님! 이것 좀 보세요."

성큼성큼 다가오고 있는 그의 손에 갈색 소프트볼처럼 보이는 것이 들려 있었다.

"회색곰 똥이에요!"

그가 손에 쥐었던 것을 내보이며 소리를 질렀다. 커다란 덩어리를 이룬 똥은 섬유질과 식물 씨앗들로 범벅이 되어 있었다.

"놈들이 열매를 엄청 따먹었네요. 똥이 크면 똥구멍도 클 거고, 몸집도 크겠죠. 비쩍 마르긴 했겠지만요."

윌리엄이 손안에서 배설물을 바스러뜨리면서 "여기를 언제 왔다 갔는지는 모르겠어요"라고 말하며 손을 털었다. 그러자 찌꺼기들이 소리 없이 땅에 떨어졌다. 나는 앞으로 이 청년과 하이파이브나 악수를 하지 말아야겠다고 마음먹었다.

두어 시간이 지났을 때, 어디선가 끽끽거리는 소리가 들렸다. 지평선 위에 흰 점이 나타났다. 도니를 태운 비행기였다. 브라이언은 선수였다. 급강하한 비행기가 한 차례 선회한 뒤 고도를 낮추어 땅에 부딪친 뒤 툴툴 굴러오더니 우리가 있는 곳에서 채 3미터도 떨어지지 않은 지점에 멈추었다.

키 183센티미터에 체중이 90킬로그램이 넘는 브라이언이 조종석에 앉아 있는 모습이 마치 어린이용 놀이기구에 몸을 구겨넣은 아빠 같았다. 파이퍼 항공Piper Aviation은 1946년부터 1948년 사이에 이런 PA-12 기종을 3,760대 생산했다. 브라이언의 비행기는 1946년산이었다. 6년 전 어떤 사내가 이 특별한 PA-12를 난파시켰고, 브라이언은 망가진 비행기를 사들여 입맛에 맞게 리모델링

했다. 원래 붙어 있던 108마력 엔진을 185마력짜리로 업그레이드 했고, 일반 착륙 장치를 툰드라 타이어로 교체했다.

이런 낡은 PA-12 기체들은 대부분 지금도 운항하고 있다. 이곳 사람들은 이 기종이나 소형 커브 모델 비행기를 '북극의 택시'라고 부른다. 도로가 없는 험지들을 오가며 사람과 물건을 실어 나르기 때문에 붙여진 이름이다. 이 세상에 다재다능함과 신뢰성을 동시에 겸비한 항공기는 진짜 드문데, 이 비행기가 바로 그런 경우에 속한다. 1947년 미 공군 조종사 둘이 장교 클럽에서 술을 몇 차례 연거푸 마신 후 호기롭게 슈퍼 커브Super Cub 두 대로 세계일주에 도전했다. 그리고 4개월에 걸쳐 36,200킬로미터에 이르는 비행을 마쳤다. 이들이 직면했던 유일한 기술적 문제는 불완전한 착륙 때 손상된 뒷바퀴뿐이었다. 작지만 정말 튼튼한 항공기다. 하지만 나는 브라이언의 비행기를 보면서 이런 주장을 절대로 믿을 수 없다는 생각이 들었다.

마이크의 세스나180이 '날개 달린 빈 깡통'이라면, 높이가 내 키만하고 동체 길이 6.7미터에 날개 길이 10미터인 PA-12는 항공계의 '작은 초코바'라고 할 수 있다. 가까이 다가가서 살펴보면 표면에 거의 몇 센티미터 간격으로 미세한 균열이 빼곡했다. 기체를 감싼 재질을 만져보니 마치 팽팽한 천을 누를 때처럼 안쪽으로 눌려 들어갔다. 나는 '내가 뭘 망가뜨린 건가요?' 하는 눈빛으로 브라이언을 쳐다보았다.

"그건 기체를 감싸고 있는 합성 섬유, 플라스틱 직물…, 그러니까 강력 접착테이프 같은 거예요."

브라이언이 나의 놀란 얼굴을 쳐다보면서 말을 이었다.

"하지만 이건 특수 테이프예요."

"아…. 알겠어요, 특수 테이프. 음, 그래요, 이 비행기를 훨씬 더 안전한 항공기로 만들어주는 거군요."

브라이언이 씩 웃고는 바로 출발해야 한다는 손짓을 했다. 윌리엄이 짐을 비행기 뒤쪽에 던져 올린 후 안쪽으로 욱여넣었다.

"두어 시간 안에 돌아올 겁니다."

브라이언이 말했다. 남자 셋과 짐 열다섯 개는 600킬로그램짜리 PA-12한테 너무 무거웠다. 도니와 윌리엄을 실은 비행기가 최종 목표 지점을 향해 이륙했다. 나를 똥구멍 큰 곰 옆에 남겨둔 채 말이다. 내겐 총도 없고, 활도 없다. 그나마 좋은 점은? 곰이 공격해왔을 때, 마이크의 거지같은 비행기를 타고 집으로 돌아갈 수 있을까 하는 걱정을 굳이 할 필요가 없다는 것.

'혼자'라는 단어에는 여러 의미가 있다. 예를 들어 "혼자 있고 싶어. 내 방으로 갈게"와 같은 일상적인 종류의 '혼자 있음'이 있다. 그리고 지금 내가 경험하고 있는 또 다른 종류의 '혼자 있음'은 눈을 씻고 찾아봐도 주위에 인간이라고는 없는 북극 툰드라 한복판에 서 있는 매우 비일상적인 종류다. 틀림없이 6제곱마일 안에, 혹은 12제곱마일, 아니면 18제곱마일\* 안에 사람은 나 하나밖에 없을 것이다. 아무리 비명을 지르고 소리를 치고 욕을 하고 발악을 한들 들어줄 사람은 없다. 끝없는 미지의 땅에서 불꽃을 쏘아 올리

---

\* 18제곱마일은 여의도 면적(약 2.9제곱킬로미터)의 약 6배 정도의 넓이다.

고 연기 신호를 피운다 한들 볼 수 있는 사람은 아무도 없다. 엉덩이를 까고 빗속에서 춤을 추면서 노래를 목청껏 불러 젖힌다 해도 아무도, 단 한 사람도 내 머리카락 하나 찾아내지 못할 것이다. 지금 나는 인생을 통틀어서 사람들로부터 가장 멀리 떨어져 있다.

정말 흥미로운 역설이다. 요즘 사람들은 혼자 있는 경우가 거의 없는데도 갈수록 외로워지고 있다. 인류는 80억 명에 육박하고, 지구는 그야말로 거대한 인간 수프 그릇이다. 직장에서, 마트에서, 출퇴근길에서, 동네에서, 우리는 사람들에 둘러싸여 있다. 혼자 있을 때조차 우리는 티브이, 팟캐스트, 문자 메시지를 통해 우리에게 말을 거는 누군가와 함께 있을 때가 많다. 그런데도 미국인의 거의 절반이 외롭다고 말한다. 미국 정부는 국가가 심각한 '외로움 증후군'에 직면해 있다고 선언하기도 했다.

이 증후군이 육체와 정신 건강에 미치는 영향은 막대하다. 브리검영대학교의 연구진은 나이나 자산에 상관없이 외로움을 느끼는 사람이 7년 안에 사망할 확률이 26퍼센트 더 높다는 사실을 발견했다. 통계로 보면 외로움은 수명을 15년 단축시킨다. 하루에 담배를 반 갑씩 피우는 것과 똑같은 효과다. 하버드대학교의 학자들이 80년 넘게 수행해온 연구에 따르면 좋은 인간관계는 평생 행복을 보장하는 가장 중요한 요소다. 좋은 인간관계는 행복 우선순위에서 운이나 명성을 앞선다.

수많은 정부 보고서와 책, 팟캐스트, 테드 톡스TED Talks 등에서 외로움이라는 문제에 대한 관심을 촉구하면서 덜 외로워지는 방법에 대해 조언하는 이유가 바로 이것이다. 이들이 던지는 근본적인 메시지는 이런 것이다.

"어이, 친구! 마음을 긍정적으로 먹으라고! 그리고 집에서 나와! 카페나 도서관에서 일을 해! 파티나 콘서트에 가! 동네 야구팀이나 러닝크루에 들어가! 낯선 사람한테 말을 걸어보라고!"

이런 방법들은 아마 어느 정도는 도움이 될 것이다. 우리는 튼튼한 유대를 구축하는 데 힘써야 한다. 그런데 한편으로 나는, 예를 들어 내가 회원으로 가입한 야구팀에서 유격수로 뛰면서 맥주를 말술로 들이켜는 어떤 사내가 나에게 진정한 정서적 지원을 제공하거나 통찰 같은 것을 심어준다는 데에는 회의적이다.

오늘날과 같이 점점 더 초연결적이고 집단중심적인 사회에서, 즉 우리가 속한 그룹이나 조직으로 스스로를 정의하는 세상에서, 가끔은 혼자가 되는 것도 나쁘지 않다고 생각한다. 외부의 어떤 것으로도 자신을 규정하지 않고 오로지 자기 자신과 함께 있는 시간을 가져보자. 붓다, 노자, 모세, 밀턴, 에머슨 등 수많은 이들이 홀로 있음의 유익함을 강조하지 않았던가. 오늘날 점점 더 많은 과학자들은 말한다. 애써 홀로 있고자 했던 이런 인물들이 무언가를 추구하고 있었다고. '홀로 있을 수 있는 능력'은 자신을 위해서뿐 아니라 좋은 인간관계를 구축하는 데에도 똑같이 중요하다.

"홀로 있을 수 있는 능력은 근본적으로 자기 자신과 함께 있으면서 불편함을 느끼거나 주의가 산만해지지 않는 능력이다."

메달대학교의 심리학 교수 매튜 보우커 Matthew Bowker 박사가 한 말이다.

내가 극도의 고독 상태에 있다는 자각은 불안감과 동시에 해방감을 가져다주었다. 불안감은 만일 날씨가 바뀌면(여기서는 그런 일이 흔하다) 브라이언이 슈퍼 커브를 착륙시키지 못할 수 있고, 그러면 나는 여러 날 동안 고립될 수도 있다는 생각에서 온 것이었다. 해방감은 주변에 아무도 없으니 모든 사회적 기준으로부터 완전히 자유롭고, 누구의 의지에도 나를 맞출 필요가 없기 때문이었다. 나는 불편했지만 동시에 자유로웠다. 서른쯤 된 남성이 어떻게 보여야 하고, 어떻게 행동해야 하며, 어떻게 자신을 표현해야 한다는 사회적 담론은, 사회라는 그 배경을 벗겨내면 더 이상 어떠한 이야기도 만들어내지 못한다.

사람은 대부분 혼자 있는 것을 잘하지 못한다. 버지니아대학교의 연구에 따르면 여성의 4분의 1과 남성의 3분의 2가 혼자서 생각에 빠져 있기보다 차라리 스스로에게 전기 충격을 가하는 것을 선택했다. 상상해보라. 연구자가 말한다.

"이 방에서 저 없이 혼자 앉아 계시는 쪽을 선택하셔도 되고, 만약 제가 계속 옆에 서 있기를 원하신다면 몸에 고압 전류를 흐르게 하는 이 이 빨간 버튼을 누르셔야 합니다."

피실험자가 대답한다.

"음… 가만히만 계셔준다면 저는 그냥…."

지지지직!

코체부 활주로에 서 있을 때 도니가 대학 졸업 후 첫 직장이었던 미국 어류 및 야생동물 관리국 연구원 시절에 대해 들려준 이야기가 있다. 관리국은 대학 졸업자 스물네 명을 채용했는데 그들이 맡은 첫 프로젝트는 본인의 동의하에 유콘강 하구에 있는 외딴 캠프에 6개월간 혼자 머물며 데이터를 수집하는 것이었다.

"첫 주에 열아홉 명이 그만두고 집으로 가버렸죠. 현장에 도착하자마자 혼이 나가버린 거죠. 나 원 참. 그런 곳에서 6개월을 보내고 나면 자기 자신에 대해 엄청 많은 걸 알게 될 텐데."

오하이오주 마이애미대학교의 연구진은 오늘날 소셜미디어가 사람들의 홀로 있기를 더 어렵게 만들고 있다고 말한다. 소외되는 것을 두려워하는 포모FOMO(다른 사람들이 누리고 있는 좋은 기회를 놓칠까 봐 불안해하는 마음. 'Fear Of Missing Out'의 줄임말)가 기승을 부리고 있다. 홀로 있기를 불편해하는 전반적인 경향은 사회가 이를 바라보는 방식 탓일 수도 있다. 기성세대가 아이들을 훈육하는 방식을 보라. "충분히 반성한 것 같으니까 이제 방에서 나와도 돼." 독방 감금은 말썽 피운 죄수를 벌주는 방식이기도 하다. 보우커 박사의 추론은, 이런 관습으로 인해 사람들이 정상 상태는 타인들을 통해서 누릴 수 있으며 혼자 있는 것은 벌이라는 관념을 갖게 되었으리라는 것이다.

모르긴 해도, 코로나19에 따른 봉쇄는 인류 역사상 가장 많은 사람들에게 가장 긴 기간에 걸친 홀로 있기를 경험하게 만든 사건일 것이다. 워싱턴대학교 연구진들이 팬데믹 기간에 외로움에서 오는 임상우울증이 급증할 것이라고 예견했던 이유도, 사람들이 대개 자기 자신과 함께 있는 데 익숙하지 않기 때문이다. 한 연구가 보여주듯이 격리 기간 동안 폭식, 음주, 포르노 시청, 약물 복용 등에 기댄 '자가치료'가 급증한 이유도 이것으로 설명할 수 있다.

나는 그동안 타인과 관련해 어떻게 행동했을까. 나는 타인과 너무 오랫동안 연결이 끊어지는 것을 경계하고, 늘 나의 성격을 다른 사람이 긍정적으로 반응할 수 있도록 맞추었다. 때로는 나 자신의 삶을 사는 것이 아니라 다른 누군가에 대한 반응으로서의 삶을 살고 있는 것 같을 때도 있었다.

"자신과 함께 홀로 있는 경험은 여러 가지로 큰 즐거움을 가져다줍니다"라고 보우커 박사는 말했다. 고독 속에서 우리는 나의 여과 없는 모습을 볼 수 있다. 보우커 박사는 혼자 있을 때 어떤 주제에 대해 자신이 진정으로 어떻게 느끼는지를 알아차릴 수 있으며, 자기 자신에 대한 새로운 이해에 도달하는 돌파구가 될 수 있다고 말한다. 그런 다음 새로운 깨달음을 가지고 바깥 세계로 나아갈 수 있게 된다는 것이다.

"홀로 있을 수 있는 능력이 생겨나면 타인과의 상호작용이 더 풍요로워집니다. 왜냐하면 더는 타인에게 의존해서만 돌아가는 연결 회로가 아닌, 내면이 자족적으로 작동하는 존재로서 관계에 참여하게 되기 때문입니다."

홀로 있음이 건강에 유익하다는 것을 뒷받침하는 연구가 있다. 이 연구는 홀로 있음이 생산성, 창의성, 공감 능력, 행복감을 높여주고 자아의식을 낮춰준다는 것을 보여준다.

보우커 박사는 말한다.

"사회적 연결은 분명히 중요합니다. 사회적 연결이 사라져버리고 영영 회복되지 않으면 위험할 수 있습니다. 홀로 있을 수 있는 능력을 갖추면 외로움을 느끼는 대신, 고독을 자신을 조금 더 잘 알 수 있는 의미 있고 즐거운 시간을 누리는 기회로 볼 수 있게 됩니다. 자신과의 관계를 튼튼히 구축하는 기회가 되는 것입니다. 흔해 빠진 얘기로 들릴 수도 있겠지만 이것은 매우 중요한 이야기입니다. 외롭다는 느낌을 풍요로운 고독의 느낌으로 변환하기 위해 노력하는 것이야말로 모든 사람이 지녀야 할 목표입니다."

적막한 고독 속에 서 있는 동안 나의 불안은 모든 방해가 사라진 느낌으로 변하고 있었다. 무엇으로부터도 영향받고 있지 않다는 느낌. 문명 세계의 모든 인간과 혼돈으로부터 벗어나 있다는 느낌. 가나자와를 비롯한 여러 학자들의 연구가 말해주는 것은, 가끔 야외에서 혼자 지내는 것이 북적거리는 도시가 안겨준 스트레스에 대한 해독제가 될 수 있다는 것이다.

적막을 깨뜨린 것은 예의 낮은 기계음이었다. 나의 고독도 끝이 났다. 슈퍼 커브가 툰드라를 향해 곤두박질쳤다. 비행기가 몇 차례 튕겨 오르다 마침내 멈췄다. 브라이언이 뛰어내려 서둘러 내 짐들을 기내로 던져 넣는다. 나도 기내로 뛰어오른다. 배관이 기체의 뼈대를 대신하고, 덮개는 강력 아크릴 수지인 투명 플렉시글라스Plexiglass다. 브라이언이 조종석에 올라타자 약간 정신이 나간 알래스카 봅슬레이팀 같은 대형이 된다. 브라이언의 등 뒤에 낑겨 앉은 나는 두 무릎을 그의 양쪽 겨드랑이에 집어넣을 수밖에 없었다. 비행기가 공중으로 떠올랐다. 특수 접착테이프가 바람에 털털거린다. 돌풍이 끈질기게 따라붙으면서 기체를 위아래, 좌우로 흔들어댄다.

브라이언이 툰드라 쪽을 가리켰다. 순록 한 무리가 이끼 덮인 언덕바지에서 풀을 뜯고 있다. 40분을 날아가니 먼 암석 대지에 점 두 개가 나타났다. 비행기가 그쪽을 향해 선회하기 시작했다.

"착륙하기가 좀 빡빡한 곳이에요. 꽉 잡으세요."

돌풍이 기체를 뒤쪽으로 밀어붙인다. 나도 모르게 헛웃음이 나왔다. 내가 지금 이렇게 생겨 먹은 비행기를 타고 수백 미터 상공을 시속 160킬로미터 이상으로 날아가고 있다니, 조금 있으면 지구상에서 가장 위험하다는 땅에 떨어지게 된다니, 수백만 년에 걸친 인류 진화의 역사가 위험을 피해야 한다고 속삭이고 있음에도 위험을 넘어 지옥을 즐기고 있다니. 그것은 분명 스트레스였다. 하지만 종류가 달랐다. 그것은 해방시키는 스트레스였다.

# 시속 110킬로미터

## 북극에서의 첫날

슈퍼 커브의 바퀴가 축구장 절반 크기의 자갈투성이 벌판을 긁으며 덜덜 굴러갔다. 비행기는 큰 배낭을 멘 채 환하게 웃으며 기다리고 있던 도니와 윌리엄 쪽으로 방향을 틀었다. 브라이언은 내 짐을 내려놓은 뒤 곧바로 이륙해 다시 코체부로 돌아갔다. 자, 이제부터 시작이다.

도니가 말했다.

"야생에서 살아남기 위한 원칙은 첫째가 피난처, 둘째가 물, 식량은 맨 나중입니다."

현재 우리가 가진 것은 그중에 한 가지뿐이었다. 그것도 셋 중에서 가장 덜 중요한 항목이었다. 그래서 일단 우리는 민둥산 언저리를 돌아다니며 티피를 설치하기에 적당한 장소를 물색했다.

"야영지를 정하는 것은 타협의 문제입니다. 산꼭대기에서 야영을 하면 순록들이 산과 계곡을 가로질러 이동하는 모습을 볼 수 있는 곳에서 일어나니까 매일 아침 미끄러운 정상까지 걸어 올라갈 필요가 없어요."

그리고 회색곰들이 흔히 먹이를 사냥하러 오는 계곡도 피할 수 있다. 곰들은 물길을 따라 이어진 오리나무 덤불에 숨어서 아무 의심 없이 물을 먹기 위해 내려오는 순록이나 큰사슴을 기다린다. 그러다가 순식간에 달려들어서 무자비한 일격을 날린다.

"대신 야영지가 높은 데 있으면 아래쪽에서 불어오는 바람을 많이 맞게 되고 물과 땔감을 구하기 위해 많이 걸어야 합니다."

게다가 고지에서 야영을 하려면 경사면에 티피를 설치할 가능성이 높은데, 그러면 잠을 이상한 각도로 잘 수밖에 없다. 다리가 머리보다 높이 있다든지, 왼쪽 어깨가 매트리스 밖으로 튀어 나간다든지 등등.

우리는 적당한 야영지를 찾기 위해 서두르지 않았다. 알래스카의 법은 비행한 날에는 사냥을 하지 못하도록 규정하고 있다. 사냥꾼들이 슈퍼 커브 비행기를 타고 공중에서 윙윙거리며 동물들을 찾아내는 일을 방지하기 위해 고안된 법률 조항이다.

"그런 건 사냥이 아니라 쇼핑이죠."

도니가 말했다. 법은 이런 행위를 밀렵으로 간주한다. 심각한 불법 밀렵은 10만 달러 이상의 벌금과 1년의 징역형을 선고받기도 한다.

"저거 보여요?"

도니가 북서쪽 언덕을 가리키며 말했다. 나는 눈을 가늘게 뜨고 군데군데 푸른 이끼가 덮인 언덕을 살피고 또 살폈다. 아무것도 보이지 않았다.

"능선을 보세요."

도니가 다시 말했다.

놈들이 보였다. 연회색 스카이라인 위에 흰색과 갈색이 섞인 작은 점 스무 개 정도가 꼬물거렸다. 순록이었다.

"저놈들도 우리를 보고 있을 거예요. 진작에 발견했겠죠."

도니가 말했다.

가만히 서서 그쪽을 응시했다. 능선 바로 밑에 점 마흔 개 정도가 더 있었다.

"저 언덕까지 거리가 얼마나 되죠?"

내가 물었다.

"생각보다 훨씬 멀어요. 그래도 좋은 징조입니다. 지금까지 제가 알래스카에서 본 것들을 다 합친 것보다도 많네요."

함께 걸어가던 도니가 무슨 소리를 듣고는 걸음을 멈추었다.

"물인가?"

도니가 귀를 기울이며 말한다. 발밑을 내려다보았다. 갈색 암석, 이끼, 키 큰 풀들이 말라붙은 툰드라 풀무더기 따위로 뒤덮인 곳이었다. 풀숲 사이로 구불거리며 흐르는 가느다란 물길이 보였다. 물길 양편에는 막 싸놓은 순록의 배설물들이 쌓여 있고, 순록들이 지나간 흔적들도 남아 있었다. 윌리엄과 도니가 사슴 똥보다 커 보이는 배설물을 한 줌씩 집어 들었다. 도니가 배설물 덩어리를 두 손가락으로 납작하게 눌러보면서 말했다.

"물을 먹으러 왔다 간 지 얼마 안 됐어요."

그러고 나서 허리를 숙여 물병을 채워 한참을 들이켠다. 일흔다섯 가지 종류의 생수를 파는 마트가 있는 세계에서 온 나는 그 행동이 현명한 것인지 아니면 속을 울렁거리게 하는 끔찍한 장면인지 판단이 되지 않았다.

"이 물⋯."

"마셔도 되냐고요? 당연하죠!"

도니의 대답에는 중고차 딜러 못지않은 확신이 묻어 있었다.

"이 물을 먹고 기생충이 생길 가능성이 어느 정도는 있을 거예요. 하루 정도를 설사할 수 있지만 그래도 허구한 날 물을 찾으러 강까지 걸어 내려가는 것보단 낫죠."

나도 목이 말랐다. 물병을 채워서 한 모금 마셨다. 만일 우리 일행 중에서 하나가 배탈이 난다면 결국 셋 다 같은 운명이 될 테지. 물은 차가웠고, 미네랄이 풍부하게 느껴졌다. 홀푸드에서 1리터에 5달러를 주고 사 마실 것 같은 물맛이었다.

도니가 덧붙이는 말이 순록들의 발굽에 밟히고 배설물의 호위를 받으며 흐르는 이 물이 우리 집의 수도꼭지에서 나오는 물보다 더 깨끗할 거란다. 이 좁은 개울은 북극의 경사면에서 솟아나는 수억 수천만 개 물길 중의 하나다. 이 땅에서는 해동과 결빙이 끊임없이 반복된다. 그 과정에서 지표의 확장과 수축이 반복되며 지하에서 걸러진 물을 밀어 올린다. 현재 우리가 있는 곳은 노아턱강Noatak River의 중류쯤으로, 인간에 의해 변형되지 않은 미국 내 마지막 강줄기다.

능선 위에 펼쳐진 완만한 경사의 초지에 이르자 "여기가 적당해 보이네요"라고 도니가 말했다.

"여기서 며칠 동안 북동풍을 피할 수 있을 겁니다. 그런 다음 바람이 남동풍으로 바뀌면 이동해야죠."

우리는 티피를 설치하고 짐을 대충 정리한 뒤에 내일 계획을 세웠다.

"내일 일어나는 대로 커피를 마시고 아침을 먹을 겁니다. 그런 다음 저 언덕을 올라갈 겁니다."

도니가 말했다.

높은 야영지의 또 다른 이점은 전망이다. 사방으로 첩첩이 늘어선 얕은 산줄기들을 따라 평원이 끝도 없이 펼쳐진다. 우리는 해가 낮아질 무렵이 되어서야 천막으로 들어갔다.

"뭘 원하시나, 친구들?"

도니가 캠핑용 스토브에 불을 붙인 뒤 물을 끓이기 위해 포트를 올려놓으며 말했다. 그러더니 어렵게 공수해 온 마운틴하우스 Mountain House* 식량 가방을 뒤지기 시작한다.

"새콤달콤한 돼지고기도 있고, 라자냐하고 스파게티도 있고, 소고기 스튜, 치킨, 덤플링에다가 소고기 스트로가노프**⋯. 와, 윌리엄, 소고기 스트로가노프 좋아해?"

---

\*   유통기한이 30년에 달하는 동결 건조 비상 식량 제품명.
\*\*  시큼한 크림 소스에 고기를 넣어 뜨겁게 먹는 음식.

그러면서 가방을 윌리엄에게 던진다.

잠자리에 누운 것은 해가 사라지기 전인 저녁 9시 30분 무렵이었다. 천막의 천이 바람에 가볍게 흔들리고 있었다.

소리를 죽인 듯한 '팡' 소리가 들렸다. 세상 모르게 곯아떨어져 있던 나는 눈이 번쩍 떠졌다. 팡, 팡, 팡. 작은 폭죽이 터지는 듯했다. 침낭에서 손을 빼 얼굴 쪽으로 가져갔다. 티피 안은 칠흑처럼 어두웠다. 손목시계의 야광 시침이 새벽 2시를 가리키고 있었다. 바스락거리는 소리가 들리더니 딸깍 소리와 함께 등이 켜졌다. 도니가 헤드램프를 켜고 매트리스 가장자리에 앉아 있었다. 도니가 나를 똑바로 쳐다보는 바람에 램프 불빛이 아직 어둠에 적응하지 못한 내 눈을 정면으로 찔러 왔다. 나는 손으로 얼굴을 가렸다.

눈이 조금 적응이 되면서, 방수로 된 티피 천이 사납게 떨고 있는 게 보였다. 밤새 천막에 달라붙었던 서리가 마구 흩날리고 있었다. 입구에 매달린 금속 지퍼 손잡이가 썰매 방울이 되어 이리저리 흔들렸다. 도니가 뭐라고 말을 했지만 티피가 연주하는 교향곡에 묻혀버렸다.

"완전히 요트 신세네요. 풍향이 바뀌어버렸어요. 바람에 완전히 노출됐어요."

도니가 소리친다. 불이 하나 더 들어온다. 자리에서 일어난 윌리엄이 매트리스 한쪽을 깔고 앉아서 한마디 내뱉는다.

"에이, 젠장."

"바람이 이 정도로 찬 걸 보니 영하 10도쯤 되는 것 같아요."

도니가 소리친다. 티피의 장점은 텐트의 성가심이 전혀 없다는 것이다. 우리 것은 가장 높은 곳이 3미터가 훨씬 넘고 티피의 바닥은 5×6미터나 된다. 즉, 안에 서서 불편 없이 움직일 수 있다는 의미다. 지붕이 낮은 텐트에서는 수면을 제외한 모든 일을 서커스 단원처럼 해내야 한다. 게다가 티피에는 바닥도 없어서, 티피 안팎을 드나들 때 신발을 벗을 필요가 없고 젖은 옷을 걸치고 들어가도 걱정할 필요가 없다. 실제로 수많은 옛 문화권에서 텐트 같은 구조물이 아니라 티피에 살았던 데에는 다 이유가 있다.

물론 단점도 있다. 티피의 높이는 바람이 닿는 표면적을 늘린다. 만일 이 구조물이 바람을 받아 떠오르게 되면, 거대한 우산이 돼서 사람과 장비를 고스란히 노출시킨 채 러시아 영공 어딘가로 날아가 버릴 수도 있다.

"현재 풍속이 시속 80킬로미터는 될 거 같아요. 더 약해지진 않을 겁니다."

도니가 말했다.

"그럴 것 같네요. 바람이 아까보다 더 세진 것 같아요."

윌리엄이 말했다.

"다시 잠이나 청해보죠."

도니가 공습 중의 낮잠을 제안하듯이 말했다. 안으로 스며든 찬바람이 티피 구석구석을 휘저으며 등짝을 서늘하게 했다. 얼른 침낭 안으로 파고들어 모자를 눌러쓰고 다운 조끼를 스카프처럼 둘러서 온몸을 감쌌다. 바람이 천막 벽을 밀고 들어오면서 내 몸을 안쪽으로 밀어댔다. 마치 만물의 어머니인 대자연이 나를 곤히 재우기 위해 심하게 흔들어주듯이.

15분이 흘렀다. 그리고 30분. 그리고 1시간. 다시 90분. 바람은 끈질겼다. 새벽 5시가 되자 바람소리의 볼륨이 커지면서 돌풍이 속도를 올리기 시작했다. 천막 안을 울려대는 소리가 기관총 사격장에서 연주 중인 데스메탈death-metal* 드럼 솔로처럼 들렸다. 침낭 밖으로 살짝 고개를 내밀어 보니 도니가 일어나 앉아 있었다.

"허리케인급 폭풍이네요. 풍속이 110킬로미터도 넘어요. 애한테 더 바라는 건 무리예요."

티피의 남동쪽 벽이 알루미늄 중앙 지지대 쪽으로 밀려 들어오고 있었다.

"당장 짐을 챙기고 다운 점퍼하고 우비를 걸치세요."

도니가 소리친다. 티피가 날아가면서 옷가지, 침낭, 매트리스가 노출되기라도 하면 순식간에 눈밭으로 사라져버릴 것이다. 그러나 어둠 속에서 티피를 비상 해체하는 것은 너무 위험했다. 우리는 앉아서 기다렸다. 스트레스 호르몬에 초절임이 된 꼴로 둘러앉아 날씨가 야생 생존의 첫째 원칙(피난처 확보)을 무너뜨리기를 기다리는 동안, 나는 온몸이 조여드는 듯한 느낌에 사로잡혔다.

"중앙 지지대가 부러질 것 같아요!"

윌리엄이 소리친다.

1시간이 더 흐르자 드디어 해가 떠오르기 시작했다.

"해체해봅시다!"

도니가 소리친다. 나는 내 짐을 집어 들고 입구 지퍼를 열었다.

---

\* 폭력, 악마의 이미지를 상징하는 템포 빠른 메탈록.

바람이 덮개를 덮치면서 입구가 화라락 열렸다. 그 바람에 말뚝이 뽑혀 나가면서 능선 90미터 아래로 곤두박질쳤다. 우리는 서둘러 짐을 끌고 능선 반대쪽으로 내달리기 시작했다. 400미터도 안 되는 지점에 바람을 피할 수 있는 안전한 곳이 있었다. 우리는 맞바람을 맞으며 필사적으로 장비들을 끌어다 옮겼다.

짐을 갖다 놓고 나서 다시 텅 빈 티피 한가운데 서 있는 기둥 주변으로 모였다. 기둥을 들어 올려야 했다. 그런데 바람이 천막 안으로 파고들면서 기둥을 더 땅속 깊이 박아놓은 상태였다. 셋이 함께 기둥을 붙잡고 위쪽으로 최대한 당겨보아도 꿈쩍도 하지 않았다. 한 번 더 힘을 썼다. 소용이 없었다.

"망했네."

윌리엄이 내뱉었다.

"가까이 붙어요!"

도니가 앞으로 좀 더 다가가 두 발을 기둥에 밀착하면서 말했다. 윌리엄과 함께 도니를 둘러싸면서 두 손으로 기둥의 빈 곳을 붙잡았다. 도니가 허리와 다리에 남아 있던 힘을 쏟아부었다. 기둥이 살짝 올라왔다. 재빨리 기둥 밑을 밀었다. 기둥이 옆으로 쓰러지면서 천막이 세 사람을 덮쳤다.

티피의 나머지 부속들을 안전한 곳으로 옮겼다. 윌리엄은 기둥에 이상이 없는지 살폈다. 다행히 아무 이상이 없었다. 미친 바람이 이 속 빈 기둥을 우당탕탕 몰고 가서 밑에 있던 바위에 처박아 버리는 바람에 역암으로 만든 동그란 하키 퍽이 생겨났다는 점만 빼고.

몇 시간 뒤, 우리는 야영지에서 제법 떨어진 둔덕 꼭대기에 앉아서 순록을 찾기 위해 구릉 지대를 살피고 있었다. 나는 그날 아침을 떠올리며 그 혹독한 날씨 속에서 세 남자가 얼마나 무력했었는지 생각했다. 그저 웃음만 나올 뿐이었다.

"왜요?"

도니가 웃는 나를 보곤 묻는다.

"오늘 아침은 거의 최악이었죠?"

내가 말했다. 도니가 고개를 끄덕인다.

"브라이언이 5일 일정으로 순록 사냥을 나선 사냥꾼들 얘기를 해준 적이 있어요. 곰에 대비한답시고 소총, .357 구경 권총, 엽총, 차 배터리에 연결하는 전기 철조망 같은 걸 몽땅 가져갔대요. 하긴 곰 안 무서운 사람이 어디 있겠어요? 하지만 정작 사냥꾼들을 죽음으로 내몬 건 날씨예요."

우리에게는 아직 32일이 더 남아 있었다. 도니가 갑자기 진지해진다.

"맞아요. 오늘 아침은 정말 최악이었어요. 하지만 그런 순간들 덕분에 다른 모든 것이 더 호화롭고 평화롭게 느껴지기도 하죠."

2부

# 따분함을 즐겨라

# 11시간 6분

## 디지털기기에 빼앗긴 시간

클리프바Clif Bar 초콜릿칩 하나에는 250칼로리가 들어 있다. 이 에너지바의 기초 성분은 '유기농 현미 시럽'인데, 나는 이것이 건강의 탈을 쓴 설탕의 완곡어법이라고 믿는다. 미국의 게리Gary라는 사내는 280킬로미터에 이르는 자전거 하이킹을 끝낸 뒤 아이디어를 얻어 자신의 아버지 이름인 클리프Clif를 따서 에너지바를 만들었다.

내가 입고 있는 블랙다이아몬드Black Diamond 다운 점퍼는 '동물성 비섬유 소재를 포함'하고 있다. 이 옷은 세탁기를 이용해 표백제 없이 찬물로 부드럽게 세탁해야 하고, 회전시키면서 약한 열기로 건조해야 한다.

내 배낭은 1997년에 창립한 사냥 장비 회사 제품으로 콜로라도에 본사가 있다. 이름은 키파루Kifaru인데, 배낭 내부에 '미국에서 자부심을 담아 홍HONG이 재봉함'이라는 문구가 새겨져 있다.

이상, 별다른 할 것이라곤 아무것도 없는 언덕배기에서 10시간을 내리 보내는 동안 내가 알게 된 것들이다. 인터넷도 없고, 읽을 만한 것이라곤 에너지바 포장지와 아웃도어 의류의 태그뿐이었다.

바람이 스펙터클한 재난 영화를 연출한 첫날 이후 날마다 똑같은 일상이 반복되었다. 잠에서 깨고, 인스턴트 커피를 마시고, 짐을 싸고, 어제 갔던 언덕을 향해 걷고, 그러고는 앉아서 순록 떼가 시야 안으로 들어오기를 기다렸다. 문제는 이놈들이 웬만해선 모습을 드러내길 원치 않는다는 것이다.

그래서 우리는 마냥 앉아서 대부분의 시간을 보냈다. 대화를 할 때도 있었고, 대화를 하지 않을 때도 있었다. 한 장소에서, 썰을 풀다 말다, 순록은 그림자도 보이지 않는 똑같은 경치를 바라보면서 보낸 그 긴 시간은, 네바다에서 도니와 함께 사냥을 했던 때 이후로 한 번도 경험해보지 못했던 따분함의 상태로 나를 몰아갔다.

나는 시간을 죽이기 위해 눈앞에 펼쳐진 경치를 하염없이 바라보았다. 아주 오랫동안 바라봤다. 그저 할 수 있는 것은 주구장창 변화가 없는 자연을 보며 명상하는 것밖에 없었다. 그래서 나는 가지고 있던 모든 에너지바의 로고, 영양 개요, 성분 목록을 샅샅이 들여다보았다. 그 짓마저 따분해질 무렵, 내가 기고하고 있던 잡지에 보낼 기사 아이디어가 열일곱 개도 넘게 떠올랐다. 그중 몇 개를 작은 오렌지색 방수 노트에 적어두었다.

그러고 나서 배를 깔고 엎드려 땅바닥을 탐사했다. 북극의 가로

세로 약 3센티미터 땅 안에는 작은 거미와 작은 벌레, 오래전에 말라죽은 북극 양귀비, 흰 순록이끼 조각, 카키색 이끼, 형광빛 지의류地衣類, lichen* 따위가 바글바글하다. 도니가 하는 말이 예전에 어떤 자료를 봤더니 리조카르폰 게오그라피쿰Rhizocarpon Geographicum이라는 이름의 이 지의류는 8,600년까지도 산다고 하더란다.

〈글로벌 체인지 바이올로지Global Change Biology〉라는 저널에 실렸던 연구가 생각났다. 전체 지구 땅 가운데 인간에 의해 변화를 입지 않은 땅이 5퍼센트밖에 되지 않는다는 내용이었다. 인간의 손길이 닿지 않은 이런 땅은 북방의 숲속, 북반구 침엽수림인 타이가, 그리고 최북단 툰드라 지대에 분포한다. 우리 셋이 앉고 걷고 자고 있는 이 북방의 땅은 지금까지 단 한 번도 인간이 앉지도 걷지도 자지도 않았던 땅일 것이다. (이런 생각에 빠져 있다 보니 무려 10분이 금세 지나갔다.)

이날 아침 우리는 캠프 주위를 느긋하게 왔다 갔다 하면서 옷과 음식을 가방에 챙겨 넣었다. 오늘은 어느 언덕 위에 올라가서 기다릴 것인지, 그리고 코빼기도 비치지 않는 순록들을 어떻게 혼쭐내 줄 것인지 의견들이 오갔다. 해마다 가을이 되면 무려 25만 마리에 이르는 순록 떼가 서북극 지방 보퍼트해Beaufort Sea 연안 북단의 서식지를 떠나 슈어드Seward 반도의 겨울 서식지를 향해 남하한다. 먼 옛날부터 이어져 온 자연 고속도로를 따라 640킬로미터가량을

---

\* 지의류는 균류와 조류가 공생하는 생물이다. 주로 바위, 나무껍질, 땅 등 다양한 표면에서 자생한다.

이동하는 대장정이다. 우리는 순록의 대이동로를 따라 240킬로미터 정도 내려온 지점에 있었기 때문에 순록들이 LA의 교통체증처럼 밀려들어야 마땅했다.

"착륙하던 날 수백 마리를 봤지만 사냥할 수 없었고, 지난 며칠 동안은 그림자도 못 봤어요."

윌리엄이 말했다.

"물론 곧 '짠' 하고 나타나겠지만요."

"순록은 절대로 쉬운 사냥감이 아닙니다."

도니가 말했다.

"인내심을 갖고 긍정적인 마음으로 기다리는 수밖에요."

그리고 당연히 무료함을 잘 다스려야 한다. 오늘도 어김없이 닥쳐올 이 정신적 문제를 어떻게 처리할까 궁리하고 있는데, 도니가 윌리엄과 나에게서 시선을 돌렸다. 그러고는 눈을 가늘게 뜨고 내 뒤편의 언덕을 바라본다.

"잠깐, 잠깐…. 이런 젠장."

윌리엄과 내가 거의 동시에 몸을 돌렸다. 오래 기다릴 필요도 없었다. 캠프에서 800미터쯤 떨어진 언덕 사면에 서른 마리 정도의 순록 떼가 모습을 드러냈다. 하나같이 나뭇가지처럼 뻗어 올라간 뿔을 이고 툰드라 이끼를 뜯어 먹으면서 천천히 언덕 위쪽으로 이동하고 있었다. 무리 중에 한 놈은 몸집이 1960년대 세단 뷰익 Buick만 했다.

도니가 쌍안경을 눈에 갖다 댄다.

"이야, 무리 맨 뒤에 있는 저놈이 '슈터 shooter'로 제격인데."

'슈터'는 도니와 윌리엄 사이에서만 쓰는 용어로, 표적으로 찍힌 순록을 가리킨다. 알래스카 법에는 뿔이 난 수컷만 잡을 수 있다. 암컷 100마리당 수컷 40마리 정도가 순록 생태계에 이상적이다. 법에는 뿔 난 수컷의 나이에 대해서는 아무런 언급이 없다. 하지만 우리는 8년에서 12년 정도 되는 수명의 끝자락에 이른 놈들만을 표적으로 삼을 것이다.

"애고, 저런. 잘생겼어. 잘생긴 늙은이야."

도니가 자신의 얼굴에서 뗀 망원경을 윌리엄에게 건네며 내뱉는다. 윌리엄이 망원경으로 순록 떼를 관찰한다.

"우와…. 우와. 정말 늙은 놈이네."

그러고는 나에게 망원경을 넘긴다. 놈은 몸집이 두껍고 다리가 길었다. 얼굴을 덮은 거친 갈색 털이 목 부분에서 희게 변했다가 몸통 뒤쪽으로 가면서 점점 더 검어졌다. 이놈처럼 나이가 많은 순록의 뿔은 정말 볼만하다. 거대한 물음표처럼 생긴 뿔 두 개가 안개를 가르며 솟아 있었다. 뿔 끝에는 불꽃처럼 생긴 긴 가지들이 사방으로 뻗쳐 있고, 납작한 야구 글러브 모양의 뿔이 놈의 얼굴을 양분하고 있었다.

북아메리카에 서식하는 모든 사슴과科 동물들 가운데 몸집이 가장 큰 순록은 덩치에 걸맞게 가장 큰 뿔을 지니고 있다. 보통 커다란 C자 형태로 솟아올라 있는데 아래위로는 긴 원뿔 모양의 잔가지들이 돋아나 있다. 그리고 좌측 또는 우측 뿔의 앞쪽에서 삽 모양의 조각이 뻗어 나와 얼굴을 덮고 있다. 순록은 겨울에 이 뿔로 눈을 헤집어서 눈 밑에 파묻혀 있는 얼어붙은 식물을 찾아 뜯어 먹는다.

순록의 뿔은 1.2미터가 넘게 자라기도 한다. 이 사실만으로도 놀라운 일이다. 더욱 믿기 어려운 사실은, 뿔을 지닌 모든 사슴과 동물들이 그러듯이, 해마다 뿔을 떨어내고 불과 몇 달 만에 새 뿔을 키워낸다는 것이다. 뿔은 사실 지구상에서 가장 빨리 성장하는 조직에 속한다. 뿔을 구성하고 있는 것은 단단한 지그재그 모양의 섬유이기 때문에 서로 맞부딪칠 경우 미끄러지듯 스쳐가 버린다. 이런 구조 덕분에 지구상에서 가장 가벼우면서도 가장 강한 물질 하나가 탄생한다. 사슴과 동물들의 뿔은 엄청난 공학의 결과물이다. 오늘날 과학자들은 뿔의 구조를 모방해 더 강하면서도 더 가벼운 제품을 만들어내기 위해 연구한다.

순록의 자태에 넋을 잃고 있다가 내가 말했다.

"이제 뭘 하죠?"

"순록 떼가 올라가고 있는 저 언덕을 빙 돌아서 가야 됩니다."

도니가 손바닥에 지도를 그리면서 말했다.

"그런 다음 건너편 언덕에 진을 치고 있다가 놈들이 북쪽으로 이동할 때를 노려야죠."

우리는 박격포 소리를 들은 병사들처럼 움직였다. 티피 안으로 뛰어 들어가서 남아 있던 짐들을 황급히 배낭에 구겨 넣었다. 내가 소총을 배낭 위에 얹는 사이, 도니가 탄약을 한 움큼 집어 들었다. 이 기다랗고 차가운 무기를 나르는 일은 원정 기간 내내 내 담당이었다. 총은 나에게 버팀목 같은 존재였다. 실제로 쏘게 될 수도 있다는 생각이 들자 가벼운 긴장이 가슴팍을 쓸고 지나갔다.

우리는 순록 떼로부터 떨어져 놈들이 보지 못하는 언덕 아래로 빠른 걸음으로 날쌔게 내려갔다. 목적지는 그곳에서 5킬로미터쯤 위쪽으로 떨어진 언덕 사면이다. 우리는 얼어붙은 바람을 얼굴에 정면으로 맞으며 걸음을 옮기기 시작했다.

드디어 행동 개시! 출동! 따분함이여, 안녕!

과학 기술 덕분에 내 마음은 방황할 일이 거의 없었다. 스마트폰, 티브이, 컴퓨터, 그 밖의 디지털기기 따위가 늘 내 곁에서 상주하면서 내 마음을 붙잡아주었다. 미국인은 스마트폰을 하루에 평균 2,617번 터치하면서 조그마한 화면을 들여다보는 데 2시간 30분을 소비한다. 이것이 많아 보인다면 이 연구가 하루에 4시간 이상을 스마트폰에 매달려 있는 거대한 '헤비 유저$_{heavy\ user}$' 그룹도 찾아냈다는 사실을 알아두자.

네바다 라스베이거스대학교에서 내가 교수로서 가르치고 있는 학생들에게 자신의 스마트폰 사용 시간을 계산해보라고 한 적이 있다. 한 학생은 하루 평균 7시간 44분을 사용했다. 매일 평균 8시간 32분을 사용한 학생도 있었다.

"이유가 뭐죠?"

내가 물었다.

"유튜브 때문이죠."

학생의 대답이었다.

그렇다면 나의 경우는? 나는 보통 하루에 3시간을 휴대폰에 소비한다. 내가 앞으로 60년을 더 살면서 이 추세를 그대로 유지한다고 가정해보자. 그러면 나는 남은 인생 중에서 7년 반을 스마트폰을 들여다보는 데 사용할 것이다. 그리고 솔직히 말해서 나는 스마트폰으로 고전 문학을 읽거나, 새로운 언어를 배우거나, 기부금을 내는 데 사용하지 않는다. 나는 스마트폰을 뇌의 회백질에서 새어 나오는 설익은 질문에 대한 답을 신속하게 찾아볼 때나 소셜미디어 폭도들이 그날의 '미시적 공격'으로 간주한 것들을 헐뜯는 모습을 들여다보는 데 사용한다. 아니면 다들 알다시피 "유튜브 때문"이다.

스마트폰은 우리의 따분함을 앗아갈 뿐 아니라 우리 사회를 (시나리오 작가이자 풍자가인 마이크 저지Mike Judge의 표현에 따르자면) '바보 정부Idiocracy' 상태로 몰아가고 있다. 250만 년 동안, 혹은 약 10만 세대 동안 인류는 디지털이 전혀 없는 삶을 살아왔다. 오늘날 인간은 하루에 평균 11시간 6분을 휴대전화, 티브이, 오디오, 컴퓨터 같은 디지털 미디어를 사용하며 보낸다. 이 중 스마트폰은 가장 최근에 등장한 기기로, 알림을 통해 사람들의 주의를 적극적으로 빼앗고 언제든지 접근 가능하다. 이 점에서 타의 추종을 불허한다. 그러나 아직도 사람들은 스마트폰에 매달려 있는 것보다 평균적으로 두 배의 시간을 티브이 시청에 소비하고 있다.

따라서 스마트폰과 결별하는 데 도움이 되는 모든 수단은 위대하다. 스마트폰에 쓰던 시간을 넷플릭스 시리즈 몰아보기나 노트북을 통한 인터넷 서핑으로 대체하지만 않는다면 말이다. 그것은 말보로 레드Marlboro Red를 끊고 레드 맨Red Man*을 씹는 것과 다를 것이 없다.

이제 따분함은 완전히 사망했다. 그리고 지금 캐나다 온타리오 북쪽의 한 과학자는 이 죽음이 잘못된 것임을 깨닫고 있다. 보통 잘못된 정도가 아니라, 모든 사람한테 악영향을 줄 정도로 매우 나쁘다. 그는 유행병처럼 번져버린 '따분함의 결핍'은 사람들을 소진시키고 정신건강에 여러 악영향을 끼칠 뿐 아니라, 따분함이 우리의 정신, 감정, 생각, 욕구, 필요에 대해 전달하려는 메시지를 약화시키고 있다고 주장한다.

호주의 하드록 밴드 AC/DC의 지방 공연 매니저가 있다고 치자. 이 사람을 캐나다의 신경과학 연구소에 집어넣는다고 해보자. 워털루대학교에서 따분함에 처한 인간의 뇌를 20년 가까이 연구해온 장발의 호주 사나이 제임스 댄커트James Danckert가 그를 반갑게 맞이해줄 테니 말이다. 댄커트를 이 연구에 빠져들게 만든 것은 깨진 차창과 휜 강철이었다. 그가 열아홉 살이었을 때, 그의 형은 자동차 사고로 심각한 뇌 손상을 입었다.

"다행히 수술이 잘 끝나고 회복기에 들어갔는데, 사람이 달라졌더군요."

댄커트가 말했다.

"따분하다는 말을 아예 입에 달고 사는 거예요. 사고를 당하기 전에는 신이 나서 했던 일들이 이젠 전부 따분해졌다는 겁니다."

당시 대학생이었던 댄커트는 형을 보면서 뇌와 따분한 상태에 대해 깊은 호기심이 생겼다.

---

\* 미국의 씹는 담배 브랜드.

"형을 고쳐보겠다는 생각은 없었습니다. 그게 아니라, 따분함이 사회적이거나 문화적인 것이 아닐지도 모른다는 생각에 빠져 있었죠. 그게 뭔지는 정확히 모르겠지만, 기쁨, 자부심, 책임감 같은 걸 관장하는 것이 분명히 뇌 안에 있는 어떤 것이라는 생각이 들었습니다."

따분함에 대해 매력과 혐오를 동시에 느낀 것은 댄커트만이 아니었다. 독일의 철학자 마르틴 하이데거는 따분함을 "교활한 생물"이라고 손가락질했다. 덴마크의 철학자 쇠렌 키르케고르는 따분함을 "모든 악의 근원"이라고 욕했다. 심리학자 에리히 프롬은 따분함을 "인생의 거대한 고문이자 지옥의 특질"이라며 목소리를 높이기도 했다.

오늘날 와서도 따분함을 대하는 태도는 전혀 달라지지 않았다. 수많은 팟캐스트에 '최고의 행동가'나 '인생 효율 전문가' 같은 사람들이 게스트로 등장하는 것만 보아도 알 수 있다. 이들은 우리에게 아무것도 하지 않는 것은 죽은 상태나 다름없으니 최적의 집중과 기계 같은 생산성을 쟁취하기 위해 자신들이 고안한 복잡한 루틴을 따르라고 주장한다.

그러나 새로운 과학은 전혀 다른 것을 말하고 있다는 것이 댄커트의 설명이다. 뛰어났던 철학자들과 생산성 전문가들은 따분함의 잠재력을 전혀 깨닫지 못했다. 물론 따분함이 그다지 좋은 느낌이 아닌 것만은 분명하다.

"하지만 따분함은 좋은 것도, 나쁜 것도 아닙니다. 따분함에 어떻게 반응하느냐가 따분함을 좋게도 만들고 나쁘게도 만드는 겁니다."

 댄커트가 이 사실을 깨닫게 된 것은, 그가 오랜 기간 인간의 정신 속으로 잠입해서 사람이 따분함을 편안하게 느낄 때 뇌의 어떤 부분이 활성화되는지를 연구해왔기 때문이다. 그는 지원자를 모집해서 신경영상 스캐너 안에 넣었다.

 "그리고 피실험자들이 따분함을 느낄 만한 분위기를 만들었습니다. 먼저, 두 남자가 빨래를 너는 모습이 담긴 화면을 8분 동안 지켜보게 했습니다. 그리고… 네, 엄청 따분하게 만드는 데 성공했죠."

 따분해진 사람들의 신경영상을 관찰하던 댄커트는 뇌의 섬피질linsular cortex이 비활성화되어 있는 것을 발견했다.

 "섬피질은 당장의 목표와 관계가 있다고 생각하는 정보를 처리하는 데 중요한 역할을 합니다. 화면에서 보이는 것들 중에 자신의 목표를 위해 중요한 것이 아무것도 없었기 때문에 섬피질이 하향 조절된 거죠."

 곧이어 피실험자의 뇌 안에서는 따분함을 해결하기 위해 뭔가를 해야겠다는 충동이 생겨났다.

 "톨스토이는 《안나 카레니나》에서 따분함은 '욕망을 향한 욕망'이라는 위대한 명언을 남겼죠. 다시 말해 따분함은 동기를 자극하는 상태라고 할 수 있습니다."

 이 연구를 통해 댄커트는 아무것도 하지 않을 때 뇌가 어떻게 움직이는지를 밝혀냈다. 피실험자가 따분한 상태가 되었을 때, 뇌에서 '기본 모드 네트워크Default Mode Network'라는 부분이 활동을 시작했다. 뇌 영역의 하나인 이 네트워크는 집중하지 않았을 때, 마음이 멍하고 방황할 때 활성화된다. '기본 모드 네트워크'는 난해한 용어다. 단순화하기 위해 '비집중 모드Unfocused Mode'라고 부르겠다.

우리 뇌에는 기본적으로 두 가지 모드가 있다. 집중 모드와 비집중 모드다. 집중 모드는 마음이 주의를 기울이고 있는 상태다. 외부에서 들어오는 정보를 처리할 때, 과제를 수행할 때, 스마트폰을 들여다볼 때, 티브이를 볼 때, 팟캐스트를 들을 때, 대화를 할 때, 혹은 그 밖에 외부 세계에 주의를 기울여야 하는 모든 행위를 할 때 우리의 뇌는 집중 모드가 된다.

비집중 모드는 아무런 주의를 기울이지 않을 때 일어난다. 내면을 향하는 마음의 방황이자 휴식 상태다. 이 상태에서 우리는 어떤 일을 더 훌륭하고 효과적으로 하기 위해 집중하는 데 필요한 자원들을 복원하고 재구축한다. 비집중 모드에서 보내는 시간은 업무를 완수하거나 창의력을 발휘하거나 복잡한 정보를 처리하는 데 매우 중요하다.

우리가 디지털 미디어에 넘겨주고 있는 11시간 6분의 주의력은 공짜가 아니다. 이 시간은 모두 집중 모드 상태에서 소비된다. 이런 집중 상태를 무거운 것을 들어 올리고 있는 상황이고, 비집중 모드를 쉬고 있는 상황이라고 비유해보자. 휴대전화, 티브이, 컴퓨터 등등에 정신을 빼앗기고 있을 때는 한 가지 운동을 반복하고 또 반복할 때와 마찬가지로 우리의 뇌에서 막대한 양의 에너지가 소비된다. 결국 주의력을 과도하게 사용하면 지친다. 현대의 삶은 우리의 뇌를 혹사하고 있다.

현대인이 집단적으로 겪고 있는 따분함의 결핍이야말로 인류의 정신적 피로를 거의 위기 수준까지 몰아가고 있는 원인일지 모른다. 한 미디어 분석가의 연구에 따르면, 스크린 기반 미디어의 맹습이 미국인들을 "갈수록 별스럽고 조급하고 산만하고 까탈스러운" 사람으로 만들었다고 한다. 한마디로 줄이면 "밉상"이다. 과로 속에서 제대로 돌보지 못한 마음들은 우울증, 삶에 대한 불만족, 인생이 더 빠르게 흘러가고 있다는 인식으로 이어진다. 그 결과 우리의 마음이 느긋하게 방랑하면서 화면 밖의 것들을 인식할 때에만 그 존재가 드러나는 '삶의 아름다움'을 놓친다.

인류가 왜 따분함이라는 능력을 개발했는지 이유를 알고 싶다면 두 동굴 거주인을 떠올려보라고 댄커트는 말한다. 두 사람이 풀숲에서 각자 열매를 따고 있다. 해가 지려면 3시간이나 남았다. A에게는 따분함을 느낄 수 있는 능력이 있지만 B에게는 그런 능력이 없다.

A가 풀숲에서 열매를 따기 시작한다. 열매를 더 많이 딸수록, 남아 있는 열매를 찾아내고 수확하는 데 더 많은 노력이 든다. 이제 열매는 높은 가지에만 남아 있다. 들이는 시간에 비해 얻는 열매가 갈수록 적어지면서, 따분함이라는 불편한 기분이 고개를 쳐든다. 이 따분함은 A로 하여금 가장 손쉽게 열매를 딸 수 있는 다른 풀숲을 찾아가도록 떠민다. 이런 과정이 반복되면서, A는 여러 풀숲을 돌아다니며 가장 따기 쉬운 열매를 수집한다. 1시간 뒤 1킬로그램의 열매를 얻는다. 그리고 해가 남아 있는 나머지 2시간 동

안 창으로 작은 얼룩영양을 사냥한다.

B도 풀숲에서 따기 쉬운 열매를 신속하게 채취한다. 하지만 그에겐 따분함의 신호 같은 것이 없다. 그래서 한 풀숲에서 계속 열매를 딴다. B는 더 많은 열매를 따기 위해 풀숲으로 더 깊이 들어간다. 따 모으는 열매는 계속 쌓여간다. 그에게는 모든 작업 시간이 짜릿하게만 느껴진다. 자신이 지금 실제로는 시간을 말도 안 되게 비효율적으로 사용하고 있음을 알려주는 따분함이 없기 때문이다. 이렇게 해서 해가 질 때까지 풀숲 전체를 돌아다닌 결과 1킬로그램의 열매를 얻는다.

그날 저녁, A의 가족은 저녁식사로 얼룩영양을 먹고 디저트로 열매를 먹는다. B의 가족은 서로 배고픔을 애써 숨겨가며 열매를 나눠 먹는다. 잠자리에 들기 전, A는 다시 한번 따분함의 마법을 경험한다. 그의 마음이 느긋한 방랑을 시작한다. 쉬고 또 쉬면서, 내일은 어떻게 사냥을 할지, 가족의 삶을 어떻게 더 향상시킬지, 혹은 주린 배를 움켜쥐고 잠든 저 이웃집이 열매를 보다 더 많이 딸 수 있게 어떻게 도울지 궁리한다.

우리가 주변을 끊임없는 편안함으로 에워싸기 전, 사람들이 따분함에 대처했던 방식들은 뇌의 건강, 생산성, 온전한 정신, 의미를 느끼는 능력 등에 필수적인 유익함을 안겨주었다. 그런데 어느 순간 따분함의 세계에 우주적 변화가 일어났다. 오늘날 우리가 따분함에 대처하는 방식은 "정신에 주는 정크 푸드와 같다"고 댄커트는 말한다.

지난 며칠 동안 툰드라 언덕에 앉아 있으며, 나는 내 마음이 집중 모드와 비집중 모드 사이를 오락가락하고 있다는 것을 알 수 있었다. 처음에는 마음이 한 무리의 꿩이나 북극 빛의 미묘한 변화 같은 눈앞의 경치를 향하고 있었다. 그러다 어느 순간 그런 자연의 오락거리들이 시들해지면서 내 마음은 더 만족스러운 것을 탐색하기 시작했다. 마음이 저절로 내면을 향하게 되고, 그래서 예컨대 어떻게 하면 더 좋은 남편이 될 수 있을지를 생각했다. 그러다가 생각의 흐름이 멈추고, 생각에 투자했던 시간의 보상이 미미해지면, 내 마음은 다른 곳으로 흘러갔다. 전화를 걸고 싶은 친구들의 얼굴이 하나씩 떠오르기도 하고, 점점 더 흥미롭고 생산적인 새로운 곳으로 흘러갔다. 그것은 지금까지 어떤 앱에서도 찾아볼 수 없던 것들이었다.

황소만 한 순록을 잡으러 가는 고난의 행군 속에서도 나는 문득 따분함이 그리워지고 있음을 깨달았다.

마음이 유랑할 수 있는 기회.

집중하지 않는 상태.

왜냐하면 지금 이 순간에도 북극은 나를 궁지로 몰아넣음으로써 온전히 바깥에만 집중하도록 강요하고 있기 때문이다. 그것도 과도할 정도로 말이다. 걸음을 한 번 내디딜 때도 발밑을 조심스럽게 살펴야 한다. 정신이 조금이라도 흐트러지면 모든 게 어그러질 수 있다.

툰드라 지대에서는 어디로 갈 것인지를 결정하는 것이 중요하다. 그리고 실제로 그곳으로 가는 일은 전혀 다른 종류의 문제다.

이곳은 동화작가 닥터 수스Dr. Seuss의 그림책에 나오는 미친 풍경과 비슷하다. 거대한 물결처럼 일렁이는 녹색의 둔탁한 매트리스 위에, 반쯤 찌그러진 채 잡초로 뒤덮인 농구공들이 흩어져 있는 모습을 떠올려보라. 이 매트리스는 마치 아이스크림처럼 녹아내리는 흙, 촘촘한 이끼 스펀지층, 질퍽한 늪, 살얼음 밑으로 흐르는 물 따위로 이루어져 있다. 이렇게 무른 땅은 한 걸음 한 걸음 내디딜 때마다 에너지를 수월찮게 빼앗아 간다.

앞에서 말했던 농구공들은 울퉁불퉁하게 펼쳐진 풀무더기다. 고원 지대 습지에서 자라는 황새풀이 촘촘하고 둥글게 뭉친 것으로, 마치 끝없이 솟아오른 혹처럼 거의 온 땅을 뒤덮고 있다. 사방에 30~45센티미터 간격으로 자리 잡고 있으며, 이 공들의 생존 기간은 100년 이상에 이른다.

그러니 이제 나는 선택해야 한다. 풀무더기를 밟을 것인가, 매트리스를 밟을 것인가. 먼저 풀무더기만 밟으며 걷는다. 하지만 풀무더기는 둥근 데다가 미끄럽기 때문에, 자칫 잘못 밟았다가는 중심을 잃기 십상이다. 까딱해서 발목이나 무릎 관절을 삐끗하기라도 하면 구조 비행기가 착륙할 수 있는 지점에서 수십 킬로미터 떨어진 이곳에 남겨져 고립된 절름발이 신세가 될 수도 있다.

다른 방법은, 풀무더기 사이의 매트리스만 밟으면서 걷는다. 그러면 걸음을 뗄 때마다 힘이 더 든다. 바닥은 꿀렁거리고, 풀무더기를 피해 발을 높이높이 들면서 걸어야 한다. 신발은 젖거나 잔뜩 더러워질 것이다. 하지만 적어도 걷다가 심각한 장애를 입을 가능성은 덜할 것이다. 어느 쪽을 택하든 행군 내내 높은 심박수와 함께 땅을 내려다보며 마치 나의 걷는 능력을 걸고 내기라도 한 것처럼 한 걸음 한 걸음에 온 신경을 집중해야 한다.

그러다가 동물 발자국을 발견하고 추적에 나설 수도 있을 것이다. 추적로는 어느 구간은 평탄하고 단단할 수 있겠지만, 곧 산언덕을 기어오르다 타일 같은 혈암 조각들을 만나 언덕 아래로 미끄러질 수도 있을 것이다. 만약 이런 곳을 만난다면 100걸음마다 한 번씩 미끄러지게 될 것이다.

땅만 보며 2시간을 행군한 끝에 건너편에 순록 떼가 있을 것이라 짐작되는 작은 봉우리 밑에 도착했다. 우리는 쪼그리고 앉아서 놈들이 무슨 행동을 했고 앞으로 어떤 행동을 할지 따져보며 계획을 세웠다. 도니는 "놈들을 눈으로 확인해야겠어요. 두 분은 가만히 계세요" 하고는 봉우리로 기어올라가 망원경을 꺼내 얼굴에 갖다 댔다.

도니가 곧바로 몸을 돌리더니 풀무더기들을 지나 돌아왔다.

"저 밑에 있어요. 지금 바로 저 절벽 지대로 이동해야 됩니다."

도니가 1,500미터쯤 떨어진 암벽 봉우리를 가리키며 말했다.

"바람이 뒤쪽에서 불고 있어서 상황이 좋지 않아요. 하지만 놈들이 풀을 뜯으면서 계속 언덕 위쪽으로 이동한다면 우리가 저기까지 움직이는 데는 문제가 없을 겁니다. 바람을 피할 완벽한 지점도 확보할 수 있을 거예요."

우리는 몸을 웅크린 채 서둘러 이동을 시작했다. 시속 25킬로미터에서 40킬로미터쯤 되는 바람이 점퍼 사이를 뚫고 지나가며 얼굴을 말려준다. 남아메리카 남단의 파타고니아Patagonia 지역에서는 이런 바람을 "라 에스코바 데 디오스La Escoba de Dios", 즉 "신의 빗자루"라고 부른다. 바람이 쉬지 않고 불면서 땅을 깨끗하게 쓸어 낸다는 뜻이다.

사냥꾼에게 바람은 자산이 되기도 하고 골칫거리가 되기도 한다. 사냥에 성공하려면 바람이 동물이 있는 곳에서 내가 있는 쪽으로 불면서 동물의 냄새가 다른 쪽으로 흩어지지 않고 나에게 흘러와야 한다. 순록은 수백 미터 떨어진 곳에 있는 포식자의 냄새를 맡을 수 있을 뿐 아니라 자신의 냄새를 경고용으로 사용하기도 한다. 순록의 발목에는 사향 분비샘이 있다. 한 놈이 위험을 감지하면 뒷다리를 들어 올려서 무리에게 마치 후추 스프레이를 뿌리듯 비상 전투 태세 경보를 발령하는 특별한 냄새를 발사한다. 이 경보가 발령되면 무리 전체가 그 즉시 높은 지대를 향해 질주하기 시작한다.

지난 며칠 동안 나는 샤워도 못 했고 옷도 갈아입지 못했다. 이 바람이 내 몸에서 퍼져 나오는 모종의 불쾌한 페로몬을 순록들의 코를 향해 실어 나르지 않기만을 바랄 뿐이다.


온갖 자극이 넘쳐나는 사회. 스트레스라면 질색하는 사람들. 2017년에 미국에서 실시한 조사에 따르면, 성인의 절반 이상이 높은 스트레스에 시달리고 있는 것으로 나타났다. 불안은 최근 1년 사이에 39퍼센트 증가했다. 주의 집중 시간은 2000년에서 2015년 사이에 33퍼센트 감소했다. 2013년 이후 우울증 진단은 33퍼센트 증가했다.

다른 연구들을 보자. 브라운대학교 정신의학과 교수인 저드슨 브루어Judson Brewer 박사는 수많은 중독자들을 대상으로 개선책을 연구하고 개발해온 학자다. 그가 특별히 관심을 쏟고 있는 주제는 점증하는 정신건강 이상과 화면 시청 시간 사이의 상관관계다. 브루어 박사는 "이런 정신적 문제가 100퍼센트 모바일 테크놀로지 때문이라고는 말하지 않겠습니다. 하지만 적어도 90퍼센트 책임이 있다고 단언할 수 있습니다"라고 말했다.

이러니 스티브 잡스가 자신의 자녀들에게 아이패드를 쓰지 못하게 했다는 유명한 얘기가 전혀 놀랍지 않은 것이다. 자신이 추구하는 분야에 의문을 품었던 테크놀로지 선구자는 잡스뿐만이 아니었다. 실리콘 밸리에서 모바일 테크와 앱 개발에 종사하면서도 정작 자녀들에게는 실리콘 밸리 제품에 대한 접근을 금지한 이들이 부지기수다. 한 전직 페이스북 임원은 〈뉴욕타임스〉 인터뷰에서 "우리가 쓰는 휴대폰 안에 악마가 살고 있다"고 표현했다. 또 다른 전직 임원은 실리콘 밸리가 생산한 도구들이 "사회적 구조를 붕괴시키고 있다"고 말했다.

어떤 사람이 타겟Target이나 코스트코Costco, 아니면 아무 마트에나 갔다고 해보자. 물건을 하나 집어 들고 계산대로 가서 점원에게 내민다. 점원이 금전등록기를 작동한다. 그런 다음 시선을 손님의 얼굴에 고정한 채 방금 산 물건을 가리키며 진지한 말투로 속삭인다.

"저는 이 안에 악마가 살고 있다고 확신합니다."

이때 손님은 다음 둘 중에서 어느 쪽을 선택할까? (a) 이 순간을 내가 주인공인 호러 영화의 도입부라고 생각한다. (b) 물건을 사서 매일 사용한다. 선택은 보나 마나 (b)일 것이다.

첫째, 이런 도구들은 악을 위해 활용될 수도 있고(안녕? 러시아!), 그리고 또 하나는… 악을 위해 활용될 수 있다. 스마트폰에 깔려 있는 앱들은 포그행동모형Fogg Behavior Model을 기반으로 설계된다.

"어떤 행동이 일어나려면 세 가지 요소가 동시에 합쳐져야 한다. 동기, 능력, 자극."

스탠포드의 심리학자 포그B. J. Fogg의 말이다. 스마트폰 앱들이 사람들의 주의력에 마치 코카인처럼 작동하게 된 것이 바로 이 공식을 활용한 결과다. 이 공식을 창안한 것은 스탠포드의 과학자들로, 다소 완곡어법으로 작명된 '행동 디자인 연구소Behavior Design Lab' 소속 연구자들이다.

처음에 포그는 좋은 의도로 행동모형을 만들었다. 가령 휴대폰 사용자들의 금연을 도우려는 의도였다. 그런데 아이폰이 등장한 뒤 포그는 제자들에게 이 모델을 모바일 테크놀로지에 적용해보자고 제안했다. 그 결과, 2007년 포그의 '페이스북 클래스' 수업을 듣던 수강생들은 페이스북과 연동되는 앱을 설계하는 데 성공했다. 이들은 한 학기 만에 이용자 1,600만 명을 확보하면서 광고 수익으로 100만 달러를 거둬들였다. 학생들은 페이스북, 우버, 트위터 등등의 회사에 취직했고, 포그행동모형도 함께 따라갔다.

작용하는 방식은 다음과 같다. 예를 들어, 누군가가 인스타그램에 자신의 사진을 올린다고 해보자. 말할 것도 없이 이 사람에게는 자신의 팔로워들이 내 사진에 어떤 반응을 보일지 알고 싶다는 '동기'가 있다. 사진이 올라간 뒤 인스타그램은 누군가가 사진에 댓글을 달았다는 알림으로 그를 '자극'한다. 사람들이 내 사진을 좋아했을까, 아니면 악플을 달았을까. 이 사람에게는 댓글을 즉시 확인할 수 있는 '능력'이 있다. 결국 그는 참지 못하고 스마트폰을 열어 본다.

그런 다음에는 당연히 하루 종일 '좋아요'와 '댓글'을 확인하게 되고, 그럴 때마다 인스타그램 삼매경에 빠진다. 피드를 스크롤하면서 가식적인 친구가 완벽하게 편집해서 올린 사진이나 고교 시절 본드를 흡입하던 동창이 올린 음모론 같은 글을 찾아본다. 그러는 사이에 엄청난 양의 광고를 시청하게 되는데, 이런 과정으로 페이스북 창업가 마크 주커버그가 약 천억 달러의 재산을 갖게 된 것이다.

만약 당신이 디지털 서비스를 사용하는 데 돈을 지불하지 않고 있다면, 그 회사가 팔고 있는 것은 바로 당신이다. 기업은 가능한 한 당신의 주의를 끌기 위해 시스템을 교묘히 조작하며, 그렇게 얻은 관심을 가장 높은 가격을 제시하는 광고주에게 판매한다.

오늘도 파릇파릇한 수재 개발자들이 행동 디자인 연구소에 모여 어떻게 하면 사람들이 앱에 더 오래 머물도록 유도할 것인지를 연구하고 있다. 그렇게 해서 더 많은 광고를 보게 하려고 말이다. 게다가 그들은 일을 어마무시하게 잘한다. 가령, 트위터의 알림이나 인스타그램의 '좋아요'는 사용자가 앱을 열자마자 불과 몇 초 안에 뜨도록 되어 있다. 이것은 단순한 우연이 아니다. 그 짧은 기다림은 마치 슬롯머신의 바퀴가 맞춰지길 기다리는 시간과 동일하다. 사람들을 계속 앱으로 돌아오도록 만드는 생물학적 메커니즘을 활용한 것이다. 실리콘 밸리의 천재들은 빅데이터를 통해 어떤 트릭이 우리를 끌어들일지 정확히 알고 있으며, 나 같은 얼간이는 그들의 전략에 속수무책일 수밖에 없다.

스마트폰과 관련해 '중독'이 지나치게 강한 표현이라고 말하는 학자들도 있다. 끊임없이 이메일과 SNS 알림을 확인하고 싶어 하는 충동은 예컨대 술을 마시거나 마약을 흡입하고 싶어 하는 충동과는 다르다는 것이다. 하지만 나는 중독이 무엇인지 알고 있는 사람으로서, 내 폰에서 강박적으로 울려대는 알림이 네온사인 번쩍이는 술집의 유혹처럼 느껴질 때가 많다는 사실을 고백하지 않을 수 없다. 알코올 중독 회복실에는 이런 문구가 적혀 있다.

"술을 마시다 멈추어보세요. 그리고 멈추기를 한 번 이상 다시 시도해보세요."

좋다, 이번에는 휴대폰 알림을 무시해보자. 이걸 한 번 이상 시도해보자.

브루어 박사는 중독을 '부정적인 결과에도 불구하고 계속 사용하는 것'이라고 단순히 정의한다. 내가 알코올 중독이라는 사실을 가장 분명하게 알려준 징후가 있었는데, 그건 바로 나의 거의 모든 문제가 술 때문에 벌어졌음에도 술집의 유혹 앞에 저항할 수 없었다는 것이다. 브루어는 스마트폰을 '주머니 안의 슬롯머신'이라고 표현한다. 그리고 오늘날 수많은 사람들이 그것에 중독되어 있다는 사실은 전혀 놀라운 일이 아니라고 말한다. 진화의 역사를 보면 이런 상황은 필연적이다.

"진화 과정에서 인류가 이러한 생존 전략을 개발해온 이유는, 먹을 것이 있는 곳을 기억하고 있어야 굶어 죽지 않을 수 있었기 때문입니다."

브루어 박사는 우리가 먹을 것을 눈으로 보고, 그것을 먹고 나면, 위가 뇌에 신호를 보내서 좋은 느낌을 불러일으키는 화학 물질인 도파민을 분비하게 한다고 설명했다. 이 물질은 코카인이나 엑스터시 같은 약물을 흡입했을 때나, 폭식을 할 때, 섹스를 할 때, 도박을 할 때, 혹은 무엇이든 즐길 만한 일을 하고 있을 때 분비된다. 여기에도 세 가지 단계가 있다.

"자극, 행동, 보상입니다. 그런데 이런 뇌내 과정이 오늘날에는 엉뚱한 방향으로 작동할 수 있습니다. 예전에는 '음식'이 자극 요인이었다면, 요즘은 '따분함'이 그 역할을 합니다. 그리고 그에 따른 '행동'은 유튜브로 들어가거나 자신의 뉴스 피드나 인스타그램을 확인하는 겁니다. 그렇게 따분함을 벗어나죠. 이렇게 들뜬 상태가 되면 도파민이 분비됩니다. 이게 '보상'입니다.

역설적인 사실은 인류의 생존에 도움을 주었던 이런 메커니즘이 오늘날에는 인간의 건강에 해가 되고 있다는 겁니다. 이제 사람들은 힘든 것을 잘 참지 못합니다. 즐겁지 않은 기분, 예를 들어 따분함 같은 게 느껴지면 예전에는 그냥 그 상태에 머무르면서 뭔가 생산적인 배출구를 찾아냈습니다 그런데 이젠 그럴 필요가 없어요. 스마트폰을 이용해서 정신을 딴 데로 돌리면 되니까요."

아니면 댄커트의 표현대로 '정신을 위한 정크 푸드'를 더 많이 소비한다. 우리가 따분함을 죽이기 위해 반사적으로 휴대폰을 꺼내거나 컴퓨터나 티브이를 켤 때마다, 스트레스 수용력이라는 배에는 조그만 닻이 새로 생겨나 배를 더 깊은 곳으로 끌어내린다.

오리건주립대학교의 연구진은 줄 서기나 기다리기 같은 일상적인 스트레스 요인들을 가만히 견뎌내거나 대수롭지 않게 넘기면 뇌질환에 대한 저항력이 향상된다는 사실을 밝혀냈다. 뇌 건강에 도움을 주는 일상적인 스트레스 요인은 이 밖에도 여러 가지가 있다는 것이 연구진의 설명이다.

우리를 심리적으로 더 건강하고 활력 있게 만들어주는 것 외에, 따분함이 우리에게 선사하는 막대한 유익이 한 가지 더 있다. 바로 창의력이다. 따분함에서 벗어나는 출구를 찾다 보면 창의력이 발동한다.

다작으로 유명한 인기 시나리오 작가 아론 소킨Aaron Sorkin은 이 현상을 다음과 같이 요약했다. 미국의 팟캐스터이자 문화비평가인 빌 시몬스Bill Simmons를 인터뷰하던 도중에 자신이 재미 삼아 처음으로 글을 썼던 때를 회상하며 나온 이야기다.

"뉴욕에 있을 때였는데, 어느 날 밤 모든 사람이 초대받은 파티에 나만 초대받지 않은 것 같은 느낌이 들었어요. 주머니에는 단돈 3달러도 없었습니다. 당시 살던 아파트에 반자동 타자기가 있었어요. 전기 키로 타이프를 하고 행갈이는 수동으로 하는 거였죠. 티브이도 고장 났고 스테레오도 고장 났어요. 할 수 있는 일이라고는 타자기에 종이를 끼우고 타이핑을 시작하는 것뿐이었죠. 마냥 따분해서 재미로 글을 써봤는데…. 너무 좋더라고요. 한참을 쓰다 보니 날이 밝아오더군요. 지금도 그때가 생생합니다."

소킨의 사례가 말해주는 것은 이것이다. 우리는 따분함을 다루는 방법을 배울 필요가 있다. 그래야 유튜브 영상을 보거나 인스타그램을 뒤지는 것보다 더 생산적이고 창의적으로 따분함을 극복하는 방법을 찾아낼 수 있다.

1950년대의 한 연구는 따분함과 창의성의 상관관계를 보여준 소킨의 사례를 뒷받침한다. 영국의 한 연구팀이 사람들에게 15분 동안 전화번호부를 읽게 했다. 이렇게 해서 따분해진 사람들에게 일률적인 창의력 테스트를 실시했다. 하나는 스티로폼 컵을 색다르게 사용하는 방법을 생각해내도록 하는 실험이었고, 또 하나는 세 가지 낱말을 보여주면서 공통점을 찾아내는 원격연상단어검사(Remote Associates Test, RAT)였다. (예: call + pay + line = phone, motion + poke + down = slow)

그 결과, 따분함을 느낀 그룹은 그렇지 않은 그룹에 비해 두 가지 실험에서 훨씬 많은 답을 내놓았고, 훨씬 창의적이었다. 이 밖에도 여러 실험에서 동일한 현상이 관찰되었다.

"그런데 언젠가부터 따분함이 우리를 더 창의적으로 '만든다'고 하는 사람들이 많아졌습니다."

댄커트는 말한다.

"제가 보기에는 다 헛소리예요. 따분함은 우리를 더 창의적으로 만들지 않습니다. 다만 우리한테 '뭔가를 해!' 하고 말하죠."

그 '뭔가'가 우리 마음을 비집중 모드로 이끌어준다면, (예를 들어 시나리오를 쓰기 위해 자리에 앉는 것과 같은 일) 다른 사람들처럼 미디어로 머릿속을 덮어버리는 대신 우리는 말 그대로 다른 파장으로 생각하기 시작한다. 그게 사실 창의성이 살아나는 방식이다.

1950년대 미국의 심리학자 엘리스 폴 토런스Ellis Paul Torrance는 미국의 교실에서 뭔가 이상한 점을 발견했다. 교사들은 주로 얌전하고 독서량이 많아 아는 것이 많은 학생을 선호했고, 에너지가 넘쳐나고 독창적인 아이디어를 가진 아이들, 가령 예문을 읽고 엉뚱한 해석을 내놓거나, 숙제를 안 한 이유를 발명해내며, 과학 실험을 하는 날이면 괴짜 과학자처럼 행동하는 학생은 별로 좋아하지 않았다.

교육 시스템은 이런 아이들을 '문제아'로 여겼지만 토런스는 이런 학생들이 오해를 받고 있다고 생각했다. 왜냐하면 현실 세계에서 문제가 생겼을 때, 책을 많이 읽은 아이들은 하나같이 해답을 책에서 찾으려고 하기 때문이다. 그러나 해답이 책에 없다면 어떻게 될까? 그럴 때 창의력이 필요하다.

토런스는 일생을 바쳐서 창의력과 그 유용성을 연구했다. 그가 1958년에 창안한 '토런스창의력테스트Torrance Test of Creative Thinking'는 창의력을 측정하는 표준이 되었다. 토런스는 이 테스트로 미네소타주의 공교육 시스템에 속한 아이들을 대상으로 대규모 시험을 실시했다. 시험 문항 중에는 장난감을 보여주면서 "이걸 더 재미있게 만들려면 어떻게 바꿔야 할까?" 하는 질문이 들어 있었다. 모든 아이들의 점수를 분석한 뒤 추적 조사를 계속하며 생애 업적을 조사했다. 2003년에 토런스가 사망한 이후에도 연구는 지속됐다. 아이들 중 누군가 책을 썼거나 사업을 시작했거나 특허를

출원했다면 그 사실을 기록했다. 모든 성취를 꼼꼼히 기록한 후 이 거대한 추적 조사가 발견한 것은 기존의 지능에 관한 고정관념에 주요한 의문을 제시했다.

초기 테스트에서 더 많은 아이디어와 더 나은 아이디어를 낸 아이들이 가장 성취를 많이 한 성인이 되었다. 이들은 뛰어난 발명가, 건축가, CEO, 대학 총장, 작가, 외교관 등등으로 성장했다. 사실 토런스의 테스트는 IQ 테스트를 훨씬 능가하는 결과를 보여준다. 연구에 참여했던 아이들을 대상으로 한 최근 연구에 따르면 창의력은 IQ 점수보다 학생들의 성취를 예측하는 데 세 배 더 정확한 지표였다는 사실이 밝혀졌다.

우리는 창의력의 주요 동력 중 하나였던 '마음의 유랑mind-wanderering'을 사실상 없애버렸다. 그 결과는 어떻게 되었을까? 윌리엄앤메리대학교의 한 연구자는 1950년대 이후 실시한 30만 건의 토런스창의력테스트를 분석한 결과, 1990년부터 창의력 점수가 곤두박질치기 시작했음을 발견했다. 그러곤 인류가 현재 '창의력 위기'에 직면해 있다는 결론을 내렸다. 그 원인으로 '늘 바쁘고 할 일이 넘쳐나는 현대인의 생활'과 '전자 오락 도구들과 상호작용하는 시간의 지속적 증가'를 지목했다.

나쁜 소식이다. 특히 근력보다는 뇌를 쓰는 일이 훨씬 많은 오늘날의 경제에서 창의력이야말로 핵심적인 능력이라는 사실을 생각하면 더욱 그렇다. 생산성 전문가들이 사람들에게 심고 있는 믿음에도 불구하고, 생산성과 실적을 향상시키는 핵심은 '가끔 아무것도 하지 않는 것'일지도 모른다. 적어도 화면 속으로 다이빙하지는 않는 것. '마음의 유랑' 상태는 우리를 색다르게 사고하도록 만들어 고유한 생각을 떠올릴 수 있게 해준다. 실리콘 밸리의 신도 여기에 수긍한다. 스티브 잡스는 이렇게 말한 적이 있다.

"나는 따분함을 신봉하는 쪽입니다. (테크놀로지가 만들어낸) 모든 것이 대단하지만, 아무것도 하지 않는 상태 역시 충분히 대단할 수 있습니다."

대단한 발언이다. 그리고 대단히 보기 드문 발언이다. 오늘날 따분함은 좀처럼 흔치 않은 현상이라, 누군가가 아무것도 하지 않는 모습은 거슬려 보이기 쉽다.

최근에 친구한테 들은 이야기다. 저녁 때 침대에 누워서 천장을 바라보며 생각을 하고 있었단다. 그냥 아무것도 하지 않고 멍 하니 생각만 하고 있었다.

"그때 아내가 방으로 들어왔는데, 나를 내려다보면서 괜찮냐고 하더라고. 내가 풍 같은 걸 맞았다고 생각한 모양이야. 티브이도 켜지 않고 휴대폰이나 노트북도 없이 그냥 누워 있는 게 너무 이상해 보였던 거지."

우리는 30분 만에 절벽에 도착했다. 기진맥진했다. 6킬로미터 정도 거리가 통상적인 산행의 20킬로미터보다도 멀게 느껴졌다. 배낭을 벗어서 안을 뒤졌다. 반쯤 얼어붙은 에너지바는 차갑고 두꺼운 가죽 조각마냥 서걱서걱 씹혔다. 도니가 망원경을 들어 올려 이끼 덮인 언덕을 살피기 시작한다. 도니가 언덕 꼭대기와 그 아래 협곡 사이를 살살이 훑으며 말했다.

"안 보이네요."

"저기 있는 거 아니에요?"

윌리엄이 북동쪽으로 2, 3킬로미터쯤 떨어진 곳의 점들을 가리키며 말했다. 도니가 망원경을 내려놓고 그쪽을 향해 눈을 가늘게 떴다. 그리고 다시 망원경을 눈에 갖다 댄다.

"이런! 놈들이 맞아요."

그러고는 가방을 뒤져서 탐지경을 꺼내 좀 더 자세히 살폈다.

"제기랄, 우리가 능선을 타고 오는 사이에 우리 냄새를 맡은 게 분명해요. 하긴 우리 냄새가 고약하네요. 어우, 지독해. 이런, 놈들이 움직일 것 같아요."

순록들은 모터를 장착하고 있다. 평소에는 느긋하게 하루 종일 풀을 뜯어 먹으면서 보내다가 한번 걷기 시작하면 며칠을 쉬지 않고 시속 20킬로미터 속보로 이동할 수 있다. 순록의 순간 속도는 시속 80킬로미터에 이르러 북극의 어떤 포식자도 따라가지 못한다. 게다가 그들은 끊임없이, 쉬지 않고 이동한다. GPS 데이터로 순록을 추적한 학자들의 말이다. 한 지점에서 순록의 목에 추적 장치를 달아놓고 다음 날 80킬로미터 떨어진 지점으로 날아갔는데, 순록들은 이미 도착해 있더라는 보고도 있었다.

회색곰조차도 매복을 해야만 건강한 순록을 사냥할 수 있다. 늑대들은 무리를 지어 사방에서 포위망을 좁혀간다. 두 포식자들 모두 성공할 때보다는 실패할 때가 많다. 우리가 순록 떼를 따라잡아서 잘생긴 황소 같은 순록을 사냥할 수 있는 확률은, 사실 씨름 선수가 다음 올림픽 경기의 높이뛰기에서 우승할 확률과 같다.

"그럼 이제 어떻게 해야 되죠?"

내가 도니에게 물었다.

"틀림없이 저놈들 뒤쪽에 다른 무리들이 있을 거예요. 그러니까 그냥 여기 앉아 기다리면서 다른 무리가 언덕으로 올라오는지 지켜봐야죠."

시각은 오후 1시, 기온은 영하 1도, 일몰 예정 시각은 9시 27분이었다. 그래서… 나는 다시 따분해졌다. 또다시 시작된 '기다리기 게임'이다. 순록들이 나타날 때까지 주구장창 기다리기. 도니는 노스다코타주의 산속에서 흰꼬리사슴을 하루에 10시간씩 기다리며 42일을 보낸 적이 있었다고 했다.

고지에서 바라다보는 경치는 이때껏 한 번도 본 적 없는 것이었다. 끝 간 데 없이 펼쳐지는 얼어붙은 황량한 툰드라, 잿빛으로 물든 하늘. 적막한 아름다움이다. 가족에게 보여주고 싶어서 배낭에서 휴대폰을 꺼냈다. 전원을 켜고, 사진을 찍었다. 그러나 반쪽짜리에 불과하다. 카메라는 광대무변한 세계와 낮은 각도로 쏟아져 내려오는 북극의 빛을 결코 재현할 수 없다.

"그 물건을 주구장창 들고 있지 않으니까 좋지 않아요?"

도니가 묻는다. 나는 고개를 끄덕인 뒤 전원을 종료하고 배낭에 집어넣었다.

"지구상에서 휴대폰 신호가 잡히지 않는 곳은 정말 드물죠. 사냥할 때만 그런 데를 만나는데, 그보다 좋을 수 없더라고요."

"따분하다고 느낀 적은 없어요?"

내가 묻자 도니는 계속 탐지경을 들여다보면서 말했다.

"꾸며서 하는 말로 들릴지 모르겠는데, 전혀 없습니다. 난 이런 곳이 따분하지 않아요. 관찰할 것도 많고, 배워야 할 것도 많죠. 예를 들면, 오늘 아침 캠프 주변에서 얼쩡거리던 까마귀 소리 들었어요? 작은 소리로 '까악까악' 하고 울었는데. 까마귀의 언어는 꽤 복잡해요. 바로 며칠 전까지 까마귀가 내는 소리를 두세 가지 들었는데, 여태 한 번도 들어보지 못한 소리였어요. 똑같은 까마귀 한 마리가 계속 우리 주변을 맴돌고 있다는 거 알았어요?"

사실 까마귀가 계속 우리를 쫓아다녔다는 얘기가 그다지 대수롭게 느껴지지 않았지만 아무튼 도니의 까마귀 예찬은 계속됐다.

"까마귀는 사람, 곰, 늑대를 따라다녀요. 사람을 따라다니면 먹을 게 생긴다는 걸 알고 있기 때문이죠. 우리가 잡은 사냥감을 청소하기도 하고, 심지어 사냥을 도와주기도 해요. 전에 겪은 일인데, 까마귀들이 머리 위를 빙빙 돌면서 깍깍거렸어요. 그러더니 가까운 협곡으로 날아가서 다시 깍깍거리더군요. 아니나 다를까, 가서 보니까 거기 짐승 한 마리가 어슬렁거리고 있는 거예요. 나더러 사냥을 하라는 거였죠. 까마귀는 지구상에서 제일 똑똑한 동물 축에 들어요."

도니가 나를 쳐다보며 빙긋이 웃으며 말을 이었다.

"물론 저도 가끔은 따분해질 때가 있어요. 한번은 악천후 때문에 나흘을 내리 텐트 안에 있었던 적이 있는데, 나흘째가 됐을 때 너무 따분해져서 일행들과 둘러앉아서 식료품 라벨들을 읽으면서 오자가 없나 찾아봤죠."

"결국 하나 찾아냈잖아요!"

윌리엄이 덧붙인다.

순록이 나타나기만을 눈이 빠지게 기다리며 오후 6시까지 내리 5시간을 앉아 있던 우리는 결국 일과를 접기로 했다. 앞으로 두어 시간이면 해가 질 터였다. 순록을 찾아내고, 조용히 접근해서, 쏘아 넘어뜨리고, 고기를 수습해서 캠프로 돌아가기에는, 턱없이 부족한 시간이었다. 어두워진 뒤에 북극 폭풍이 덮쳐오기라도 하면 위험에 처할 것이 뻔했다. 배낭을 다시 짊어지면서, 제발 내가 내일 정오도 되기 전에 점심거리와 간식을 전부 먹어치우지 않았기를 기도했다. 허기는 몰려와 있었고, 우리 앞에는 먼 길이 남아 있었다.

"어이, 사나이들!"

도니가 입을 열었다.

"내일은 코스를 바꿔야 할 것 같네요. 여기서는 순록이 눈에 잘 안 띌 것 같아요."

내일을 생각하니 벌써부터 마음이 부푼다. 난생처음 가보는 산자락에 앉아서 아무것도 하지 않기, 처음 보는 풍경과 처음 밟는 땅, 원 없이 팔 굽혀 펴기를 할 수 있는 언덕, 그리고 운이 좋다면 순록도 볼 것이다.

캠프로 돌아가는 긴 여정이 시작된다. 내 마음이 통상적인 귀가 때와는 다른 파장을 타고 있다. 격랑이 아니라 잔물결이다. 날은 춥고, 바람은 불고, 땅은 거칠지만, 스트레스는 존재하지 않는다. 그런 대기의 파동 속에서 재미난 아이디어들이 거품처럼 솟아오른다. 그리고 이상하게도 나는 감사하고 있었다. 나를 둘러싼 세상에 대해, 그리고 내 집에 있는 모든 것에 대해, 그리고 당연히 아내에게. 내가 여기서 얼마나 따분했었는지 얘기했을 때 아내의 입에서 튀어나올 빈정거림을 하루라도 빨리 듣고 싶었다. 지금까지 어느 누구도 나의 아내만큼 나를 골려먹는 기술을 완성도 있게 구사한 사람이 없었는데, 나는 그것이 나에게 얼마나 큰 의미인지 마음에 새겼다.

이런 느낌들이 내 마음에 휴식 시간을 허락하는 것과 관련이 있다는 확신이 들었다. 모르긴 해도, 집에 돌아가게 되면 흔히들 얘기하는 '휴대폰 사용 시간 줄이기'보다 '따분함 늘리기'가 더 생산적인 선택이 될 것 같다.

# 20분, 5시간, 3일

## 자연은 천연 신경안정제다

알래스카 원정을 떠나오기 전에 읽었던 최신 논문에 이런 대목이 있었다.

'모든 스크린 타임은 나쁘다.'

그런데 문제는 여기서 끝나지 않는다. 단지 스크린 타임만이 문제가 아니라면? 픽셀로 구분된 세상에 갇혀 보내는 모든 시간이 우리 삶에 나쁜 것을 더하는 것뿐만 아니라 좋은 것을 빼앗아 가고 있다면?

바위와 이끼로 뒤덮인 능선을 타고 이어진 동물들의 이동로를 따라 캠프로 돌아가고 있었다. 순록이 만들어놓은 이동로는 좁지만 잘 닦여 있어 걸음을 한결 편하게 해주었다. 동물들은 더 적은 칼로리를 소모하기 위해 본능적으로 장애물이 적은 길을 선택한다. 우리 같은 인간 동물들에게도 에너지 절약책이 된다는 뜻이다.

"이 길은 1,000년도 더 됐을 겁니다. 어떤 데를 가보면, 동물들이 하나같이 똑같은 곳을 밟고 지나가면서 발자국들이 단단하게 파인 걸 볼 수 있어요."

도니가 말했다.

태양이 어둠 속으로 낙하할 준비를 하고 있었다. 위도가 높은 지역이어서 낮의 길이가 하루에 4분씩 짧아지고 있었다. 크리스마스 무렵이 되면 이 땅이 햇빛을 제대로 받는 것은 하루 2시간이 고작일 것이다.

가파른 능선을 돌아 나가자 1킬로미터 남짓 떨어진 언덕에 웅크리고 있는 올리브색 티피가 눈에 들어왔다. 그런데 티피보다 더 가까운 곳, 두 언덕 사이 높이 솟아오른 둔덕에 뭔가가 있었다. 서른 마리쯤 되는 순록 떼였다.

"이럴 줄 알았어."

도니가 푸념하듯 말했다.

"하루 종일 걸으며 녹초가 되어 캠프로 돌아오면 순록들이 한가롭게 캠프 옆에서 놀고 있단 말이지."

그러고는 망원경을 눈으로 가져갔다. 윌리엄과 나는 그의 판결을 기다렸다. 순록 떼가 캠프 가까이 있다는 것은 아무리 늦은 시각이라 해도 사냥을 시도할 수 있다는 의미다. 그런데 이렇게 쉽게 사냥하는 것은 스포츠맨십에 어긋난다는 느낌이 들었다. 이런 생각 자체가 신을 흉내 내는 것이나 다름없다. 만약 우리가 생계형 사냥꾼이었다면 신이 나서 눈앞의 짐승을 거꾸러뜨렸을 것이다.

수놈이든 암놈이든, 어린 것이든 늙은 것이든 상관없이 저녁거리가 필요했을 테니 말이다. 현대 사회는 사냥을 과거의 재연으로 바꾸어놓았다. 조금이라도 도덕을 의식하는 종류의 사냥이라면 말할 것도 없다. 그래서 우리는 사냥이라는 방정식에 반드시 윤리를 끼워넣어야 한다. 다행스럽게도 박 터지는 논쟁은 필요 없었다.

"늙은 수컷이 없네요. 어린 수컷, 암컷, 새끼들밖에 없어요."

도니가 말했다.

"그런데 멋지군요. 정말 멋져요."

나는 도니에게 망원경을 넘겨받아 어린 새끼 한 놈에게 초점을 맞췄다. 쇼에 등장한 조랑말처럼 타박타박 걸을 때마다 갈색 코트 밑으로 길고 가늘게 뻗은 근육들이 춤추듯 움직였다. 콧김은 싸늘한 공기 속으로 퍼져나갔다.

"걷는 게 예쁘죠?"

도니가 말했다.

윌리엄이 배낭을 내려놓고 카메라에 렌즈를 갈아 끼웠다.

"가서 몇 컷 건져보려고요."

그러고는 상체를 숙인 채 무리를 향해 살금살금 걸음을 옮겼다. 도니와 나는 비탈에 등을 기댄 채 조용히 그의 행동을 지켜보았다. 사위가 고요했다. 무리에서 400미터쯤 떨어진 곳까지 다가간 윌리엄이 땅에 납작 엎드려 카메라를 돌리기 시작했다. 5분을 그러고 있다가, 더 좋은 앵글을 위해 앞으로 움직였다.

순록들이 무리를 지어 생활하는 것은 특별히 친밀한 유대감을 느껴서가 아니라 그 편이 더 안전해서다. 그들은 탁 트인 공간에서 풀을 뜯는다. 순록의 장점은 속도, 지구력, 그리고 시력이다. 한 방향만 볼 수 있는 한 쌍의 눈보다 서로 다른 각도에서 360도를 커버하는 서른 쌍의 눈이 더 안전한 법이다. 그러면 아주 먼 거리의 어슬렁거리는 곰이나 늑대를 살펴가면서도 안전한 지대에 머물 수 있다. 식사를 중단할 필요도 없다.

윌리엄이 몸을 일으키자 그 순간 순록 하나가 겁을 먹은 듯 몸을 돌리고 달아났다. 위험을 알리는 신호다. 무리가 반응하면서, 마치 한 떼의 찌르레기처럼 동시에 몸을 흔들어댄다. 그러고는 윌리엄이 있는 곳에서 멀어지며 툰드라를 가로질러 도니와 내가 있는 쪽으로 곧장 달려오기 시작했다.

순록과의 거리가 150미터 안쪽으로 좁혀지면서 적막이 깨졌다. 시작은 낮은 우르릉거림이었다. 그러다 점점 데시벨이 올라갔다. 땅이 진동하기 시작했다. 거리가 100미터 안쪽으로 좁혀졌다. 그리고 70미터, 50미터! 아까 보았던 새끼가 야윈 몸집을 이끌고 매끈한 다리로 껑충거리며 다가왔다. 발굽 수백 개가 땅을 난타하면서 이끼와 습기를 피워 올렸다. 이제 40미터, 그리고 30미터.

나는 눈앞의 광경에 넋을 잃으면서 완벽한 '지금 이 순간'으로 빠져들었다. 순록의 숨소리가 귀에 들렸고, 털가죽 냄새가 코로 들어왔다. 화려한 뿔의 세세한 모습이 눈에 박혀 들어왔다. 한 마리가 우리를 발견하고 몸을 움찔거렸다. 무리가 일제히 땅을 흔들며 왼쪽으로 방향을 틀더니 언덕을 향해 달려 올라가 단숨에 정상에 집합했다. 황금빛 노을을 등지고 검게 솟은 뿔들이 보였다.

도니와 나는 한동안 말을 잃었다.

"굉장해, 정말 굉장해."

도니가 입을 열었다.

"내가 여기 온 이유가 바로 이런 순간들 때문이에요. 이곳에 와야만 방금 우리가 경험한 것과 같은 야생의 순간들에 나를 던져 넣을 수 있거든요!"

나도 굉장하다고 생각했다. 밟혀 죽지 않은 것이.

그들은 땅덩어리와 동시에 나의 영혼까지 흔들고 지나갔다. 초월적이었다. 종교적 경험만큼이나 강렬했다.

우리는 누구나 이런 경험을 해야 한다. 알래스카라는 똑같은 장소에서 똑같은 경험을 할 필요는 없다. 오늘날 대부분의 사람은 자연을 거의 경험하지 못한다. 절반 이상의 미국인이 걷거나 조깅 같은 활동을 포함해서 어떤 종류의 야외 활동도 하지 않는다. 지난 수십 년간 사람들이 자연에서 보내는 시간은 계속 줄어들었다. 미국의 아이들은 부모 세대보다 집 밖에서 노는 시간이 절반으로 줄었다. 숲에서의 캠핑은 2006년 이후 30퍼센트나 감소했다.

놀랄 필요는 없다. 자연은 불편하고 예측할 수 없다. 이곳 북극에서 단 며칠을 보내는 동안 나는 혹독한 날씨와 얼굴을 땅에 처박게 만드는 지형과 잊지 못할 고립감과 귀를 먹먹하게 하는 적막 따위를 경험했다. 다음 모퉁이를 돌면 무엇이 나를 기다리고 있을지 전혀 알 수 없었다. 휘몰아치는 폭풍일 수도 있고, 더 가파른 비탈일 수도 있고, 사납게 흐르는 물일 수도 있고, 성질 고약한 회색곰일 수도 있었다. 예측할 수 있는 것은 단 한 가지, 휴대폰 신호가 영영 잡히지 않으리라는 사실이다.

정신분석학자 브루어 박사는 이렇게 말했다.

"선택의 순간을 맞이했을 때, 인간의 뇌는 '내가 제어할 수 있거나 예측할 수 있는 것을 줘'라고 말합니다."

그의 설명에 따르면, 인간은 미래를 내다보면서 과거에 생존에 도움이 되었던 정보를 추적하도록 진화했다. 예를 들면, 다음 끼니가 어디서 올지 아는 것과 같은 정보 말이다. 하지만 이런 불확실성에 대한 두려움은 그 옛날 생존을 위협하던 경계를 넘어서서 미지의 상황으로까지 확장되었다. 이는 도니가 말하는 안전망 속에 우리를 가두는 일종의 '편안함에 의한 잠식' 현상이다.

저명한 생물학자인 에드워드 윌슨E. O. Wilson은 '바이오필리아biophilia hypothesis(생물 친화 가설)'라는 이론을 주창했다. 이 이론에 따르면 인간은 두 가지 상반된 본능을 가지고 있다. 환경을 통제하려는 진화적 욕망과 자연 속에 존재하고자 하는 본원적 충동이다. 풀어서 말하면, 인간은 자연 속에서 진화했고, 따라서 우리의 유전자 안에는 자연 속에 존재하면서 살아 있는 것들과 연결되고자 하는 욕구가 프로그래밍되어 있다. 그러지 못할 경우 마치 육체와 정신과 자아에 필수 영양소가 결핍된 것처럼 이상 상태가 된다.

지난 며칠 동안 기술 문명이 없는 알래스카 땅을 두 발로 누비다 보니 바이오필리아 이론이 옳다는 생각이 들기 시작했다. 참호 속에 웅크리고 있었던 뇌가 점점 깨어나는 느낌이 들면서, 마치 한 달 하안거를 마친 수도승의 뇌로 변모한 것 같았다. (나는 평소 내 뇌의 상태를 각성제 먹은 뻐꾸기가 미친 듯이 이리저리 날아다니는 모습에 비유하곤 했었다.) 그러나 알래스카에 있는 동안 한마디로… 기분이 더 좋아졌다. 윌슨은 "자연은 인간의 심미적, 지적, 인지적, 나아가 영적 만족의 열쇠를 쥐고 있다"고 말했다.

이것은 특별한 경험이 아니다. 인류는 아주 오래전부터 자연을 천연 신경안정제로 여겨왔다. 기원전 1550년 무렵 이집트에는 스트레스 해소를 목적으로 설계한 '쾌락 정원'이 있었다. 또한 기원전 500년경 페르시아의 키루스 대왕은 복잡하고 변화한 수도 시민들의 건강을 개선하고 도시의 평온함을 증진하기 위해 정원을 조성하도록 명했다. 이후 거의 모든 문명에 공원과 정원이 있었다. 단지 식물을 보기 위한 목적 하나만으로 흙을 만지며 시간과 노력을 들여서 일종의 기쁨을 얻는 장소들 말이다.

그러나 과학은 대개 이런 관념과 바이오필리아 이론을 점성술 정도로 취급했다. 자연이 인간에게 긍정적인 영향을 미치는 이유는 단순히 자연 속에서 하는 활동, 예를 들어 하이킹 같은 운동 때문이지, 자연 자체와의 본질적인 관계 때문은 아니라고 여겼다. 이와 관련해 일본인의 접근 방식이 중요한 전환점이 되었다. 일본이 갈수록 도시화되고 기술중심적인 사회가 되어가던 1980년대 초, 일본 산림청은 자연에 기반한 건강 프로그램을 만들었다. '산림욕'이라는 홍보용 용어까지 고안했다. 프로그램의 핵심은 숲속에 앉아 있기와 걷기, 그리고 '자연을 느끼고 받아들이는 것'을 장려하는 데 초점이 맞춰져 있었다.

일본 정부는 시민들에게 산림욕을 통해 건강을 증진하라고 홍보했다. 나아가 국토 전역에 산림욕 공원을 조성했다. 그 뒤 일본 학자들은 거액의 세금을 쏟아부은 이 프로그램의 긍정적인 효과를 조사하기 시작했다. 산림욕 관련 연구들이 홍수처럼 쏟아져 나오면서 바이오필리아 이론을 가설에서 굳건한 과학으로 만들었다.

그중 한 연구에 따르면, 자연 속에서 15분 정도 앉고 걷기를 한 사람들은 의사들이 주의하라고 경고했던 혈압 수치, 심박동 수, 스트레스 호르몬 수치 등 모든 종류의 해로운 수치가 낮아졌다. 또 다른 연구는 스트레스 수치가 높은 사람들을 단 2시간 동안 숲속에 머물게 한 결과 불안, 우울, 적개심 등이 눈에 띄게 감소하는 현상을 관찰했다.

자연의 힘에 확신을 얻은 일본 과학자들은 심장, 신장, 면역계 질환을 앓고 있는 사람들을 집단으로 숲속에 머물게 했다. 사람들은 아무렇게나 뒤섞여 숲속에 앉아 있거나 대개는 그냥 산림욕을 했다. 그러자 모든 집단이 개선 효과를 얻었다. 심장 질환이 있는 사람들의 혈압 수치는 의사가 건강하다고 할 만한 수준으로 떨어졌고, 당뇨 환자들의 혈당 수준은 정상 수치에 가까워졌다. 면역체계가 취약했던 사람들은 NK세포(Natural Killer Cells; 바이러스 및 암세포 대응 백혈구)를 150퍼센트 더 쏟아냈다. 이 세포들은 생명을 위협하는 감염증을 자연스럽게 일소하는 역할을 한다. 지금까지 일본에서 수행한 산림욕 관련 연구는 100건이 넘는다. 거의 예외 없이 산림욕의 긍정적인 효과를 보여주는 이 논문들은 세계적 규모에서 관련 연구를 촉발하는 계기가 되었다.

온 세계가 아픈 사람으로 넘쳐나고 있다. 소파나 탄산음료 판매대에 가까워질수록 그 수는 급증한다. 만성적인 정신적·육체적 질병에 시달리는 사람들의 비율이 전 세계적으로 급격히 증가하고 있지만 질병을 다루는 현대 의료의 방식은 불완전하다. 원인이 아니라 증상을 치료하며, 막대한 부작용이 따르는 값비싼 약을 몸속으로 퍼붓고 있다. 예를 하나 들어보자. 내가 최근에 본 항우울제 아빌리파이Ability 광고에는 이런 경고성 내용이 적혀 있었다. "노인 뇌졸중을 일으킬 경우 사망에 이를 수 있음, 악성 신경 이완 증후군, 신체 활동 조절 불능, 고혈당, 당뇨 등 신진대사 이상, 혈중 지방 수치 증가, 체중 증가, 도박, 폭식, 강박적 쇼핑, 성적 충동 등의 이상 충동, 식사 장애" 등등등.

숲을 걷는 것은 공짜다. 게다가 내가 알기로 숲길 걷기는 구멍가게로 달려가 평생 모은 돈으로 스크래치 복권을 샀다가 그걸 팔았던 점원한테 주먹을 날리게 만드는 발작적이고 비계획적인 행동이나 충동과도 관계가 없다. 아마 무엇보다도 유쾌한 일은, 자연의 치료를 받으면 고집불통 건강보험회사 담당자와 실랑이를 벌일 필요가 없다는 점일 것이다.

이제는 인간을 머리부터 발끝까지 호전시키는 온갖 방식을 연구하는 권위 있는 연구자들 사이에 바이오필리아 이론을 연구하는 전 지구적 네트워크가 생겨났다. 이들은 각종 만성 질환과 과도한 스트레스, 과도한 자극, 과도한 일에 시달리는 현대인에게 야외 활동이 유력한 처방임을 밝혀냈다. 연구자들은 일, 육아, 다양한 책임으로 바쁜 일상생활 속에서 어떻게 자연을 쉽게 삶에 통합할 수 있을지 방법을 찾아내고 있다.

알래스카로 떠나오기 몇 달 전 나는 이 권위 있는 자연 연구자들 중 한 사람을 만나기 위해 보스턴으로 향했다. 그는 건강과 행복에 도움이 되는 3단계 접근법이라는 거대한 아이디어를 갖고 있었다. 자신의 접근법이 현대 세계의 마비 효과에 의해 좀비화된 사람들의 뇌를 구조해 더 즐겁고 덜 고통스러운 삶을 영위할 수 있게 할 것으로 믿고 있었다.

자연을 연구하는 학자의 세계에는 어릴 적 공부를 잘했고 나무를 좋아하는 사람이 많다. 예를 들면, 어느 정도 명성을 얻은 한 부부 학자는 과학자와 19세기 은둔자 사이의 생활 방식으로 살고 있다. 휴대폰을 소유하지 않으며, 외딴집에서 인터넷 없이 산다. 하지만 내가 보스턴에서 만나려고 했던 사람은 그런 틀에 잘 들어맞지 않은 레이철 호프만Rachel Hopman이었다. 그는 청바지에 티셔츠, 분홍색 운동화를 신고 바위에 걸터앉아 몸을 구부린 채 스마트폰을 들여다보며 화면을 스크롤하고 있었다.

내 생각에는, 은퇴를 앞둔 기술 음모론자가 가능한 한 야외로 나가고 휴대폰 사용을 줄여야 한다고 말하는 것과, 1991년에 태어나 열다섯 살에 첫 휴대폰을 가졌고 야외 활동을 즐기는 가정에서 자라지도 않았으며 아이폰에 푹 빠져 살고 있는 호프만에게서 듣는 건 완전히 다르다.

"대학원생 시절에 억지로 캠핑을 가게 되기 전까지 저는 한 번도 캠핑 같은 걸 해본 적이 없어요."

우리는 프레더릭 로 옴스테드*가 만든 34만 평 넓이의 아놀드

---

\*　프레더릭 로 옴스테드(Frederick Law Olmsted, 1822-1903). 미국의 도시 공원 설

수목원Arnold Arboretum을 걷기 시작했다. 이곳은 미국 독립 운동의 발단이 된 보스턴 차 사건이 일어났던 보스턴 항구에서 남서쪽으로 8킬로미터쯤 떨어져 있다.

자연 속에서 시간을 보내는 것이 유익하다는 건 이제 상식이다. 하지만 호프만의 연구는 긍정적인 효과를 얻기 위해 자연 속에서 얼마만큼의 시간이 필요한지를 정확하게 분석한다. 그리고 결정적으로 전자 기기의 사용이 이러한 효과에 어떤 변화를 일으키는지를 알아내는 것이 연구의 핵심이다.

호프만은 자신이 여전히 스마트폰을 손에 쥐고 있다는 걸 알아채고는 미소를 지으며 말했다.

"제 스마트폰은 제가 하루에 60회 이상 집어 들거나 2시간 20분 이상 들여다보면 알림을 보내줘요. 연구로 세운 기준이죠."

그는 한나절도 지나기 전에 이미 기준치에 도달하곤 해서 그냥 무시하고 계속 사용한다고 솔직히 고백했다. 호프만은 자신을 대상으로 한 이런 실험이 이 조그만 직사각형 물건이 얼마나 대단한지를 부정하려는 것이 아니라 그것을 사용하는 동안 무엇을 잃어버리게 되는지를 이해하려는 것이라고 했다.

우리는 1800년대 후반에 심어진 키가 30미터가 넘는 단풍나무와 가문비나무들 사이를 걸었다. 그는 자신의 연구에 관한 이야기를 더 자세히 풀어놓기 시작했다. 2016년, 그는 도심 공원에서 단

계자. 개인적인 공간으로서의 조경 정원을 도시 공공의 공원으로 개념을 확장한 선구적 인물. 뉴욕의 센트럴파크를 비롯해 수많은 기념비적 공원을 설계했으며, 도시 공원을 통해 공공복지를 실현하는 데 평생을 바쳤다.

20분간 산책하는 것만으로도 (지금 호프만과 내가 하고 있듯이) 뇌의 신경 구조에 심대한 변화를 일으킬 수 있다는 사실을 발견했다. 이러한 변화는 사람을 더 차분하게 만들고, 집중력과 생산성을 높이며, 창의적인 사고를 하도록 돕는다.

"그런데 산책하면서 휴대폰을 사용한 사람들한테서는 이런 효과를 찾아볼 수 없었어요."

20분에는 작은 마법이 숨어 있다. 미시간대학교에 있는 호프만의 동료 학자들은 일주일에 세 번, 20분 동안 자연 속에 있는 것은 스트레스 호르몬인 코르티솔의 수치를 가장 효과적으로 떨어뜨린다는 사실을 확증했다. 연구 중 가장 큰 애로 사항은 실험 참가자들에게 그 시간만큼 휴대폰을 지니지 못하게 하는 것이었다. 자연 속에 있을 때 인간의 뇌는 호프만이 "부드러운 매혹soft fascination"이라고 부르는 상태로 들어가는데, 이는 비집중 모드와 비슷한 상태다. 단, 결정적으로 다른 점이 하나 있다.

"생각이 흩어지면서 주의가 내면으로 향하는 것이 아니라, 주의가 외부로 향하면서 주변의 자연을 바라보게 된다는 겁니다. 바깥 세상의 보기 좋은 것들을 받아들이면서 그것이 내 안으로 흘러 들어오게 되죠. 하지만 그것에 압도당하지는 않습니다. 주의력이라는 안테나가 꺼진 상태에서 외부 세계를 인식하는 것입니다."

'지금 여기'를 자각한다는 이 개념은 요가 수행자가 추구하는 것과 매우 유사하다. 뇌 스캔 결과 '부드러운 매혹' 상태는 명상의 마음챙김 상태와 유사하다고 호프만은 말했다. 이 상태에서 우리는 생각, 창조, 정보 처리, 임무 수행 등에 필요한 자원들을 회복하고 구축한다. 자연에서 시간을 보낸다는 것은 한마디로 '명상 없는 마음챙김'이다. 앉아서 호흡에 집중하기 쉽지 않은 사람들에게 매일 잠깐이라도 자연 속에서 산책하는 것은 훌륭한 대안이 된다. 물론 숲속 걷기가 마음의 치료제가 되려면 휴대폰을 멀리하고, 어떠한 정보도 귀에 흘러 들어오지 않는 상태여야 한다.

업무상 오가는 이메일에서 벗어날 수 없는 월급쟁이들의 25퍼센트 가량이 번아웃 상태에 있다. 호프만은 가장 좋은 회복 수단이 자연이라고 말한다. 집에서 하는 마음챙김은 격렬한 운동 뒤의 뜨거운 목욕과 비슷하다면, 자연에서 하는 마음챙김은 뜨거운 목욕을 마치고 단백질 셰이크를 마시면서 마사지를 받는 것과 같다.

"가끔 제가 강연을 한 후에 이렇게 묻는 사람들이 있어요. '일하는 사람들이 어떻게 바깥에서 시간을 보낼 수 있나요? 이건 과학자들이 건강을 위해 하라고 하는 긴 투두리스트에서 목록 하나를 더 추가하는 것에 불과한 것 아닌가요?' 저는 그런 사람들에게 복잡할 게 없다고 답합니다. 커피숍에 가는 길에 공원을 가로지르거나, 나무들 옆을 걷는 것만으로도 도움을 받을 수 있다고요. 사람들은 자연 속에 있거나 심지어 자연을 보기만 해도 거의 즉시 기분이 나아지고, 행동도 변화합니다."

이상적인 신속 처방은 일주일에 세 번, 1회에 20분 정도 도시, 교외, 마을에서 찾을 수 있는 이른바 '도시형 자연'을 접하는 것이다. 이조차 게을러서 실천하지 못하는 사람이라 해도 자연의 혜택을 누릴 수 있는 방법이 있다. 호프만은 얼마나 적은 양의 자연만으로도 더 나은 삶이 가능한지 쏟아내기 시작했다.

"사무실에서 화초를 키우면 생산성이 올라가요."

호프만은 이와 관련한 연구 사례 하나를 언급했다. 여러 사무실에서 일하는 직장인 수백 명을 대상으로 연구한 결과, 화초가 있는 사무실의 경우 작업 완료량이 약 15퍼센트 증가했고 업무에 대한 만족도도 높았다.

"병실 창밖으로 자연을 바라보는 것만으로도 회복을 앞당기는 데 도움이 된다는 연구 결과도 있어요."

호프만이 덧붙였다. 1984년 〈사이언스Science〉지에 실렸던 이 연구에 따르면, 창밖의 자연을 내다본 환자들의 경우 합병증이 감소했고 통증이 줄었으며 그만큼 진통제 복용량도 줄었다.

"녹색을 더 많이 볼 수 있는 코스로 출근길을 바꾸기만 해도 혜택을 볼 수 있어요."

이어서 소개한 연구에서는 소도시에서부터 대도시를 망라해 직장인 수천 명을 추적 조사했는데, 녹색 공간이 많은 출근길을 오간 사람들이 더 나은 정신건강 상태를 보여주었다.

"녹색 공간 가까이 사는 사람들이 질병의 위험에 덜 노출된다는 연구 결과도 있어요."

한 연구자가 이 주제를 다룬 143편의 논문을 검토했다. 그 결과, 녹지 근처 거주자들의 경우 심장 마비, 뇌졸중, 천식, 당뇨병에 걸릴 확률이 상대적으로 낮았고, 암 발병 시 생존율도 더 높았다. 예일대학교 교수 스티븐 켈러트Steven Kellert의 표현을 빌리면 "자연을 저 밖, 여기 아닌 다른 곳"이라는 생각을 멈추는 것이 중요한 이유가 바로 이것이다. 자연을 〈내셔널지오그래픽〉이나 알래스카 모험

같은 데에만 존재하는 것처럼 여기면 안 된다. 자연은 바로 창밖에, 뒤뜰에, 담장 안쪽에, 길옆 공원에도 있다.

"누구나 바쁘죠, 알아요."

할 일이 늘 산더미다. 바빠서 나가 공원을 걸을 수가 없다. 잠시 일을 손에서 놓을 때마다 그 시간이 너무 길다는 생각만 든다.

"바쁜 사람들한테 저는 생산성과 창의성 면에서 자연이 주는 혜택을 얘기해줍니다."

호프만이 말을 잇는다. 짧은 야외 산책을 자신에게 투자하는 고수익 투자로 생각하라는 것이다. 번아웃 상태로 하루를 버티며 겨우 18개를 만들었을 생산물을 공원에서 단 20분을 보내는 것만으로 20개로 늘려줄 수도 있다. 그리고 어쩌면 그 생산물은 더 창의적으로 디자인될지도 모른다.

20분, 일주일에 세 번의 힘은 위대하다. 하지만 이것은 일부 자연 연구자들이 "자연 피라미드 The Nature Pyramid"라 이름 붙인 것의 가장 하위 단계에 지나지 않는다. 언뜻 이해가 되지 않는다면 '음식 피라미드'를 떠올리면 된다. 음식 피라미드에서 이런 야채를 많이 먹고, 이런 고기를 많이 먹으라 권한다면, 자연 피라미드는 자연에서 보내야 하는 시간의 양과 횟수를 제안한다. 호프만은 피라미드의 정점, 즉 우리의 마음이 완전히 바뀌고 일종의 강력한 리셋을 경험하는 최고점에 대한 자신의 연구 결과를 공개하겠다고 약속했다.

다음 날, 보스턴 남쪽에 자리 잡은 850만 평 넓이의 주립 공원인 블루 힐스 Blue Hills 원주민 보호구역에서 호프만을 다시 만났다.

이끼 낀 돌길을 1시간 정도 걸어 올라가니 정상이 눈앞에 보였다. 이런 유형의 자연을 '시골 자연'이라 부르기로 하자. 이런 곳은 자연 피라미드에서 둘째 단계를 차지한다. 공원이나 뒤뜰에서 볼 수 있는 손질한 자연보다 야생에 더 가깝다. 하지만 아주 멀지는 않아서, 잠깐 자동차를 몰거나 버스를 타면 갈 수 있다.

산책로 정상에 다다를 무렵 호프만이 말했다.

"자연 속에서 보내는 시간은 무조건 유익합니다. 그런데 더 야생적인 곳에서 더 많은 시간을 보낸다고 반드시 더 많은 혜택을 얻는 건 아니에요."

핀란드 학자들의 연구에 따르면, '시골 자연' 환경에서 한 달에 5시간 정도를 보내는 것이 가장 좋다고 한다. 핀란드인은 95퍼센트 정도가 야외에서 시간을 보낸다. 핀란드는 일본이 산림욕에 몰두해 있는 것을 보면서 몇 가지 독자적인 연구를 진행했다. 시민 수천 명을 대상으로 자연 속에서 어느 정도의 시간을 보내는 것이 가장 좋은지를 알아보았다. 그 결과, 한 달에 5시간 정도를 자연 속에서 보냈을 때가 가장 좋다고 응답한 사람들이 가장 많았다. 이 정도 시간을 보냈을 때 우울증이 발병하지 않았고(핀란드의 길고 어두운 겨울은 우울증을 유발하기 쉽다) 일상생활이 더 행복해질 가능성이 높았다.

이 조사에 이어서 핀란드 정부는 학자들을 동원해 비교 연구를 진행했다. 조사 환경은 도심, 시내 공원, 자연 공원이었다. 그 결과 시내 공원과 자연 공원에서 시간을 보낸 사람들이 도심에만 고립되어 있던 사람들에 비해 더 안정감을 느꼈다. 놀랄 만한 결과는 전혀 없었다. 야생 공원이 시내 공원에 비해 우위를 보였다는 점을 제외한다면 말이다. 날것의 자연 속에 있는 사람이 훨씬 더 큰 편안함과 회복감을 느꼈다. 결론은 이렇다. 자연은 날것일수록 좋다.

호프만과 나는 뒤쪽과 양옆이 나무숲으로 가려진 바위 언덕 정상에서 걸음을 멈췄다. 눈앞에 거대한 대서양이 펼쳐져 있었다. 광경에 넋을 빼앗긴 나는 호프만에게 하던 질문을 잠시 멈추고 가만히 서서 바다를 받아들였다.

"봐요. 시내 공원에서는 절대로 이런 걸 얻을 수 없어요."

호프만이 말했다.

자연이, 특히 날것의 자연이 우리의 몸과 마음에 선사하는 효과에는 여러 가지 이유가 있다. 자연 속에서는 프랙털Fractal에 둘러싸이게 된다. 프랙털은 다양한 크기와 스케일로 무한 반복되어 우주의 형상을 만들어내는 복잡한 패턴을 말한다. 큰 가지에서 작은 가지로, 작은 가지에서 더 작은 가지로 계속 뻗어나가는 나무도 프랙털이며, 작은 강에서 큰 강으로, 다시 더 큰 강으로 이어지는 하천도 프랙털이다. 산맥, 구름, 조개껍데기 등이 전부 프랙털이다.

"도시에는 프랙털이 없어요. 흔히 볼 수 있는 건물을 생각해보세요. 거의 다 수평에다 직각이잖아요. 게다가 색은 칙칙하고."

프랙털은 우리 뇌가 좋아하는, 조직화된 혼돈이다. 실제로 오리건대학교의 연구진은 폭음과 재즈음악 속에서 탄생한 미국의 추상표현주의 화가 잭슨 폴록Jackson Pollock의 그림들이 프랙털로 구성되어 있다는 사실을 밝혀냈다. 바로 이것이 폴록의 그림들이 사람들에게 깊은 울림을 주는 이유일지도 모른다.

혹은 자연의 냄새가 이유일 수도 있다. 혹은 햇빛이거나. 혹은 단순히 집과 사무실의 스트레스에서 벗어나 있다는 사실 자체가 이유일 수도 있다.

"아마 여러 요인이 복합돼 있을 거예요."

호프만은 말한다. 정신없는 속도, 직각 형태, 소음, 썩은 냄새, 울려대는 전화, 할 일 목록 따위로 들어찬 도시는 이런 것을 제공하지 못한다. 호프만과 나란히 앉아 바다를 바라보면서 나는 계산을 해보았다.

"그러니까 5시간이라면, 예를 들어 한 달에 산책 한두 번, 소풍, 낚시, 여행, 아니면 산악자전거를 타면 되는 건가요?"

"네, 그렇죠."

알래스카 원정을 준비하는 동안 내가 왜 그렇게 마음이 편안했는지 이해가 되었다. 일주일에 한 번씩 했던 하이킹은 나의 육체만 준비시키고 있던 것이 아니었다. 정신까지 치유됐던 것이다.

나의 알래스카 원정은 자연 피라미드의 꼭대기에 있다. 그리고 나는 나의 뇌를 매혹시켰던 것 안에 증명 가능한 과학적 현상이 있었음을 알게 되었다. 이 현상에는 "3일 효과"라는 기억하기 쉬운 이름까지 붙어 있었다. 이 차원을 경험하려면 '오지 자연'이 필수다. 흙길이 끝나는 곳에서 비로소 시작되는 야생 세계로의 여행. 오락가락하는 휴대폰 신호, 야생동물, 화장실의 부재와 다른 인간들의 부재 등이 이런 장소들의 특징이다.

캠프에 도착할 무렵, 나는 도니에게 호프만과 함께했던 시간과 오지 자연의 효과에 대해 이야기하고 있었다. 티피기 오렌지색 하늘을 등진 채 크고 검은 삼각형 모양으로 솟아 있었다. 우리는 배낭을 벗어서 바닥에 널어놓았다.

"호프만이 연구하고 있는 3일 효과는 한마디로 자연에서 보낸 며칠이 정신을 더 나은 상태로 만들어준다는 거예요. 자연에서 더 많은 시간을 보낼수록 마음이 더 고요해져요. 더 편안해지고, 현재에 더 집중하게 되고, 더 감사하게 돼요. 한마디로 더 행복해진다는 거죠. 게다가 이런 효과는 자연을 떠난 뒤에도 지속됩니다."

"내가 여기 온 이유가 그거라고 생각해요?"

도니가 물었다.

"똑같은 질문을 내가 먼저 하고 싶은데요."

내가 말했다.

"음… 그러니까, 야생에 오래 있을수록 더 좋다는 건 알아요. 그건 확실해요. 더 오래 있을수록 누구한테나 유익합니다. 저도 그랬고, 다른 사람을 봐도 그랬어요. 마음이 평화로워지면서 땅의 일부, 생태계의 일부가 되기 시작하죠. 일출과 일몰을 사랑하게 되고 동물들을 보는 걸 사랑하게 돼요. 아까 순록을 봤을 때처럼요. 그런 순간들은 정신과 영혼을 충만하게 해줍니다. 10년, 20년, 30년이 지나도 저 순록들을 잊지 못할 거예요."

바람이 잦아들었다. 순록 떼는 안전한 능선 위로 올라가 있었다. 우리는 가만히 서서 순록을 올려다보았다. 스카이라인을 따라 검은 얼룩처럼 이어진 그 모습을.

도니가 말을 이었다.

"알래스카에 왔다가 집으로 돌아갈 때마다 항상 엄청난 영감을 받아요."

도니는 무릎을 꿇은 채 배낭을 열어 다운 점퍼를 꺼냈다. 부지런히 움직이던 몸을 갑자기 멈추자 냉기가 몸속으로 파고들었다.

"이번 느낌도 한동안 잊지 못할 거예요."

3일 효과에 관한 연구를 맨 처음 시작한 사람은 솔트레이크시티의 우상이자 희귀 도서 판매상이기도 한 켄 샌더스Ken Sanders다. 그는 환경 작가이자 독설가인 에드워드 애비Edward Abbey의 오랜 벗이기도 하다.

"1980년대 이후 수십 년 동안 강 래프팅을 해오면서, 대자연 속 생활 3일째에 일어나는 변형을 감지하고 있었습니다."

솔트레이크시티 중심가에 있는 자신의 서점에서 샌더스가 나에게 했던 말이다. 그는 우연히 데이비드 스트레이어David Strayer에게 이 3일 효과에 대해 이야기를 했다고 한다. 유타대학교의 신경과학자인 스트레이어는 자연에 심각하게 미쳐 있는 인물로, 스마트폰이 인간의 주의력과 뇌에 미치는 영향에 관한 연구로 세계 최고의 권위자로 인정받고 있다. 샌더스의 말을 들은 스트레이어는 귀가 번쩍 뜨이면서 머릿속에서 전구가 켜지는 듯한 느낌을 받았다.

수년간에 걸쳐 배낭을 메고 유타주 남부의 붉은 바위 협곡들을 누빈 스트레이어는 황홀함을 몸소 느껴왔다. 고요하면서도 이전과 달라진 생각의 스펙트럼이 지각 능력과 평화로움을 고양시키며, 시간과 공간을 거꾸로 돌리는 듯했다. 같은 경험을 했던 사람들과 대화를 나눈 적은 있었지만, '3일 효과'라는 이름이 붙은 건 처음이었다. 그래서 그는 3일 효과가 실제로 연구가 가능한 것일지 궁금해졌다.

2012년 스트레이어는 3일 효과 연구를 시도해보기로 결심했다. 연구팀은 아웃워드 바운드Outward Bound*의 배낭여행에 몇 차례에 걸쳐 동행했다. 규칙은 간단했다. 야생에서 스마트폰 사용 금지.

청소년을 대상으로 야외에서의 도전과 모험을 통해 사회성, 리더십, 정신력을 가르치는 국제기구

여행을 떠나기 전날 아침, 아웃워드 바운드에 참가한 학생들 중 절반에게 창의성을 측정하는 RAT 테스트를 시행했다. 그리고 나머지 절반의 학생들은 기술문명 없는 오지에서 3일을 보낸 뒤에 똑같은 테스트를 다시 받았다. 두 집단을 비교한 결과, 오지 체험 사흘 뒤에 테스트를 받은 학생들의 점수가 50퍼센트 더 높은 것으로 나타났다. 그는 3일 효과가 어느 정도 있을 것이라 추측했지만 50퍼센트라니? 이 수치는 결코 우연이 아니었다.

그 정도라면 3일 효과를 탐구 가치가 있는 개념으로 정립하는 데 충분했다. 연구를 본격적으로 확대했다. 미네소타주 오지에서 며칠 동안 카누를 탄 사람들이 실내에서 노를 저었던 사람들에 비해 RAT 점수가 훨씬 높다는 연구 결과가 나왔고, 6일간 오지 여행을 한 참전 군인들은 스트레스 증상이 급감했다는 연구도 있다.

또한 3일 효과는 야생에서 집으로 돌아간다고 사라져버리지 않

---

\* 청소년을 대상으로 야외에서의 도전과 모험을 통해 사회성, 리더십, 정신력을 가르치는 국제기구.

았다. UC버클리대학교의 학자들은 남부 유타에서 래프팅을 하면서 4일을 보낸 미군 참전 군인들이 일주일 뒤에 여전히 효과를 느끼고 있음을 보고했다. 우선 PTSD 증상과 스트레스 수준이 각각 29퍼센트와 21퍼센트 감소했고, 대인관계, 행복감, 그리고 삶 전반에 대한 만족감 역시 개선되었다.

1901년 미국의 탐험가이자 저술가인 존 뮤어John Muir는 "신경 쇠약과 과도한 문명에 지쳐 있던 사람들은 드디어 깨닫기 시작했다. 산에 가는 것이 곧 집에 가는 것임을, 인간에게 자연은 필수임을, 산림 공원과 자연 보호 구역이 목재와 관개수로의 원천일 뿐 아니라 삶의 원천이기도 하다는 것을"이라고 표현했다.

자연 속에서 보내는 사흘 남짓한 시간은 명상 피정과도 같다. 말하는 것이 허용되고 비용과 스승이 필요 없다는 점만 다를 뿐.

우리의 몸과 뇌를 자연으로 돌려보내는 과정은 보통 이런 식으로 진행된다. 첫날에는 스트레스와 건강 지표가 호전된다. 하지만 여전히 자연의 불편함에 적응 중이다. 춥다는 생각에 빠지고, 휴대폰을 그리워하고, 일하면서 받았던 스트레스가 떠오르고, 떠나올 때 현관문을 제대로 닫았던가 하는 불안에서 마음이 벗어나질 못한다. 이틀째가 되면 마음이 안정되면서 자각이 고양된다. 남겨두고 온 것들에 신경이 덜 쓰이고, 현재 나를 둘러싸고 있는 것들의 모습과 냄새와 소리를 인식하기 시작한다. 그리고 사흘째를 맞는다. 이제 모든 감각의 다이얼이 맞춰지면서 완전한 명상 모드가 되어 자연과 교감하는 상태로 들어간다. 불편함이 썩 나쁘게 느껴지지 않는다. 사실 불편함은 이미 환영의 대상으로 바뀌어 있다. 평온해진 마음과 삶에 대한 만족감의 신호다.

여기서 우리의 관심은 자연스럽게 스트레이어와 호프만의 이야기로 돌아간다. 스트레이어는 자연이 주는 심리학적 혜택을 탐구하는 수업을 시작했다. 당시 호프만은 스트레이어의 대학원생 제자였다. 연구를 시작하기 위해서 두 사람은 알래스카를 제외한 북미 48개 주를 통틀어 최고의 오지 가운데 하나인 유타주 블러프Bluff 외곽의 샌드 아일랜드Sand Island 야영지에서 4일간 캠핑을 하게 될 학생들을 선발했다.

이 학생들에게는 스마트폰 휴대가 허용되었다. 그런데 잔인하게도 야영지 주변 수 킬로미터 내에서 휴대폰 신호가 잡히지 않는다는 사실을 알려주지는 않았다. 야영지에 도착한 18세에서 22세에 이르는 청소년들은 야외에서 찍은 사진을 인스타그램에 올려 보려 했지만 요지부동의 수신 불가 장벽에 부딪히면서 오는 다섯 단계 슬픔을 겪었다.

첫 단계는 부정이다. 학생들은 신호를 잡기 위해 위치를 이리저리 옮겨가며 하늘을 향해 팔을 뻗친다. 둘째 단계는 분노다. 이 단계에서는 통신사를 욕하면서 휴대폰을 텐트 안으로 집어 던진다. 셋째 단계는 타협이다. 혹시나 신호가 잡힐지 모른다는 기대감에 가까운 산꼭대기로 올라가 볼까 생각한다. 다음은 우울이다. 사진을 올려서 상태를 업데이트하고자 하는 열망이 깊어진다. 그리고 마지막으로, 수용이다. 이제는 깨닫는다.

"그래, 난 스마트폰 없이도 살아남을 수 있을 거고, 스마트폰 없는 이 자연 세계가 그렇게까지 나쁘진 않아."

부정, 분노, 타협의 사이쯤 되는 어느 날, 호프만은 학생들의 머리에 뇌파를 측정하는 복잡한 장치를 부착했다. 그리고 3일이 지나 수용 단계로 들어갔을 때 다시 한번 검사했다.

첫날 학생들의 뇌파는 베타파였다. 잔뜩 들떠서 춤을 추는 듯한 A형 파장이었다. 그런데 3일째가 되자 뇌파가 알파파와 세타파 파동을 타고 있었다. 이것은 노련한 명상가들이나 자연스러운 몰입 상태에 있는 사람들에게서 볼 수 있는 파동이다. 두 파동은 사고를 리셋해주고, 뇌를 소생시키고, 원기를 회복시켜주고, 무엇보다도 기분을 좋게 해준다.

호프만은 "짧은 소풍으로는 이렇게 좋은 알파파와 세타파를 보기가 힘들어요. 그래서 매년 한 번씩 오지 여행을 하는 게 중요해요"라고 말했다. 현대 세계를 사는 우리들은 높고 거친 베타파를 인류 역사상 그 어느 때보다 자주 발생시키고 있다. 메시지는 명확하다. 자연 속에서 보내는 시간은 우리 마음속의 격랑을 잠재우는 최상의 방법이다.

# 열두 군데

## 고요의 스트레스 완화 효과

북극의 아침은 특별하다. 여섯째 날 오전 7시 45분. 2센티미터 두께의 에어매트리스 위쪽에 깔린 일자형 침낭 안에서 잠을 깼다. 머리 밑에는 헝겊을 채워 만든 냄새 나는 베개가 깔려 있었다. 티피 안은 영하로 떨어져 있었지만 이런 환경에서도 나는 매일 밤 9시간에서 10시간 동안 내리 잠을 잤다.

날마다 몸을 고되게 놀리고 있음에도 훌륭한 수면 패턴을 유지하는 것은 알래스카의 어둠과 적막과도 관련이 있다. 신경학자이자 수면 연구가인 크리스 윈터Chris Winter 박사에 따르자면, 미국인의 3분의 1은 하루 평균 수면 시간이 7시간에 미치지 못한다. 오늘날 수면 장애의 대부분은 적절한 어둠과 적막이 절대적으로 부족하기 때문이다. 인간은 이 두 가지 조건 속에서 잠을 자도록 진화해왔다. 물론 고단할 정도로 육체를 사용하는 일이 드물어진 것도 하나의 요인이다.

    침낭에서 빠져나와 신발을 신고 가만히 티피 출입구 쪽으로 걸어간다. 지퍼를 열자 천막에 붙어 있던 서리가 떨어지며 바람에 흩날린다. 이끼 낀 땅은 꽁꽁 얼어 있다. 캠프 위쪽의 둔덕 꼭대기로 올라갔다. 걸음을 옮길 때마다 발밑에서 서걱거리는 소리가 올라온다. 브룩스레인지Brooks Range 산맥의 눈 덮인 봉우리들이 북쪽을 향해 빛을 반사하고 있다. 푸르스름한 동쪽 하늘에는 잿빛 구름과 하얗게 빛나는 구름이 뒤섞여 떠 있다. 바람은 고요했다.

    귀에 들리는 것은 먼 개울에서 아련하게 울려오는 메아리와 나의 숨소리뿐이다. 오랫동안 그 자리에 서 있었다. 아무 소리도 귀에 들어오지 않았다. 그러다 어느 순간, 귀에 들리는 소리가 있었다. 내 심장이 뛰는 소리였다. 심장 소리가 귓속을 울려대기 시작했다. 그리고 곧 폐가 몸 안에서 작동하는 소리가 들렸다. 확언하건대 일생을 통틀어 최고의 고요를 경험하고 있었다.

    하루 종일 이곳에 서 있다면, 적막은 언제까지나 지속될 것이다. 통근자들, 비행기, 공사장, 기계음, 그 밖에 현대 세계가 만들어내는 모든 소음들의 방해 없이.

    이윽고 다른 소리가 들렸다. 처음에는 부드럽게 시작한 소리가 점점 커지면서 빠른 속도로 다가오고 있었다. 낮게 쉭쉭대는 소리였다. 정체를 찾기 위해 몸을 돌렸다. 아무것도 보이지 않았다. 소리가 점점 커졌다. 쉭, 쉭, 쉭. 위를 올려다보았다. 쉬익, 쉬익, 쉬익. 까마귀 한 마리가 머리 위로 지나갔다. 사위를 둘러싼 적막 속에서 시커먼 날개가 아파치 헬기 같은 소리를 만들어내고 있었다.

도시의 새들도 이런 소리를 만들어낸다. 지구상의 모든 강이, 바람이, 야생동물이 저마다의 음악을 연주한다. 다만 그 소리의 태반이 인간이 만들어낸 온갖 소음에 묻혀버린다. 자연 세계의 고요는 갈수록 듣기 힘들어지고 있다.

사실 고요는 어디에도 없다. 이론물리학은 그렇게 말한다. 아무리 조용한 곳이라 해도 전자기파가 공간을 이동하며 만들어내는 백색 소음으로 가득 들어차 있다. 백색 소음은 대기권 밖의 진공 속에도 존재한다. 귀에 들리지는 않는다 해도 이 순간에도 백색 소음이 우리를 에워싸고 있다.

지금 나는 알래스카에서 백색 소음 사이를 헤엄치고 있다. 그리고 또 나는 듣고 있다. 툰드라 둔덕을 스치며 지나가는 바람 소리, 언 땅이 발밑에서 서걱거리며 부서지는 소리, 멀리서 개울이 흐르는 소리, 쉭쉭거리는 까마귀의 날갯짓 소리와 결코 진화하지 않는 그 울음소리, 내 몸 안의 장기들이 일하는 소리 등등을 듣고 있다.

늘 듣던 소음에서 벗어난 것은 구원이다. 이곳에 오기 전, 어느 날 아침 나는 뒤뜰로 나가서 타이머를 1분으로 설정했다. 그리고 목재 안락의자에 앉아 다리를 쭉 뻗고서 가만히 귀를 기울였다. 새 소리가 들려왔고, 야자수들 사이로 흘러가는 바람이 느껴졌다. 그러고는 차들이 속도를 높이며 지나가는 소리, 차 문이 닫히는 소리, 클랙슨을 빵빵거리는 소리, 비행기의 굉음. 전기가 웅웅대는 소리가 들렸고, 반려견이 밥 때가 되었다며 어서 이 어리석은 실험 따위는 그만두고 먹을 것을 주라며 끙끙거리는 소리가 들렸다. 하던 일을 멈추고 가만히 귀를 기울여보라. 천지 사방이 소음이다.

하버드대학교 인류학과 대니얼 리버만Daniel Lieberman 교수에 따르면, 인류는 오랜 세월 동안 환경에서 수많은 감각 입력을 제거해왔다. 예를 들면, 오늘날 우리는 예전에 비해 온도 변화를 덜 느낀다. 두 발은 신발에 감싸여 있어 예전만큼 많은 것을 느끼지 못한다. 냄새 맡는 일도 줄어들었다. 먹어도 탈이 없는 것인지 알아보기 위해 음식에 코를 가져다 대는 일이 줄었기 때문이다(우리가 맡는 냄새는 대개 비누처럼 기분 좋은 것들뿐이다). 예는 수도 없이 많다. 그런데 이 법칙에서 유일한 예외가 청각이라고 리버만은 말한다.

인류는 세상의 시끄러움을 네 배로 끌어올렸다. 미시간대학교 연구진에 따르면, 1천만 명 이상의 미국인들이 세탁기나 식기세척기 돌아가는 소리에 해당하는 70데시벨보다 높은 소음 레벨 속에서 살고 있다. 소음과 함께 사는 것에 익숙해진 결과 끊임없이 요란한 소리가 들려오는데도 편안해하는 사람들이 대부분이라는 것이 한 오스트레일리아 과학자의 진단이다. 이 학자는 학생 수백 명을 조용한 곳에 잠시 있게 한 다음 소감을 기록하게 했다. 거의 모든 학생이 조용한 것이 어색했다고 답했다.

"소음이 사라지니 불편해졌고, 불길한 느낌까지 들었다."

"요즘은 미디어가 늘 우리 주변을 감싸고 있기 때문에, 평화와 고요에 두려움을 느끼는 것 같다."

미국인 사이에서 티브이를 오락의 도구로써 시청하는 것이 아니라 동반자처럼 여기는 추세가 갈수록 늘고 있다는 조사도 있다. 일할 때, 요리할 때, 간단한 집안일을 할 때 티브이를 계속 켜놓는 미국인이 절반 이상이다. 조용함이 야기한 불편함은 학습된 새로운 행동이라는 것이 오스트레일리아 과학자들의 판단이다.

인간은 지금 내가 경험하고 있는 것과 같은 청각적 파노라마 Soundscape 속에서 진화해왔다. 먼 옛날은 조용했고, 큰 소음은 대개 문제를 알리는 신호였다. 포식자의 포효나 적이 내지르는 함성, 사나운 폭풍의 쿵쾅거림, 혹은 암석 붕괴의 굉음 같은 소음은 위기의 신호였다. 즉, 인간의 뇌 회로는 "시끄러움 = 위험"으로 사고하도록 진화했다. 이런 상황에서 인간은 투쟁도피반응Fight-or-flight response*을 유발하는 스트레스 호르몬인 아드레날린과 코르티솔을 분비함으로써 대응한다. 소음이 야기한 호르몬 분비 현상은 그리 잦지는 않았지만 생명을 보전하는 데 매우 중요한 역할을 했다.

오늘날의 거슬리는 배경 소음도 똑같은 투쟁도피반응을 일으킨다. 그런데 한 가지 다른 점이 있다. 소음이 거의 끊이지 않는다는 것이다. 미국 질병관리센터CDC는 이로 인해 우리의 호르몬은 마치 물고문처럼 천천히 떨어지는 방식으로 작용하며, 지속적인 소음은 우리에게 과도한 스트레스를 안겨준다고 말한다. 일상화된 스트레스의 결과는 무엇일까?

사실 오늘날 1등 살인자가 된 심장병은 단지 지나친 소파 사용과 탄수화물 섭취의 결과가 아니다. 세계보건기구는 거주 공간을 채우고 있는 끊임없는 데시벨의 흐름이 사람들의 수명을 단축시

---

\* 스트레스 환경에 노출되었을 때 빠른 방어 행동 또는 문제 해결 반응을 보이기 위한 흥분된 생리적 상태.

키고 있다는 사실을 밝혀냈다. 2,000건에 가까운 유럽 내 심장마비 사망의 원인이 지나친 소음이었던 것으로 밝혀졌다. 그 이유는 소음으로 인한 스트레스 증가가 심장병을 유발했기 때문이다.

생활 공간 주변의 소음이 10데시벨 증가할 때마다 항불안제 복용이 약 28퍼센트씩 증가하며, 시끄러운 도로 주변에 살면 우울증에 걸릴 확률이 25퍼센트 높아진다는 연구 결과도 있다. 배경 소음이 주의력, 기억력, 학습 능력, 타인과의 상호작용 능력을 감퇴시킨다는 연구들도 있다.

중요한 것은 소음이 자신을 끌어내리고 있다는 사실을 사람들이 자각조차 하지 못하고 있다는 점이다. 코넬대학교 연구진은 두 그룹의 직장인들에게 프로젝트를 완수하도록 했다. 한 그룹은 조용한 사무실에서 일했고, 다른 그룹은 개방형 사무실에서 일했다. 개방형 사무실이 50퍼센트 더 시끄러웠다. 전화기 울리는 소리, 키보드 두드리는 소리, 결산 결과에 대해 토론하는 소리 등의 방해 요인이 있었다.

실험이 끝난 뒤, 시끄러운 사무실에서 일한 사람들은 조용한 사무실에서 일한 사람들에 비해 더 많은 스트레스를 받지는 않았다고 답했다. 그런데 데이터는 다르게 말하고 있었다. 이들의 신체는 아드레날린을 현저히 많이 뿜어냈고, 업무 완수도가 낮았으며, 업무에 대한 동기도 더 낮았다.

고요는 탐구할 만한 가치가 있다. 비록 처음에는 불편함을 선사하더라도 말이다. 그렇다면 오염되지 않은 자연의 고요는 어디서 찾을 수 있을까? 고든 헴프턴Gordon Hempton이라는 음향 생태학자(실제 직업이 이렇다)는 고요를 찾아서 미국 전역을 돌아다녔다. 유랑 끝에 얻은 결론은 알래스카를 제외한 북미 48개 주를 통틀어 인간이 만들어내는 소리를 전혀 듣지 않고 15분 동안 앉아 있을 수 있는 곳은 단 열두 군데뿐이었다. 날아다니는 비행기, 열차, 자동차가 없고, 티브이도 없고, 스마트폰도 없고, 라디오도 없고, 다만 자연의 소리만 있는 곳. 이 열두 군데 중에는 미네소타주의 바운더리워터스 카누 지역 자연 보호 구역Boundary Waters Canoe Area Wilderness과 하와이의 할레아칼라국립공원Haleakala National Park, 워싱턴주의 호강 계곡Hoh River Valley이 들어 있다. 북아메리카에서 지속적인 고요를 누릴 수 있는 곳은 지금 내가 와 있는 북쪽 지역이다. 북극, 유콘, 캐나다 북부 연방 직할지 등.

고요를 찾기가 이렇게 어려우니 애써서 추구할 필요가 없다는 이야기가 결코 아니다. 고요에 가까워질수록 놀라운 일이 벌어진다. 꼭 북극으로 달려가야만 고요를 찾을 수 있는 것은 아니다.

우리가 도심에서 고요에 가장 가까이 가볼 수 있는 곳은 미네소타주에 있다. 미니애폴리스의 이스트 25번가 2709번지에 위치한 옛날 위스키 가게와 공원 사이의 우중충한 회색 건물 안이다. 스티븐 오어필드Steven Orfield가 운영하는 '오어필드 연구소'는 지각의 힘을 이용해 기업들이 제품의 질을 향상시킬 수 있도록 돕고 있다. 예를 들면, 할리데이비슨Harley-Davidson은 한때 오어필드 연구소를 고용해 라이더들에게 오토바이가 강력하다는 인상을 심어주는 데 적합한 톤과 데시벨을 계산해 오토바이 엔진 소리를 만들어냈다.

이 연구실의 역사는 화려하다. 우선 처음에는 세계 최초의 디지털 레코딩 스튜디오였다. 미국의 전설적인 싱어송라이터 프린스Prince가 첫 앨범을 녹음한 곳이기도 하다. 심지어 밥 딜런Bob Dylan은 그의 명반 〈블러드 온 더 트랙Blood on the Track〉의 절반을 이곳에서 녹음했다. 그러던 1992년의 어느 날 오어필드에게 걸려온 한 통의 전화가 이 녹음실을 다른 방면으로 유명하게 만들었다. 전화선 너머에 있던 사람은 그와 같은 오디오 전문가였고, 오어필드에게 아주 핫한 정보를 알려주었다.

"음향기기 제조사 선빔Sunbeam이 곧 미국 내 연구소를 폐쇄한다는 거였어요."

오어필드가 이야기를 시작했다.

"CEO가 연구원들한테 이랬답니다. '돈이 될 만한 건 다 내다 파세요.' 그래서 선빔이 무반향실과 그 안에 딸린 모든 장비를 매물로 내놓게 된 거죠."

무반향실은 완벽하게 고요한 방이다. 내부에는 사람이 설 수 있는 단이 있고, 사방 벽, 천장, 바닥은 소리를 흡수하는 원뿔형 폼으로 덮여 있다. 그런데 오어필드 앞에 강력한 경쟁자들이 나타났다. 모토로라와 IBM도 이 방을 사고 싶어 했던 것이다.

미네소타의 오디오 덕후로서 가진 것이라고는 미네소타 사투리, 순진무구한 붙임성, 한정된 예산밖에 없었던 우리의 오어필드. 이런 그가 세계 최고의 빅테크 기업 두 곳과 입찰 경쟁을 벌이게 된 것이다. 다만 오어필드는 이 두 거대 기업이 갖지 못한 것을 가지고 있었다. 관료적인 결재 단계가 없었고, 그의 책상 위에는 수표책이 놓여 있었다.

"선빔의 CEO가 모든 시설을 2주 안에 매각하라고 지시했던 것 같아요. IBM하고 모토로라는 그렇게 빨리 움직일 수가 없었죠. 그래서 그 방이 나한테 떨어진 거예요. 사실 그때 저는 무반향실 설비를 집어넣을 만한 건물도 없었어요."

일주일 뒤, 거대한 고요의 방을 실은 세미트럭 세 대가 미니애폴리스의 창고에 도착했다. 이 방은 오어필드가 자신의 연구소에 새로운 부속 건물을 지을 때까지 7년간 그대로 방치되었다. 오어필드는 무반향실에 처음 들어가면 사람들이 극한의 고요함에 불편을 느낀다고 말한다. 이제껏 경험해보지 못한 완전한 소리의 부재가 독특한 감각을 만들어내기 때문이다.

"하지만 시간이 지나면 사람들은 안정을 되찾기 시작합니다."

오어필드는 말한다. 마음이 점점 차분해짐과 동시에 소리에 대한 감각이 재조정되면서 안정되기 시작한다. 그러다 30분 지점에 도달한다.

"방에 들어가 30분이 지나는 시점부터 사람들은 자신의 귀에서 나는 소리를 듣기 시작합니다. 그 다음에는 심장 뛰는 소리가 들리고, 팔과 다리의 관절이 움직이는 소리도 들리죠. 어떤 사람은 폐에서 공기가 흐르는 소리나 피가 경동맥을 통해 뇌로 흘러가는 소리까지 듣습니다. 처음에 방으로 들어가면서 사람들은 아무 소리도 들리지 않을 거라고 생각하죠. 그런데 사람들이 듣게 되는 건 자신의 소리예요."

진실은, 고요란 그 어디에도 없다는 것이다. 그런데 이 감각의 재조정과 미세한 인식의 증폭은 우리에게 평온함을 가져다주고 불안감을 줄여준다. 또한 오어필드는 극강의 고요는 우리가 일상에서 겪는 스트레스 유발 소음을 우리 머릿속에서 씻어내는 효과가 있다고 설명한다.

"사람들은 무반향실에 들어갔다 나오면 '내 머리가 이렇게 상쾌했던 것이 정말 오랜만이다'라고 말하곤 합니다. 한번은 중동의 항공 모함에서 근무했던 사람이 왔는데, 그는 일상생활 속에서도 항상 전투기가 이륙하는 소리를 들었습니다. 그런데 무반향실에 다녀온 후 그 소리가 사라졌습니다. 청각 능력이 다시 제로 상태로 리셋된 거죠."

이후 오어필드의 무반향실은 지구상에서 가장 조용한 곳으로 기네스북에 등재되었다. 극한의 고요는 트라우마를 겪은 사람들, 특히 PTSD로 고통받는 참전 군인들에게 유망한 치료법으로 떠오르고 있다. 오어필드는 은퇴 후 연구소를 치료 및 연구를 위한 비영리 기관으로 전환할 계획이라고 밝혔다. 물론 우리가 그의 무반향실에서 편하게 쉬는 건 쉽지 않겠지만 단순히 도시의 소음에서 잠시 벗어나기만 해도 큰 이점을 얻을 수 있다.

"도시에 사는 사람을 공원으로 데려가면, 즉시 더 차분해지는 걸 볼 수 있습니다."

오어필드는 이렇게 강조했다.

인류는 자연의 소리를 들으면서 진화했다. 자연의 소리는 인간을 평온하게 만드는 내면의 음표를 건드린다. 예를 들면, 영국의 과학자들은 물소리나 바람 소리 같은 자연의 소리를 들은 사람들이 인공적인 소음을 들은 사람들에 비해 스트레스 수준이 현저하게 감소하는 현상을 발견했다.

우리는 또한 전자 기기를 끌 때마다 찾아오는 일상의 고요를 추구하는 일이 우리의 뇌와 신체에 유익하다는 사실도 알고 있다. 집 안에서 경험할 수 있는 2시간의 고요가 (만약 도시에 살고 있다면 귀마개를 꽂거나 소음제거 헤드폰을 쓴 채로) 우울증과 싸우고 있는 뇌 영역에서 더 많은 세포의 생산을 이끌어낸 것으로 나타났다. 이 연구는 집이 조용한 것이 모차르트를 듣는 것보다도 더 마음을 평온하게 해준다는 것을 증명했다. 또 다른 연구는 2분간의 고요가 다른 몇 가지 이완 기술에 비해 혈압과 심박수, 호흡 빈도 같은 이완 수치를 더 많이 떨어뜨린다는 사실을 알아냈다. 그렇다. 고요는 마케터들이 우리에게 팔려고 애쓰는 대부분의 이완 제품들보다 우리를 더 이완시킨다.

알래스카의 극한의 고요 속에서 나는 관절에서 나는 소리를 들으며 몸을 돌렸다. 그리고 티피로 돌아가기 위해 걸음을 옮기기 시작했다. 지평선 위로 태양이 낮고 느리게 떠오르고 있었다. 지퍼를 열고 티피 안을 들여다보니 윌리엄은 침낭 안에 미라처럼 누워 있고, 도니는 매트리스 끄트머리에 앉아 있고, 캠핑용 스토브 위에서는 물이 끓고 있었다. 주전자에서 김이 피어오르고, 나를 향해 묻는 도니의 입에서도 김이 새어나온다.

"밖에서 뭐 했어요?"

"그냥 듣고 있었어요, 고요를 듣고 있었어요."

"굉장하죠? 여기는 고요만으로도 입장료가 아깝지 않아요."

# 3부
## 배고픔을 느껴라

# -4,000칼로리

## 배고픔의 재발견

"드디어 날씬해지는 시간대에 진입했군!"

윌리엄이 선언하듯 말했다. 허리띠를 조이는데, 가죽 띠가 황동 버클 안으로 쭉 미끄러져 들어가면서 바지 허리춤이 주름지며 뭉쳐진 것이다.

지난밤부터 눈발이 흩날리기 시작했다. 10센티미터 두께의 눈가루가 온 땅을 소복이 덮고 있었다. 성공적이지 못했던 추적 이후, 우리는 순록들이 다가오리라는 기대 속에 캠프 주변의 능선을 배회하며 이삼일을 보냈다. 헛수고였다. 이후 며칠 동안은 반대쪽으로 긴 행군을 했다. 협곡을 따라서 순록 떼가 이동하지 않을까 하는 기대에서였다. 하지만 역시 허탕이었다.

하지만 이틀 전에 어미 순록과 어린 새끼가 늑대 무리의 습격을 가까스로 피해 우리와 100미터도 되지 않은 곳으로 도망쳐온 것을 보았다. 이것은 신호였다. 순록들이 가까이 오고 있다는 신호. 오늘 우리는 그 지점을 다시 찾아가려고 하는데, 준비 시간이 꽤 걸리고 있다.

어제 강을 여러 개 건너왔었는데, 아침에 일어나 보니 모든 신발이 깡깡 얼어 있었다. 신발 착용까지 예상 소요 시간은 10분이었다. 먼저 얼음덩어리 안으로 발을 최대한 밀어 넣는다. 그런 다음 발의 열이 부츠의 한 부분을 녹이길 기다렸다가 다시 몇 센티미터 더 깊이 욱여넣는다. 그렇게 계속 반복한다. 시간, 압력, 약간의 열기. 이것은 산을 만들고 다이아몬드를 만들어내는 것과 같은 원리다. 마침내 티피 밖으로 발을 내딛었을 때, 얼어붙은 신발 탓에 나는 서부 영화 속 카우보이처럼 엉덩이와 무릎을 있는 대로 흔들며 걷게 되었다.

"오늘 일이 잘되면 왕처럼 먹을 수 있게 될 겁니다."

일행이 캠프 밖으로 첫발을 떼는 순간 도니가 말했다.

"두 분 다 잘 들어두세요. 우리는 스테이크와 마운틴하우스 정식을 곱빼기로 먹게 될 거예요."

해가 떠오르고 있었다. 두꺼운 서리가 사방의 모든 것을 덮고 있었다. 햇살이 수십억 개의 얼어붙은 크리스털에 반사되어 온 땅을 하얗게 빛내고 있었다.

"그것들을 다 먹어치울 수 있다고 생각하는 거예요?"

내가 회의적인 어조로 물었다.

"두말하면 잔소리죠."

윌리엄이 대꾸했다.

"유콘에서 4일 동안 아무것도 못 먹고 발이 묶인 적이 있었어요. 거기서 빠져나오자마자 중국 식당으로 달려가서 만두, 달걀말이, 닭 날개, 군만두, 크랩 랭군 같은 튀김 요리를 몽땅 시켰어요. 전부 합쳐 200달러어치였죠. 그리고 아주 깨끗하게 먹어치웠죠. 깨, 끗, 하게."

우리 셋의 대화는 점점 음식 쪽으로 쏠리고 있었다. 식량이 얼마나 남았고 앞으로 정량을 어떻게 조절해야 할지, 순록 스테이크가 얼마나 맛있을지, 북극에서 나가면 맨 처음 어느 식당으로 달려갈지.

"전 무시스 투스 펍Moose's Tooth Pub하고 피제리아Pizzeria에 갈 겁니다. 거기 피자가 알래스카에서 단연 최고죠."

도니가 선언한다.

"앉자마자 전체 메뉴를 다 시킨 다음, 나오는 피자마다 작살을 내는 겁니다."

아무래도 세 남자는 굶주림에서 오는 음식 강박증에 직면한 것 같았다. 너무 허기가 진 나머지 모든 정신적 에너지가 음식과 그 획득 방법을 중심으로 돌아가고 있었다. 허기 구덩이로 더 깊이 빠져들수록 정도는 더 심해질 것이다.

실제로 우리는 살이 빠지고 있었다. 어제는 1인당 2,000칼로리 정도를 섭취했다. 아침에는 그래놀라, 점심에는 에너지바 두 개, 그리고 저녁으로는 마운틴하우스 정식. 건강을 유지하려면 하루에 세 끼를 먹어야 한다. 이곳에서 하루를 보낼 때마다 약 6,000칼로리가 소모되고, 4,000칼로리씩 구멍이 생긴다. 순록 식사 없이 보내는 날이 길어질수록 총 결손은 눈덩이처럼 불어날 것이다.

어젯밤 캠프 안에서 우리는 먹이를 향해 모여든 음흉한 까마귀들처럼 난로 곁에 둘러서서 저녁식사 봉지에 부을 물이 끓기를 기다리고 있었다.

"재미있네."

셋이 둘러서서 허겁지겁 음식을 먹고 있을 때 도니가 말했다.

"지구에서 제일 순수하고 제일 맛있는 단백질을 찾아서 여길 왔는데, 이런 초가공식품을 입에 처넣고 있으니."

내가 선택한 초가공식품은 미트 소스를 곁들인 라자냐였다. 냉동건조한 다진 쇠고기가 녹으면서 사슴 똥 같은 덩어리로 변하고, 회반죽 농도 뺨치는 치즈는 캠핑용 플라스틱 스푼에 달라붙어서 나중에 손톱으로 긁어내야 할 정도다. 하지만 이번 사냥에서 비롯된 강제적이고 뼈저린 허기는 이런 요리마저 먹을 만한 것으로 만드는 재주가 있다. 심지어 맛있기까지 하다.

"알래스카 오지인 톡Tok에서 정말 힘들게 사슴 사냥을 한 적이 있었어요. 잔뜩 배가 고파서 숲에서 나왔는데, 동네 식당들이 다 문을 닫은 거예요. 할 수 없이 쥐가 들끓는 낡은 컨테이너에서 끔찍한 밤을 보냈죠."

계속 먹고 있는 사이에 도니의 이야기가 이어진다.

"그런데 컨테이너 안에 4년 된 크래커가 한 통 있는 거예요. 한 5초 동안 생각하다가 순식간에 먹어치웠죠. 정말 기가 막히게 맛있었어요."

말해 무엇하랴. 배고픔은 가장 훌륭한 소스다.

저녁식사 봉지가 순식간에 바닥을 드러냈고, 나는 여전한 허기를 느끼며 티피로 들어갔다. 티피 안에 쪼그려 앉아 단백질바 뭉치를 꺼냈다. 그리고 총격전을 앞두고 탄약을 확인하듯 그 수를 세고 또 세었다. 하루에 두 개를 계속 먹다가는 버티기가 어려울 것이라는 판단이 들었다. 내일을 위해 하나를 깊숙이 넣어두었다. 그리고 10시간 뒤에 찾아올 아침식사를 기대하며 몸을 눕혔다. 날이 갈수록 잠자리에 들 때 느껴지는 허기가 극에 치달았다. 허기는 파도의 형상으로 찾아온다. 높아졌다가 부서지고, 높아졌다가 부서지고를 하루 종일 반복한다. 그러다가 밤이 되면 머릿속이 온통 먹을 것으로 들어차고, 배 속 깊은 곳에서부터 시작된 허기가 목구멍까지 치고 올라온다.

알래스카로 떠나오기 전까지만 해도 살면서 배고픔을 겪게 되리라고는 꿈에도 생각하지 못했다. 먹을 것은 항상 손에 닿는 곳에 있었고, 보통 배가 고파서 먹었다기보다 아침, 점심, 저녁 시간이 되었기 때문에 먹었다. 스트레스를 받거나 지루했을 때에도 먹었다. 아니면 그저 먹을 것이 거기 있었기 때문에 먹었다. 일본인들은 이것을 "구치사비시くちさびしい"라고 한다. 말 그대로 직역하면 "입이 심심하다"는 뜻으로, 아무 생각 없이 계속 먹는 일을 가리킨다. 내가 기억하기에, 지금껏 살아오면서 하루 이상 굶어본 적이 없었고, 이런 깊은 허기를 느껴본 적이 없었다.

'식량 불안정 Food insecurity', 즉 안정적으로 음식을 구할 수 없는 상태는 미국이 안고 있는 문제 중 하나로, 특히 음식 섭취를 다른 사람에게 의존해야 하는 아동에게 더욱 심각하다. 그런데 더 큰 문제가 전염병처럼 확산되어가고 있는데, 그것은 너무나 많은 사람이 한 번도 진정한 배고픔을 느끼지 않는다는 점이다. 앞에서 말했듯이, 미국인의 70퍼센트 이상이 과체중 또는 비만이며, 이 수치는 2030년이 되면 86.2퍼센트에 이를 것으로 예상된다. 미국의사협회 학술지 JAMA에 실린 연구에 따르면 비만은 평균적으로 사람의 수명을 5년에서 20년까지 단축시킨다.

값싸고 칼로리 높은 초가공식품에 대한 손쉬운 접근성은 사람들이 배고픔을 해소하는 것 이상의 이유로 먹게 만듦으로써 사람들을 애니메이션 〈월-E〉에 나오는 우주선의 승객들과 흡사한 (몸이 풍선처럼 부풀고 무기력해진) 모습으로 변모시키고 있다.

그런데 이 문제에 관해 우리에게 주어진 해결책은 지저분하고 복잡하다. 나는 지난 몇 년 동안 영양 관련 연구와 식단 문화에 대해 정기적으로 기고문과 보고서를 작성해온 사람으로서 어찌 보면 이 분야의 전문가라고도 할 수 있다. 그런데 이런 나조차도 어떤 정보가 실제로 유용한지 알기가 점점 어려워지고 있다. 이런 혼란은 미국의 빅뉴트리션Big Nutrition* 및 유통 거대 업체가 로비 활동, 연구, 마케팅에 쏟아붓는 막대한 자금과 관련이 있다.

어느 달에는 한 과학적인 연구가 탄수화물(또는 지방, 고기, 혹은

---

\* 미국의 식품 가공·유통 업체로, 본문에서는 관련 업계를 뭉뚱그려 가리키고 있는 듯하다.

설탕)이 우리 몸에 좋다는 주장을 펼친다. 다음 달에는 다른 연구가 튀어나와서 아니, 그런 것들이 사실상 우리를 죽이고 있다고 말한다. 어느 해에는 기발한 이름의 다이어트가 등장해서 아무도 알려주지 않는 비밀을 가지고 있다고 선전하며 인기를 끈다. 1년 뒤에는 또 다른 다이어트가 등장해서 이전의 모든 요법이 잘못됐으며 자신이야말로 궁극적인 건강과 체중 감량의 해답을 가지고 있다고 설파하며 선두 자리를 빼앗는다.

이른바 전문가라고 하는 사람들의 이야기를 들어봐도 뚜렷한 결론을 얻을 수가 없다. 영양학자들은 서로 적대적인 파벌로 갈라져 있는 데다 자신들의 이념적 진영에 너무 깊이 박혀 있어서 도대체 누구의 말이 맞는지조차 판단하기 어렵다. 내가 인터뷰한 한 과학윤리 감시자는 영양과학계를 이렇게 묘사했다.

"이 사람들은 햇필드와 맥코이 Hatfields and McCoys* 같다. 가문이 다섯 개쯤 된다는 것만 빼고. 만일 이 사람들이 실제로 서로 미워하는 사이가 아니라면, 정말 대단한 연기자들이다."

게다가 대개 이런 과학자들이 연구하는 주제는 너무 모호하고, 너무 전문적이거나, 일반인에게 너무 비실용적이다. 결국 연구자들은 실제 사람들의 체중 감량에 도움을 주지 못한다.

물론 영양학자들은 사람을 대상으로 연구한다. 그러나 그중에는 생물학적 바탕에 대한 깊은 이해 없이 인기를 노린 식이요법

---

\* 2012년 미국에서 방영된 3부작 티브이 미니시리즈. 남북전쟁 중이던 1863년부터 시작된 햇필드 가문과 맥코이 가문의 불화와 반목에 바탕을 두고 있다.

유사 과학을 강변하는 데 바쁜 사람들이 태반이다. "저지방 다이어트: 지방이 문제다, 지방을 먹지 마라", "케토keto 다이어트: 탄수화물이 문제다, 탄수화물을 먹지 마라", "구석기 다이어트: 구석기 시대처럼 먹지 않는 것이 문제다, 그러니 원시인이 먹던 대로 먹어라", "육식 다이어트: 고기가 아닌 음식이 문제다, 그러니 고기만 먹어라", "지중해·오키나와·북유럽 다이어트: 다른 지역에서 나는 음식들이 문제다, 그러니 지중해·오키나와·북유럽에서 나는 것들만 먹어라."

이런 영양학자들은 종종 자기가 제시하는 엄격하고 복잡한 식사 계획을 따르지 않으면 우리가 게으른 사람이거나 의지가 부족한 사람이며, 혹은 양쪽 다일 것이라는 암시를 주입한다. 마치 사람들이 무엇이 건강하고, 건강하지 않은지 전혀 모르는 외계 로봇이고 성공하기 위해 비현실적인 마법 같은 음식 목록만을 원하는 것처럼 말이다. 게다가 과학자와 영양학자들은 종종 다양한 산업으로부터 자금을 받는다(대개는 공개하지 않지만). 그래서 자신들에게 수표를 끊어주는 (육류, 낙농, 곡물 같은) 산업에 우호적인 연구와 권장 사항이 양산되는 것이다. (이와 관련한 연구는 꽤 많다.)

사실 요점은 이렇다. 연구들은 인간이 먹던 음식의 양이 체형과 관련이 있다는 것은 이미 약 2,300년 전에 알아냈다. 그때 그 정도에서 연구를 멈췄어도 됐다. 하지만 이후로도 수십 억을 들여 고대인들이 옳았다는 것을 증명하고 또 증명했다. 즉, 탄수화물, 지방, 설탕 같은 것들을 덜 먹으면… 덜 먹게 돼서 체중이 줄어든다는 사실을 말이다.

그리고 이제 우리는 모든 다이어트가 효과가 있다가 어느 정도가 지나면 더 이상 효과가 없어진다는 것도 알고 있다. 영국에서 실시한 대규모 조사에 따르면 기한은 평균적으로 5주 2일 43분이다. 이 시점부터 사람들은 포기하고 서서히 예전의 상태로 돌아가기 시작한다.

왜 그럴까? 이때부터 불편함이 시작되기 때문이다. 사람들은 대개 몇 주도 못 가서 실패하는데, 왜냐하면 그들의 몸이 자신의 몸을 원래의 위치로 돌려놓기 위해 싸우기 때문이다. 체지방이 어느 정도 떨어지면, 뇌는 우리를 더 배고프게 만듦과 동시에 식사에 대한 만족도를 떨어뜨리는 방식으로 반응한다. 미국 국립보건원 소속 연구팀이 최근에 발표한 자료에 따르면, 체중이 1킬로그램 감소할 때마다 뇌가 무의식적으로 허기를 증가시켜 100칼로리를 더 먹게 만든다고 한다. 만일 우리 몸이 이런 방어 메커니즘을 발달시키지 않았다면 혹독한 진화의 시련을 견디지 못했을 것이다.

온갖 다이어트법이 체중 문제를 해결하지 못하고 있는 이유가 바로 이것이다. 부족한 것은 정보나 조언이 아니다. 결국, 유행하는 다이어트 방법들은 장기간에 걸쳐 일관되게 방법을 준수할 때만 효과가 있다. 체중 감량은 배고픔이라는 불편함을 동반한다. 우리에게 부족한 것은 바로 이런 불편함에 저항하는 능력이다. 체중 감량에 성공한 사람들 중 1년 이상 상태를 유지하는 경우는 3퍼센트에 불과하다. 이들의 비밀은 남들이 먹지 않는 특별한 음식이나 아무도 하지 않는 특별한 운동에 있지 않다. 그 비밀은 바로 불편함을 편안하게 받아들일 수 있는 능력에 있다.

몇 년 전, 뜻밖에도 영양과학계에서 새로운 목소리를 듣게 되었다. 이 인물에 대한 이야기는 마치 지하 조직원들 사이의 비밀 연락처럼 내게 전해졌다. 당시 나는 복잡한 건강 이야기를 연재하고 있었고, 가공식품이 건강에 미치는 영향과 관련한 질문에 만족스러운 답을 찾지 못하고 있었다.

여기저기 전화를 돌렸지만 계속 허탕만 치던 끝에, 박사 과정에 있던 한 소식통으로부터 트레버 캐시Trevor Kashey라는 이름과 특징 없는 이메일 주소를 넘겨받았다.

"이 친구라면 훌륭한 답을 드릴 수 있을 겁니다."

소식통이 말했다.

"영양학을 아주 깊은 수준으로 이해하고 있으면서도 그 학계 밖에 서 있는 친구예요. 바깥에서 볼 줄 모르는 영양 전문가들이 태반인데, 그 사람은 접근 방식이 달라요."

깨어 있는 아웃사이더. 소식통의 표현을 빌리자면 '최대한 깊이 토끼굴을 파고 들어가는 성격이되, 간명하고 아름답고 우아하게 핵심을 짚어낼 수 있는 인물이면서, 실제로 사람들을 위해 무엇이 가장 중요한지 우선순위를 정확히 설정할 줄 아는 사람'이었다. 심지어 '이념적인 기반도 없고, 산업의 자금도 받지 않는다.'

이 인물을 통해 내가 배우게 될 것은 두 가지였다. 체중을 줄이든 운동을 하든 모든 신체 변화에는 반드시 불편함이 따른다는 인식, 그리고 사람들을 배고픔이라는 내면의 게임에서 이길 수 있도록 도와주는 혁신적인 지침.

실제로 캐시의 접근법은 효과가 있었다. 그의 의뢰인들은 평균

2년 동안 그와 함께 작업하면서 누적 111,537킬로그램을 감량했고, 이후로도 이를 유지했다. 이들이 캐시를 떠날 수 있었던 이유는 캐시가 그들에게 불편함을 감내하고 식습관을 영구적으로 재구성할 도구를 제공했기 때문이었다.

나는 캐시에게 채팅을 요청하는 이메일을 보냈고, 새벽 3시에 답장을 받았는데 웹캠으로 대화를 하는 것이 낫겠다는 내용이었다. 현재 그는 아제르바이잔에 머물면서 올림픽 격투 스포츠팀과 일하고 있기 때문에 서로 시차가 맞는 시간대를 찾아봐야 할 것이라 설명했다.

영상은 여기저기 픽셀이 보일 정도로 깨져서 날아왔다. 화면 저편의 남성은 내가 지금까지 보아왔던 단조롭고, 안경을 쓰고, 흰 실험복을 입은 영양학자들과 전혀 달랐다. 나이는 20대 초반, 모히칸식 헤어스타일에 수염을 기르고 있었다.

"세상에! 미국식 영어를 들으니 정말 좋네요! 제가 무엇을 도와드릴 수 있을까요?"

캐시가 말했다.

나는 이 주제와 관련해 인터뷰했던 모든 사람들에게 물었던 것과 똑같은 소프트한 질문으로 시작했다.

"가공식품은 왜 그렇게 건강에 안 좋은가요?"

캐시가 나를 가만히 응시했다. 내가 지구가 평평하다고 믿는 사람이기라도 한 듯한 표정이었다.

"그래요?"

캐시가 반문하고는 잠시 말을 멈추었다.

내가 눈썹을 치켜올리며 "음…" 하며, 뭐라 대꾸해야 할지 생각하는 차에 그가 되물었다.

"이렇게 생각해보죠. 왜 음식을 가공하는지 아세요?"

"그건… 그러니까…."

나는 더듬거리며 말끝을 흘렸다.

"기본적으로 세 가지 이유가 있어요. 제일 중요한 이유는 음식을 안전한 상태로 보관하기 위해서고, 다음은 식량을 자체 생산하지 못하는 지역까지 운송하기 위해서고, 셋째는 식감, 맛, 미네랄과 비타민 함량을 보존하기 위해서예요. 예를 들면, 고기는 곧바로 냉장하거나 조리하거나 염장을 하지 않으면 부패하기 시작하죠. 냉장, 조리, 염장, 이 모든 것이 가공의 형태입니다. 채소와 곡물은 신선도를 유지하기 위해 살균, 세척, 절단, 급속 냉동, 가열, 혹은 통조림 포장 같은 처리 과정을 거치죠. 그러니까 만일 선생님께서 가공식품이 나쁘다고 생각하신다면, 글쎄요…. 그렇다면 음식을 가공하지 않으면 어떤 일이 일어날 것 같으신가요?"

나는 가만히 앉아서 눈을 가늘게 뜨고 캐시가 쏟아내는 정보들을 처리하고 있었다.

"식품 가공은 말 그대로 인류 문명의 초석입니다. 사냥하고 채집하고 농사짓는 건 그렇게 어려운 일이 아니에요. 진짜 어려운 건 식량을 보존하는 일입니다. 옛날에는 1년 중 고작 몇 달 동안 농작물을 키워놓은 다음에 자신이 숭배하는 신한테 다음 농사철이 돌아오기 전까지 그 식량이 썩거나 벌레한테 먹히지 않도록 해달라고 비는 수밖에 없었어요."

캐시가 이야기를 하고 있는 동안에도 화면 뒤로는 땀에 젖은 거대한 몸집의 아제르바이잔 사내들이 수시로 왔다 갔다 했다.

"그동안 아무도 이런 얘기를 하지 않았어요. 식품과 공급망에서 멀리 단절돼 있었기 때문이죠. 사람들은 그저 고기와 신선한 오이가 짠 하고 마법처럼 나타난다고 생각해요. 그리고 솔직히 말해서 인기 있는 영양학자들은 사람들한테 이런 식품이 해롭다는 믿음을 심어주어야 훨씬 더 많은 클릭 수를 받고 훨씬 더 많은 책을 팔아먹을 수 있어요."

그는 말을 이었다.

"제 생각에 당신이 정말로 의심하고 있는 건 정크 푸드Junk food 같아요. 제 말이 맞나요? 사람들은 '가공'과 '정크'를 혼동합니다."

"맞아요!"

나는 좌불안석에서 해방되는 듯한 기분으로 맞장구를 쳤다.

"가공식품이라고 해서 다 정크는 아니지만, 정크는 대개 가공을 거칩니다. 정크 푸드가 건강에 좋지 않다는 제 생각은 확고부동하지만, 그 이유가 설탕이 '유해'하다는 식의 말도 안 되는 이유 때문은 아닙니다. 주된 이유는 그런 음식들이 칼로리 밀도가 높은 반면에 포만감이 덜하기 때문에 과식하게 만들어 살을 찌게 한다는 겁니다. 과체중이나 비만은 질병을 유발하는 주요인의 하나이기 때문입니다."

이어진 대화는 대충 이러했다. 캐시는 내가 어떤 선입견을 가지고 있는지 알게 하고, 제대로 된 정보보다 대중적인 공포 마케팅식 내러티브에 의존하고 있었다는 것을 깨닫게 해주었다. 내가 알고 있다고 생각했던 것을 쪼개버린 뒤, 흑백논리가 아닌 훨씬 더 실용적이고 절충적인 답을 제시해주었다.

영상통화를 끝낸 뒤 나는 더 똑똑해진 느낌과 더 멍청해진 느낌을 동시에 받았다. 더 멍청해진 느낌은 내가 갖고 있던 생각의 오류와 허점들이 적나라하게 드러났기 때문이고, 더 똑똑해진 느낌은 음식에 대해 더 깊고 유용한 방식으로 사고하는 법을 배웠기 때문이었다.

우리는 정기적으로 대화를 나누기 시작했다. 그러다 알게 된 사실은 캐시가 다이어트 분야의 일종의 신동이었다는 것이다. 17세에 학사 학위를 취득했고, 23세에 세포 에너지 전달(생명체 내에서 에너지가 이동하는 방식으로, 인간의 영양학과 운동 수행 능력을 이해하는 데 필수적인 기초 개념)에 관한 연구로 박사 학위를 받았다. 그의 IQ는 약 160으로 천재 수준이다.

크리스타 스콧 딕슨Krista Scott Dixon 박사(세계 최대 온라인 영양 코칭 회사인 프리시전 뉴트리션Precision Nutrition의 디렉터이자, 미국 NBA 소속 프로 농구팀 샌안토니오 스퍼스San Antonio Spurs, 휴스턴 로키츠Houston Rockets, 미식축구팀 시애틀 씨호크스Seattle Seahawks 같은 프로 스포츠 팀과 협력하는 전문가)는 캐시를 가리켜 "엉뚱하고, 놀랍고, 아름다운 정신을 가진 천재"라고 표현했다. 딕슨 박사는 영양과 관련한 자신의 오랜 연구와 현장 경험에도 불구하고 캐시를 개인적으로 고용한 사람이다.

"저는 키 183센티미터에다 이미 좋은 습관으로 비교적 건강한 몸 상태였음에도 캐시의 코칭을 받은 후 6개월 만에 4.5킬로그램를 감량했습니다."

딕슨 박사의 말이다.

"그 뒤로 이 상태를 쭉 유지하고 있죠."

캐시는 한때 피닉스에 있는 중개의학 유전체 연구소Trandlational Genomics Research Institute에서 잠시 연구원으로 일한 적이 있었다. 그런데 그는 실험실 연구자가 되기보다는 현실 속 사람들이 급진적인 목표에 도달할 수 있도록 도와주는 데 더 관심이 많았다. 캐시의 이런 성향은 13세 이후로 바뀐 적이 없었다.

10대 시절 캐시는 도서관 구석에 처박혀 학술지와 과학 도서들을 닥치는 대로 읽었다. 그리고 그렇게 얻은 지식을 인간의 영양과 운동 수행 능력에 적용했다. 이 과정에서 그는 아버지와 함께 보디빌딩 대회와 스트롱맨 대회에서 우승하기도 했다.

이 근육질 천재 학자에 대한 소문은 점점 퍼져나갔다. 얼마 안 가 캐시는 피닉스의 지하 훈련 공동체에서 신뢰받는 조언자이자 핵심 인물이 되었다. 명성은 피닉스를 넘어 전국으로 확산되었다. 그는 보디빌더, 스트롱맨 선수, 울트라마라톤 선수, 철인3종경기 선수, 네이비실 부대원 등 미국의 엘리트 피트니스 세계에서 유명해졌다.

"저는 이미 건강한 사람들을 완전한 괴물로 변신시키고 있었어요."

그 결과, 중간 수준의 도전자에 불과했던 사람들이 해당 종목에서 우승자로 거듭났다. 박사 학위 과정이 끝나갈 무렵, 그는 올림픽 대표팀, 유명 운동선수, CEO들로부터 호출 공세를 받았다. (캐시가 컨설팅한 팀이 2016년 올림픽에서 메달을 무려 열여섯 개를 획득하기도 했다.)

오랜 시간 그와 대화를 나누다가 마침내 그를 직접 만나기 위해 텍사스 오스틴으로 날아갔다. 그를 직접 만나 더 배울 수 있는 것이 있는지 궁금했다. 그리고 나는 짐 가방과 질문 한 보따리를 들고 그의 집 문 앞에 서게 되었다.

그가 문을 열고 나왔다. 훤칠한 키, 체중 118킬로그램에 육박하는 순근육, 박박 민 머리에 억센 바이킹 수염. 그가 거대한 손을 내민다. 두껍고 굵은 혈관이 팔 위로 뻗어 있었다. 영상 통화를 할 때도 위압적인 인상을 주었지만 실제로 보니 폭주족 단속 요원에 가까웠다.

"과학자의 관점에서 '목표 B지점에 도달하려면 먼저 현재 위치인 A지점을 찾아야 한다'고 항상 생각합니다."

그의 사무실에 앉아 그에게 어떻게 현재의 방법론을 개발하게 되었는지 묻자 이렇게 말했다.

"저는 사람들이 더 많은 것을 하거나, 새로운 것을 시도해야 한다고 생각하지 않습니다. 기존에 하던 것 위에 계속 새로운 요소를 추가하려고 하거나 어색하게 새 것을 계속해서 실험하는 건 절대로 답이 되기 어려워요. 스트레스와 혼란만 가중되죠. 저는 오히려 사람들이 하던 것을 줄이고, 진짜 성장을 가로막는 걸림돌을 제거해야 한다고 생각합니다. 발전을 가로막고 있는 행동과 사고 패턴을 수정하는 편이 더 효과적이라는 거죠."

캐시의 설명이 이어진다.

"왜냐하면 당신의 발전은 당신을 명확하게 가로막고 있는 데까지밖에 나아가지 못하니까요. 안 그래요?"

이러한 원칙을 바탕으로 캐시는 영양을 포함한 개인의 변화를 과학 실험처럼 접근했다. 가장 중요한 것은 데이터 수집이었다. 캐시는 각 개인을 추적하면서 아래와 같은 사항들을 기록했다.

- 음식 섭취량과 음식의 종류. 한 사람이 섭취한 모든 음식의 무게를 측정하여 1인분의 실제량과 그에 따른 칼로리를 산정하는 작업
- 일상적인 하루 루틴
- 수면 스케줄
- 스트레스 및 에너지 수준
- 일일 체중
- 운동과 걸음 수

"단순히 자신의 행동을 더 잘 자각하게 돕는 것만으로도 수백 가지 문제가 단번에 '해결'됐습니다."

캐시가 말했다.

"이 작업은 호손 효과Hawthorne effect에서 아이디어를 얻은 겁니다."

호손 효과는 1958년에 발견된 행동 심리 현상으로, 사람은 자신이 관찰을 받고 있다는 것을 알면 행동을 바꾼다는 개념이다. 실

험을 완벽하게 통제하려는 과학자들에게는 성가신 요소지만, 오히려 캐시의 경우는 사람들에게 통제력을 되찾아주는 것이 목표이기 때문에 실증적 연구에서 필수 요소다.

이런 접근 방식은 체지방 감량에 가장 큰 장애물 중 하나를 곧바로 드러냈다. 즉, 먹고 있다고 생각하는 양과 실제로 먹는 양의 차이였다. 우리는 보통 자신의 행동을 잘 이해하고 있다고 생각한다. 특히 먹는 것처럼 일상적인 결정에 대해서 더 그렇다.

당신은 어제 무엇을 먹었는가? 정확히 얼마나 먹었는가? 확신할 수 있는가? 몇몇 연구에 따르면, 사람들이 자기가 먹은 양을 추정하는 능력은 형편없는 수준이다. 특히 체중 관리를 어려워하는 사람일수록 더 그렇다. 미국 미네소타주에 있는 세계 최대 병원인 메이요클리닉Mayo Clinic에서 진행한 연구에 따르면, 우리가 기억하는 식사량과 실제로 섭취한 양은 거의 관련이 없다. 게다가 과체중인 사람은 오차가 평균 300퍼센트가량이나 차이난다. 건강한 체중을 유지하는 사람들은 하루 섭취량을 평균 281칼로리 적게 추정하며, 반면 비만인 사람들은 평균 717칼로리를 과소평가한다. 이는 타코벨Taco Bell 콤보밀 한 끼에 해당하는 양이다.

최근 유명해진 1992년의 한 연구는 "하루에 1,000칼로리만" 먹는데도 살이 빠지지 않는다고 주장하는 비만인을 정밀 추적한 결과 실제로는 그 두 배를 섭취하고 있다는 사실을 밝혀냈다. 가령, 이런 식이다.

"아차, 피자 반 판 먹은 걸 깜빡했네."

나는 궁금증이 일었다.

"음식마다 일일이 무게를 달고 하나하나 감시하고 그러면 사람들이 거북해하지 않나요?"

캐시가 어깨를 으쓱하며 말했다.

"저는 과학자로 태어난 사람입니다. 측정을 통해 데이터를 수집하는 이유는, 제가 실험에 익숙해져 있기 때문이에요. 뭔가를 알아내려면 당연히 실험을 해야 합니다. 사람들이 그것을 이상하게 생각할 거라고는 전혀 생각하지 못했습니다. 사실 누구나 자신이 먹는 걸 어떤 방식으로든 측정합니다. 안 그러면 어떻게 양을 결정하겠어요? 다만 그걸 무의식적으로, 정확한 계산 없이 한다는 것입니다. 맞아요, 측정하는 걸 조금 이상하게 생각하는 사람들이 있죠. 하지만 재지 않고 따져보지 않은 결과가 뭔가요? 많은 사람들이 병들고, 살찌고, 가난해지고, 둔해지고, 무지해졌잖아요."

나도 2017년에 나의 무지를 깨닫게 되었다. 기사를 쓰기 위해 나의 식습관과 관련 정보를 캐시에게 넘겼을 때였다. 체중을 줄이기 위해 거의 모든 방법을 동원했는데도 나의 몸무게는 10년째 84킬로그램을 유지하고 있었다. 몸은 탄탄했다. 대규모 하프마라톤 대회에서 상위 2퍼센트 안에 들기도 했으니 체력도 강한 편이었다. 하지만 몸매는 내가 원했던 날씬한 상태가 아니었다. (누가 그렇겠나.) 여기에 더해 체질량 지수는 건강 범위를 간신히 유지하는 상태였고, 장거리 달리기 이후에는 엉덩이 통증을 느끼기도 했다.

당시 나는 매일 똑같은 점심을 먹고 있었다. 단백질 셰이크 한 개, 슬라이스한 사과 한 쪽, 약간의 땅콩버터. 값싸고, 맛 좋고, 준비에 시간이나 노력도 들지 않고. 나는 그것이 똑똑한 선택이라고 생각했다. 500칼로리 정도에 탄수화물, 지방, 단백질의 균형이 잘 맞는 식사라고 말이다. 그러다가 처음으로 땅콩버터의 무게를 재 보았다.

내가 1인분이라고 생각했던 양은 실제로는 3인분이었다. 즉, 땅콩버터로만 600칼로리를 섭취하고 있었다. 몇 년 동안 먹어온 '가벼운 점심'이 햄버거 하나와 미디엄 감자튀김에 맞먹는 칼로리를 공급하고 있었다.

"땅콩버터 한 번 먹는 양이 실제로 얼마나 많은 양인지 알게 되면 영혼이 탈탈 털리게 될 겁니다."

캐시가 말했다.

우리의 무지와 값싸고 초가공된 음식에 대한 무제한 접근이 합쳐지면서 문제는 커졌다. 미국 국립보건원은 하루에 100칼로리를 추가로 섭취하거나 덜 소모하면 3년 동안 평균 4.5킬로그램이 증가한다는 사실을 밝혀냈다. 이 연구팀은 최근 미국의 비만율이 급격히 증가한 시점을 1978년으로 확인했다. 이는 미국인이 하루 평균 218칼로리를 추가로 섭취하기 시작한 시기와 일치한다. 이러한 칼로리 증가의 주요 원인은 간식 섭취 증가와 신체 활동 감소였다. 연구진은 하루 218칼로리, 즉 토르티야 칩 13개 정도의 추가 섭취만으로도 비만율 급증을 충분히 설명할 수 있다고 보았다.

실제 식사량을 이해하는 것은 캐시의 의뢰인들에게 중요한 깨달음이자 첫 번째 단계였다. 이 단계가 지나면, 더 깊이 파고들어 그들이 추적해온 다른 데이터, 즉 수면, 스트레스, 활동 수준과 같은 생활 방식 요인들을 분석했다.

캐시는 체중 증가나 감소는 주로 그 사람이 얼마나 먹느냐에 따라 결정되지만, 음식 섭취량 그 자체는 개인의 삶에서 일어나는 모든 것에 의해 좌우된다는 점을 알았다. 예를 들어, 메이요클리닉의 연구에 따르면 5시간만 잔 사람은 8시간 잔 날보다 평균 550칼로리를 더 섭취하는 경향이 있다. 이는 한 끼 식사량에 해당한다.

또 다른 실험에서는 피실험자들의 40퍼센트가 스트레스를 받았을 때 훨씬 더 많은 음식을 먹는다는 사실을 알아냈다. 이들이 먹어치운 것은 밀싹 주스 따위가 아니었다. 스트레스를 받은 사람들은 간식으로 포도보다도 M&M's 초콜릿을 선택하는 경향이 있다. 이는 또 하나의 생존을 위한 진화적 메커니즘 때문이다.

캐시의 설명에 따르면 사람은 기본적으로 두 가지 이유로 먹는다. 간단히 말해 '진짜 배고픔Real hunger'과 '가짜 배고픔Reward hunger'이다. 진짜 배고픔은 신체가 정상적으로 기능하기 위해 음식을 요구할 때 작동한다. 이 허기는 생리적인 욕구를 채워준다. 마치 자동차의 연료 탱크가 비었을 때 기름을 넣는 것과 같다.

가짜 배고픔은 보상 허기로써, 심리적이거나 환경적인 신호에 의해 발동한다. 실제 배가 고픈 것과 함께 나타나기도 하지만, 종종 진짜 허기 없이도 발생한다. 예를 들어 단순히 시계가 특정 시간을 가리키고 있기 때문에, 음식이 스트레스를 완화해주기 때문에, 축하할 일이 있어서, 또는 그냥 음식이 눈앞에 있어서 먹는다. 생리적 필요가 아니라 심리적 욕구를 채우는 행동이다. (이는 성적 욕구와도 비슷하다. 만약 성관계가 즐겁지 않았다면, 번식을 위한 본능적인 동기가 약했을 것이다.)

진짜 배고픔은 뇌와 위 사이에서 이루어지는 정직한 대화다. 우리의 위장에는 기계적 수용체Mechanoreceptors가 늘어서 있다. 이는 뇌와 소통하여 포만감을 신호로 전달한다. 이 수용체가 위 속에 음식이 부족하다고 감지하면, 위는 그렐린Ghrelin이라는 배고픔 유발 호르몬을 분비한다. 이와 동시에, 그렐린의 반대 역할을 하면서 배가 찼다는 신호를 보내는 렙틴Leptin 호르몬은 감소한다. 그러면 우리의 몸과 마음은 불편함으로 아우성치기 시작한다. 배에서 허기가 느껴지면서 짜증이 나기도 하고 정신이 멍해지기도 하고 화가 치밀기도 한다. 또한 몸은 코르티솔과 아드레날린을 분비해 투쟁도피반응을 촉진하고 머릿속을 온통 먹어야겠다는 생각으로 채워버린다. 그리고 음식을 먹고 나면 뇌가 도파민을 분비하면서, 이 행동에 대한 보상을 한다. 이리하여 우리 뇌 속에는 음식과 도파민 사이를 잇는 회로가 형성된다.

그런데 이 복잡한 대화가 그다지 정직하지 않을 때도 많다. 공복 화학 물질인 그렐린은 위가 찼을 때도 분비되는 습성이 있다. 특히 맛있는 고칼로리 음식이 옆에 있으면 더 그렇다. 이것은 진짜 배고픔이 결여된 가짜 배고픔으로, 실제로는 먹을 필요가 전혀 없는데도 먹고 싶어 하는 충동이다. 바로 이런 배고픔 때문에, 저녁을 잔뜩 먹고 나서 배가 빵빵해졌는데도 디저트를 보는 순간 갑자기 배 속에 여유 공간이 생겨나는 것이다.

가짜 배고픔은 포만감을 느낀 뒤에도 먹도록 강제함으로써 인류의 진화에서 핵심적인 역할을 했다. 이렇게 먹고 나면 우리의 몸은 잉여 칼로리를 지방으로 바꾸어 체내에 쌓아둘 수 있다. 이유가 뭘까. 만에 하나 먹을 것 없이 지내야 할 때가 온다면, 지금처럼 식료품 창고와 레스토랑들이 주변에 널려 있기 전에 종종 그랬듯이, 우리의 몸에 쌓여 있는 지방을 태워서 계속 생존하기 위해서다. 이런 의미에서 인간은 그 자체가 식료품 창고였고, 그날 필요한 것보다 더 많이 먹어야만 창고를 채울 수 있었다.* 이런 행동은 대부분의 포유동물에게서 볼 수 있다.

"기회만 된다면 회색곰은 몸을 움직이지 못할 때까지 먹을 겁니다."

도니가 했던 말이다. 요즘 사람들이 뷔페에서 하는 행동과 흡사하다.

우리의 뇌는 칼로리가 많은 음식을 먹을 때 더 많은 도파민을 분비하도록 진화해왔다. 호두파이를 먹을 때의 즐거움과 생 브로콜리를 씹을 때를 비교해보면 무슨 말인지 바로 알 수 있다. 인간이 달거나 지방이 많거나 짠 음식을 찾는 이유다. 이런 특징들은 그 음식이 우리의 주린 배를 채우는 효과적인 방법이 아니라는 것을 나타낸다.

---

\*     이것이 바로 인기 있는 "직관적 식사" 프로그램들이 대부분 실패하는 이유다. 우리의 본능적인 직관은 살이 찌는 방식으로 먹도록 설계되어 있다. 캐시는 "인간은 본능적으로 미래를 대비하도록 프로그래밍되어 있습니다. 어떤 자원이든 많은 것이 적은 것보다 유리한 법이죠"라고 설명했다. 따라서 본능을 극복하려면 직관을 거스르고, 의식적으로 사고하고 행동해야 한다. 이 때문에 캐시가 고객에게 감정이나 느낌에 의존하기보다 데이터를 기반으로 음식 섭취를 추적하도록 지도한다. (저자 주)

진짜 배고픔이 없는 상태에서의 가짜 배고픔은 오랜 세월 동안 인간의 건강에 막대한 기여를 해왔다. 안타까운 일이지만 그때는 냉장고도, 냉동고도, 아이스박스도 없었다. 다음 끼니를 구할 수 있을지조차 불확실한 경우가 많았다. 게다가 입으로 들어가는 것도 딱히 "컴포트 푸드comfort food", 즉 도파민을 폭발적으로 증가시키는 음식이거나 맛있는 고칼로리 음식과는 거리가 멀었다. (그런데 반대로 생각해보면 당시에는 모든 음식이 '컴포트 푸드'였을 수도 있다. 굶어 죽지 않고 살아남는 것 자체가 가장 큰 '편안함'이었을 테니까 말이다.)

그런데 오늘날 우리는 조상들이 결코 누리지 못했던 맛있는 고칼로리 음식들의 바다를 헤엄치고 있다. 연구실의 실험과 소비자들의 피드백을 바탕으로 더 맛있고 더 구미를 당길 수 있는 것으로 만들기 위해 수백 차례의 검증을 거쳐서 쏟아져 나오는, 규격화되고, 바로 먹을 수 있고, 다양한 재료가 들어간 음식들이다. 아이스크림처럼 탄수화물과 지방을 혼합한 것, 구운 것, 치즈버거, 칩, 피자 등등 그야말로 다채롭다. 지난 5년간 미국에서는 패스트푸드와 포장식품의 판매가 각각 25퍼센트와 10퍼센트가량 증가했다.

탄수화물과 지방이 결합된 음식은 자연적으로는 존재하지 않지만 인간은 이에 강한 욕구를 느낀다고 예일대학교 과학자들은 말한다. 미국 국립보건원 연구팀은 우리가 가짜 배고픔에 취약해진 이유를 이렇게 설명한다.

"진화적 관점에서 보면, 맛있는 음식에 대한 갈망은 과거 식량이 부족하고 불확실한 환경에서 생존에 유리한 특성이다. 먹을 수 있을 때 충분히 섭취해 에너지를 몸에 지방으로 저장하는 것이 필수적이었기 때문이다. 하지만 오늘날과 같이 사방에 음식이 넘쳐나는 현대 사회에서는 이 과거 적응 방식이 위험한 약점이 되었다."

음식이 유발하는 도파민의 급증은 우리가 스트레스, 슬픔, 심지어 지루함까지 해소하기 위해 음식을 찾는 이유를 설명한다. '컴포트 푸드'와 '스트레스 섭식stress eating'은 미국에서 흔히 쓰이는 표현이 되었다. 여러 연구에 따르면, 진짜 배고픔에 따른 식사는 20퍼센트밖에 되지 않는다. 이 비율에 너무 놀란 연구팀은 요즘 사람들이 정말 배가 고파서 먹고 있는 것인지 의문이 들었다고 한다.

코로나19 격리 기간을 돌이켜보자. 여러 달 동안 집 안에 갇혀 있는 사이에 운동 부족뿐만 아니라 안정감과 위안을 찾기 위해 음식에 의존하면서 체중이 증가한 사람들이 많아졌다. 음식은 스트레스를 다루는 가장 값싸고 손쉬운 방법이었다. 이른바 '격리 15파운드(Quarantine 15; 코로나 격리 기간 동안 평균 15파운드 체중이 증가한 현상을 일컫는 말)'와 현대 사회의 체중 증가 현상의 주요 원인은 펜실베이니아대학교 연구팀이 발견한 현상과 깊은 관련이 있다. 연구에 따르면, 사람들은 진짜 배고픔이 아닌 다른 이유로 음식을 섭취할 때 포만감을 넘어서 정신이 멍하고 둔해지는 상태에 이를 때까지 폭식하는 경향이 강하다.

어떤 사람이 애인과 헤어지고 나서 아이스크림 한 통을 해치웠더라 하는 말은 상투적인 얘기일까? 이건 현실이다. 그런데 이 현상은 날마다 소규모로 진행되기도 한다. 마감 시간이 다가올 때 탕

비실에서 집어먹는 사탕 몇 알, 하루 종일 업무에 시달린 뒤 구내식당에서 후딱 해치우는 저녁(심지어 건강한 식단이라 여기고 있거나 유행하는 다이어트 방법이라고 믿는 음식), 승리를 축하하기 위해 흥청망청 먹어대는 음식과 술.

"바로 이것이 제가 '왜 먹느냐' 하는 질문보다 '왜 이 시간에 이 음식이냐' 하는 의문을 해결하고 싶어 하는 이유예요."

캐시가 말했다.

"우리는 모두 배고플 때 먹으라고 배웠습니다."

캐시의 의뢰인 애슐리 번지Ashley Bunge는 말한다. 올해 49세인 그는 처음에 캐시를 찾아왔을 때 병적인 비만과 당뇨로 반 블록도 걷지 못하는 상태였고, 온갖 식이요법에 전부 실패한 뒤였다. 남은 선택은 혈관 우회 수술뿐이었다.

"내가 늘 굶주리고 있다는 생각에 손에서 간식을 놓은 적이 없었어요. 캐시는 그 배고픔이 기만일 수 있다고 말했죠. 대부분은 그저 심리적 욕구라는 거예요. 배가 고파도 아무 문제가 없다는 거예요. 제가 놀라서 '네?' 하고 묻자, 캐시는 '그 유혹을 껴안으세요' 하더군요. 지금도 배가 고플 때가 있어요. 그냥 그런 거죠, 뭐. 이젠 불편해도 괜찮아요. 머릿속으로 계속 생각을 하죠. 나는 안전하고, 음식이 있고, 먹을 때가 되면 먹을 거라고."

번지의 몸무게는 무려 70킬로그램가량이나 줄었고, 지금도 계속 줄고 있다.

"수영도 하고, 근력 운동도 하고, 하이킹도 가고, 2킬로미터 정도씩 걷기도 해요. 약은 다 끊었죠."

캐시는 번지와 같은 사례가 수천 건도 넘는다고 했다. 중년의 세일즈우먼, 프로 운동선수, 특수부대 요원, CEO… 등등등.

"건강한 몸무게를 항상 유지하는 사람이라고 해서 더 나은 유전자를 가졌거나 신진대사가 높은 것은 아닙니다. 마법 같은 능력으로 칼로리를 더 태우는 것도 아니에요. 다만 스트레스를 먹는 걸로 푸는 게 아니라 산책 같은 걸로 푸는 경향이 강할 뿐이죠. 진짜 차이는 이거예요."

이런 주장을 뒷받침하는 연구가 있다. 비만의 원인이 대사 기능 장애Metabolic dysfunction 같은 통제할 수 없는 요인이 된 경우는 매우 드물다는 것이다. 물론 유전자가 비만에 영향을 미칠 수 있다는 과학적 근거는 존재한다. 하지만 유전자도 현대 사회처럼 신체 활동이 줄고 음식이 넘쳐나는 환경에서만 문제가 된다. 과거에는 쉽게 비만이 되지 않았다. 우리의 유전자는 과거와 다르지 않다.

캐시는 비만 유전자에 대한 자신의 생각을 이렇게 설명했다.

"설령 비만 유전자를 가지고 있다고 해도, 비만을 치료하는 방법은 유전자를 갖고 있지 않을 때와 똑같습니다. 더 건강하게 먹고 더 많이 움직이면 됩니다. 더 말할 필요도 없습니다. 살을 빼는 게 남들보다 더 어려운 사람이 있을까요? 아마 있을 것입니다. 그런 사람은 더 열심히 노력해야 할까요? 그럴 수도 있겠죠. 하지만 유전자를 탓하는 건 실패를 정당화하는 핑계일 뿐입니다. 만약 매일 사소한 스트레스가 쌓일 때마다 사탕을 집어먹는다면, 당연히 체중이 늘어납니다. 혹은 한 달에 한 번 정말 큰 스트레스를 받았을 때 그것을 해소하려고 두툼한 햄버거, 감자튀김, 밀크셰이크를 먹는다고 생각해보세요. 10년 뒤에는 몸이 5킬로그램이나 10킬로그램 불어 있을 거예요. 어떻게 스트레스를 다뤄야 하는지 모르는 사람들이 많아요. 인내력도 활력도 다 바닥이고, 스트레스를 잊게 해줄 음식이 손에서 떨어질 줄을 모르죠."

나 역시 캐시와 함께 일하면서 비슷한 경험을 했다. 금요일 저녁 퇴근 후 집에 들어오면서 아내가 대량으로 사둔 팝콘이나 땅콩 M&M's에 손이 가는 나를 발견했다. 캐시에게 이 이야기를 했더니 그는 조언 대신 질문을 던졌다.

"금요일에 무슨 일이 있는 거죠?"

"음…, 보통 금요일에는 퇴근을 일찍 해요. 그리고 주방에 앉아 마지막으로 이메일을 몇 개 보내고, 그러고 나면 '아, 이번 주도 끝났구나' 하고 느끼고…."

빙고.

나는 음식으로 스스로에게 보상을 주면서 한 주 동안 쌓인 스트레스를 해소하고 있었다. 캐시는 가짜 배고픔이라는 불편함을 다른 형태의 불편함으로 방향을 돌려보라고 권했다. 예를 들어, 가벼운 운동으로 스트레스를 푸는 것이다.

"칼로리가 마이너스가 되는 방법으로 스트레스를 풀어보세요. 걷는 게 제일 좋아요. 걸으면 스트레스도 잘 풀리고 건강에도 좋습니다. 칼로리를 더하는 게 아니라 태워버리는 거죠. 지금 그 상황에서 빠져나와서 돌아볼 수 있는 시간이 생기고, 그러다 보면 내가 진짜로 배가 고픈 게 아니었다는 걸 깨닫게 되죠."

점점 더 많은 연구들이 캐시가 현실 세계에서 여러 차례 증명해 온 사실을 뒷받침하고 있다. 마크 포텐자Marc Potenza는 의학박사이자 철학박사로, 예일대학교 심리학과 교수다. 현재 15개 학술지의 편집위원으로 활동하며, 600편 이상의 논문을 집필했고, 논문 인용 횟수는 약 4만 회에 육박한다. 그는 비만 연구의 획기적인 돌파구를 찾고 있다.

"저의 관심은 사람들에게 잠재적으로 해가 될 수 있는 행동들을 이해하는 것이었습니다. 그리고 오랫동안 '먹는 행동'을 연구해왔습니다. 공중 보건에 영향을 미치는 행동 중에서 가장 강력한 것은 무엇일까요? 발병률과 사망률 관련 요인에서 비만과 흡연이 선두를 다투고 있습니다."

포텐자 박사는 사람들이 병적인 도박 같은 해로운 행동을 연구하는 세계 최고의 전문가 중 한 사람으로 인정받고 있다. 그는 수백 건의 연구를 통해 사람들로 하여금 슬롯머신을 당기고 스포츠 베팅을 하고, 복권을 긁게 만드는 가장 핵심적인 요인이 스트레스라는 것을 밝혀냈다. 그는 문득 궁금해졌다. 스트레스가 음식에 대해서도 같은 방식으로 작용할까? 즉, 스트레스가 우리로 하여금 쉴 새 없이 입안에 쓰레기를 집어넣게 하는 건 아닐까?

사실 여부를 확인하기 위해 그는 스트레스를 주제로 한 논문 수백 편을 섭렵하면서 스트레스가 음식 섭취의 방식과 종류에 어떤 변화를 일으키는지, 그리고 이것이 250만 년 역사를 통틀어 지금처럼 집단적으로 체중이 증가한 적이 없는 이유를 설명할 수 있을지 따져보았다. 결론은 의심의 여지없이, '그렇다'였다.

우리가 겪는 스트레스에는 급성 스트레스와 만성 스트레스, 두 종류가 있다. 급성 스트레스는 호러 영화의 "섬뜩한 공포"와 같은 경계 반응이다. 투쟁도피반응이 나타나면서 심장이 뛰고, 혈압이 오르고, 아드레날린이 분비된다. 피가 팔다리로, 심장으로, 뇌로 쏟아져 들어가면서, 대항하든지 도망치든지 하게 된다. 만성 스트레스는 덜 강렬하지만 오래간다. 이런 스트레스는 코르티솔이라는 다른 호르몬을 천천히 지속적으로 분비한다.

스탠퍼드대학교 신경내분비학 교수이면서 '맥아더 지니어스상 MacArthur Genius Grant'을 수상한 로버트 새폴스키 Robert Sapolsky는 인간과 영장류가 특히 만성 스트레스에 취약하다고 밝혔다. 인간은 높은 지능을 지닌 사회적 동물이기에 서로를 불행하게 만들고 스트레스를 주기에 충분한 여유 시간을 가지고 있다.

현대 사회에는 새폴스키가 말한 "포식자에게 잡아먹히는" 것과 같은 급성 스트레스 요인이 존재하지 않는다. 대신에 사람들은 만성 스트레스 요인들을 스스로 만들어내 전파한다. 옆집 사람과 비교하며 사는 삶, 청구서, 뒷담화와 소문 등. 새폴스키는 바로 이것이 오늘날 사람들이 포식자가 아니라 자기 자신 때문에 잡아먹히는 이유라고 주장한다. 사람들은 무엇을, 언제, 왜, 누구보다 더 많이, 더 먼저 성취해야 하는지에 대한 이야기들을 스스로 만들어내고 있다.

만성 스트레스로 인한 코르티솔의 저속 분비는 많은 사람들에게 보상 섭식을 유발할 뿐 아니라 자제력을 좀먹기까지 한다. 포텐자는 이를 '비만을 유발하는 강력한 공식'이라고 표현하며, "음식은 저렴하면서도 단기적인 기쁨과 불편함에서 벗어나는 수단을 제공하기 때문"이라고 설명했다.

한 연구에 따르면, 스트레스를 받았을 때 과체중인 사람들이 저체중 사람들에 비해 먹을 것에 손을 대는 경향이 더 많았다. 또 다른 연구에 따르면, 과체중인 사람들은 배가 고프지 않을 때도 더 강한 식욕을 느끼고 더 많은 정크 푸드를 먹었다. 포텐자는 자신의 연구 보고서에 "음식의 보상 속성을 고려했을 때, 소금·지방·설탕·전분을 함유한 음식들이 자기치료 형태로 기능하는 '컴포트 푸드' 역할을 한다는 가설이 성립한다"고 썼다.

초가공식품은 어디서나 처방전 없이 살 수 있는 값싼 항불안제와도 같다. 신경안정제가 그렇듯이, 그 효과가 사라지고 나면 스트레스는 여전히 그 자리에 남아 있다. 그래서 약을 한 알 더 삼키거나 정크 푸드를 더 먹어줘야 한다. 부작용? 체중 증가, 심장병, 심장마비, 암, 고혈압, LDL 콜레스테롤 증가, 2형 당뇨, 만성 피로, 우울증, 골관절염, 통증, 수명 단축 등등등.

포텐자에 따르면 스트레스 섭식은 제한적 다이어트 방법들이 대부분 실패할 수밖에 없는 이유이기도 하다. 그는 영국의 과학자들이 수행했던 매우 영향력 있는 연구를 제시한다. 이 연구에 따르면 유행 다이어트를 하는 사람들이 극심한 업무 스트레스를 받게 될 경우 버텨내지 못하고 금지된 음식에 손을 대는 것으로 나타났다. 반면에 다이어트를 하지 않는 동료는 직장 스트레스를 받아도 식습관에 변화가 없었다. '전부 아니면 전무' 식 접근 방식은 오히려 금지된 음식의 매력을 더 강하게 만들고, 보상감을 높이는 효과를 낳는다. 스트레스를 더 많이 받을수록 건강 증진 프로그램을 따를 가능성이 낮아진다는 연구도 있다.

1989년의 한 독창적 연구에 따르면, 유행 다이어트는 사람의 배고픔 측정 능력을 망가뜨리기도 한다. 이 연구팀은 엄격한 식사 원칙을 따르는 사람들일수록 자신의 몸에서 보내는 배고픔과 포만감 신호를 감지하는 능력이 떨어져 결국 배부름을 훨씬 초과할 때까지 과식하는 경향이 있다는 것을 발견했다. 반대로, 상대적으로 더 유연한 태도를 가지고 특정 음식을 완전히 금지하지 않은 다이어터들은 폭식으로 이어질 가능성이 작았다는 연구 결과도 있다. (여기에는 다른 요인들도 있을 수 있다. 유행 다이어트법으로 덥석 뛰어드는 사람들의 충동 조절 능력이 취약한 탓인지도 모른다. 또 허기 감지 능력이 떨어지는 사람들이 엄격한 원칙을 통해 통제권을 휘두르고자 하는 욕구를 더 많이 느끼는지도 모른다. 어느 쪽이든, 관건은 그것을 어떻게 극복할 것인가다.)

스트레스 섭식을 유발하는 요인들을 전부 피해 갈 수는 없다. 하지만 우리에게는 그에 따른 행동을 업그레이드할 수 있는 능력이 있다. 하버드의 과학자들은 비만을 예방하는 첫째 방법으로 개인 행동의 변화를 들었다. 이것이 의미하는 바는, 우리가 스스로 힘을 키워서 불편함을 다른 방식으로 다룰 수 있게 되어야 한다는 것이다.

"얼마나 먹는지"와 "왜 먹는지"를 넘어, 캐시는 허기를 이용해 "무엇을 먹을지"를 안내한다. 그의 방식은 파격적이다. 우선, 어떤 음식도 금지하지 않는다.

"캐시는 제가 먹을 것을 선택하는 과정에서 도덕, 자책감, 감정을 배제할 수 있게 해주었습니다."

캐시의 고객이 된 네이비실 대원의 말이다. 무지하게 강한 남자가 되어야 할 필요가 있었던 이 대원은 한편으론 목표를 향해 신속하게 이동할 수 있도록 충분히 가벼워져야 할 필요도 있었다. 문제는 이 사내가 음식을 '좋은 음식'과 '나쁜 음식'으로 나누는 사고방식을 가지고 있었고, 종종 스트레스와 감정에서 오는 강렬한 보상 허기에 굴복할 때가 많았다. 그럴 때마다 그는 정크 푸드를 폭식하면서 체중 감량 목표에 크게 벗어났다. 이는 흔히 탈억제 효과Disinhibition Effect라고 불리는 현상이다. 미국 국립보건원이 진행했던 연구에서, 과도하게 제한적인 다이어트를 한 그룹은 6년 동안 체중이 오르락내리락하는 롤러코스터를 겪었고, 결국 다이어트를 시작할 때보다 더 살이 찐 상태로 끝이 났다. 하지만 캐시의 방식에서는 하루 목표 칼로리를 초과하지 않는 한에서 정크 푸드를 포함한 어떤 음식도 먹을 수 있다. 감정과 도덕적 판단을 배제하고 데이터를 기반으로 선택하기 때문이다.

캐시는 의뢰인이 평소에 먹고, 하는 모든 것을 기록한다. 이 데이터를 학술 연구 자료와 비교하고, 의뢰인의 체격, 활동 수준, 현재 체중을 기반으로 필요한 음식 섭취량을 계산하여 의뢰인이 섭취해야 할 구체적인 칼로리와 단백질 목표량을 제시한다. 하지만 여기서 끝이 아니다. 의뢰인은 계속 자신이 먹은 음식과 행동을 모두 기록하고 매주 데이터를 제출해야 한다. 그렇지 않으면 계획을 잘 이행하고 있는지 알 수 없기 때문이다. 의뢰인의 데이터를 바탕으로 매주 미세한 조정을 가한다. 그것을 동적 조정Dynamic adjustment이라고 불렀는데, 이는 기존의 다이어트 방식과 달랐다. 일반적인 다이어트는 처음 세운 계획이 절대 변하지 않는 반면, 캐시의 접근법은 지속적으로 정비되며 최적화된다.

대원의 회고가 이어진다.

"어마어마하게 좋아졌죠. 처음에 캐시는 영양이라는 관점에서 저를 이끌어주었는데, 저는 거기서 얻은 교훈을 제 삶의 모든 영역에 적용하면서 하루하루 성과를 쌓을 수 있었습니다."

캐시에게는 음식 이데올로기 같은 것이 전혀 없다.

"저는 사람들이 무엇을 먹든지 상관하지 않아요. 물론 여기에는 자신이 무엇을 먹고 있는지 잘 들여다봐야 한다는 조건이 붙죠."

호손 효과의 지속적인 활용이다. 물론 정크 푸드에는 대가가 따른다고 캐시는 덧붙였다. 가짜 배고픔을 달래거나 자제력을 잃는 폭식을 막는 데 있어서 모든 음식이 똑같이 효과적인 것은 아니다.

"의뢰인들은 '모든 음식이 허용된다'는 점을 처음에는 마음껏 활용하려고 해요. 결국 중요한 건 양을 조절하는 거니까요. 어떤 사람은 아침, 점심, 저녁으로 피자만 먹기도 하죠. 하지만 곧 깨닫습니다. 하루 2,000칼로리~2,500칼로리어치의 피자는 배를 채워주지 않는다는 걸요. 피자는 칼로리 밀도가 너무 높아서 피자만으로 배부른 상태를 유지하면서도 칼로리 제한을 지키는 것이 불가능하다는 걸 몸소 경험하는 겁니다. 결국 끊임없는 배고픔에 시달리게 되죠."

"그럼 정크 푸드를 먹지 말라고 하면 되잖아요?"

내가 물었다.

"만일 '피자는 먹으면 안 돼요'라고 말하면 의뢰인들은 저를 원망하면서 똑딱거리는 피자 시한폭탄으로 변신할 겁니다. 하지만 제가 '마음껏 먹으세요. 대신 계획 안에서 움직이셔야 합니다'라고 하면 그건 단순한 허용이 아니라 학습 기회가 됩니다. 그러면 얼마 지나지 않아 '계획을 따르면서 피자를 먹었는데, 너무 배가 고파요'라고 말할 거예요. 저는 이제 '훌륭합니다! 이제 좋아하는 음식 중에서 더 오래 포만감을 유지할 수 있는 걸 같이 골라볼까요?'라고 말할 수 있죠."

포텐자의 연구와 일맥상통하는 얘기였다. 음식에 대해 엄격한 '전부 아니면 전무' 식 원칙을 가진 사람들은 건강한 다이어트법을 팽개치고 포만감을 훨씬 초과한 수준까지 먹는 경향이 강해서 결국 처음 시작했을 때보다도 퇴보한 상태가 되고 만다는 것이 포텐자의 주장이다.

배고픔 없는 장기적 체중 감량은 불가능하다. 하지만 배고픔을 다스리는 것이 체중 감량의 성공 확률을 높여준다는 인식이 갈수록 일반화되고 있다. 배고픔을 잊기 위해 산책을 나가는 것은 일정 수준까지만 효과가 있다. 오스트레일리아의 연구팀은 사람에게 포만감을 느끼게 하는 음식에 대해 조사했다. 이들의 가설은, 사람들이 갑자기 과식을 했을 때 칼로리당 포만감이 큰 음식이 더 큰 만족감을 줄 것이라는 것이었다. 이 가설을 검증하기 위해 연구진은 사람들이 흔히 먹는 음식 38종을 선택했다. 여기에는 과일 4종, 구운 음식 5종, 과자 7종, 고단백 식품 6종, 고탄수화물 음식 9종, 시리얼 7종이 포함되어 있었다.

피실험자들은 아침을 먹지 않은 채 도착했다. 연구진은 이들에게 38종 중에서 하나를 택해 240칼로리에 해당하는 양을 먹게 한 다음 2시간 동안 15분 간격으로 이들이 느끼는 허기의 정도를 조사했다. 그런 다음 피실험자들을 조식 뷔페로 데려가서, 이들이 먹는 모든 음식의 양을 추적했다. 이후로도 연구진은 동일한 참가자들에게 38종에 속한 음식 중에서 다른 것을 먹여가며 똑같은 실험을 여러 차례 반복했다. (이 실험에서 채소는 주식이 아니라는 이유로 제외되었다. 예를 들어 브로콜리로 240칼로리를 섭취하려면 12인분을 먹어야 하는데, 실제로 한 끼에 이 정도를 먹는 사람은 없으니까 말이다.)

음식에 따라 배고픔을 억제하는 효과가 최대 700퍼센트까지 차이가 났다. 모든 참가자는 처음에는 같은 양의 칼로리를 섭취했다. 하지만 더 포만감을 주는 음식을 먹은 사람들은 이후 뷔페에서 덜 먹었고, 결국 이전에 어떤 음식을 먹었느냐에 따라 총 섭취 칼로리가 크게 달라졌다. 포만감이 가장 낮은 음식은 크루아상이었고, 포만감이 가장 높은 것은 삶은 감자였다. 미국 농무부 USDA의 자료에는 작은 크루아상 하나와 중간 크기 감자는 약 170칼로리를 포함하고 있다. 그러나 우리가 감자 한 알로 얻을 수 있는 포만감을 느끼려면 무려 1,190칼로리에 해당하는, 크루아상 일곱 개를 먹어야 한다는 계산이 나온다.

음식의 포만감을 결정하는 핵심 요소는 에너지 밀도이다. 이를 활용해 배고픔을 효과적으로 조절할 수 있다. 이 개념은 우리 조상들의 식습관을 바탕으로 진짜 배고픔과 가짜 배고픔을 구별하고, 건강을 개선하며, 퍼포먼스를 향상시키는 데 도움을 준다. 이는 캐시가 올림픽 메달리스트들을 지도할 때도 사용한 방법이다.

에너지 밀도를 가장 쉽게 이해하는 방법은, 우리 앞에 놓인 음식 1파운드(약 450g)에 들어 있는 에너지 혹은 칼로리의 양을 따져보는 것이다.

"스펙트럼의 한쪽 끝에는 양상추 같은 음식이 있습니다. 양상추 450그램에는 60칼로리가 들어 있죠. 반대쪽 극단에는 기름류가 있습니다. 예를 들면 올리브유나 카놀라유 같은 것입니다. 같은 무게의 기름에는 4,000칼로리가 들어 있어요. 즉, 이 두 가지 음식을 직접 비교하면, 450그램당 칼로리 차이는 6,500퍼센트에 달합니다."

이 밖에 우리가 먹는 모든 음식들은 이 둘 사이에 있다. 예를 들어 감자튀김 같은 정크 푸드, 초코바, 디저트류, 심지어 에너지바 같은 것에는 450그램당 2,000칼로리가 들어 있다. 빵이나 크래커 같은 가공 곡류에는 1,500칼로리가 들어 있는 반면, 쌀밥이나 찐 귀리 같은 비가공 곡류에는 500칼로리밖에 들어 있지 않다. 감자나 고구마 같은 뿌리채소, 과일, 채소에는 각각 400, 300, 120칼로리 정도가 들어 있다.

"제가 의뢰인들과 작업할 때 이 개념을 중심으로 강조하는 이유는 우리의 위장에는 기계적 수용체가 있어서 위가 충분히 채워졌을 때 뇌에 포만감을 전달하기 때문입니다. 만약 수용체들을 만족시키려면 450그램의 음식이 필요하다고 가정할 때 어떻게 적은 칼로리로도 배부를 수 있을지 알 수 있겠죠. 하루 2,000칼로리를 네 끼니로 나눠 먹고 싶다고 할 때 한 끼당 500칼로리를 섭취해야 합니다. 그런데 만약 한 끼를 올리브 오일로만 먹는다면 어떻게 될까요? 올리브 오일 딱 한 잔만에 식사는 끝나고, 그 양으로 몸에 필요한 에너지는 제공할 수 있겠지만 위에서 차지하는 부피가 너무 적어 금방 배고파질 겁니다. 물론 아무도 점심으로 올리브 오일만 먹지는 않겠죠. 하지만 요점을 이해할 수 있을 거예요. 그러면 이렇게 생각하는 사람들이 많을 거예요. '좋아, 나는 밀도가 적은 음식만 먹겠어. 채소와 신선한 과일을 잔뜩 먹으면 배도 부르고 살도 빠질 거야.'"

캐시의 설명이 이어진다.

"하지만 몸은 바보가 아니에요. 뇌와 위는 긴밀히 소통합니다. 몸은 위에 뭔가가 들어왔다는 것을 알고 난 뒤에는 그 뭔가가 나를 움직이는 데 충분한 에너지를 갖고 있는지 따지기 시작합니다. 결국 뇌는 위에 들어찬 것이 정상적인 기능에 충분한 에너지를 주지 못한다는 것을 알게 되죠."

이것이 인류의 생존을 보장해준 또 하나의 방어 메커니즘이다. 만일 이런 방어 기제가 없었다면 인간들은 허기를 느낄 때마다 진흙 같은 것을 먹고 만족한 끝에 결국 굶어 죽었을지도 모른다.

"그래서 살이 빠집니다. 뇌가 칼로리 밀도가 높은 음식을 향한 초강력 욕구를 내뿜는 반응을 하기 전까지는 말이죠. 욕구가 발현되면, 결국 폭식을 하게 되고, 살이 찌게 됩니다. 역설적이죠."

역시 탈억제 효과다.

"그래서 이어지는 질문은 이런 것이 됩니다. 무엇을 먹어야 하는가? 어떤 음식 조합이 최적인가? 한 가지 음식만 먹을 수는 없으니까요."

세계암연구기금 및 미국암연구소WCRF/AICR는 30년에 걸쳐 암 예방에 관한 데이터를 분석해왔다. 이 기관은 10년마다 대규모 보고서를 발간하는데, 그중 최근 보고서에서 다음과 같은 결론을 내렸다.

"암은 대사 불균형으로 인해 촉진되는 다요인성 질병이다."

즉, 건강한 체중을 유지하는 것이 암을 예방하는 가장 중요한 방법이라는 것이다. 이 연구소는 건강한 체중을 유지하고, 질병에 강한 몸을 만드는 식단이 무엇일지를 알아보기 위해 수만 명의 식단 데이터를 분석해 다음과 같은 수치에 도달했다.

"이상적인 식단은 약 450그램당 약 567칼로리를 포함한다."

캐시는 이 보고서를 보고 567이라는 숫자 자체는 중요하지 않다고 말했다.

"450그램당 약 567칼로리를 갖고 있는 음식들을 표로 정리해놨더군요. 숫자의 정확성은 큰 의미가 없고, 거기 담긴 실용적 메시지가 중요해요. 비가공 통곡물\*과 뿌리채소, 과일과 채소, 저지방 동물성 단백질을 주로 먹으라는 거죠."

이러한 음식 조합이 건강한 체중을 유지하면서도 식사의 만족

---

\*   비가공 통곡물은 먹기 전에 물에 삶거나 끓여야 하는 곡류를 말한다. 예컨대 쌀, 귀리, 퀴노아 등이다. 이런 곡물의 에너지 밀도(그램당 칼로리)는 요리 후를 기준으로 측정한다. (저자 주)

도를 높일 수 있는 최적의 균형점을 찾아준다.

"한 접시로 치면 동물성 지방으로 4분의 1, 통곡물이나 뿌리채소로 4분의 1, 그리고 나머지 절반은 채소와 과일이 좋겠죠. 활동을 많이 하는 사람이라면 통곡물이나 뿌리채소 절반에 채소나 과일 4분의 1도 괜찮아요." (캐시의 의뢰인들 중에는 포만감을 더하기 위해 식사에 양배추나 시금치 같은 저칼로리 음식까지 추가하겠다는 이들이 많았다.)

이런 음식 조합은 그동안 전 세계의 의사, 정부, 주요 보건기구들이 수년간 권장해온 것이다. 또한 대부분의 유행 다이어트 방법과 상충한다. 저탄수화물도 아니고 저지방도 아니다. 비건도 아니고 구석기 다이어트도 아니다.

"그냥 보통 성인들처럼 먹는 거예요."

캐시가 덧붙인 말이다. 그리고 중요한 원칙은 매 끼니를 '포만감'을 넘어서 '극도의 편안함'을 느낄 정도로 과식하지 않는 것이다. 캐시의 방식이 혁신적인 이유는 원리가 단순하면서도 효과적이기 때문이다. 건강에 매우 좋은 데다가 포만감이 크기 때문에 몸이 자연스럽게 가짜 배고픔으로 보상받는 것을 조절하고, 적절한 양만 섭취하도록 돕는다. 또한 이 방식에는 도파민을 자극하는 정크 푸드도 죄책감 없이 포함시킬 수 있다. 다만 그 대가로 나중에 더 배고픔을 느낄 가능성이 높다는 걸 받아들여야 한다. 캐시는 이렇게 덧붙였다.

"음식은 단순히 에너지를 제공하는 수단이 아닙니다. 가족, 공동체, 문화, 정체성과도 연결되어 있죠. 그렇기 때문에 어떤 음식도 절대적으로 금지되어서는 안 됩니다."

그의 방식은 연구실에서도 검증되었다. 예를 들면, 미국 국립보건원 최고 연구진이 수행한 연구에서 고에너지 밀도 식단을 섭취한 그룹은 자연스럽게 하루 500칼로리를 더 섭취하면서 체중이 증가한 반면, 캐시의 프로그램과 같이 저에너지 밀도 식단을 섭취한 사람은 체중이 감소했다는 사실을 밝혀냈다.

이런 원리는 연구실뿐만 아니라 수천 년 동안 실제 인류 역사에서도 증명되었다. 대표적인 예가 키타바Kitava 부족이다. 1990년대 초, 스웨덴 인류학자 스타판 린데베리Staffan Lindeberg는 파푸아 뉴기니에 있는 키타바 섬으로 떠났다. 그는 서구적 생활 양식의 영향을 거의 받지 않고 전통 사회에서 살아가고 있는 키타바 부족을 연구하고 있었다. 이들은 수렵채집과 생존형 농경의 중간쯤에 해당하는 사회에 살고 있었다. 뿌리채소(주로 참마, 고구마, 토란)가 주식이고, 과일, 이파리, 코코넛, 생선, 옥수수, 타피오카, 콩으로 보충했다. 이따금 먹는 코코넛을 제외하면 모두 칼로리 밀도가 낮은 식품이었다. 부족민은 칼로리의 70퍼센트를 탄수화물에서 얻고 있었고, 창고에 식량이 쌓여 있는데도 불구하고 하루에 2,200칼로리 정도만 섭취했다. (고탄수화물 다이어트법을 실천하고 있다고 해도 과언이 아니었다.)

결정적으로 키타바 부족은 가공된 고밀도 식품을 전혀 먹지 않았다. 과체중인 사람은 한 명도 없었고, 심장병 징후도 전혀 없었으며, 심장마비나 뇌졸중 병력의 증거도 전혀 없었다. 린데베리가 조사한 부족민 대부분 50세가 넘은 사람들이었다. 그중에는 90세가 넘은 고령자들도 있었는데, 실로 현대 의학 없이 이룬 기적이라 할 만했다. 이에 반해 그의 조국인 스웨덴에서는 국민의 절반 가까이 과체중 아니면 비만이었고, 제1사망 원인이 심장병과 뇌졸중이었다. 비밀은 역시 식단에 있었다.

이런 발견은 린데베리의 연구에서만 볼 수 있는 것이 아니다. 자연식품 중심 식단을 유지하는 사람들은 발병률이 낮다. 볼리비아의 원시 부족인 치마네Tsimane 사람들은 쌀, 질경이, 뿌리채소, 옥수수, 손수 사냥한 고기나 강에서 잡아 올린 생선, 과일, 이따금 따 먹는 야생 견과류를 먹는다. 다국적 학자들로 구성된 연구팀에 따르면, 치마네 부족의 심장은 전 세계 조사 역사상 가장 건강한 상태를 기록했다.

탄자니아의 하드자 부족에게는 만성 질병이라는 것이 없는데, 이들이 주로 먹는 것은 야생 뿌리채소, 과일, 고기다. 이런 일반적 법칙은 고밀도 음식을 덜 섭취하는 현대 산업 사회에도 적용된다. 일본인들은 문명 세계를 통틀어 평균 수명이 가장 길고 심장병과 암으로 사망할 확률이 가장 낮은 편에 속한다. 그 원인의 일부로 학자들은 쌀, 식물성 단백질, 채소로 구성된 일본의 전통적 식단을 들고 있다.

뿌리채소와 통곡물 위주의 식단이 몸에 좋다는 것은 모든 저탄수화물 다이어트법의 조언, 유행 다이어트 방법들이 하는 이야기, 영양 관련 기사들, 심지어 하버드대학교 같은 학술기관들과도 상충한다.

그의 의뢰인은 이렇게 말했었다.

"캐시가 저한테 탄수화물을 더 먹으라고 하는 걸 듣고 몇 번이나 소리를 지를 뻔했어요. 그전까지 여러 가지 다이어트를 해봤는데, 그때마다 탄수화물 때문에 실패한 것 같았거든요."

일반 감자를 예로 들어보자. 하버드대학교 영양학과는 감자튀김 섭취를 늘린 사람들이 4년 사이에 체중이 1.5킬로그램이 늘었다는 연구를 인용하면서 사람들에게 감자를 멀리하라고 권고한다.

이 얘기를 들은 캐시는 웃음을 터뜨렸다.

"최고 학위를 여러 개 받은 사람들만이 할 수 있는 바보 같은 얘기예요. 그건 총에 나사가 들어 있으니까 드라이버를 금지하자는 거나 마찬가지예요."

문제는 감자가 아니라 우리가 감자를 다루는 방식이다. 감자뿐만 아니라 자연에서 온 모든 음식의 문제는 '우리'에게 있다. 우리는 본능적으로 자연식을 도파민을 폭발시키는 음식으로 변형시키는 경향이 있다. 예를 들어, 감자를 작은 스틱이나 칩 형태로 잘라 뜨거운 기름에 튀긴다. 미국에서 생산되는 감자의 50퍼센트가 감자튀김, 감자칩, 기타 감자 가공 제품에 사용된다. 아니면 감자를 삶아서 으깬 다음 버터와 크림을 섞는다. 그런 다음 구워서 버터와 사워크림, 그리고 미국 남부에서는 치즈와 기름진 고기 소스까지 추가한다. 이렇게 하면 음식의 에너지 밀도가 급격히 상승한다.

"다시 말해서, 그건 더 이상 감자가 아니에요. 그저 폭식 그릇이 되었을 뿐이죠."

예를 들어, 감자튀김 450그램에는 1,500칼로리가 넘는 에너지 밀도를 가지고 있다. 그에 비해 그냥 구운 감자는 400칼로리밖에 되지 않는다. 문제는 감자 자체가 아니라 감자를 어떻게 조리하느냐에 달려 있다.

캐시와 함께 4개월에 걸쳐 프로그램을 진행하는 동안, 나는 호손 효과를 온전히 경험했다. 내가 무엇을, 왜, 어떻게 먹고 있는지 철저히 인식하게 된 것이다. 그 결과 나는 7킬로그램이 줄어 77킬로그램이 되었다. 달리기 기록이 눈에 띄게 단축되었고, 근력은 이전과 똑같았다. 이것은 체중 대비 근력이 더 강해졌다는 것을 의미한다. 더 많은 에너지가 느껴졌고, 오랫동안 나를 괴롭히던 엉덩이의 통증도 사라졌다. 캐시에게 진행 사진을 보내자, 그는 이렇게 말했다.

"이제 거의 비밀 요원급 인간 병기 같으신데요?"

물론 처음에는 배가 고팠다. 그래도 캐시의 방법을 그대로 지켰고, 마침내 배고픔도 사라졌다. 단순히 초기 체중 감량의 충격 이후, 몸의 배고픔 관련 호르몬이 정상화된 것뿐만 아니라, 내가 배고픔을 다루는 방식이 변했기 때문이었다. 즉, 배고픔이 '비상 상황'이 아니라는 사실을 깨달았다.

"진짜 배고픔이 진짜 문제인 경우는 드뭅니다. 대부분 단순히 먹고 싶은 욕구일 뿐이죠."

오스틴을 떠나기 전, 포텐자와 나누었던 대화가 생각났다. 나는 캐시에게 요즘 사람들이 예전보다 더 많은 스트레스를 받고 있다고 생각하는지 물었다.

"글쎄요. 아마 그런 것 같긴 해요. 하지만 우리가 말하는 스트레스의 종류에 따라 다를 것 같아요. 예전보다 훨씬 약해진 스트레스도 있거든요."

"그게 뭐죠?"

내가 물었다.

"음식이 부족했던 시절의 스트레스. 이제 우리는 굶주리는 시기를 겪지 않아요. 그렇기 때문에 먹을 게 없어서 자연히 살이 빠지는 일 같은 건 없잖아요?"

# 12~16시간

## 배고픔이 우리를 건강하게 만든다

인류는 본래 풍요와 기근이 반복되는 환경에서 진화해왔다. 인간의 체중은 계절에 따라, 그리고 자연이 제공하는 것에 따라 요동쳤다. 다행스럽게도 이제 인류는 피치 못할 강제적 기근에서 거의 벗어나게 되었다. 현대 사회에서 이제는 두 가지 종류의 '잔치'만 존재하는 듯하다. 체중을 유지하는 약간의 잔치와 체중이 증가하는 제대로 된 잔치. 배고픔은 현대인의 일간, 주간, 월간, 연간 루틴에서 사라졌다.

최근에 쏟아져 나오는 과학적 증거들에 따르면, 진짜 배고픔을 느끼는 일이 거의 사라졌다는 것은 곧 사람들이 '편안함에 의한 잠식'의 악영향을 겪고 있다는 뚜렷한 신호다. 이들의 데이터에 따르면, 우리는 체중을 점진적으로 증가시키지 않는다. 즉, 한 달에 약

0.1킬로그램씩 찌면서 1년간 약 1.5킬로그램이 증가하는 방식이 아니다. 〈뉴잉글랜드 의학저널New England Journal of Medicine〉에 실린 한 연구에 따르면, 대부분의 사람들은 1년 내내 일정한 체중을 유지하다가 특정 기간에 체중이 늘기 시작한다. 결혼, 이사, 명절과 같은 큰 스트레스 요인을 체중이 증가할 가능성이 가장 높은 시기로 꼽는다. (흔히 스트레스를 부정적으로만 여긴다. 하지만 스트레스가 기념일이나 축하 행사 같은 긍정적인 형태로도 나타날 수 있다.) 예를 들면, 연구 참가자들은 추수감사절 전의 가을이나 새해 이후 몇 달 동안에는 체중이 별로 늘지 않았다. 그런데 연휴 동안 0.5~2.3킬로그램이 증가했다. 중요한 점은 이 체중을 다시 감량하지 못했다는 것이다.

인류학자와 역사학자는 우리 조상들이 끊임없이 배고픔에 시달렸다는 것을 알고 있다. 하지만 구석기 다이어트 책들이 뭐라고 떠들든지 간에, 옛 인간들이 단 1칼로리도 먹지 않고 고대판 스트레칭을 하러 나갔을 리는 없다. 기껏해야 하루 정도라면 모를까. 실제로 장기간 음식을 먹지 못하는 일은 드물었다는 것이 예일대학교 음식역사학자의 말이다.

하지만 하루 종일 뭔가를 먹고 있었던 것은 아니라는 데에는 이견이 없다. 연구에 따르면, 하루에 한두 끼 정도만 식사했을 가능성이 높다. 그리고 틀림없이 식사 사이에 자판기 음식이나 프라푸치노 같은 걸 간식으로 먹지는 않았을 것이다.

반면 현대인들은 아침에 눈을 뜨자마자 칼로리를 섭취하기 시작해 잠들기 직전까지 먹는 경향이 있다고 솔크연구소Salk Institute for Biological Studies의 과학자 사친 판다Satchin Panda는 설명한다. 그의 연구 중 하나에서는 현대인이 평균 하루 15시간 음식을 섭취한다는 사실이 밝혀졌다. 노스캐롤라이나대학교에서 나온 연구는 우리가 먹는 간식이 1978년에 비해 70퍼센트 증가했음을 보여준다. 간식의 크기도 60퍼센트 더 커졌고, 초가공식품의 비율도 늘었다.

〈뉴잉글랜드 의학 저널〉에 실린 논문은 설탕, 소금, 지방의 지속적인 공급과 앞에서 말한 두 종류의 잔치가 시간이 지나면서 더욱 심화된다고 설명했다. 이러한 체중 증가는 봄이나 여름철에 자연적으로 감소하지 않기 때문에 성인기에 흔히 발생하는 체중 증가의 원인일 수 있다. 또한 배고픔에 대한 감각이 점점 둔화된 것이 1970년대 후반부터 비만율이 급증한 주요 원인 중 하나라고 지적했다.

체중 증가 문제를 넘어서, 실제로 배고픔을 거의 느끼지 않는 것이 문제인 이유는 인간의 몸이 '궁핍한 시기'를 활용하도록 진화했기 때문이다. 이 허기진 상태는 장기적인 건강을 최적화하는 데 필수적이다. 왜냐하면 배고픈 상태가 되면 우리 몸의 세포가 일종의 자연 선택 과정을 거치기 때문이다.

음식을 먹고 나면 양에 따라 12시간에서 16시간이면 모든 대사 작용이 끝난다. 이때가 되면 우리 몸은 테스토스테론, 아드레날린, 코르티솔을 분비하기 시작한다. 저장했던 조직을 태워서 에너지를 만들라고 신호를 보내는 호르몬들이다. 하지만 우리 몸은 가장 중요한 조직을 태우지 않는다. 판다 박사의 설명에 따르면, 죽었거나 손상된 세포들이 이때 대량으로 제거된다.

코넬대학교의 역사학자인 아드리엔 로즈 비타르Adrienne Rose Bitar 박사의 설명에 따르면, 지난 수천 년 동안 인간들은 배고픔을 새로운 차원의 종교적 체험이나 생물학적 재구성, 육체적 변화를 위한 방법으로 활용해왔다. 예를 들면, 기원전 500년경의 히포크라테스로부터 19세기 미국의 의사들에 이르기까지 많은 의료 전문가들은 음식 없이 지내는 기간이 암 같은 질병들을 예방하고 더 나아가 치유해준다고까지 생각했다. 1990년대 초에 이르러서야 우리는 이런 오래된 주장에 과학적인 근거가 있을 가능성을 발견하기 시작했다.

1992년, MIT의 생물학자이자 철학박사, 의학박사인 데이비드 사바티니David Sabatini는 mTORmammalian Target of Rapamycin(세포에서 신호를 전달하는 단백질의 하나) 경로를 발견했다. 그는 이것이 우리 몸의 낡은 세포들을 허물고, 새로운 건강한 세포로 교체하도록 신호를 보내는 종합건설업자 같은 존재라고 설명한다. 가장 오래된 세포들은 여러 가지 문제를 가지고 있으며, 결국 사망에 이르게 하는 여러 질병의 원인이 된다.

"배관공을 한 사람 데려온다고 해서, 혹은 전기공이나 지붕 수리하는 사람이나 석고보드 작업자를 한 사람 데려온다고 해서 낡은 집을 완전히 개조할 수는 없어요. 종합건설업자가 필요합니다. 그래야 각 분야의 전문가들을 불러서 필요한 모든 수리를 진행할 수 있습니다."

사바티니 박사는 mTOR 경로가 바로 그런 역할을 한다고 설명한다. 이 경로는 몸의 음식 섭취 여부를 감지해, 우리가 먹지 않고 있으면 종합건설업자가 모든 일꾼을 소환한다. 신체가 기력을 회복하고 노화를 늦추는 일련의 과정을 촉진하는 유일한 방법이라고 사바티니 박사는 설명했다. 우리 몸은 무자비할 정도로 효율적이어서, 가장 오래되고 약한 세포를 제거하는 방식으로 자원을 재활용한다. 시더스-시나이 메디컬 센터Cedars Sinai Medical Center의 한 연구자는 이를 '우리 몸의 쓰레기 수거 방식'이라고 부른다.

더 이상 분열하지 않는 '쓰레기 세포'들은 노화와 질병을 유발하는 주요 요인이다. 〈네이처Nature〉에 발표된 한 연구는 이런 세포들이 "정상적인 조직 기능을 방해한다"고 말한다. 이 세포들은 염증을 일으키고, 건강한 세포를 파괴하고, 섬유화를 촉진하고, 유익한 성장 세포의 기능을 억제한다. 연구진은 "이 세포들은 존재하는 조직을 적극적으로 손상시키며, 자연 노화의 특징들과 직접적으로 연관되어 있다"고 말한다. 또한 암, 알츠하이머, 감염, 골관절염, 과도한 혈당 및 혈중 지질 수치 상승 등에도 관여한다.

이와 같은 인체의 쓰레기 수거 과정을 공식적으로는 자가포식Autophagy이라고 한다. "스스로 먹어치우다"라는 뜻의 고대 그리스어에서 온 이 말은 불편함을 겪는 모든 존재에게 일어나는 현상에 대한 은유다. 이 현상은 마치 고통을 통해 약한 고리를 희생시키고 강해지는 과정과 비슷하다.

사친 판다 박사는 인간의 몸은 낮과 밤의 주기에 맞춰 자가포식을 조절하는 생체 리듬Circadian Rhythms을 가지고 있다고 말한다. 몸은 낮 동안 음식으로부터 에너지를 얻고, 밤에는 자가포식하며 스스로를 회복하고 재생하도록 설계되어 있다. 그런데 현대인들의 식습관은 이 과정을 방해한다고 판다 박사는 경고한다. 몸이 완전히 음식을 대사하고 자가포식 모드로 들어가기 위해서는 최소 12~16시간이 필요한데, 늦은 밤까지 먹는 습관 때문에 이 과정이 제대로 작동하지 못한다는 것이다. 시더스-시나이 메디컬 센터 연구자들은 "자기 전에 음식을 먹으면 자가포식이 일어나지 않는다. 이는 곧 몸에서 쓰레기를 수거하지 못한다는 뜻이며, 따라서 손상된 세포들은 계속 더 많은 부스러기를 축적한다"고 말한다.

하버드대학교와 존스홉킨스대학교를 포함한 16개 연구기관 소속 과학자들로 구성된 연구진은 이 문제를 연구한 뒤 이렇게 썼다. "우리 조상들의 경우, 음식이 흔하지 않았고 기본적으로 낮 동안에만 섭취했을 가능성이 크다. 이로 인해 밤새 긴 시간 동안은 자연스럽게 단식 상태가 유지되었을 것이다. 그러나 손쉽게 구할 수 있는 인공 조명과 산업화가 진행되면서 현대인은 하루 종일 밝은 환경에 노출되었고, 그 결과 음식을 섭취하는 시간도 점점 길어지게 되었다."

하루 종일 먹는 '음식 마라톤'은 우리의 정신적 능력도 한 계단 밀어 내렸는지도 모른다. 흥미롭게도 먹을 것의 부족은 오히려 에너지를 급증시킨다. 연구진은 먹지 못하고 지내는 시간이 길어졌을 때 신체적, 정신적으로 높은 수준의 기능을 유지하며, 이는 인간 진화의 역사에서 근본적으로 중요한 역할을 했을 가능성이 크다고 설명한다. 사람들이 종종 "배고프다"는 말을 먹지 못한 데서 오는 불편함뿐만 아니라 목표를 향한 강한 의지나 야망과 연결하는 이유와 비슷하다. 이런 현상은 단순히 인간에게만 국한되지 않는다.

"음식을 먹지 않고 긴 시간을 보내는 동안 몸은 작동을 멈추는 것이 아니라 오히려 서서히 출력을 높입니다."

신장 전문가이자 《비만코드》의 저자인 제이슨 펑Jason Fung 박사가 했던 말이다.

"배고픈 늑대하고, 막 식사를 끝낸 사자를 생각해보세요. 누가 더 집중하고 있을까요? 당연히 배고픈 늑대입니다."

서던캘리포니아대학교의 연구진에 따르면, 배고픔에 대한 이런 유익한 반응은 지구 최초의 생명체였던 미세 단세포 생물에게로부터, 즉 수십억 년 전부터 존재했다. 인간이 허기에 대한 반응으로 호르몬을 분비하고 지방을 태운다는 사실을 상기해보라. 이 과정에서 우리 몸은 지방뿐만 아니라 아드레날린을 에너지원으로 활용한다. 펑 박사에 따르면 아드레날린은 각성도와 집중력을 높여준다. 즉, 배고픔은 단순한 결핍 상태가 아니라 오히려 우리 몸이 더 강력하게 기능하도록 돕는 생존 메커니즘이다.

오늘날 우리는 영양 한 마리를 힘껏 쫓아가서 잡는 데 필요한 에너지나 날카로운 판단력 같은 것을 걱정할 필요가 없다. 그러나 우리는 여전히 허기 관련 화학 물질들의 진화적 장점을 이용해 더 현대적인 목표들을 달성할 수 있다. 판다와 펑에 따르면, 배고픔은 현대 생활의 여러 과업에서 우리를 더 집중력 있고 생산적인 상태로 만들어줄 수 있다. 잠들기 전 몇 시간 동안 음식을 먹지 않은 사람들이 잠을 더 잘 잔다는 연구도 있다.

"더 오래, 깊이 잘수록 다음 날 집중력이 더 높아집니다."

판다 박사의 말이다. 이러한 연구 결과는 우리가 건강을 개선하고 싶을 때 "뭘 먹어야 하지?" 하고 자문하게 만드는 유행 다이어트 산업과 정반대의 방향을 제시한다.

먹지 않고 버티면서 어느 정도 진정한 배고픔을 느끼는 것은 막강한 힘을 발휘할 때가 많다.

예를 들어, 흔히 아침식사가 하루 세 끼 중에서 가장 중요하다는 말을 듣는다. (그러나 이런 주장은 종종 시리얼 회사 등 식품 업계가 후원하는 연구에서 나온 것이다.) 〈미국 임상영양 저널American Journal of Clinical Nutrition〉에 실린 논문에 따르면, 아침식사가 다른 끼니에 비해 더 유익하다는 과학적 증거는 거의 없다. 게다가 아침을 가볍게 건너뛰는 것은 배고픔과 다시 친숙해지는 데 "훌륭한 실용적 지점"이 된다는 것이 판다의 주장이다. 아침을 거르면 우리 몸은 12~16시간을 칼로리 없이 보내게 되고, 이런 경험이 질병 예방, 집중력 향상, 에너지 증가에 큰 도움이 된다고 설명한다. 또한 점심을 적당히 먹으면 저녁을 충분히 푸짐하게 즐기면서도 체중 증가를 크게 걱정할 필요가 없다. 물론 처음에는 아침식사를 거르는 것이 힘들 수 있다. 하지만 그것은 단순히 우리 몸과 뇌가 일어나자마자 먹을 것을 찾던 습관의 변화를 받아들이는 데 시간이 필요하기 때문이다.

일주일에 2일은 '배고픈 날'로 정해 500칼로리만 먹는 방식이 유익하다는 연구도 있다. 〈국제 비만 저널International Journal of Obesity〉에 실린 한 논문은 비만 환자들에게 6개월간 이 방법을 시행한 결과 체중이 5킬로그램 가까이 감소하고 건강 상태가 전반적으로 개선되었음을 보고했다. 한 가지 주의할 점은 정상 식사를 하는 날에 미친 듯이 먹어대면 안 된다는 것이다.

또 다른 선택지는, 한 달에 한 번씩 5일 연속으로 '배고픈 날'을 유지하면서 하루 700칼로리만 먹는 것이다. 〈세포 대사 Cell Metabolism〉에 실린 한 논문은 이 접근법이 쥐의 노화된 장기를 재활시키고 건강 수명을 증가시켰다고 보고했다. 결국 음식을 적게 먹는 시간이 주기적으로 있어야 몸이 스스로를 정화하고 회복할 수 있다는 것이 연구의 핵심이다.

하버드대학교 연구진은 간헐적인 24시간 단식이 평소 식사 때의 식욕을 줄이는 데 도움이 된다고 보고했다. 이 방법으로 우리 몸의 평균 인슐린 수치를 낮출 수 있는데, 인슐린은 몸의 '설정된 체중'을 결정하는 중요한 호르몬이다. 또한 긴 단식 시간은 오래된 세포를 청소하는 데 더 효과적이라고 덧붙였다.

식습관을 바꾸는 것은 쉬운 일이 아니다. 그러려면 뒤로 한발 물러서서 내가 얼마만큼 먹고 있는지, 왜 먹고 있는지 자각할 수 있어야 한다. 인류가 수천 년 동안 먹어온 자연식품을 우선적으로 선택하는 것, 가끔은 위로가 되는 음식을 즐기더라도 죄책감을 느끼지 않는 것, 이 두 가지가 핵심이다.

무엇보다 중요한 것은, 배고픔에서 오는 불편함을 끌어안을 수 있어야 한다. 때때로 24시간씩 굶는 것이 인간에게 정상적이고 유익한 상태임을 인식해야 한다. 그리고 우리가 느끼는 허기의 대부분이 실제로는 생리적인 배고픔이 아니라는 사실을 이해하고 받아들여야 한다. 그것은 단지 현대 생활의 불편함을 해소하기 위한 일종의 값싼 대처 메커니즘일 때가 많다는 사실을 깨달아야 한다.

윌리엄은 이동하는 내내 맹금류처럼 움직였다. 눈으로 뒤덮인 골짜기와 고요한 땅을 연신 두 눈으로 훑으며 희끄무레한 순록들의 파편을 찾았다. 우리는 캠프에서 몇 킬로미터 떨어진 언덕에서 걸음을 멈추었고, 윌리엄의 두 눈은 눈앞의 경치에 붙박여 있었다. 아무도 말을 하지 않았다.

도니가 축축한 땅에 주저앉아 다리를 쭉 뻗은 채로 망원경을 얼굴로 가져간다. 날씨는 엉망이다. 눈발이 흩날리지 않는 날은 비가 흩뿌리고, 그렇지 않으면 지독하게 춥다. 앉으려면 얼어붙은 땅에 엉덩이를 붙여야 한다. 이런 추위는 안 그래도 허기가 진 나를 더 배고프게 만드는 재주가 있다. 내 몸은 난로처럼 칼로리를 태우며 더욱 극심한 배고픔을 느끼게 한다. 북극이 선사하는 고통과 불행은 우리가 이 땅에 첫 발자국을 찍은 뒤로 어떤 식으로든 우리 곁을 떠난 적이 없었다. 그런데 이날 아침 나는, 예전에 술을 끊는 데 도움을 주었던 한 문장이 떠올랐다.

"오늘 나의 모든 문제에 대한 답은 '수용'이다."

날씨, 허기, 지형과 맞서 싸우는 대신 그저 받아들이기로 했다.

"기분이 어때요?"

도니가 묻는다.

"좋아요!"

나도 놀랄 정도로 밝은 목소리가 튀어나왔다.

도니가 미소를 지으며 공감의 뜻으로 고개를 끄덕인다.

"자연을 사랑한다면서 자연에서 지내는 걸 좋아한다고 말하는 사람들을 많이 봤어요. 그런데 그 사람들이 생각하는 자연은 하루 종일 리조트에서 스키를 타고 오두막으로 가서 보드카에 치즈버거를 먹는 거였어요. 아니면 호화로운 객실을 갖춘 산장에 머물면서 사냥을 하든가. 그게 나쁘다는 건 아닙니다. 하지만 지금 우리가 하고 있는 방식이 더 매력적이죠. 이런 데서 하는 경험들은 완전히 종류가 다르고, 사람을 훨씬 깊이, 다르게 변화시킨다고 믿습니다."

도니가 말을 이었다.

"얼마 전에 읽은 책에 이런 대목이 있었어요. 어떤 연구에서 '더 힘들게 얻은 것일수록, 더 큰 행복을 느낀다'고 하더라고요."

그가 말한 건 조너선 하이트$_{\text{Jonathan Haidt}}$가 쓴 《행복의 가설》이었다. 이 여행에서 내가 유일한 책벌레인 줄 알았는데. 그때 윌리엄이 망원경 너머를 응시하며 소리쳤다.

"계곡 너머에 무리가 있어요!"

"얼마나 멀지?"

도니가 물었다.

"멀어요."

그동안 가끔 순록들을 보았지만 가까이 다가가기는 거의 불가능했었다. 그게 바로 문제였다.

날씨가 또 변하기 시작했다. 이 지역의 특징은 태양과 폭풍의 조합이었다. 때때로 시야가 깨끗하다가도, 어느 순간 안개구름이 우리 위, 아래, 옆을 감싸거나 삼켜버린다. 순록도 그걸 잘 안다. 윌리엄이 발견한 작은 순록 무리는 안개 속에 사라졌고, 20분 뒤 안개가 걷히자 마법처럼 그들은 흔적도 없이 사라졌다.

고달픈 순간들 속에서도 나는 이 순간을 즐기고 있었다. 하지만 실제 사냥 자체는 점점 '헛고생'처럼 느껴졌다. 순록들은 너무 똑똑했고, 경계심이 강하며, 몇 백 미터 떨어진 곳에서 벌어지는 모든 일에 완벽하게 집중하고 있었다. 반면 우리는 그 사실을 알아채기에 너무나 무지한 듯했다.

우리는 계속 시간을 보내면서 기다리고, 이동하고, 또 기다렸다.

"코빼기도 안 보이네, 젠장."

윌리엄이 망원경을 접으며 내뱉는다.

마지막 시도로 우리는 약 300미터 높이의 절벽 꼭대기로 남아 있는 힘을 끌어모아 오르기 시작했다. 발을 디딜 때마다 바위 표면이 작은 조각으로 갈라지면서 언덕 아래로 쏟아져 내렸다. 정상에 오르는 순간 시야가 사방으로 트였다. 송골매 한 마리가 우리 머리 위를 높이 선회하면서, 조심성 없는 먹잇감을 향해 시속 320킬로미터로 낙하할 순간을 기다리고 있었다.

우리는 언덕 정상에 빙 둘러서서 사방의 협곡을 샅샅이 살피며 흰 점들이 나타나기를 기다렸다. 허탕이었다. 푸석한 석회암과 납작한 혈암 조각들을 깔고 앉았다. 갈색 꽃들, 형광빛 이끼류, 순록이끼 따위가 사방에 깔려 있다. 생명은 땅을 가리지 않는다.

해가 점점 기울기 시작하자, 우리는 절벽을 따라 다시 아래로 내려갔다. 윌리엄이 앞장서고 내가 두 번째, 도니가 마지막이었다. 비탈 중간쯤 내려왔을 때 도니는 갑자기 멈춰 서서 몇 분 동안 가만히 서 있었다.

언덕 아래에서 다시 모였을 때 도니가 자신이 멈춰 섰던 이유를 말했다.

"이봐요, 친구들. 저 위험한 절벽에서 잠깐 서 있는 동안 생각했습니다. 우리의 실패에 대해서요. 그리고 세상이 얼마나 엉망인지도요. 엔트로피가 어떻게 나와 내가 사랑하는 모든 것을 매순간 죽음과 부패를 향해 끌고 가는지 생각했어요."

도니가 잠시 말을 멈추었다.

"그러다 드는 생각이… 그러니까… 좋은 소식이 하나 있더라고요."

도니의 얼굴에 장난기 어린 미소가 스쳐간다.

"티피로 돌아가면 마운틴하우스 정식이 우리를 기다리고 있다는 것! 그러니 그걸 마음껏 즐기자!"

윌리엄이 고개를 절레절레 흔들었고, 나는 웃음을 터뜨렸다.

캠프로 돌아가면서 나는 배고픔을 느꼈다. 하지만 단순히 음식 때문만은 아니었다. 삶 자체가 더 고팠다. 이 여정은 나의 세계관을 송두리째 뒤흔들었다. 나를 둘러싸고 있는 세계를 조용히 자각할 수 있었고, 잃어버렸던 감각들이 돌아왔다. 최근 며칠 사이 내가 가장 좋아하게 된 시간은, 지는 해와 함께 조용히 캠프로 돌아가는 길이었다. 이때의 북극은 자신만의 생체 리듬에 따라 하루를 마무리하는 시간이었다. 새들은 둥지로 돌아가고, 동물들은 굴속으로 사라지고, 차가운 침묵과 적막이 깔려가는 순간, 나는 그 안에서 깊숙이 살아 있었다.

# 4부
## 매일 죽음을 생각하라

# 멀쩡한 다리 셋

## 순록 사냥

절벽 꼭대기까지 올라갔던 날 저녁, 티피 안에 둘러앉아 어쩌면 우리가 순록들의 주요 이동 경로를 비껴갔을지도 모른다는 결론을 내렸다.

그래서 다음 날 아침, 캠프를 정리하기 시작했다. 움직일 시간이었다. 윌리엄은 침낭을 말고 장비를 배낭에 쑤셔 넣으며, 우스꽝스러운 목소리로 노래를 부르기 시작했다.

"이~~~동~~ 드디어 신~~나는 이~동~~!"

그의 노래에 모두 웃음을 터뜨리며 새로운 활력이 팀 안에 퍼졌다. 우리는 북쪽으로 30킬로미터를 이동했다. 그곳은 두 개의 오래된 언덕 사이에 자리 잡은 계곡이었다. 목적지에 도착한 우리는 계곡을 통과하는 순록 무리가 우리를 발견하거나 냄새를 맡지 못하도록 계곡 건너 언덕 경사면에 캠프를 설치했다.

　새 캠프 자리는 능선 정상까지 이어진 가파른 언덕을 헐떡거리며 올라가야 하는 곳이었다. 폭이 150미터쯤 되는 능선은 온통 혈암으로 뒤덮여 있었고, 15도 경사를 이룬 양쪽 사면 아래쪽에는 바위틈에서 자라는 풀들과 툰드라 풀무더기들이 펼쳐져 있었다. 지금 우리는 능선 꼭대기 바로 밑에 앉아 있다. 계곡 전체와 반대편 언덕이 잘 내려다보이면서도 주변의 땅이 높아서 순록들의 시선에서는 벗어날 수 있는 최적의 위치였다. 놈들은 지평선 위의 조그만 흑색 점들을 경계한다. 우리는 그들의 눈에 띄지 않는 사냥꾼이 되어야 했다.

　계곡과 주변의 언덕들은 부드럽고 완만한 곡선을 이루고 있었다. 마치 그랜드캐니언이 세월에 닳아서 부드러워지고 넓어진 것 같은 모습이다. 우리가 있는 곳에서 2킬로미터 정도를 벗어나면 언덕이 평탄해지면서 강과 툰드라, 서리 낀 늪, 한 길쯤 되는 버드나무 숲을 품은 폭 3킬로미터 너비의 협곡이 이어진다. 버드나무 덤불 사이로 수천 년 동안 동물들이 만들어놓은 통로가 나 있다. 포식자로부터 도망칠 때 사용했던 탈출 경로들이었다. 그 너머로 또 하나의 언덕이 솟아 있다.

　"저 언덕에 순록이 겁나게 많이 있어요"

　윌리엄이 말한다. 그는 바위를 깔고 앉아 두 다리 사이에 망원경을 끼고 있다.

　"쏠 만한 놈이 하나 보이는데."

　가벼운 바람에 밀려 올라온 부드럽고 달큼한 계곡 냄새가 코로 들어온다. 나는 큼지막한 풀무더기를 의자 삼아 앉아 있다. 도니는 다른 덩이풀 하나를 등받이로 삼고 있었다.

"어디 볼까?"

도니가 몸을 일으키며 말한다. 도니가 윌리엄에게 다가가 몸을 숙이고 눈을 망원경에 갖다 댄다.

"오, 두 놈이네. 포식자들을 피하기 위해 밤새 저 언덕 꼭대기에서 잤나 봅니다. 이제 풀을 뜯으러 계곡으로 내려올 것 같은데요?"

도니가 몸을 빼고 다시 윌리엄이 원래 자리로 가서 탐지경의 초점을 맞춘다.

"맞네! 두 놈이 맞네!"

"나도 좀 봅시다."

내 말에 도니가 가볍게 던지듯 망원경을 건넸다. 윌리엄이 나를 순록이 있는 곳으로 안내한다.

"언덕 밑 가운데쯤에 검은 바윗덩어리 같은 게 보이죠? 이제 연갈색 부분이 보일 때까지 천천히 위로 올라가 보세요. 바로 거기서 살짝 오른쪽으로…."

눈에 힘을 주고 30초 정도를 더 바라보니 마침내 흰 점들이 보였다.

"찾았어요."

무리는 스물다섯 마리쯤 되어 보였다. 그중에서 유독 눈에 띄는 두 놈이 있었다. 뿔이 더 넓고, 더 크고, 더 굴곡이 많았다.

"언덕을 내려가는 모습이 전혀 다급해 보이지가 않네요."

내가 말했다.

"네, 다시 언덕 위로 올라갈 수도 있겠어요."

도니가 말했다.

지금 위치에서 우리가 계곡으로 내려가려고 하면, 순록은 금세 우리를 발견하고 도망칠 것이다. 그래서 우리는 그냥 기다리기로 했다. 그리고 지켜보았다. 기다리는 동안 사냥 기술의 윤리에 대해 수다를 떨기 시작했다. 먼저 도니가 입을 열었다.

"이 총만 있으면 500미터 이상 떨어진 곳에서도 순록을 쉽게 쓰러뜨릴 수 있어요. 하지만 우리는 그렇게 하지 않을 겁니다. 그런 건 떳떳한 사냥이 아니잖아요. 어떤 사람들은 1킬로미터 떨어진 곳에서도 총과 테크놀로지를 사용하기도 해요. 그건 사냥이 아니에요. 비디오 게임이죠. 사냥꾼이 그렇게 멀리 있으면 설사 동물들이 발견한다 해도 아마 위협으로 여기지 않을 거예요."

한편, 기술을 너무 적게 사용하는 것 또한 문제라고 도니는 덧붙였다.

"어떤 사람들은 직접 만든 긴 활과 손수 깎은 돌촉을 달아서 사냥합니다. 굉장한 물건이죠. 하지만 이런 무기는 비효율적입니다. 깔끔한 즉사를 유도하기 어렵고 동물에게 상처를 입히는 것으로 끝나기 쉽죠. 결국 중요한 것은 내가 다룰 수 있는 가장 치명적인 무기는 무엇인가? 그 무기를 어떻게 사용해야 동물과 공정한 조건에서 맞설 수 있을까? 제 관심사는 이런 것들이에요."

도니에게 그 해답은, 축구장 몇 개 붙인 거리에서 쏘는 것과, 나뭇가지에 돌촉을 달아서 쏘는 것, 그 중간쯤에 있다. 사실 도니는 활과 소총 사이에 윤리적으로 큰 차이가 있다고 보지 않았다. 중요한 것은 동물이 내가 접근하는 걸 눈치챌 가능성이 더 높은 거리에서 사격하는 것이다.

"나라면 활을 선택할 거예요. 더 조용하니까."

도니의 말이다.

"가장 나이가 많은 두 놈이 저 강 밑에 있어요."

윌리엄이 말했다. 그가 가리킨 곳에는 뿔을 단 순록 두 마리가 정면으로 쏟아지는 햇빛에 희붐해진 실루엣으로 서 있었다.

"좋은 징조네요. 이 구역은 늑대와 곰들의 사냥터이기도 해요. 이런 데라면 순록들이 떼로 지나갈 확률이 아주 높아요."

또 1시간이 지났다. 나는 일어나서 제자리걸음을 했다. 이것이 순록들의 주의를 끌지 않으면서 몸을 덥히기 위해 내가 할 수 있는 유일한 행동이었다. 또 1시간이 흘렀다.

"놈들이 움직여요."

윌리엄이 말했다. 도니가 몸을 일으키면서 망원경에 눈을 갖다 댔다. 그렇게 30초쯤 관찰하고 나서 순록들의 움직임이 자기가 예상했던 대로 협곡을 따라 이어진 언덕 아래쪽 길을 타고 북쪽으로 이동하고 있다고 말했다.

북쪽으로 뻗은 협곡은 점점 높아져 작은 분지를 이루었다가 다시 급격한 경사로 떨어지며 넓은 협곡으로 이어져 있었다.

"저 분지 건너편에서 잡으면 될 것 같아요. 놈들이 분지로 올라오기 전 반대쪽으로 먼저 가서 기다릴 수 있다면… 완벽한 위치예요. 아주 위치가 좋아요. 자, 빨리 움직입시다."

우리는 황급히 장비를 챙겨서 몸을 숙인 채 능선을 따라 빠르게 이동하기 시작했다. 모두 입을 다물었다. 침묵 속에서 들려오는 건 거칠게 몰아쉬는 숨소리와 이따금 발밑에서 혈암이 부서지는 소리뿐이었다.

30분을 행군한 끝에 능선 사이의 고개를 넘어 완만한 계곡으로 들어섰다. 삼나무, 풀, 그리고 차갑고 깨끗한 물 냄새로 가득했다. 땅은 거의 눈에 띄지 않을 정도로 완만하게 기울어져 있었다. 그리고 툰드라에서 600미터 높이로 불쑥 솟아오른 봉우리인 '더 포트The Fort'를 향해 이어져 있었다. '더 포트'의 측면은 수직에 가까운 깎아지른 벼랑이다.

만일 이 봉우리가 얼어 있지 않고 암벽이 황갈색, 초콜릿색, 황금색이 아니라 붉은색을 띠고 있었다면, 북부 알래스카의 툰드라가 아니라 남부 유타의 사막에서 볼 법한 것으로 오인할 수도 있을 것이다. 높이가 폭을 압도하는 이 봉우리를 창조한 것은 물, 바람, 얼음, 시간이었다. 자연이 빚어낸 거대한 조각품. '더 포트'는 지평선을 압도하며, 그 양편에는 몇 개의 충적운이 마치 요새를 지키는 수문장처럼 떠 있었다.

이제는 순록들의 시야에서 벗어났기 때문에 상체를 펴고 몸을 자유롭게 놀려도 된다. 아무리 봐도 도니는 유약한 병사들을 시험하는 육군 장교다. 행군, 행군, 행군. 우리를 이끌고 툰드라를 지나고 물을 건너고 진창을 밟아가며 목적지를 향해 묵묵히 앞만 보며 전진하는 사내. 나는 기어가듯 그를 따라갔다. 툰드라 풀무더기 하나를 잘못 밟아 행여나 발목이 삐끗하는 일이 없도록 온 신경을 다 집중하면서.

뇌조 떼가 우리 때문에 놀란 것 같았다. 새들은 이미 여름의 갈색 깃털을 벗고 겨울의 흰색으로 갈아입은 뒤였다. 몇 마리씩 떼를 지어 차례로 날아오르는 뇌조들의 흰 빛깔이 무채색 하늘과 강렬한 대조를 이루었다.

불과 45분 전까지만 해도 내 몸을 뼛속까지 얼려버리던 추위는 사라지고 지금은 너무 더워 온몸이 불타는 것 같았다. 멈춰서 겉옷을 벗을 시간조차 없었다. 나는 모든 지퍼를 열어젖히고 북극의 차디찬 공기를 맞아들였다.

이어 30분쯤 더 행군했을 때 도니가 걸음을 멈추더니 팔을 내려 손을 땅과 수평으로 만든 뒤 손바닥으로 찬 공기를 땅으로 밀어 누르면서 몸을 낮추라는 시늉을 했다.

"여기 잠깐 있으세요."

도니가 윌리엄과 나를 향해 말했다.

"가서 상황 좀 살펴보고 올게요."

도니는 순록들이 우리가 예상한 코스대로 이동했다면 이론상 와 있을 법한 방향으로 조심스럽게 걸음을 옮기기 시작했다. 작은 구릉 언저리에 도착한 도니가 갑자기 우리 쪽으로 몸을 돌렸다. 그러더니 몸을 웅크린 채로 손바닥으로 땅을 짚으면서 달려왔다.

"놈들이 둔덕을 넘어서 곧장 우리 쪽으로 오고 있어요."

도니가 서둘러 돌아와서 말했다. 도니가 나를 똑바로 쳐다본다.

"제 말 잘 들으시고, 시키는 대로 하세요."

나는 고개를 끄덕였다.

"총을 집으세요."

내가 가방에서 소총을 꺼내는 사이, 도니는 배낭에서 3.3인치짜리 호나디 아웃피터Hornady Outfitter 30-06 소총 탄약 세 발을 꺼내 주머니에 넣는다. 이 탄환은 극한의 조건에서도 사냥이 가능하도록 제작되었다. 탄피는 방수 처리되어 있고, 부식에 강하도록 설계되었다. 그는 짧게 설명했다.

"순록이 지금 우리 11시 방향에 있습니다. 기어서 7시 방향으로 이동하면, 놈들은 우리 바로 앞을 지나가게 될 겁니다."

도니가 다운 점퍼와 바지만 남기고 배낭을 비워낸 다음 그것을 등 뒤에 둘러맸다. 나는 두 팔로 총을 감싸 안은 채 맨땅에 배를 깔고 엎드렸다. 풀, 혈암, 이끼, 잔가지 따위를 배로 쓸며 이동하는 군대식 포복이 시작되었다. 세 사내의 손과 몸통이 미끄러지며 이동할 때마다 땅에 붙어 있던 서리가 부서져 흩어진다. 들리는 것은 오직 숨소리, 그리고 비옷과 바지가 땅을 스치는 소리뿐이다. 우리는 그렇게 100미터를 전진했다. 그리고 다시 100미터. 도니가 전진을 멈춘다.

"잠깐 기다려보세요."

그러더니 망원경을 천천히 들어 올린다.

아무것도 없다. 방향을 확인한 뒤 다시 100미터를 전진한다.

마침내 분지 정상에서 뿔들이 모습을 드러냈다. 푸른 하늘을 배경으로 서 있는 두꺼운 떡갈나무들 같다. 처음에는 한 쌍. 이윽고 두 쌍이 되더니 곧 세 쌍, 네 쌍으로 불어난다. 그리고 마침내 무리 전체의 머리와 근육질 가슴들이 모습을 드러낸다. 떼를 지어 다가오고 있는 놈들의 코에서 안개 같은 김이 뿜어져 나온다.

나는 기자의 시선을 벗어나 이제 사냥꾼의 시선으로 무리를 바라봤다. 무리 속에서 늙고 성숙한 개체를 찾기 위해. 사실 나에겐 사냥의 계획은 없었다. 나는 저널리스트로서 관찰하고 기록하는 사람이다. 직접 개입하는 것은 내 역할이 아니라고 생각했다.

도니는 강요하지 않았다. 그저 이런 말을 해주었다. 직접 사냥을 해보면 생명의 순환 구조에서 탈락한 현대인들의 처지를 더 잘 이해할 수 있을 거라고.

"강요하는 건 절대 아니에요. 이건 정말 엄청나게 큰 결정이니까요. 그런데 나는 사냥을 하는 쪽이 기자님한테 여기 온 이유를 더 확실히 알게 해줄 거라고 생각해요."

나는 그를 믿었고, 무거운 감정적 장벽을 과감하게 넘어서기로 했다.

약 1,150만 명에 이르는 미국인들이 사냥을 한다. 그리고 퍼듀대학교의 연구팀이 수행한 전국 규모 조사에서는 미국인의 87퍼센트가 해당 동물을 음식으로 사용한다는 조건에서 사냥 허용에 찬성했다. 지미 카터 전 미국 대통령도 평생 사냥과 낚시를 즐긴 사람이다. 그는 먹기 위해 동물을 죽이는 일에 대해 사람들이 느끼는 "거북함"을 겨냥해 이렇게 말했다.

"이런 감정을 감당하지 못하는 사람들에게 나는 이렇게 충고하고 싶다. '사냥이나 낚시를 하지 말라.' 인간이 사용하기 위해 동물의 생명을 빼앗는 데 대해 도덕적으로나 윤리적으로 반감을 가진 사람이라면, 생선 가게나 도축장에서 다른 사람이 나 대신 동물을 죽여주길 요구할 것이 아니라 스스로 열성적인 채식주의자가 되는 편이 논리적으로 옳고, 실제로 많은 사람들이 이런 결정을 내리고 있다."

퍼듀대학교의 연구에 따르면, 사냥을 긍정적으로 여기는 사람들은 가축과 직접 상호작용을 한 적이 있거나 농어촌 지역에 거주하고 있을 확률이 높았다. 반면 도시에서 자라 식료품점에서 정돈된 고기만 접해본 사람들이 사냥에 대해 가장 부정적인 시각을 가졌다.

나는 책임을 전제로 한 총기 소지에도 반대하지 않는다. 나 역시 두 자루의 총을 가지고 있다. 스키트 사격에 쓰는 12구경 펌프식 소총 한 정, 그리고 한 마약중독자가 우리 집에 무단으로 침입하려고 했던 사건을 겪은 뒤 구입해서 열심히 사격 연습을 한 9밀리미터 권총 한 정이다.

그 뒤로 나는 사막에서 혼자 권총을 쏘는 일이 역설적이게도 명상의 한 형태라는 것을 알게 되었다. 손끝에서 일어나는 연속적인 폭발을 느끼면서 온몸의 긴장을 놓아버리고 호흡에 온전히 집중하는 훈련을 하는 동안, 나 자신이 사라지는 듯한 경험을 하곤 했다. 하지만 나는 장거리 사격 경험이 별로 없었다. 그래서 북극 사냥을 결심한 이후, 군 저격수로 근무하는 한 친구에게 연락했다. 그는 우리 지역에 사는 뛰어난 소총수이자 연방 보안관을 소개해 주었다.

우리는 모하비사막에 있는 사격장에서 만났다. 보안관은 자신의 픽업 트럭 짐칸에서 기다란 상자 두 개를 내렸다. 그는 안전 수칙, 사격 자세, 탄도학, 목표 조준법, 그리고 날씨 변화를 읽는 법까지 모든 것을 철저히 다뤘다. 사막에서 긴 하루를 보낸 끝에 나는 900미터 떨어진 표적을 명중시킬 수 있게 되었다.

"북극에 가면 얼마나 먼 거리에서 쏘게 됩니까?"

보안관이 내게 물었다.

"아마 90미터보다는 조금 더 될 겁니다."

"900미터 표적을 맞추셨으니까, 90미터 거리에서는 동전을 맞출 수 있을 겁니다."

도니가 주머니에서 탄환 세 발을 꺼내 소총에 넣도록 건넸다. 나는 탄환 한 발을 약실로 밀어넣을 준비를 하며 기다렸다. 임시 거치대가 된 도니의 배낭 위에 총을 걸쳐놓고 개머리판을 오른쪽 어깨에 밀착시켰다. 왼손은 총열을, 오른손은 손잡이를 쥐었다. 도니가 망원경으로 놈들을 관찰하는 사이, 나는 머리를 똑바로 세운 채 눈이 빠져라 조준경을 들여다보았다.

순록들이 오른쪽 협곡을 따라 내려가고 있었다. 나는 두 팔, 두 다리, 가슴이 불안 초조한 고진동 에너지로 들어차면서 작은 바늘 백만 개가 온몸에서 춤을 추는 듯한 느낌으로 빠져들었다.

"사냥감 두 놈이 저기 있네요."

도니가 숨을 헐떡이며 말했다.

"한 놈은 왼쪽에 있고, 또 한 놈은…."

도니의 말이 멈추더니 톤이 올라갔다.

"또 한 놈은…."

또 한 놈은 무리 한가운데에 있었다. 나는 먼저 놈의 뿔을 발견했다. 조밀하고 복잡한 형태였다. 마치 자연이 연출한 기이한 추상

예술 작품 같았다.

　납작한 삽 모양의 돌출부가 놈의 얼굴을 양분하고, 톱니처럼 생긴 작은 점들이 돌출부를 뒤덮고 있었다. 양쪽 뿔의 기저부에서 돋아난 뿔은 45도 각을 이루며 얼굴 위로 뻗어 올라가다 끝에 이르러 맹렬하게 타오르는 불꽃 모양을 이루고 있었다. 머리에서 출발한 뿔의 주기둥이 가늘고 긴 붓놀림처럼 수직으로 휘어졌다. 솟아오른 두 뿔 아래로 20센티미터 길이의 원뿔형 등점들이 목과 등을 뒤덮고 있었다. 뻗어 오르던 주기둥은 이내 사방으로 갈라지고, 그렇게 갈라진 가지들이 악마의 긴 손가락처럼 다시 굽고 갈라지기를 반복했다. 프랙털이다. 뿔 뒤쪽의 토실토실한 몸통에서 가슴과 목은 희고, 나머지는 갈색이었다. 놈이 걸음을 옮길 때마다 두 뿔이 약간 왼쪽으로 쏠렸다. 뒷다리 하나를 절고 있었다.

"저거예요. 절뚝거리는 녀석."

도니가 말한다.

"늙었어요, 늙었어. 저놈이에요, 저놈."

　어린 순록 하나가 놈을 향해 밀착해온다. 늙은 순록은 황급히 오른쪽으로 몸을 돌리며 머리를 낮추어 어린 순록을 들이받는다. 이 선을 넘지 말라는 늙은 순록의 경고다. 놈이 자세를 바꾸자 왼쪽 허벅지를 가로지른 넓은 상처가 드러난다.

"보여요?"

도니가 속삭인다.

"보고 있어요."

내가 대답한다. 목덜미에서 심장이 뛰는 소리가 들릴 정도였다.

무리가 더 가까워졌을 때, 나는 땅을 짚고 몸을 돌려 총구를 완벽한 직선으로 유지한 채 조준했다. 툰드라의 폭신한 이끼가 몸무게를 받아준다.

놈은 몇 차례 조준경 안으로 들어왔다. 그럴 때마다 나는 조준경의 십자선을 고정하며 계속 놓치지 않으려 했지만, 놈은 다른 순록들 사이로 들락날락하며 몸을 숨겼다. 절뚝이는 걸음걸이가 움직임을 더 불규칙하고 예측하기 어렵게 만들었다.

"지금은 보여요?"

"아뇨, 무리에 섞여버렸어요."

나는 조준경에서 눈을 떼지 않은 채 호흡에 집중했다. 3초 동안 들이쉬고, 5초 동안 내쉬고. 들이쉬고, 내쉬고, 들이쉬고, 내쉬고…. 일종의 사격술 속 선禪이다.

어느새 놈들과의 거리가 90미터로 줄어 있었다.

"쏘고 싶지 않으면 쏘지 마세요."

도니가 말한다.

"하지만 만일 쏠 거라면, 이제 쏴야 합니다."

무리는 이미 최단 거리 지점을 지나버렸다. 놈들이 우리 쪽에서 부는 바람을 따라 이동하며 간격을 넓혀가고 있다. 100미터, 110미터, 120미터. 늙은 순록의 모습은 조준경에서 사라지고 없다. 조준경에서 눈을 떼고 무리를 살펴보았다.

이제 순록들은 140미터 거리에 있다. 눈을 다시 조준경에 갖다 대고, 놈을 마지막으로 보았던 지점을 향해 초점을 맞추었다. 암컷 두 마리가 옆으로 이동하며 작은 틈을 만들었다. 놈이 그곳에 있었다. 주변에 다른 순록은 없었다. 놈은 고개를 숙인 채 풀을 뜯고 있다. 그러다 멈춘다. 고개를 들고 지평선을 응시했다. 우리 냄새를 맡은 것일까? 나는 폐 속으로 공기를 빨아들인 뒤, 남아 있는 모든 숨을 북극의 공기 속으로 천천히 내뱉으면서, 조준경의 십자선을 놈의 앞쪽 어깨 바로 위에 고정했다.

# 12월 31일 23시 59분 33초

### 부탄의 죽음 성찰 문화

나는 술을 끊은 지 18개월이나 된 상태였고, 더는 감정적 휘둘림 같은 것이 없을 거라고 생각했었다. 그런데 출근길에 팟캐스트를 듣다가 나는 완전히 무너지고 말았다. 진행자는 '우주 달력 Cosmic Calendar'이라는 개념을 설명하고 있었다. 그는 138억 년에 이르는 우주의 모든 시간을 압축해 1년짜리 달력을 만들었다. 이런 식이다. 1월 1일 00:00:00 빅뱅 발생, 3월 16일 은하계 형성, 9월 2일 태양계 탄생, 9월 6일 지구 탄생(지금으로부터 약 44억 년 전), 11월 9일 첫 번째 복잡한 세포 등장, 12월 25일 크리스마스에 공룡 출연, 12월 30일 공룡 멸종.

이어서 팟캐스트 진행자는 지금까지 기록된 인간의 모든 역사가 이 달력에 등장하는 것은 12월 31일 23시 59분 33초경이라고 말했다. 인류 문명 전체, 1만2천 년의 역사, 480세대를 지나온 사람들…. 우리가 아는 인간의 모든 역사는 우주 달력에서 단 27초에 불과하다.

그 말을 듣는 순간, 광대한 시간과 공간 안에서 내 존재가 한없이 왜소하게 느껴졌다. 나는 곧 죽음을 맞이할 것이고, 내가 알고 있는 모든 사람들 또한 머지않아 죽음을 맞이하게 될 것이다. 그리고 그 후 우리는 완전히 잊힐 것이었다. 이 진실 앞에서 내가 어찌해볼 수 있는 건 아무것도 없었다. 그 어떤 노력도, 그 어떤 발버둥도, 그 어떤 운명을 바꿀 수 없다는 사실에 나는 완전히 무너져 내렸다. 머릿속이 멍해졌다.

하지만 그 순간, 나는 더 중요한 사실을 놓치고 있었다. 살아 있다는 자체가 얼마나 기적적인 일인지 깨닫지 못했다. 나는 건강과 풍요가 보장된 시대에 태어났다. 그런 행운을 감사하기보다는 나는 그저 울며 자책하고 있었다. 에어컨이 빵빵하게 나오는 0.5톤짜리 8기통 엔진 픽업 트럭에 앉아 빌어먹을 바깥세상에서 연신 흘러드는 목소리들을 향해 눈을 부라리며 고함치고 있었다.

한 과학자가 계산을 통해 알아낸 바에 따르면, 한 인간이 살아 있을 확률은 10분의 1의 2,685,000승이다. 이 과학자의 설명을 들어보자면, 이 확률은 1조 개의 면을 지닌 주사위를 200만 명이 동시에 던져서 전부 같은 숫자가 나올 확률과 같다. 동시에 550, 353, 279, 007이 나오는 식으로 말이다. 그만큼 우리가 존재하는 것은 불가능에 가까운 기적이라는 뜻이다.

이 수치는 현대 선진국에서 태어난 행운이라는 요소를 고려하지 않은 것이다. 예를 들어, 100년 전만 해도 유럽에서 태어난 아이들의 30~40퍼센트가 다섯 살이 되기 전에 사망했다. 1900년대 전 세계인의 평균 기대 수명은 31세에 불과했다. 오늘날 세계인의 평균 기대 수명은 72세다.

그러나 현대 의학과 안락함과 편리함이 인간들의 삶을 늘려주긴 했지만, 죽음은 더 두려워하게 되었다. 서구인들의 10명 중 8명은 자신의 죽음에 대해 이야기하는 것이 불편하다고 답한다. 65세 이상인 사람들조차 절반 이상이 죽음을 어떻게 맞이할지 고민해 본 적이 없다고 말했다.

가까운 사람이 죽으면 우리는 무엇을 하는가? 우리는 흔히 이런 말을 듣는다.

"생각하려고 하지 마. 바쁘게 지내면서 그냥 잊어버려."

망자의 시신은 곧바로 수의에 감싸여 장의사에게 넘어간다. 그리고 화장을 거쳐 반들거리는 항아리에 담기거나, 최대한 깔끔하고 젊어 보이게끔 단장하고 지인들과 마지막 1시간의 대면을 마친 뒤 완벽하게 관리되고 있는 묘지 속으로 들어간다.

죽음의 역사를 연구해온 에모리대학교의 게리 래더맨Gary Laderman 박사에 따르면, 미국인들이 원래부터 죽음을 무시한 것은 아니었다.

"19세기 이전까지만 해도 미국인들은 죽음과 훨씬 더 친밀했고, 죽음은 가족과 공동체에 기반을 둔 일상생활의 일부라는 측면이 훨씬 강했습니다. 가족들은 집 안에서 손수 죽음을 처리했습니다. 사람이 죽은 뒤에도 시신이 집 안에 그대로 있었죠. 결정적인 전환점이 된 건 에이브러햄 링컨의 사망과 장례식이었습니다. 링컨은 그때까지 방부 처리된 시신 중에서 가장 유명한 인물이었고, 그 과정을 신문들이 자세히 보도했습니다. 이때부터 시신 방부 처리가 주류가 되었고, 장례 산업은 성장과 확장을 시작합니다. 어떤 사람들한테는 이것이 죽음과 거리를 두면서 죽음을 직접 목도하지 않을 수 있는 방법이 되기도 하죠. 이런 현상은 현대적인 병원의 증가와 동시에 일어났습니다. 장례식이 죽음의 과정을 넘겨받고, 병원이 시신을 인계받기 시작한 겁니다."

아픈 사람이 병원으로 가고, 다음에는 장례식장으로 가고, 그다음에는 땅속으로 들어가는 모든 과정이 우리의 손을 벗어나 있다는 것이다.

"병원은 소위 전문 지식을 이용해 사람들로부터 죽음에 대한 친밀함을 앗아갔습니다."

래더맨은 사람들이 의학의 발달과 함께 과학이 자신의 생명을 구해줄 것으로 믿기 시작했다고 말한다. 오늘날 우리는 삶의 끝자락에서 오로지 죽음을 늦출 수 있다는 가능성을 위해 더 많은 통증과 괴로움을 감수하는 과잉 의료 행위를 자초하고 있다.

하버드 의과대학교 외과 교수 아툴 가완디Atul Gawande 박사는 미국 노인의료보험 지출의 25퍼센트가 전체 환자의 5퍼센트밖에 되지 않는 말기 환자들의 마지막 1년을 위해 쓰이고 있다고 말한다. 그중 대부분의 돈은 생명을 살리는 데 거의 도움을 주지 못하고 환자에게 불필요한 고통을 더 겪게 만들 뿐인 연명 치료에 낭비되고 있다.

사람들은 죽음을 며칠 늦추기 위해 이상한 보조제를 먹고, 불가능한 것을 믿으면서 기이한 절차를 밟는다. 나는 생명 연장이라는 미명 아래 외국 연구소에서 위험한 약품들을 불법으로 들여오고, 수천 달러를 들여 젊은 사람의 피를 자신의 몸에 주입하고, 젊음을 보장해주는 알약을 찾아낼 것이라고 믿으며 과학자들에게 수백만 달러를 지원한 사람들에 관한 기사를 쓴 적이 있다.

반면 많은 사람들은 언젠가 다가올 죽음을 전혀 의식하지 않은 채 살아간다. 그러곤 결국 자신답게 살지 못한 것을 가장 후회한다. 임종을 앞둔 미국인들이 가장 흔하게 후회하는 것이 바로 이것이다. 실제로 죽음의 문턱을 경험한 사람들은 종종 단조로운 직장 생활을 그만두거나 독이 되는 인간관계를 끊고, 자신의 꿈을 좇기 위해 새로운 삶을 시작한다.

철학자 마르틴 하이데거는 말했다.

"만일 내가 죽음을 나의 삶 속으로 끌어와 인정하고 정면으로 바라본다면, 죽음에 대한 불안과 삶의 하찮음으로부터 나를 해방시킬 수 있을 것이다. 그럴 때 비로소 나는 자유롭게 나 자신이 될 것이다."

최근 켄터키대학교의 연구진이 하이데거의 말에 어떤 지혜가 담겨 있는지 실험했다. 연구진은 한 그룹의 사람들에게 고통스러운 치과 방문을 생각하도록 했고, 다른 그룹에게는 자신의 죽음을 생각해보도록 했다. 실험 결과, 죽음을 생각했던 사람들은 삶을 새로운 관점으로 바라보게 되었다. 그들은 이전보다 더 행복하고 충만한 삶을 살고 있다고 보고했다. 연구자들은 다음과 같은 결론을 내렸다.

"죽음은 심리적으로 두려움의 대상이지만, 막상 사람들이 그것을 깊이 숙고하면, 행복한 생각들을 찾게 만드는 자동 시스템이 가동하기 시작한다."

(사람들이 아는 것이라고는 "지상에서 가장 행복한 곳" 순위에서 디즈니랜드 다음가는 곳으로 꼽힐 때가 많다는 사실뿐인) 부탄이라는 나라는 하루에 한 번에서 세 번씩 죽음에 대해 생각하는 것이 국가 교육 과정으로 포함되어 있다. 즉, 우리는 모두 죽을 운명이라는 사실에 대한 이해가 부탄 사람들의 집단의식 속에 각인되어 있다.

부탄에서 죽음은 일상의 일부다. 망자의 시신을 태운 재는 점토와 섞여 차차tsha-tsha라고 부르는 작은 피라미드 형태로 만들어, 사람들이 자주 지나가는 길가, 창틀, 광장, 공원 등 누구나 볼 수 있는 장소에 안치한다. 부탄의 예술 중에는 죽음을 소재로 삼은 것이 많다. 시신의 살점을 뜯어먹는 독수리의 모습을 그리기도 하고, 죽음을 재현하는 춤을 추기도 한다. 21일에 걸친 장례 기간 동안 시신은 그가 생전에 살던 집에서 '삶'을 이어가다 수많은 벗과 친지들이 지켜보는 가운데 향나무 장작 위에서 천천히 불살라진다. 죽음과 관련한 이 모든 절차는 절대 어두운 분위기에서 진행되지 않는다. 오히려 그 반대다.

부탄은 세계에서 가장 발전한 국가 순위에서 134위에 오른 나라지만 일본 연구진이 실시한 광범위한 연구에 따르면 세계에서 가장 행복한 20개국 안에 든다. 하지만 대부분의 사람들이 모르고 있는 것은 죽음에 대한 부탄인들의 병적인 흥미가 어떻게 그들의 행복감에 기여하고 있느냐 하는 것이다. 나 역시 알지 못했다.

그리하여 나는 48시간 동안 네 번의 비행을 거쳐 14개의 시간대를 넘고, 15,232킬로미터를 가로질러 이동한 끝에 부탄의 파로 국제공항에 내렸다. 해발 2,235미터 높이의 희박한 공기가 허파를 파고들었다. 눈 덮인 히말라야의 아랫자락을 감싸고 돌아간 산언덕들을 향해 햇살이 쏟아지고 있었다.

첫 일정은 다쇼 카르마 우라Dasho Karma Ura를 만나는 것이었다. 다쇼는 부탄에서 고위급 정부 관리에게 주어지는 특별한 칭호다. 미국으로 치면 국무부, 국방부, 보건복지부 장관 같은 지위에 해당한다. 다쇼는 한마디로 부탄의 행복부 장관 역할을 하고 있다.

죽음에 대해 생각하는 것이 부탄 사람들의 행복과 관련이 있으리라는 추측은 설득력이 있었지만, 한편으로는 신비주의의 분위기를 풍기는 것도 사실이었다. 나는 확실한 숫자, 사실, 수치로 시작하고 싶었다. 철학적 요소까지 곁들인 데이터를 제공하는 것이 바로 카르마 우라의 전문 분야다. 죽음에 대해 따지고 드는 것이 그의 기본 업무는 아니지만, 그는 부탄의 수도 팀푸Thimphu에 있는 부탄 국민총행복 연구센터Center for Bhutan & Gross National Happiness Research의 수장으로, 센터를 이끄는 과정에서 죽음은 자연스럽게 따라오는 주제다. 이 연구소는 부탄 정부가 지원하는 사회과학 연구기관이다. 그는 20년 동안 행복을 연구해왔다. 무엇이 사람들을 행복하게 만드는지, 국민들의 행복을 증진하기 위해 정부가 할 수 있는 일은 무엇인지. 최근 〈뉴욕타임스〉는 그를 "세계 최고의 행복

전문가 중 한 명"이라고 소개했다.

그는 부탄 전역에서 광범위한 행복 연구를 수행하며, 부탄 왕실 정부에 행복 정책을 제안한다. 통계와 숫자에 진심인 그에게 매우 적합한 직업이다.

"4년마다 15세 이상 부탄 국민 중에서 임의로 선정한 8,000명 이상으로부터 무작위 표본 조사한 데이터를 보면, 전국적으로 삶에 대한 평균 만족도가 높은 수준을 유지하고 있음을 볼 수 있습니다. 이런 통계는 부탄을 세계 행복 순위에서 20위 안에 드는 나라로 만들어주고 있습니다."

최근 그가 주도한 조사에 따르면 부탄 국민 중 불행하다고 답한 사람은 단 8.8퍼센트뿐이었다. 나머지 91.2퍼센트는 "약간 행복하다", "상당히 행복하다", "깊이 행복하다" 중 하나를 택했다.

1972년에 부탄의 지그메 싱예 왕축 Jigme Singye Wangchuck 국왕은 세계 여러 나라가 국내 총생산을 높이기 위해 분투하고 있다는 사실을 깨달았다. 그러나 경제 성장에 집중하는 과정에서 중상류층은 과로에 시달리고, 하위 계층은 궁핍한 삶을 사는 경우가 많다는 현실을 주목했다. 더 나아가 이런 나라들은 GDP를 증가시키기 위해 자원과 돈을 얻는 과정에서 필연적으로 환경을 파괴했다.

국왕은 한 기자에게 말했다.

"국민총행복이 국민총생산보다 중요합니다."

경제 성장은 그 자체가 목적이 아니라 더 중요한 목적, 즉 행복을 성취하기 위한 수단일 뿐이라는 생각을 지지하는 발언이었다. 그러니 국민들을 행복하게 만드는 것을 찾아내고 그것을 추구하는 것이 당연하지 않겠는가? 이 철학을 바탕으로 부탄 정부는 행복을 증진시키는 아홉 가지 요소를 연구를 통해 도출했고, 전국 차원에서 개선 정책을 추진했다. 그 요소는 다음과 같다. 심리적 안녕, 신체 건강, 이상적인 근무 환경, 문화적 다양성과 회복력, 강한 공동체 의식, 생태적 회복력, 적절한 생활 수준 등이었다.

부탄 법에 따라 모든 관광객은 가이드와 운전기사를 동반해야 한다. 부탄에 머무는 동안 운전을 맡아준 운전기사 도르지는 다쇼의 산비탈 집까지 나를 태워다 주었다. 우리는 장작 난로가 타오르는 따뜻한 방에 마주 앉았다. 다쇼는 작은 체구에 안경을 쓴 박식한 사람이었다. 그는 검소한 짙은 색의 부탄 전통의상 고Gho를 걸치고 있었다. 나는 난로 안에서 타닥거리는 불소리 너머로 들려오는 그의 낮게 속삭이는 듯한 목소리를 놓치지 않기 위해 집중력을 최대한 발휘했다.

다쇼는 1980년대 저개발 국가의 우수한 청년들을 선발해서 옥스퍼드대학교의 고급 학위 과정으로 보내는 프로그램의 수혜자였다. 그는 경제학과 철학을 공부했다. 이것은 그가 지닌 철학적 면모를 설명해준다. 그는 단순한 수치의 한계를 깊이 이해하고 있었으며, 인간 경험의 많은 부분이 측정될 수 없다는 사실을 잘 알고 있었다. 다쇼는 말했다.

"서구에서는 모든 것을 돈으로 측정하는 경향이 있습니다. 하지만 세상에는 돈과 경제적 지표로 대체될 수 없고, 대체되어서도 안 되는 것들이 많습니다."

다쇼의 부인이 버터와 소금이 들어간 부탄의 전통 차인 수자

Suja를 잔에 담아 들고 방으로 들어왔다. 나는 미국의 막대한 GDP에도 불구하고 최근 들어 기대 수명이 오히려 감소하는 현상이 나타나고 있다고 이야기했다. 다쇼가 차를 한 모금 마셨다. 안경에 김이 서렸다. 그리고 잠시 생각에 잠겼다.

"기대 수명 감소는 매우 심각한 지표입니다. 안녕을 갉아먹는 여러 근본적인 요인이 존재한다는 것을 의미합니다. 미국 사회는 그들의 외적 조건들이 좋아지고 있다고 생각합니다."

다쇼는 미국의 경제가 강하고, 미국인들이 많은 기회와 물질적 안락을 누리고 있다는 점을 지적했다.

"하지만 미국의 내적 조건들은 그렇지 않을 수 있습니다. 왜냐하면 웰빙이야말로 한 사람의 외적 환경과 내적 환경이 상호작용한 결과이기 때문입니다. 내적 환경이 제대로 유지되지 않으면 사람들은 쉽게 부서지거나 운명론적인 선택을 할 수 있습니다."

다쇼의 연구는 행복이 외적 풍요와 생각보다 큰 관련이 없다는 것을 보여준다. 서구 학자들도 이에 동의한다. 스탠퍼드의 연구자들은 이렇게 말했다.

"반복적으로 입증된 놀라운 연구 결과는, 생존이 문제가 되는 가장 가난한 나라들을 제외하고 나면(전 세계 25퍼센트에 해당하며, 생존과 기본 생계 유지가 유일한 과제다) 국민총생산이나 1인당 소득, 기타 경제적 수치와 행복 수준 차이에는 어떠한 연관성도 없다는 것이다."

부탄은 경제적으로 뒤처진 국가다. 한 달 동안 버는 돈은 평균 225달러에 불과하고, 국제통화기금은 이 나라의 국내총생산을

185개 국가 중 161위로 평가한다. 나라 전체 도로 중 상당수가 아직 비포장도로이며, 팀푸는 세계에서 유일하게 신호등이 없는 수도다. 2017년 기준 인터넷 보급률은 절반이 채 되지 않았고, 이 나라엔 맥도날드, 버거킹, 스타벅스 같은 글로벌 프랜차이즈도 없다.

나는 흔히 저개발국으로 분류되는 이 나라에서 대부분의 사람들이 행복해 보이는 이유가 무엇인지 물었다. 그는 잠시 생각하더니 대답했다.

"여러 가지 이유가 있겠지요. 우리는 이곳에서 깊은 공동체적 유대감을 느낍니다. 그리고 자연과도 깊이 연결되어 있죠."

부탄 국민의 약 70퍼센트가 시골에 살면서, 평균 200명 정도로 구성된 작은 공동체에서 살아간다. 행복의 사바나 이론을 상기해 보라. 그리고 대부분의 사람은 자신의 땅을 소유하고 있다.

"자연은…, 늘 저 자리를 지키고 있는 저 산비탈은 한 사람이 태어난 곳이고, 일하는 곳이며, 성장하는 곳이자 결국 죽음을 맞이하는 곳입니다. 이런 환경 속에서 사람들은 공동체와 익숙한 풍경에 강한 소속감을 느낍니다. 자신을 어떤 땅에 얽혀 있는 존재로 보는 관점은 아마 미국에는 없을 겁니다. 이사도 자주 하고 대부분 도시에서 살기 때문에 소속감이 좀 더 추상적입니다. 예를 들면, 나이키 같은 브랜드에 소속감을 느낀다거나 하는 식으로요."

비즈니스 매거진 〈패스트 컴퍼니Fast Company〉의 최근 기사에 따르면, "브랜드 소속감"을 구축하는 데 자금을 쏟아붓는 미국의 거대 기업들이 늘고 있다. 홍보 전략이 "우리 제품을 사주세요"에서 "우리가 되세요"로 바뀌고 있다는 것이다.

다쇼의 연구에 따르면, 부탄 사람들은 정신적, 신체적 건강을 행복의 가장 중요 요소로 꼽는다. 부탄의 비만율은 단 6퍼센트에 불과하다.

"우리나라의 보건 의료 시설은 좋은 편이 아닙니다. 하지만 무료입니다. 모든 의료 절차 비용을 정부가 부담합니다. 그리고 국내 병원이 적절한 절차를 수행할 수 없는 경우에는 외국 의료 시설에서 진행하는 절차까지 모든 비용을 지원합니다. 부탄 국민들은 부채도 적습니다. 모든 부탄 사람은 집을 소유하고 있습니다. 미국인들은 그렇지 않지요. 이 나라 가옥들의 질이 썩 좋지 않을 수는 있습니다. 하지만 집집마다 창문 너머로 계곡이 보이고 뒤쪽에는 숲이 있습니다. 빚에 묶여 있지 않은 상태에서 경험하는 자유의 느낌은 매우 중요합니다."

다쇼는 모바일 기술이 부탄의 젊은이들에게 영향을 미치고 있으며, 이들이 팀푸와 파로Paro를 비롯한 도시로 이주하는 경향이 늘어가는 현실을 주시하고 있었다. 하지만 이런 도시들조차 미국으로 치면 작은 스키 리조트 마을 같은 느낌이며, 사람들은 여전히 자연 속에서 살고 일한다.

"자연과 접촉하는 일보다 중요한 것은 없습니다. 우리는 오감을 전부 열고 자연을 매일 경험하면서 좋은 영향을 받아야 합니다. 그러면 자신을 다른 관점으로 바라볼 수 있게 됩니다. 예를 들어, 숲에서 야생 멧돼지를 보고 '저 동물은 어떤 삶을 살까?' 하고 생각해본다고 합시다. 그러면 그 존재가 얼마나 치열한 생존 투쟁을 하는지 깨닫게 됩니다. 또한 자연에는 아름다움과 동시에 소멸이 공존합니다. 자연이 겪는 순환을 보며, 나 자신 또한 순환 속에 있다는 사실을 떠올리게 되지요."

이 대목에서 나는 내가 이곳에 온 진짜 이유를 꺼낼 적절한 타이밍이라고 느꼈다. 그래서 물었다.

"부탄 사람들이 죽음을 대하는 태도가 그들의 행복에 어떤 영향을 미친다고 생각하시나요?"

그는 잠시 생각한 뒤 대답했다.

"죽음은 단순히 병원과 장례식장과 보험과 돈 거래의 문제가 될 수 없습니다. 어떤 형태로든 교육적 의미가 필요합니다. 부탄에서는 자신을 언제까지나 살아 있는 존재가 아니라 죽음을 향해 가고 있는 존재로 여깁니다. 이것을 매우 중요한 삶의 철학이라고 배웁니다. 이 나라에서 죽음은 문화와 소통의 일부입니다."

부탄의 '죽음 인식'이 행복을 얼마만큼 향상시키는지 정확히 측정하는 것은 어려운 일이다. 그런데 놀랍게도 그의 조사 연구는 영성Spirituality을 측정한다. 그는 부탄의 국교인 불교의 근간에 죽음이 녹아들어 있다고 말한다. 게다가 부탄의 불교 종파는 대부분의 여타 불교 국가들에 비해 죽음에 대한 자각을 더 강조한다. 다쇼는 죽음과 관련한 더 깊은 신학적 가르침은 내가 다음으로 만나게 될 사람을 위해 남겨두겠다고 말했다.

나는 다시 도르지의 작은 해치백 차량에 몸을 실었다. 도르지는 부탄의 전통 복장인 고를 걸치고, 라즈니간다Rajnigandha를 씹고 있었다. 이것은 빈랑 열매 껍질과 베텔 잎에 향이 나는 가루를 입힌 것으로, 마치 타는 향 냄새 같은 맛이 난다. 우리 둘을 실은 차가 포장도로를 30분 정도 내려간 뒤 떠돌이 개 다섯 마리를 피해가며 가파른 흙길로 들어섰다. 돌을 밟을 때마다 타이어가 통통 튀어 오른다. 차가 먼지를 피워 올리며 전통적인 목조 가옥들 앞에서 놀고 있는 아이들을 지나고, 한 줄로 늘어서서 기도를 하는 무리를 지나고, 등에 건초 꾸러미를 묶은 채 언덕길을 오르는 나이든 여인들을 지났다.

고도가 높아지면서 길이 더 나빠졌다. 도르지는 경차 수준의 차로 사륜구동 차량이 다닐 법한 험한 길을 건너고 있었다. 핸들을 거칠게 마구 돌려대고, 엔진 회전수를 제멋대로 조절해가며 덜컹거리는 길 위로 겨우 차를 끌고 올라갔다. 차량 바닥이 바위에 긁히며 깊고 거친 마찰음을 냈다. 도로는 더 높아지면서 계단식 논과 절벽을 따라 휘어졌다. 30분에 걸친 오프로드 경주가 끝나고 도르지가 차를 길가에 세웠다.

"2시간."

내가 손가락 두 개를 펴 보이며 말했다. 도르지가 미소를 지으며 고개를 끄덕였다. 그러고는 시동을 끄고, 주차 브레이크를 당긴 뒤 창문을 내리고, 좌석을 뒤로 한껏 젖혔다.

나는 절벽 가장자리에 난 길을 따라 걷기 시작했다. 주변은 온통 소나무다. 선선한 바람이 솔잎을 흔들어댄다. 그렇게 10분간 절벽길을 따라 걸어갔다. 지금까지는 통계를 들었으니 이제는 신비주의자들의 이야기를 들을 차례다.

내가 만날 첫 번째 인물은 켄포 푼초 타시Khenpo Phuntshok Tashi다.

죽음에 대해 인간이 알 수 있는 최대치를 알고 있는 사람이다. 부탄의 최고 불교 사상가 중 한 사람으로, 죽음과 임종에 대한 연구에서 독보적인 업적을 이뤄냈다. 그는 《삶의 미학과 평온한 죽음의 구현The Fine Art of Living and Manifesting a Peaceful Death》이라는 250페이지짜리 책의 저자이기도 하다. 그리고 무엇보다 서구 사회가 겪는 죽음에 대한 두려움을 깊이 이해할 수 있는 인물이었다. 그가 불교 수행에 전념하기 전, 달라이 라마의 통역을 맡았던 여자친구와 함께 미국 애틀랜타에서 살았었다. 아마도 그는 이 시기에 서구인들이 죽음에 대해 느끼는 두려움의 핵심과 그 영향을 간파했을 것이다.

나의 신발 두 짝이 먼지를 낮게 피워 올리는 것을 보며 걷다 보니 절벽 한쪽에 들어앉은 켄포의 오두막이 시야에 들어왔다. 샤바Shaba 계곡을 내려다보는 바위 언덕 위에 있는 고대 불교 사원 다카르포Dakarpo의 그늘 아래 양철 지붕의 목조 건물이 들어앉아 있었다. 열댓쯤 되는 사람들이 요새처럼 생긴 사원의 흰 건물을 시계 방향으로 돌고 있었다. 그들은 만트라를 외우며 험한 지형 위를 조심스레 걸어갔다. 부탄 신화에 따르면 다카르포 주위를 108번 돌면 죄가 씻겨나간다고 한다. 한 바퀴를 도는 데에는 25분 정도가 걸리며, 이를 완전히 108번을 수행하려면, 약 나흘이 걸린다. 완전한 속죄를 위한 대가치고는 그리 큰 부담이 아니다.

오두막 문 앞에서 한 여인이 공손히 인사를 하더니 모래가 담긴 무쇠 그릇을 가리킨다. 모래에 꽂힌 향 막대 몇 개가 연기를 피워 올리고 있다. 나는 손바람으로 얼굴에 연기를 쐬었다. 여인이 산스크리트 문양이 새겨진 황금 주전자를 들어서 내 손에 물을 부어준다. 나는 절반은 마시고 나머지 반은 머리 위에 부었다. 정화의식을 마쳤다. 신발을 벗고 오두막으로 들어섰다.

처음 들어선 방은 방석 위에 몸을 말고 앉은 얼룩무늬 고양이를 빼고는 텅 비어 있었다. 삐걱거리는 마룻바닥을 밟으며 다음 방으로 들어갔다. 칼, 그릇, 전자레인지 등 기본 조리 도구만 갖춘 간소한 주방이었다. 오른쪽에 주름 천을 드리운 끝방 입구가 보였다.

자수가 들어간 무거운 오렌지색 비단 천을 조심스레 젖히니 향내가 코를 파고든다. 뿌연 창문으로 쏟아져 들어온 햇빛이 연기에 조명을 비추고 있다. 그 탓에 90센티미터 높이의 불상이 앉아 있는 작은 제단이 흐릿하게 보인다. 불상 주변에는 더 작은 불상들과 사진들, 연기를 피워 올리고 있는 참파champa 향들이 놓여 있다. 연기를 뚫고 한 얼굴의 옆모습이 보인다. 켄포였다.

밤색과 금색이 섞인 가사를 걸친 켄포가 작은 단 위에 놓인 화려한 방석에 가부좌를 틀고 앉아 있었다. 그가 천천히 고개를 돌렸다. 서로 눈길이 마주치자 미소를 짓는다. 만일 내가 실제 샹그릴라를 찾아가서 암벽 한켠의 암자에 앉아 있는 고승의 설법을 듣기 위해 걸어 들어간다면 어떤 모습일까 하는 상상을 미리 해보았다면, 지금 이 장면은… 그러니까… 정확히 내가 그려봤을 법한 장면이었다.

켄포의 얼굴을 쳐다보면서, 나는 영화 〈캐디쉑Caddyshack〉 속에서 빌 머레이Bill Murray가 달라이 라마를 묘사하면서 내뱉었던 대사를 떠올리지 않을 수 없었다. '흐르는 듯한 승복… 우아함… 민

머리… 강력한 존재감.'

"환영하오."

켄포의 목소리는 강한 억양이 섞인 부드러운 버터 같은 음색이었다. 나는 허리를 숙여 예를 표한 뒤 자리에 앉았다. 그가 나를 바라보며 물었다.

"죽음에 대해 이야기하고 싶군요?"

나는 고개를 끄덕였다.

"흠…."

침묵 속에서 켄포의 가슴이 천천히 들려 올라갔다가 내려왔다.

"미국 사람들은 대부분 무지하지요."

켄포는 미국에서 흔히 모욕으로 쓰이는 '무지하다ignorant'라는 표현을 썼지만, 원래 이 말의 정의는 '자각의 결여'다. 부탄을 비롯한 불교 국가들에서 '무지'는 산스크리트 '아비댜Avidyā'를 영어로 옮긴 말이며, 현실의 참된 본질과 자신의 무상함을 제대로 이해하지 못한 상태를 뜻한다.*

"대부분의 미국인들은 자신이 얼마나 좋은 것을 가졌는지 알지 못하고, 그래서 많은 사람들이 불행해하면서 엉뚱한 것들을 좇고 있습니다."

"엉뚱한 것들이라면 무엇일까요?"

나는 종교 권위자를 대할 때 취해야 할 자세와 어조에 마음을 쏟아가며 물었다.

---

\* 동아시아 불교에서 "아비댜"는 "무명無明"으로 번역된다.

"인생을 마치 체크리스트 완수하기처럼 살고 있습니다. '좋은 아내나 남편을 얻을 거야, 그리고 좋은 차를 살 거야, 그리고 좋은 집을 살 거야, 그리고 승진도 할 거야, 그런 다음 더 좋은 차와 더 좋은 집을 산 뒤에 이름을 널리 알리고 나서 또….'"

켄포는 아메리칸 드림의 이런저런 성취들을 나열했다.

"그런데 계획이 완벽히 실현되는 일은 절대로 없지요. 그리고 설사 그런 일이 일어난다 해도, 그 자리에 안주하지 못하고 체크리스트에 더 많은 항목을 추가하게 될 겁니다. 하나를 얻으면 곧바로 다음 것을 원하게 되는 것이 욕망의 본성인데, 성취와 획득의 쳇바퀴가 반드시 행복을 보장해주지는 않습니다. 신발이 열 켤레 있으면 열한 켤레를 원하게 되는 것이지요."

틀린 말이 아니다. 미국에서는 지난 100년 동안 물건 수집 풍조가 확산되어왔다. 예를 들면, 1930년대 미국 여성의 옷장에는 평균 36벌의 옷이 걸려 있었다. 오늘날 정리정돈 서비스를 의뢰한 사람들은 평균 120벌의 옷을 가진 것으로 나타났으며, 대부분 몇 번 입지 않은 것들이었다. 캘리포니아 리버사이드대학교의 연구에 따르면, 물질적인 재화 또한 '편안함에 의한 잠식' 현상의 희생양이 된다. 순간적인 기쁨을 선사하며 우리를 위로하지만 곧, 관심을 잃고 다른 물질적 욕망이 우리의 마음을 사로잡는다.

샌프란시스코 주립대학교의 연구진은 지위, 부, 재산은 우리의 기본 욕구를 충족시킨다는 조건에서만 행복의 증진에 기여할 수 있다는 사실을 발견했다. 예를 들면, 안전한 집과 충분한 음식과 이상 없는 차를 사는 데 충분한 돈을 갖고 있으면 더 행복해질 수도 있다. 그러나 예컨대 소박한 집에 사는 것과 화려한 대저택에 사는 것, 그리고 기본형 마쓰다를 타는 것과 마세라티를 타는 것 사이에는 장기적 행복의 차이는 거의 없다. 오히려 연구진은 과도한 물질주의는 불행을 초래한다는 역설을 발견했다.

최근 미국에서 '미니멀리즘'과 '설레지 않으면 버려라'라는 개념이 유행하는 이유일 것이다. 이론상으로는 그럴듯해 보인다. 하지만 일부 학자들은 미국인의 비물질화 시도조차도 또 다른 형태의 물질주의뿐이라고 경고한다. 아이오와대학교의 인류학자인 미나 칸델왈Meena Khandelwal이 지적한 대로, 요즘 사람들이 미니멀리즘을 추구하는 것은 켄포와 같이 '더 높은 실재에 자신을 내맡기기' 위해서가 아니라 인스타그램에서 유행하는 미니멀리즘이 멋져 보이기 때문이다.

이어서 켄포는 체크리스트를 맹목적으로 추구하다 보면 자신을 더 높은 실재와 행복으로부터 멀어지게 만드는 행동을 할 수밖에 없다고 지적한다. 그의 이야기는 불교의 바즈라야나Vajrayana, 즉 티베트 불교의 여러 스승들의 통찰과 일맥상통한다. 소걀 린포체 Sogyal Rinpoche는 1992년 《삶과 죽음을 바라보는 티베트의 지혜》에서 체크리스트 현상에 대해 "서구식 게으름"이라고 표현했다.

"우리는 삶을 강박적인 활동으로 가득 채운다. 그래서 정작 중요한 문제를 직면할 시간이 없다. 스스로 삶을 들여다보면 얼마나 많은 불필요한 일들과 소위 '책임'이라는 것들이 우리 삶을 채우고 있는지 명확하게 보일 것이다. 하지만 우리는 계속해서 집착적으로 삶의 조건을 개선하려고만 한다. 이것이 곧 목적이 되고 결국

제자리를 맴도는 헛된 방황으로 끝날 수 있다."

미국인들은 일주일에 평균 47시간을 일한다. 기업가들과 '생산성 달인'들은 "고생"과 "닥치고 빡세게 일하기" 정신이 만족감을 얻는 비결이라고 설교한다. 미국인들의 바쁨은 1960년대 이후 급격히 증가했다. 콜롬비아 경영대학원의 연구에 따르면, 미국인들은 '바쁨'을 일종의 사회적 지위로 인식하고 있다. 이는 과거 육체적으로 어려운 일을 하던 시절에 비해 그렇지 않은 오늘날의 공백을 채우기 위한 현대적 대안일지도 모른다. 예를 들자면, 일론 머스크는 자신이 일주일에 120시간을 일한다며 자랑하고, 미국의 티브이 언론인 크리스 쿠오모Chris Cuomo는 코로나에 걸려서도 일한 자신을 '전사'라고 칭했다.

결국 일과 삶 사이의 균형은 어그러졌다. 혹은 일을 삶에 통합하는 것이 아니라 삶을 일에 통합해버린 것이 문제일지도 모른다. 이런 문제 때문에 미국이 수십 년 전보다 덜 행복한 나라가 된 것이라는 연구 결과도 있다.

켄포가 나를 바라보며 말했다.

"체크리스트 계획은 우리를 진정으로 행복하게 만들어주지 못합니다. 그렇다면 우리를 정말로 행복하게 만드는 건 뭘까요?"

그가 침묵했다. 질문의 답을 내가 스스로 찾도록.

"모르겠습니다…. 저는 무지한 미국인이라서요."

내가 멋쩍은 웃음을 섞어서 말했다.

"그렇다면 당신은 더 행복해질 수 있겠군요!"

켄포가 껄껄 웃었다.

"무지에서 벗어나 쳇바퀴와 마음의 본성을 이해하고 마음챙김을 최우선시한다면, 곧 모든 것이 좋아질 것입니다. 부자가 되지 않아도 괜찮습니다. 마음챙김을 하고 있으니까요. 완벽한 배우자를 얻지 못해도 괜찮습니다. 당신은 마음챙김을 하고 있으니까요."

마음챙김은 미국에서 매우 핫한 개념이지만, 사실 예수 탄생 이전부터 동양 전통의 일부로 내려온 것이다. 매사추세츠 의과대학교 교수이자 서구 세계에서 마음챙김의 선구자로 인정받고 있는 존 카밧 진Jon Kabat Zinn의 표현에 따르면, 마음챙김은 '현재 순간에 일어나는 일을 판단 없이 의식적으로 집중하는 것'이다. 즉, 자신의 내면에 무슨 일이 일어나고 있는지를 '자각'하는 것이 마음챙김의 핵심이다.

켄포의 말을 듣는 순간 내가 앉아 있던 마룻바닥의 두께만큼이나 얄팍한 깨달음이 생기면서, 내가 그동안 늘 마음챙김에 실패해온 이유가 이해가 되었다. 술을 끊은 뒤로 나는 매일 말짱한 정신으로 명상을 해왔다. 헤매는 시간이 대부분이기는 했지만, 그렇게 앉아 있다 보면 마음이 5등급 허리케인에서 4등급으로 누그러질 때가 많았다.

그럴 때면 비록 아주 짧은 순간이지만, 나는 내 생각이 만들어내는 기계적 작동 방식을 있는 그대로 바라볼 수 있었다. 그런 순간이 올 때면 내가 조금은 나아지고 있다는 느낌을 받았다.

그런데 켄포는 마음챙김을 체크리스트라는 톱니 바퀴에 막대를 꽂아 멈추는 행위로 설명했다. 부자든 가난하든 유명하든 아니든, 내 마음이 내뱉는 이야기에 휘둘리지 않고 다만 지금 벌어지고 있는 일을 있는 그대로 받아들이라는 것이었다. 바로 이것이 행복한 삶을 누릴 수 있는 방법이다.

이런 사고방식은 내가 금주를 유지하는 데 도움이 된 방식과도 닮아 있었다. 내게 안 좋은 일이 일어날 때마다, 스스로 이렇게 말하곤 했다.

"만일 내가 여전히 술을 마시고 있었다면 상황은 훨씬 나빴을 거야."

입구에서 정화의식을 안내했던 여성이 방으로 들어왔다. 그리고 켄포와 내가 마주앉아 있는 마룻바닥 중간에 오이와 귤 조각이 담긴 접시를 내려놓았다.

"전부 유기농입니다!"

켄포가 말했다. 그리고 곧바로 오이를 집어 들더니 우걱우걱 씹었다.

"그렇다면 저처럼 평생 체크리스트를 완수하는 게 몸에 밴 서양인이 마음을 챙기면서 살려면 어떻게 해야 할까요?"

"글쎄요. 우리 부탄 사람들에게도 무지, 화, 집착이 있습니다. 체크리스트라는 문제도 똑같이 갖고 있지요. 다만 정도가 조금 덜할 뿐이죠. 그 이유는 우리가 '신체의 마음챙김'을 실천하기 때문입니다. 우리는 누구나 지금 이 순간에도 죽어가고 있다는 것을 항상 잊지 않습니다. 모든 사람은 죽습니다. 당신도 예외가 아닙니다. 당신은 이 사실을 정말로 알고 있습니까? 죽음에 대해 생각하지 않고 준비하지 않는 것, 이것이 무지의 근원입니다."

그는 비유를 들어 설명했다.

"산길을 걷고 있다고 상상해보십시오. 500미터 앞에는 낭떠러지가 있습니다. 이 절벽이 바로 '죽음'이며, 우리는 모두 그곳을 향해 걸어가고 있습니다. 우리는 결국 절벽에서 떨어질 운명입니다. 붓다도 죽었고, 예수도 죽었습니다. 당신도 죽고, 나도 죽을 것입니다."

켄포는 바닥에 놓인 작은 매트리스를 가리키며 말했다.

"나는 저 침대에서 죽고 싶습니다."

그는 다시 물었다.

"당신은 저 앞에 절벽이 있다는 사실을 알고 싶지 않습니까?"

그 사실을 알게 된다면, 우리는 인생의 경로를 바꿀 수 있다. 더 아름다운 길을 선택할 수 있고, 길이 끝나기 전에 길의 아름다움을 감상할 수 있으며, 길을 함께 걷고 있는 사람들에게 진심으로 전하고 싶은 말을 할 수 있다.

"죽음이 다가오고 있다는 것, 절벽이 가까워지고 있다는 것을 깨닫기 시작하면, 모든 것이 다르게 보입니다. 정신적 경로가 바뀌고, 저절로 더 자비로워지고 마음을 더 잘 챙기게 됩니다. 그런데 미국인들은 절벽에 대한 이야기를 듣고 싶어 하지 않습니다. 죽음에 대해 생각하지 않죠. 심지어 장례식이 끝난 후에도 죽음을 잊고, 그냥 케이크를 먹으며 기분 전환을 하려 합니다. 반면 부탄 사람들은 절벽을 알고 싶어 하고, 기꺼이 죽음을 이야기하며 그 과정에서 케이크 먹을 분위기를 망치는 것도 개의치 않습니다."

나는 다리가 저려 몸이 점점 구부러지고 있었지만 켄포는 여전히 완벽한 가부좌를 유지하고 있었다. 그는 마지막으로 말했다.

"따라서 나를 포함한 모든 이들이 지금 이 순간에도 죽어가고 있다는 것을 기억해야 합니다. 죽음에 대해 이런 마음챙김을 할 수 있으려면 '미탁파mitakpa'를 생각해야 합니다."

"미탁파라고 하셨습니까?"

"그렇습니다, 미탁파."

나는 미탁파가 무엇이고 그것으로 무엇을 할 수 있는지 더 자세히 질문하고 싶었지만 시간이 다 되어버렸다. 나는 다시 도르지의 차에 올라타야 했다. 차는 바위가 가득한 험한 길을 다시 내려가며 우리를 고무공처럼 이리저리 튕겨냈다. 도르지에게 물었다.

"도르지, 미탁파가 뭔가요?"

도르지가 돌아보며 못 알아들었다는 뜻으로 고개를 흔들었다.

"미탁파."

내가 재차 말했다.

"아, 미탁파!"

도르지가 무지한 미국인의 발음을 이제야 이해했다는 듯이 부탄 사람답게 제대로 발음했다.

"탁파Takpa는 '영원'이라는 뜻이고, 미Mi는 '아니다'라는 뜻입니다. 그러니까 미탁파는 '영원하지 않다', 즉 무상을 의미합니다."

나는 더 설명해달라고 묻기 시작했지만, 부탄의 교통난이 나를 방해했다. 소 일곱 마리가 하나뿐인 차로를 차지한 채 어슬렁어슬렁 걷고 있었다. 도르지가 브레이크를 밟으면서 속도를 늦춰 서행하기 시작했다. 무게가 반 톤쯤 되는 짐승들이 길 양편으로 느릿느릿 움직였고 절걱거리는 방울소리를 내며 차 옆을 스쳐갔다.

도르지는 나를 호텔에 내려주었다. 원래는 저녁을 먹기 전에 일을 몰아서 처리할 생각이었다. 체크리스트에 있는 일들을. 그런데 켄포와의 대화가 머릿속에서 떠나지 않았다. 나는 대신 팀푸 시내를 걷기로 했다. 늘어선 가게들을 지나가며 생각했다. 죽음에 대해, 그리고 체크리스트와 나의 관계에 대해.

지금까지 나는 착각을 자주 경험했다. 행복을 줄 것이라 기대했던 일들은 사실 일시적인 기쁨만을 줄 뿐이었다. 월급이 올랐을 때 더 행복해질 거라 기대했지만 결국 잠시 스쳐가는 기쁨을 줬을 뿐이었다. 비싼 물건을 샀을 때 나를 바라보는 사람들의 시선이 바뀌어서 나를 더 행복하게 만들어줄 거라 생각했지만 그 기쁨은 오래가지 않았다. 하지만 술을 끊기 시작했을 때, 나는 깨달았다. 진정으로 나에게 마음을 써주는 생명체는 다섯밖에 없다는 사실을. 그 중 둘은 반려견이었다. 그 아이들은 내가 얼마를 벌든, 어떤 직업을 갖든 전혀 신경 쓰지 않았다.

철학자이자 신경과학자인 샘 해리스Sam Harris는 이 체크리스트 현상의 배후에는 '결국 현재의 휴식과 즐거움'을 찾고자 하는 욕구가 자리 잡고 있다고 썼다. 하지만 대부분의 사람들은 그 본질을 이해하지 못한 채, 단순히 '체크리스트를 채우는 것' 자체를 목표로 삼아버린다. 그는 이렇게 덧붙였다.

"그것은 헛된 희망이다."

내 인생에서 가장 지속적인 행복은 사회가 정해준 조건에서 온 것이 아니었다. 돈, 학위, 직위, 직업, 물질 그 어느 것도 아니었다. 그것은 내 마음 상태에서 비롯됐다. 이를테면, 술을 끊고 주변 사람들에게 더 잘할 수 있게 되었을 때. 내가 그렇게 대단한 존재가 아니라는 사실을 받아들였을 때. 그리고 나보다 더 큰 힘과 연결됨을 느꼈을 때. 그 힘이 서부 텍사스의 시인 테리 앨런Terry Allen이 말한 대로 "저 높은 곳 어딘가에 있는 것이 아니라 바로 여기 내 안에 들어앉아 있음"을 깨달았을 때. 감히 생각하건대, 행복이 바로 여기 내 안에 들어앉아 있다는 깨달음이야말로 마음챙김의 한 가지 모습이 아닐까?

그때 흰 털북숭이 개가 나에게 달려와 다리에 엉겨 붙었다. 배가 고팠던 모양이다. 나는 구운 음식들을 파는 노점으로 가서 부탄식 도넛인 셀로티를 잔뜩 샀다.

"주인 없는 개예요."

도르지가 일러준다.

"마을 사람들 전체가 돌봐주죠."

그날 밤 내내 나는 팀푸를 돌아다니며 떠돌이 개들에게 셀로티를 나눠주었다.


이튿날 오전 9시에 도르지가 다시 나를 태우러 왔다. 우리는 팀푸 중심부로 향했다. 팀푸에는 신호등이 없고 대신 교차로 한가운데 교통정리를 하는 경찰관이 있다. 우리는 3층짜리 아파트 건물 아래 차를 세웠다.

내가 여기 온 것은 라마 담초 곌첸Lama Damcho Gyeltshen을 만나기 위해서였다. 그는 죽음을 결코 추상적인 관점에서 논하지 않는다. 그는 죽음을 매일 경험한다. 부탄의 대표 병원인 지그메 도르지 왕축 국립병원Jigme Dorji Wangchuck National Referral Hospital의 수석 라마로서, 이곳에서 임종을 앞둔 환자를 상담한다. 앞서 켄포가 죽음에 대한 철학적 문제를 설명해주었다면, 라마는 보다 실질적인 해결책을 제시해줄 수도 있지 않을까?

차에서 내리자 지그미 틴리Jigmi Thinley가 나를 기다리고 있었다. 그는 다쇼 카르마 우라의 일을 도맡아 하는 사람이었다. 다쇼는 나에게 라마를 만나면 좋겠다고 조언했고, 언어 장벽을 돕기 위해 지그미를 보내주었다. 그는 전통 의상 고를 갖춰 입고 있었고, 넓고 각진 얼굴에 단단하고 우람한 체구를 가지고 있었다. 고지식해 보이는 안경테만 없었다면 지적인 사무 노동자보다는 농부나 레슬링 선수에 더 어울리는 인상이었다.

우리는 아파트 건물의 노출된 시멘트 계단을 따라 2층으로 올라갔다. 문 앞 매트 위에 지저분한 개 한 마리가 웅크리고 있었다. 지그미가 노크를 했고, 우리는 안내에 따라 대기실로 들어갔다. 그곳에는 몇 명의 여성이 부탄어로 명랑하게 대화를 나누고 있었다. 입구에 줄 맞춰 놓인 신발들은 마치 급하게 만든 나막신처럼 하나같이 뒤가 납작하게 구겨져 있었다. 부탄 사람들은 집이나 사원에 들어갈 때 신발을 벗는 것을 중요하게 여긴다. 난 끈이 복잡한 가죽 부츠를 신고 있었기 때문에 허리를 숙인 채 열심히 끈을 풀고 있었는데 그 모습을 본 여성들이 웃음을 터뜨렸다. 지그미가 미소를 지으며 말했다.

"부탄에는 어울리지 않는 신발이군요."

우리는 다음 방으로 들어갔다. 라마는 비단 방석들을 깔아놓은 단 위에 앉아 있었다. 우리가 들어서자 라마가 방석들을 성큼성큼 건너와 악수를 하고 큰 미소를 지었다. 그는 민머리에 동글동글한 체격에 얇은 철테 안경을 끼고 있었다. 밝고 흰 미소가 환한 오렌지색 가사 덕분에 한층 더 돋보였다. 라마가 다시 단으로 올라가 가부좌를 하고 앉았다. 지그미와 나는 그대로 바닥에 앉았다. 지그미가 내가 찾아온 이유를 설명했다. 죽음, 임종, 그리고 부탄의 죽음 문화.

"우선 이렇게 찾아와주고 죽음에 대해 다시 한번 생각해볼 수 있게 해주어 고맙습니다. 죽음에 대해 생각하는 것은 우리 정신에 매우 중요한 것이니까요."

나는 자연스럽게 물었다.

"그게 왜 중요한가요?"

"이 병원을 찾아온 사람들은 세상을 떠날 가능성이 높습니다. 그러나 세상을 떠나지 않을 가능성도 크지요. 나의 역할은 그들이 죽음을 준비하도록 돕는 것입니다. 내가 본 바로는 죽음에 대해 한 번도 생각해보지 않은 사람들이 임종을 맞이할 때 가장 많은 후회를 합니다. 왜냐하면 '죽음에 대한 사고'라는 중요한 도구를 사용하지 않았기 때문입니다. 더 충만한 삶을 살게 만들어줄 필수적인 수단이죠."

미국에서 예일 암센터, 다나파베르Dana-Faber 암연구소, 매사추세츠 종합병원을 비롯한 여러 의료 기관을 대상으로 진행했던 연구도 이러한 관점을 뒷받침해준다. 이 연구에 따르면, 자신의 죽음에 대해 열린 대화를 나누었던 말기 환자들의 경우 세상을 뜨기 전 마지막 몇 주 또는 몇 달 동안 더 높은 삶의 질을 누렸다는 것이 유가족들과 간호 실무자들의 판단이었다고 한다.

라마가 말을 이었다.

"마음은 수많은 망상으로 고통받고 있습니다. 이런 망상들은 세 가지로 요약됩니다. 탐욕, 화, 무지입니다. 마음을 돌보지 않으면 이 세 가지가 우위를 점합니다. 임종을 앞둔 사람들을 상담하다 보면, 유명해지는 것이나 차나 시계나 더 많이 일하는 것에 대해 갑자기 관심을 끊는 모습을 보입니다. 자신을 미워했던 사람에 대해서도 마음을 쓰지 않습니다."

바꿔 말하면 이렇다. 자신의 죽음이 임박했음을 깨달으면 체크리스트와 일상의 자질구레한 것들이 무의미해지면서 마음이 행복해질 수 있는 방법에 집중한다. 오스트레일리아의 한 연구에 따르면, 임종을 앞둔 사람들이 가장 많이 후회하는 것 중에는 현재를 살지 못했다는 것, 너무 많이 일했다는 것, 그리고 자신이 진정으로 원하는 삶이 아니라 남들이 원하는 삶을 살았다는 것이었다.

"반면에 자신의 죽음에 대해 생각하고 준비해온 사람들은 이런 후회를 하지 않습니다. 그런 망상들에 쉽게 빠지지 않았기 때문이지요. 현재를 산 것입니다. 많은 것을 이뤘을 수도 있고, 그러지 못했을 수도 있습니다. 그러나 어느 쪽이든 행복에 그리 큰 영향을 주지는 않습니다."

이어서 라마는 임종 때 흔히 일어나는 일종의 우주적 차원의 영적 변화에 대한 이야기로 화제를 넓혀갔다. 당연한 일이지만, 자신의 죽음을 직감하면 불안부터 따라온다. 하지만 결국에는 삶의 끝자락에서 일어나는 마법을 체험하면서 다른 세상으로 가게 된다.

"미탁파는 무엇인가요? '영원한 것은 없다'는 뜻이라고 누가 얘기해주던데…."

내가 물었다.

"거의 맞습니다. 미탁파는 '무상$_{\text{impermanence}}$'입니다."

라마는 핵심을 강조하는 교수처럼 손을 들어 검지를 펴 보였다.

"무상, 무상, 무상."

그는 이것이 불교 가르침의 기초라고 했다. 말 그대로 모든 것이 영원하지 않다는 뜻이다. 영속하는 것은 없으며, 따라서 영원히 붙잡을 수 있는 것도 없다. (실제로 불자들은 스토아 철학자들보다 수백 년 앞서 죽음을 똑똑히 인식하고 있었다.) 변하는 것을 붙잡으려는 노력은, 우리 삶 자체가 그렇듯이, 결국 고통으로 끝난다. 붓다가 마지막으로 남긴 말도 무상에 관한 것이었다. 모든 것은 죽는다는 사실을 일깨우는 말이었다. 그는 이렇게 말했다.

"모든 것은 변한다. 태어난 것은 반드시 소멸한다. 모든 개별적인 것은 사라진다."

우주 달력이 한 장 한 장 넘어가면서 우리의 행성도 결국 죽음을 맞게 될 것이다. 과학자들이 세운 몇 가지 가설에 따르면, 앞으로 10억 년쯤 뒤면 지구는 소행성 충돌이나 뜨거워진 태양 등의 원인에 의해 소멸할 가능성이 있다. 아예 우주 전체가 소멸할 수도 있다. '빅 립$_{\text{Big Rip}}$ 이론'에 따르면 암흑 에너지라는 특이한 힘이 우주의 10에 80제곱에 달하는 원자 하나하나를 찢어버려, 궁극적으로 은하 간 대규모 붕괴를 일으킬 수도 있다.

"미탁파의 귀중한 깨달음을 마음속에 간직하는 것이 중요합니다. 그러면 행복에 큰 기여가 될 것입니다."

라마가 말했다. 켄포의 생각과도 일맥상통하는 설명을 덧붙였다. 미탁파를 잊고 사는 사람들은 종종 '내가 이것을 한다면 더 나아질 거야'라고 생각한다. 영원함에 대한 오판은 자신이 진정으로 원하는 일을 뒤로 미룬다. '은퇴하면 할 수 있겠지' 같은 생각을 하면서 말이다.

"그러나 영원한 것은 없다는 것을 깨닫고 나면 저절로 더 낫고 더 행복한 길을 따르게 됩니다. 그런 깨달음은 마음을 고요하게 해줍니다. 지나치게 흥분하고 화를 내고 비판하는 일이 줄어들게 됩니다. 이런 식으로 다른 사람들과 소통하면 서로 관계가 좋아집니다. 이런 사람들은 더 감사하고 나눌 줄 알게 됩니다. 모든 물질이나 지위가 결국에는 중요해지지 않을 것이라는 사실을 깨달았기 때문입니다."

이런 깨달음은 부탄에만 해당하는 이야기가 아니다. 〈사이콜로지컬 사이언스 Psychological Science〉에 실린 한 논문에 따르면, 자신의 죽음에 대해 생각을 해보았던 사람들이 주변 사람들에 대해 관심을 쏟는 경향이 더 많은 것으로 나타났다. 이들은 자신의 시간이나 돈을 기부하고 혈액은행에 헌혈을 하는 것과 같은 일들을 했다. 이 효과는 가장 강경한 신념을 가진 사람들에게도 일어났다. 미국과 이란의 종교 근본주의자들에게 자신의 죽음에 대해 생각해보라고 했을 때 다른 종파에 대해 좀 더 평화롭고 자비로운 마음 상태가 되었다.

미국 이스턴워싱턴대학교의 한 연구팀은 죽음에 대한 사고가 감사를 증대시킨다는 사실을 발견했다. 이들의 보고에 따르면, 사람들이 죽음에 대해 생각했을 때 자신이 "없을 수도 있음"을 깨달으면서 지금 경험하고 있는 삶에 더 감사하는 마음을 갖게 되었다고 한다. 죽음이라는 숙명을 온전히 인식하는 것은 겸손과 감사를 아는 사람이 되는 데 중요한 요인일지도 모른다. 누구나 죽음을 맞이할 수밖에 없는 현실을 인식할 때, "인생은 단순한 즐거움이 아니라 오히려 일종의 기이한 특권eccentric privilege"(작가 체스터튼G. K. Chesterton의 말 인용)이라는 점을 깨닫게 된다. 감사는 불안은 물론 심장병 같은 질병을 감소시키는 것으로 알려져 있다.

"그럼 미탁파에 대해 얼마나 자주 생각을 해야 할까요?"

"날마다 세 번씩 미탁파를 생각해야 합니다. 아침에 한 번, 오후에 한 번, 저녁에 한 번. 자신의 죽음에 대해 호기심을 가져야 합니다. 자신이 어떻게 죽을지, 어디서 죽을지 알지 못한다는 사실을 깨달아야 합니다. 하지만 분명한 것은 '언젠가 죽는다'는 사실입니다. 죽음은 언제든 찾아올 수 있습니다. 옛 스승들은 암굴에서 참선을 마치고 나올 때마다 이것을 생각했습니다. 나 역시 집을 나설 때마다 스스로에게 되새깁니다."

우리는 30분이 넘도록 죽음에 대해, 그가 병원에서 하는 일에 대해 이야기를 나누었다. 마침내 떠나야 할 시간이 되었다.

"기억하세요."

작별인사를 나눌 때 라마가 말했다.

"죽음은 언제든 찾아올 수 있습니다. 언제든."

# 20분 11초

## 죽음을 직면하다

소총의 방아쇠를 당겼다. 공이를 탄환의 뇌관 쪽으로 밀어 넣어 탄약을 점화시켜서 격렬한 에너지 방출을 일으킴으로써 총알을 시속 2,852킬로미터 속도로 밀어서 56센티미터 길이의 총열을 통과시키는 동작이다.

북극의 정적을 깨는 소총의 폭발음과 함께 순록들이 일제히 움찔거렸다. 그리고 하나같이 얼어붙은 듯 그 자리에 서서 다른 방향을 바라본다. 늙은 놈은 아무런 반응이 없다.

"맞혔어요?"

"모르겠어요, 모르겠어요."

나는 노리쇠를 힘껏 당겨 빈 탄피를 빼냈다.

"맞았을 거예요. 한 방 더 쏴요, 한 방 더 쏴요."

도니가 말했다. 일단 첫 발이 발사되면 사냥꾼에게는 더 물러설 곳이 없다. 탄환이 제대로 적중했는지 확인할 시간은 없다. 그냥 총알을 더 날려야 한다. 1초 1초가 늦어질수록 짐승이 느끼는 고통의 시간이 길어질 수 있다.

노리쇠를 다시 제 위치로 힘껏 밀어 넣었다. 탄환 한 발이 약실로 들어갔다. 그리고 다시 놈의 어깻죽지에 조준경의 십자선을 맞췄다. 표적을 조준하고, 숨을 내쉬고, 방아쇠를 당겨서 두 번째 발사 과정을 시작한다. 탕 소리가 울려 퍼지고, 쿵 하는 소리가 희미하게 뒤를 잇는다. 조준경에서 눈을 뗐다.

두 번째 총성이 울리자, 한 마리를 제외한 무리 전체가 높은 지대로 달려갔다. 위험한 상황에서 인간이 보이는 반응과 똑같았다. 첫 번째 탕 소리에 놀라서 두리번거리다가, 두 번째 소리를 듣고 정신없이 달아났다.

늙은 순록은 그 자리에 서 있었다. 그러다 시야에서 사라졌다. 망원경으로 살폈지만 보이질 않았다. '오, 맙소사, 내가 무슨 짓을 한 거지?' 이런 생각이 스치면서, 자리에서 일어나 순록을 향해 걸어갔다. 순록이 다리를 떨면서 허공에 발을 차는 모습이 눈에 들어왔다. 나는 마지막 숨통을 끊기 위해 총을 들었다.

"워, 워."

뒤따라오던 도니가 소리친다.

"침착하세요. 벌써 죽었어요. 저건 자연스런 동작이에요."

숨을 거둔 인간에게도 나타나는 현상이다. 신경계가 저장된 에너지를 마지막으로 방출하면서 일어난다. 순록의 뿔에 이어 갈색과 흰색이 섞인 몸통이 온전히 시야에 들어왔다. 순록은 푸른 이끼로 뒤덮인 툰드라에 옆으로 누워 있었다. 마치 잠든 말처럼.

나는 3미터쯤 거리를 두고 걸음을 멈추었다.

"윌리엄하고 내가 가서 장비를 가져올게요."

도니가 말했다. 순록의 목에서는 피가 한 방울씩 떨어지고 있었다. 피는 무성한 갈기를 따라 얇은 붉은 줄을 그리며 흘러내렸다. 차가운 북극 바람에 갈기가 흔들렸다. 그 작은 흔적이 아니었다면, 나는 순록이 단순히 쉬고 있는 것이라 생각했을지도 모른다.

순록의 두툼한 몸체가 자신의 역사를 말해주고 있었다. 뒷다리에 난 커다란 상처. 북극의 자연 속에서 수백 수천 킬로미터를 방랑하며 닳고 닳은 발굽. 수많은 날들 동안 푸른 식물들을 새김질해온 이빨. 자신을 막아선 것들에 맞서 찌르고 받고 쳐내고 휘둘러가며 앞길을 개척해온 뿔. 그동안 얼마나 많은 전투를 치렀을까. 털은 두껍고 빽빽하다. 그동안 어떤 폭풍들을 견뎌왔을까.

나는 순록 곁에 앉아 손을 그의 머리 위에 올려놓았다. 그리고 툰드라를 바라봤다. 눈앞에서부터 낮아지던 땅이 오르막을 이루며 '더 포트'를 향해 솟구치다가 다시 100킬로미터가량을 내려가면서 드넓은 협곡과 송림 분지를 지나 축치해로 이어진다. 놈이 속해 있던 무리는 아까 내려왔던 언덕에서 다시 풀을 뜯고 있었다.

슬픔과 성취감이 동시에 밀려왔다. 몸은 무겁지만 동시에 강렬한 에너지가 요동쳤다. 이 짐승에 대해, 그리고 그가 살아온 땅에 대해 강렬한 친밀감과 감사함이 느껴진다. 이런 것도 사랑이라고 할 수 있을까.

생물학자이자 윤리학자이자 사냥꾼인 짐 포세비츠Jim Posewitz는 《정당한 추적을 넘어서: 사냥의 윤리와 전통Beyond Fair Chase: The Ethic and Tradition of Hunting》에서 이렇게 말했다.

"사냥은 우리가 여전히 이 땅에 속하고자 하는 열망, 자연 세계의 일부가 되고자 하는 열망, 생태적 드라마에 참여하고자 하는 열망, 그리고 우리 안에 남아 있는 야생의 불씨를 되살리고자 하는 열망을 실현하는 최후의 수단 중 하나이다."

이런 심정에 공감이 가면서도, 한편에선 무겁고 부담스러운 감정이 올라온다. 지금 나는 단순한 여행자가 아니다. 나는 참여자다. 사냥을 통해 몸, 마음, 영혼을 온전히 자연과 연결하고자 하는 이런 열망들이 지난 10년간 오지 사냥이 증가해온 이유일 것이다. 이것은 미국의 야생 보존을 위해 싸우는 단체인 '오지 사냥꾼과 낚시꾼Background Hunters and Anglers'의 대표 랜드 토니Land Tawney가 했던 말이다. 2014년에 1,000명이었던 이 모임의 회원은 2020년에 40,000명으로 급증했다. 나는 북극으로 떠나오기 전에 라스베이거스에서 토니를 만난 적이 있었다. 그는 말했다.

"내가 먹을 고기를 내가 직접 잡는다는 개념, 나의 음식을 위해 분투하는 것, 그 음식이 어디로부터 오는지를 아는 것. 사냥은 분명히 이런 것을 가르쳐줄 것이고, 모든 고기에 대해 감사함을 느끼도록 만들어줄 겁니다."

깍깍거리는 소리가 나를 다시 현재로 불러냈다. 까마귀 한 마리가 머리 위를 선회하면서 순록의 내장을 저녁으로 먹기 위해 대기하고 있었다.

도니와 윌리엄이 돌아왔다.

"아주 잘생긴 놈이군요. 대단합니다. 굉장해요."

도니가 말한다. 윌리엄이 놈의 목 뒤쪽에 무릎을 꿇고 앉아서 뿔을 쓰다듬으며 말한다.

"이 뒤쪽 가지 좀 봐요. 굉장해요. 이렇게 긴 건 본 적이 없어요. 진짜 특이해요."

"기록에 오를 정도는 아니겠지만 엄청나게 잘생기긴 했네요. 야생에서 오랜 시간을 보냈을 거예요."

도니가 말한다.

우리는 놈을 내려다보며 말 없는 감탄을 나누었다.

"자, 이제 작업을 해보죠."

윌리엄이 말했다. 그리고 배낭에서 칼을 꺼내 칼집에서 빼낸 다음 칼집에 들어 있던 동석凍石에 문질러 날을 다듬는다. 도니도 자신의 칼을 꺼내 손가락으로 날을 가볍게 두드려본다.

우리는 순록을 둘러싸고 무릎으로 앉아서 힘을 합쳐 순록의 몸을 굴려서 등이 땅에 닿도록 했다. 내가 몸뚱이를 꽉 붙잡고 있는 사이, 윌리엄이 칼끝으로 놈의 하복부에서 턱에 이르는 중앙선을 그었다. 그리고 곧바로 배를 찔러 0.5센티미터쯤을 가르자 쉬익 소리와 함께 공기가 빠져나온다. 칼날이 일정한 속도로 미끄러지면서 흉골을 관통하고 목을 지나 턱까지 이른다.

그 사이에 도니가 놈의 왼쪽 앞다리 발목 주위를 둥글게 도려내면서 굽과 이어진 힘줄을 자른다. 그리고 굽을 비틀어 떼어낸 뒤 다리 안쪽으로 칼날을 넣어 길게 가른 다음 가죽을 벗겨낸다. 이어서 뒤쪽 다리에 달라붙어 똑같은 과정을 반복한다.

우리는 몸통을 왼쪽으로 굴려놓고 가죽을 반쯤 벗겨서 툰드라 위에 카펫처럼 펼쳐놓았다. 내가 몸통을 붙잡고 있는 사이 윌리엄이 흉곽을 열어젖히자 내장이 드러난다. 간, 신장, 창자, 위.

"이렇게 열어놔야 오소리나 까마귀 같은 동물들이 쉽게 뜯어먹을 수 있어요."

도니가 말한다. 윌리엄이 한 손에 칼을 든 채 갈비뼈 밑으로 두 손을 집어넣었다가 곧 심장을 들어낸다. 더 크다는 것만 빼면 사람의 심장과 거의 똑같이 생겼다. 도니와 윌리엄이 심장을 살펴본다.

"첫 발은 목의 경동맥에 맞았고, 두 번째 총알은…."

도니가 마치 햄릿처럼 심장을 살짝 들어 올린 뒤 밑 부분을 가리키며 말한다.

"양쪽 심실을 관통했네요. 그럼 즉사죠. 이건 나중에 먹읍시다."

"진짜 맛있어요."

윌리엄이 덧붙인다. 기름기 하나 없이 매끈한 진홍색 근육에서 김이 피어오른다. 나는 앞다리를 위로 잡아당겼다. 도니가 어깨 쪽으로 연결된 조직을 잘라낼 수 있도록 공간을 만들어주기 위해서였다. 관절이 뚝 소리를 내며 빠지자 16킬로그램 정도 되는 앞다리가 분리되었다. 방수포에 놓인 심장 옆에 다리를 내려놓았다.

"이것도 좀 받아줘요."

윌리엄이 긴 관처럼 생긴 붉은 고깃덩이를 건넨다. 놈의 등 길이만큼 뻗은 이 부위는 사슴과일 경우 백스트랩backstrap이라 하고 소일 경우 리바이ribeye라고 부른다.

도니와 나의 작업장이 뒷다리 쪽으로 옮겨간다. 처음엔 도축 과정이 나를 불편하게 만들지 않을까 걱정했다. 그러나 나는 흔들리지 않았다. 마음 한구석은 여전히 무겁지만, 짐승을 해체하는 동안 어느덧 내 눈에는 고기를 주는 자, 그래서 생명을 주는 자가 보이기 시작했다. 이런 자각은 나에게 통찰을 가져다주었다.

나는 거의 매일 죽은 동물과 접촉한다. 고기를 먹으며 그들의 살을 내 생존을 위해 소비한다. 그럼에도 나는 단 한 번도 눈물을 떨구거나 별다른 감정을 느낀 적이 없었다. 이상했다. 나는 왜 그동안 숱하게 고기를 먹으면서 한 번도 이런 감정을 느끼지 못했던 걸까?

뉴욕 플래츠버그 주립대학교의 철학과 교수인 찰스 리스트Charles List 박사는 인류가 사냥꾼으로부터 진화해왔음을 지적하면서 이렇게 말했다.

"우리 조상들은 생존을 위해 반드시 사냥을 해야 했습니다. 현대의 사냥은 그것의 재현일 뿐이지만, 그럼에도 우리 안의 깊은 곳에 있는 무언가와 우리를 묶어줍니다. 왜냐하면 인간은 본래 사냥과 채집의 환경과 문화 속에서 진화해왔기 때문입니다. 바로 이러한 이유로, 사냥은 우리가 예상치 못했던 방식으로 우리의 내면을 변화시키고 움직이게 만듭니다."

나는 순록의 다리를 높이 들어 도니가 다시 연결 조직을 따라 칼질을 할 수 있도록 해주었다. 채끝, 우둔살, 허벅지살, 홍두깨살이 들어찬 뒷다리가 분리되었고, 방수포 위에 조심스럽게 내려놓았다. 윌리엄이 순록의 목 꼭대기부터 기도 부분까지 칼질을 해서 지방이 살짝 더 붙어 있는 부위를 잘라내 내게 건넸다.

"목에는 지방이 있어서 햄버거 패티용으로 딱이죠."

도니에게서도 고깃덩이가 건너온다.

"이게 안심이에요. 많은 사람들이 이 부위가 여기 있다는 걸 모르는데, 순록 고기 중에서 제일 좋은 부위예요."

왼쪽을 다 발라낸 뒤, 남은 몸통을 오른쪽으로 굴려놓고 작업이 이어진다. 도니가 손질을 멈추더니 나에게 묻는다.

"괜찮죠?"

나는 확실히 그렇다고는 말 못하겠다고 했다.

"순간순간이 마음을 무겁게 하죠. 만일 이런 느낌이 사라지는 때가 온다면 나는 사냥을 그만둘 겁니다."

소로는 사냥과 그에 따라오는 감정들을 인간에게 꼭 필요한 교육이라고 보았다. 《월든》에서 그는 이렇게 썼다.

"들판과 숲에서 인생을 보내는 이들, 어떻게 보면 대자연의 일부가 되어 살아가는 존재라고도 할 수 있는 낚시꾼, 사냥꾼, 벌목꾼 같은 사람들은, 하던 일을 잠깐씩 멈추고 자연을 관찰한다. 이때 철학자나 시인보다 더 유리한 기분 상태에 놓이는 경우가 많다. 왜냐하면 철학자나 시인은 자연을 대할 때 기대를 품고 다가가기 때문이다."

하지만 소로도 사냥에 커다란 책임감이 따른다는 점을 알고 있었다. 같은 책에서 그는 사냥이 반드시 "진지하게" 이루어져야 한다고 적었다. "진지하게"가 정확히 무슨 뜻인지는 설명하지 않았지만 미국의 작가 에드워드 애비 Edward Abbey 는 훗날 "진지하게"를

"존중, 경외, 감사의 정신으로 행하는"이라는 의미로 풀었다.

작업이 한창일 때, 도니가 스스로 자주 상기하는 사실이 있다며 이야기를 시작했다. 순록이 나이가 들 대로 들어서 보드라운 이끼 침대에 누워 가족들이 지켜보는 가운데 평화롭게 죽어가는 일은 없다고 한다. 우선, 순록들은 가족 단위로 살지 않고 무리를 오가며 살아간다. 또한 〈최신 생물학Current Biology〉에 실린 연구에 따르면, 순록은 인간처럼 '슬픔'을 느끼지 않을 가능성이 높다. 그리고 무엇보다 순록들은 폭력적인 죽임을 당하는 경우가 많다.

"이런 곳에서 순록들이 죽어나가는 방법에는 여러 가지가 있어요. 첫 번째는 포식자 때문입니다. 회색곰이나 늑대들이 이놈처럼 절뚝거리는 순록을 보면 덮치려고 하겠죠. 산 채로 잡아먹히는 데 20분이면 충분할 겁니다. 두 번째는 굶어 죽는 것입니다. 이 순록처럼 나이가 들면, 몸에 지방을 쌓아두는 능력이 떨어집니다. 그런 상태에서 땅이 전부 눈에 덮여버리면 충분한 먹이를 찾기가 힘들어집니다. 이빨이 너무 닳아서 잘 씹지 못할 수도 있고요. 순록에게는 '공동체'라는 개념이 없어서 부상당하거나 굶주린 수컷이 있다고 해서 다른 개체가 도와주는 일은 없습니다. 세 번째로 익사하거나 얼어 죽는 것입니다. 해마다 대이동을 할 때 얼음으로 뒤덮인 거대한 강을 건너갑니다. 어린 개체나 늙은 개체, 부상당한 개체에게는 특히 치명적이죠. 마지막으로 경쟁이 있어요. 수컷들이 서로 싸우는 일이 종종 있습니다. 그러다 죽기도 하죠. 다리 잘 잡고 계세요. 곧 떨어집니다."

도니의 마지막 칼질과 함께 놈의 절룩거리던 다리가 마지막으로 잘려 나갔다.

"순록이 언덕을 넘어올 때 수컷 둘이 치열하게 싸우는 거 봤어요? 지배권을 놓고 다투는 겁니다. 결국에는 더 젊고 더 강한 놈이 지배권을 차지하게 되죠. 어떤 때는 싸움이 너무 치열해서 피를 많이 흘리거나 깊은 상처를 입고 서서히 죽어가기도 합니다."

도니와 나는 잠시 손길을 멈추고 윌리엄이 마지막으로 목과 머리를 처리하는 모습을 지켜보았다.

"모든 걸 고려해봤을 때 내가 순록이라면 30-06 탄환을 심장에 맞고 몇 초 만에 숨통이 끊어지는 쪽을 택할 겁니다. 물론 순록에게 인간의 감정을 투영하는 거지만, 총알이 다른 옵션들에 비해 고통의 시간을 줄여줄 수 있다는 데 대해서는 다들 동의할 거라고 생각해요. 디즈니 영화들은 사람들한테 자연이 더없이 조화로운 곳이라고 믿게 만들었어요. 아닙니다. 자연은 때때로 잔혹합니다."

철학자들은 이 결함 있는 상식을 "자연에 대한 이상화appeal to nature"오류라고 부른다. "자연적인" 것은 무조건 좋고 조화롭고 도덕적으로 옳다고 가정하는 모든 믿음, 주장, 수사적 전략 따위가 모두 여기에 들어간다.

이 개념을 루스벨트 대통령은 이렇게 표현했다.

"폭력에 의한 죽음, 추위로 인한 죽음, 굶주림으로 인한 죽음, 이것이 숲속을 우아하게 거니는 아름다운 야생동물들의 '일반적인 최후'다. 자연이 평화로운 곳이라며 떠들어대는 감상주의자들은 자연이 얼마나 무자비한 곳인지 이해하지 못하고 있다. (…) 하위 생명체들에게 삶은 험난하고 혹독한 것이며, 마찬가지로 인간에게도 삶은 저 감상주의자들이 '자연 상태'라 부르는 조건 속에서 영위된다."

모든 인간은 이와 같은 조건 속에서 살아왔다. 거대한 우주 역사에서 먼지만큼도 안 되는 최근의 시간대에 속해 있는 인간들을 제외하고.

2시간이 지났다. 순록에게 남은 것은 단 세 가지뿐이었다. 방수포 위에 놓인 고기, 가죽 위에 올려진 뿔 달린 머리, 그리고 툰드라 위에 남겨진 척추와 내장.

부탄에서 라마를 만나고 며칠이 지난 어느 날, 나는 정말 우연하게도 라마의 가르침과 정면으로 마주했다. 그날 나는 오전 내내 8킬로미터쯤 되는 가파른 오르막길을 걸어 파로 탁상Paro Taksang, 일명 호랑이 둥지라고 불리는 신성한 사찰을 찾아가고 있었다. 이 사찰은 15세기에 부탄의 전통적인 종dzong 양식으로 건축된 사원으로 해발 3,121미터 지점에 위치해 있으며, 가파른 절벽에 마치 수직 벽에 붙은 파충류처럼 아슬아슬하게 차리 잡고 있다. 이 터는 8세기에 '제2의 붓다'로 추앙받았던 파드마삼바바Padmasambhava가 호랑이가 득실거리는 동굴 속에서 3년 3개월 3주 3일 3시간을 명상했던 곳이다.

나는 이 사찰의 유명한 불교 미술 작품을 보기 위해 찾아갔다. 작품 중에는 죽음과 관련된 탱화와 불상이 많았는데, 예를 들면 해골로 테를 두른 관을 쓰고 잘린 머리들이 주렁주렁 달린 허리띠를 맨 수호신 마하칼라Mahakala가 그런 경우였다. 산스크리트 이름은

"시간을 초월한 자", 더 간단히는 "죽음"이라는 뜻을 지니고 있다.

사찰을 둘러보고 나와서 신발을 신고 있는데 도르지가 다급하게 다가왔다.

"아픈 사람 있어요."

그가 짧은 영어로 말한다. 도르지가 가리킨 길 위쪽을 바라보니 절벽에서 작은 폭포 바로 옆 조그만 암자로 이어지는 가파른 계단이 보였고, 그 꼭대기에 사람들이 몰려 있었다. 저마다 부탄의 전통 복장이나 승려복을 걸치고 있었다. 도르지가 사람들을 향해 뛰어가기 시작했고, 나도 그 뒤를 따랐다. 좁은 계단을 서둘러 올라갔을 때, 계단 가장자리로 축 늘어져 나온 두 발이 보였다.

한 승려가 의식을 잃은 채 쓰러져 있었다. 민머리, 얇은 안경, 밤색 가사. 나는 예전에 받았던 응급처치 교육을 떠올리며 척추에 골절이 있는지부터 살폈다. 괜찮았다. 특별한 이상은 보이지 않았다. 둘러서 있던 사람들도 모두 안심하는 분위기였다. 환자를 평지로 옮겨 헬리콥터로 이송해야 하는 상황이었다.

계단이 너무 가파르고 좁아서 여럿이 달라붙을 수가 없었다. 그래서 덩치가 가장 좋은 사내의 등에 조심스럽게 환자를 업혀서 계단을 내려가게 했다. 그렇게 여러 사람의 도움으로 환자를 절벽 밑 길가의 평탄한 풀밭에 눕힐 수 있었다.

환자의 두 눈이 뒤집혀져 있었다.

"심폐소생술을 하겠습니다."

내가 사람들을 둘러보며 천천히 말했다. 사람들은 심폐소생술을 하겠다는 내 말을 부분적으로만 알아들은 것 같았다. 환자 앞에 무릎을 꿇고 앉았을 때, 키 작은 여인 둘이 갑자기 다가섰다. 모녀였는데, 둘 다 홍콩에서 의사 일을 하고 있다고 했다. 사찰을 구경하러 왔다가 우연히 목격했다고 했다.

모녀 중 한 여인이 손가락으로 환자의 목을 눌러 맥박을 확인하더니 CPR이 필요하다는 데 동의했다. 둘 다 나보다 훨씬 더 훈련된 전문가들이었지만 승려의 체중이 거의 90킬로그램이었기에 심폐소생술을 하기에는 내가 더 적합해 보였다. 그의 승복을 잡아뜯으니 금빛 티셔츠가 드러났다. 나는 흙바닥에 무릎을 꿇고 두 손바닥을 겹친 다음 오른손 손꿈치를 승려의 흉골에 올려놓았다. 그리고 젊은 홍콩 의사가 타이머를 작동시킴과 동시에 1분에 100회 꼴로 가슴을 강하게 압박하기 시작했다.

나는 일반인이 승려에게 구강 대 구강으로 인공호흡을 실시하는 것이 문화적으로 어떤 의미가 있는지 알지 못해 고민하며 잠시 망설이는 사이 의사가 재빨리 옆에 있던 승려에게 신속하게 인공호흡 방법을 설명했다. 그 승려가 의사의 지시에 따라 승려의 폐에 공기를 불어 넣었다. 나는 가슴 압박을 계속했다.

"10분 26초 지났습니다."

의사가 말했다. 한 운전기사가 사람들을 비집고 들어와 휴대전화를 귀에 댄 채로 다급하게 말했다.

"헬기가 올 수 없답니다."

착륙할 지점이 마땅치 않았고, 절벽이 너무 가까워 공중 후송도 불가능하다는 것이었다. 의사가 다시 승려의 맥박을 체크했다. 그러더니 고개를 흔들었다. 나는 압박을 계속했다. 최대한 세게 누르면 심장이 다시 뛸지도 모른다고 생각하면서 있는 힘을 다해 눌렀다. 타이머가 15분을 찍었다. 이미 승려의 얼굴은 다른 곳에 가 있었다.

"20분 11초."

의사가 말했다.

"그만하셔도 돼요."

그는 떠났다.

불과 몇 분 전 가파른 8킬로미터 언덕길을 오르며 벗들과 웃고 떠들던 한 남자가 여기 누워 있다. 죽음은, 언제든 찾아올 수 있다.

# 5부

# 짐을 날라라

# 45킬로그램

## 역사상 가장 나약한 인간

단맛 없는 메를로 와인 빛깔을 띤 고깃덩이들이 방수포에 줄을 맞춰 누워 있다. 23킬로그램짜리 뒷다리 두 덩이, 16킬로그램짜리 앞다리 두 덩이, 그리고 등심, 허리살, 목살, 갈비 등을 합쳐서 약 32킬로그램. 순록의 가죽은 털 쪽을 툰드라에 밀착한 채 펼쳐져 있었다.

도니, 윌리엄, 그리고 나는 발밑에 펼쳐져 있는 고기를 둘러보며 서 있었다.

"사냥감을 거꾸러뜨린 사람이 제일 무거운 걸 져야 됩니다. 그리고 머리도 항상 그 사람 몫이죠."

도니가 말한다. 마치 내가 할인 행사의 떨이를 책임져야 한다는 말처럼 들렸다. 도니가 뒷다리 한 덩이, 앞다리 한 덩이, 갈비 옆살을 차례로 들어서 배낭에 집어넣는다. 윌리엄이 맡은 것은 앞다리 한 덩이, 갈비, 등심, 허리, 그리고 목 부위에서 나온 동그란 고깃덩이다. 나는 남은 뒷다리 한 덩이를 배낭에 욱여넣었다. 그리고 털을 바깥쪽으로 해서 가죽을 배낭 크기에 맞게 말아서 집어넣는데, 희고 매끄러운 가죽 안쪽이 고무처럼 끈적거렸다. 기다란 털뭉치로 변한 가죽을 들어 올렸을 때, 제법 묵직한 것이 적어도 18킬로그램은 되어 보였다. 가죽에 남아 있는 수분 때문이었다.

순록의 머리는 9킬로그램 정도다. 목을 배낭에 넣고 머리는 미처 넣을 자리가 없어 밖으로 삐져 나왔다. 마치 순록이 내 등 뒤에서 밖을 내다보고 있는 것 같았다. 배낭 덮개를 내려 놈의 이마를 덮었다. 윌리엄이 다가와서 짐이 빠지지 않도록 끈들을 단단히 당겨주었다.

세 사람의 배낭 무게는 각각 40킬로그램에서 50킬로그램 정도가 되었다. 이만한 무게를 혼자서 지고 일어나는 것은 등이나 어깨를 효과적으로 절단 내는 지름길이다. 윌리엄과 나는 팀을 이루어 도니의 배낭을 들어 올렸다. 각자 어깨끈을 하나씩 잡아 벌려주었고, 도니가 배낭 안으로 등을 집어넣은 뒤 어깨에 단단히 고정하도록 도왔다. 그 다음은 윌리엄 차례였다. 같은 방식으로 배낭을 들어 올렸다. 그리고 마지막으로 내 차례.

도니와 윌리엄이 내 배낭에서 손을 놓았을 때, 저절로 몸이 뒤로 한 발 물러났다. 반사적으로 온몸을 긴장시켜 균형을 잡아 툰드라에 엉덩방아를 찧는 것을 간신히 막았다. 그리고 나서 바닥에 남아 있는 순록의 잔해들을 내려다보았다. 살점들이 달라붙어 있는 등뼈, 창자, 발굽. 도니가 묻는다.

"다시 사냥을 할 것 같아요?"

"모르겠어요."

도니가 내게서 더 많은 말을 기대하는 눈치였지만 나는 더 이상 생각할 힘도, 철학적으로 고민할 여유도 없었다. 배낭의 무게가 두 어깨를 파고들면서 짐의 무게가 엉덩이까지 짓누르고 있었다. 숨 쉬는 것조차 힘이 들었다. 캠프로 돌아가는 8킬로미터 여정은 아직 첫걸음도 떼지 않은 상태였다.

살생의 업보에 따르는 고행인지, 돌아가는 길은 내내 오르막이었다. 처음 1.5킬로미터 정도는 완만한 비탈, 그다음 2킬로미터 남짓은 사람을 녹초로 만드는 경사 20도의 비탈이다. 이후로는 경사 10도 정도 되는 사면이 다시 2킬로미터 넘게 펼쳐지면서 캠프 위쪽의 능선까지 이어진다. 여기서 마지막으로 능선을 따라 1.5킬로미터를 더 가면 드디어 캠프가 나온다.

우리는 묵묵히 걷기 시작했다. 순록의 잔해들은 까마귀와 회색 곰과 늑대, 그리고 언젠가는 이끼와 이슬에게 돌아갈 것이다. 15분도 지나지 않아 도니가 선두로 나선다. 윌리엄이 10미터쯤 떨어져서 뒤를 따르고, 다시 그 뒤를 내가 10미터 거리를 두고 따라간다. 지평선 가까이 내려온 태양이 툰드라 위에 나의 그림자를 길게 그려낸다. 배낭에서 뻗어 나온 순록 뿔 탓에 내 그림자가 마치 북극의 전설 속 괴물처럼 보였다.

배낭에 달린 허리끈을 바짝 조이면 무게를 감당하기가 훨씬 쉬워진다. 하지만 그것도 몇 분뿐이다. 결국 하체의 근육들이 마치

용접기 불꽃을 맞고 뼈에서 떨어져 나가는 것 같은 느낌에 빠져든다. 하는 수 없이 허리끈을 풀어 피를 아래쪽으로 흐르게 해서 저린 다리를 풀어주었다. 이렇게 하면 어깨로만 모든 무게를 감당해야 한다. 몇 분이 지나자 양쪽 어깨끈이 서서히 살을 파고 들어와 몸통을 길게 3등분하는 듯한 느낌이 든다. 하는 수 없이 다시 허리끈을 조였다.

한 손에는 소총도 들고 있었다. 4.5킬로그램은 사실 별 게 아니다. 그렇지만 어느 순간이 지나자 그 무게 때문에 팔이 불타는 것처럼 아려왔다. 손을 자주 바꿔 잡았다. 행군하는 내내 양쪽 허파는 마치 버너 위에 올려놓은 듯 타들어 가고 있었다. 걸음을 옮길 때마다 무게 중심의 전후 이동이 반복되면서 갈수록 더 많은 기운을 빼앗아 갔다. 어디에 발을 디뎌야 하는가 하는 물음을 짐의 무게가 증폭시킨다. 풀무더기? 이끼? 진창? 혈암? 45킬로그램의 짐을 짊어진 상태에서는 잘못 디딘 한 발짝만으로도 발목을 아작낼 수 있다. 이런 고도의 집중력은 지구력을 증가시킨다. 영국 국방부의 연구에 따르면, 정신적으로 어려운 문제를 풀면서 운동한 사람은 그렇지 않은 사람보다 체력 고갈 시점이 300퍼센트 가량 늦어지는 결과를 보였다.

우리는 시속 2킬로미터 속도로 걸었다. 더 빠르게 걷는 것은 불가능했다. 무게와 험한 지형, 그리고 경사는 우리 몸을 완전히 짓뭉개는 폭격과도 같았다.

동쪽에서 짙은 구름이 몰려오고 있었다.

"눈이 오겠는데요!"

윌리엄이 외친다.

"좋은 소식은, 내개 눈이 오면 별로 안 춥다는 거죠."

도니가 뒤를 돌아보며 소리친다.

나쁜 소식은… 눈이다. 미끄럽고, 차갑고, 축축한 눈.

행군을 시작하고 2시간쯤 지나 경사가 가장 급한 구간을 통과할 무렵, 내 안에서 뭔가가 일어나기 시작했다. 그때까지 나는 그렇게 긴 시간 동안 이토록 강도 높은 육체노동을 해본 적이 없었다. 강렬한 운동을 해본 적은 있었지만 모두 짧게 끝났다. 예를 들면, 헬스장 바이크에 올라타고 60초 동안 60칼로리를 태운 후 구토했던 경험. 긴 시간 동안 완만한 강도로 운동한 적도 있다. 예를 들어, 24시간 쉬지 않고 진행된 지구력 테스트. 지금의 행군은 이 둘의 결합이다. 너무 강렬하면서도 너무 길었다.

내 심박수는 예전에 마라톤 개인 최고 기록을 내기 위해 뛰던 때와 똑같았다. 다리와 몸통의 근육들은 심하게 가학적인 하체 운동을 하고 있는 것처럼 느껴진다. 마치 10회의 고중량 스쿼트를 10세트씩 반복하는 트레이닝 같다. 유일한 차이는 세트와 횟수에 제한이 없다는 것뿐이다.

설상가상인 것은 선택권도 없다. 도망칠 방법이 없다. 마라톤과 달리 중도에 기권하고 근처 편의점으로 달려가 스니커즈와 슬러시를 집어 먹을 수도 없고, 헬스장처럼 좀 더 가벼운 바벨을 골라 잡을 수도 없다. 여기선 다 불가능했다. 나는 이미 좀비처럼 느리게 걷고 있었고, 이 여정은 나를 완전히 짓누르고 있었다. 고기의 무게는 전혀 줄어들지 않았다.

가끔은 걸음을 멈추기도 한다. 하지만 배낭을 벗어서 내려놓는다는 것은 곧 그 무지막지한 놈을 다시 지고 일어서야 한다는 것을 뜻한다. "쉴" 수 있는 최선의 방법은 두 손을 허벅지에 올리고 몸을 앞으로 숙여서 상체가 땅과 평행이 되도록 하는 것이다. 이 자세는 짐이 내리누르던 부위에 잠시 변화를 주어서 젖산을 씻어낼 수 있게 한다. 그러고 다시 자세를 잡고 걷기 시작한다.

셋 다 말없이 걷기만 했다. 말을 하기 싫어서가 아니다. 하나같이 숨이 너무 가빠서이고, 저마다 고통의 굴속으로 너무 깊이 파고든 상태에서 걸음을 멈추라고, 천천히 가라고, 앉으라고, 그만두라고 외쳐대는 뇌를 침묵시키기 위해 애를 쓰고 있어서다.

아무튼 지금까지는 견딜 만하다. 윌리엄은 나보다 조금 나아 보인다. 선두에서 도니는 눈을 들어서 경치를 감상해가며 자신 있게 걷고 있다. 이 사내는 헬스장에서는 전혀 눈길을 끌지 못할 것 같은 몸을 가졌다. 하지만 이런 곳에 데려다 놓으면 그는 '최고의 인간 노새'였다.

마커스 엘리엇Marcus Elliot의 말이 떠올랐다. 인간의 한계점을 탐험하는 과정에 대해 그는 이렇게 말했다.

"힘겨운 도전에서 끄트머리에 이르게 되면 이제 막다른 곳까지 왔다는 생각이 듭니다. 하지만 어쨌든 계속 가게 됩니다. 그러다가 뒤를 한번 돌아보고 나서, 한때 여기가 끝이라고 믿었던 곳을 넘어서 걸어가고 있는 나를 발견합니다. 그런 순간은 영원히 잊을 수가 없죠."

인간의 뇌는 실패를 싫어할지 모른다. 하지만 그만큼 운동도 싫어한다. 수천 년에 걸쳐 인간은 몸을 보호하는 불편한 감각들과 노력을 회피하도록 만드는 심리적 '제한 장치'를 발전시켜왔다. 왜냐하면 '노력'은 에너지를 소모하기 때문이다. 칼로리는 과거에 너무나도 귀중한 자원이었다. 이것이 우리가 본능적으로 게으름을 추구하는 이유다.

육체적인 노동을 할 때 근육은 더 많은 산소를 요구한다. 그러면 심장은 더 빨리 뛰고, 호흡이 가빠지며, 폐가 타들어가는 느낌을 받는다. 무거운 것을 들고 나를 때, 에너지를 연소한 부산물인 젖산이 근육 속에 쌓인다. 그러면 근육은 점점 '불타는 듯한' 고통을 느끼게 된다. 만약 원시 인류가 무거운 돌을 언덕 위로 나르는 동안 내내 오르가슴 비슷한 쾌감을 느꼈다면, 몸에 저장했던 에너지가 금방 소진되어 죽고 말았을 것이다.

20세기 말까지도 운동생리학자들은 신체적 탈진이 단순히 수요와 공급의 문제라고 믿었다. 산소나 연료가 부족해지면 피로가 찾아오고, 더 이상 운동을 지속할 수 없다는 것이었다. 하지만 이 이론은 현실과 맞지 않는 부분이 많았다. 연구자들은 운동 중 탈진한 사람들의 근육이 실제로 산소나 에너지 부족을 겪고 있다는 증거를 찾지 못했다. 게다가 한 연구에서는, 오랜 운동 끝에 한계에 부딪혔을 때조차도 사람들이 실제로는 근섬유의 일부만 동원하고 있었음을 밝혔다.

1990년대 중반쯤, 남아프리카공화국의 케이프타운대학교 운동과학 및 스포츠의학 연구소Exercise Science and Sports Medicine Research Unit의 책임자이자 의학박사인 티모시 노크스Timothy Noakes는 마침내 새로운 개념을 정립하기에 이르렀다. 인간이 뇌라는 수단을 써서 근육을 움직이고 있으니, 신체 운동의 시간과 강도와 속도를 결정하는 일 또한 뇌가 담당하고 있음이 분명하다는 것이다. 그는 이 개념에 '중추 통제 이론Central Governor Theory'이라는 이름을 붙인 뒤 계속 연구를 지휘해 나갔다. 이후 30년에 걸쳐 그는 운동으로 인한 피로가 대부분 방어적인 '감정'의 산물이라는 사실을 밝혀냈다. 즉, 운동 중 느껴지는 피로감은 심리적 상태일 뿐이며, 실제로 신체적 한계와는 큰 관련이 없다는 것이다.

이 이론을 검증하기 위해 연구팀은 사이클 선수들에게 지칠 때까지 페달을 밟게 하면서 그 사이에 기능적 자기공명영상법fMRI으로 촬영한 뇌 활동을 분석했다.

"운동 강도가 올라가면서 선수들이 탈진 상태에 가까워질수록 변연계(뇌의 감정 센터)가 활성화되는 현상이 나타났습니다."

연구팀의 수석 연구원인 에드워드 폰테스Edward Fontes 박사가 나에게 말했다.

"변연계가 활성화될수록 그들은 노력에 더 많은 감정적 의미를 부여했고, 그 결과 운동 속도가 떨어졌습니다."

뇌는 실제 육체적 탈진보다 훨씬 이른 시점에 '피로라는 불쾌한 (그러나 환상에 불과한) 감각'을 이용해 몸의 브레이크를 밟아댄다는 것이 노크스의 결론이다. 엘리엇이 말한 '한계를 넘는 경험'의 원리를 설명해주는 대목이다.

나는 불편함에 마음을 빼앗기지 않기 위해 호흡에 집중했다. 한 걸음 내딛으면서 들이쉬고, 두 걸음을 걸으면서 내쉬고, 한 걸음에 들이쉬고, 두 걸음 동안 내쉬고, 계속 반복하며 호흡에만 집중했다. 과학적으로도 효과가 입증된 방법이다. 브라질의 연구자들은 운동 중에 감정에 초연할 수 있는 선수들이 거의 언제나 더 좋은 성과를 낸다는 것을 발견했다. 그리고 나는 지금 당장 할 수 있는 건 뭐든지 해야 하는 처지였다.

한참을 행군한 끝에 발밑에 혈암이 밟히기 시작하면서 마침내 분지 정상에 도착했다. 여기부터는 경사가 비교적 덜해서 어느 정도 한숨을 돌릴 수 있는 구간이었다. 걸음을 멈추고 허리를 폈다. 가쁜 숨을 몰아쉬며 북극의 찬 공기를 들이마셨다.

나는 거의 20년 동안 매주 5시간씩 운동을 해왔다. 하지만 이번 원정처럼 내 몸을 혹사시킨 적은 한 번도 없다. 이 원정은 신체적 한계뿐만 아니라 현대 사회가 '운동'이라는 개념에 어떻게 접근하는지에 대한 문제점까지 적나라하게 드러냈다. 과거 인류와 비교하면 나는 체육 시간에 맨 마지막에 뽑힐 만한 인간이다.

하버드의 인류학자들은 목축과 농경 기술을 터득하기 이전의 인간들은 "활동적인 육체를 유지해야만 생계를 유지할 수 있는 프로 운동선수나 다름없었다"고 말한다. 우리 조상들은 따로 '운동'을 하지 않았다. 깨어 있는 시간의 거의 전부를 요즘 사람들이 운동이라고 부르는 일들을 하는 데 소비했기 때문이다.

초기 인간들은 날것 그대로의 땅을 누비며 먼 거리를 걷고 달렸다. 여러 연구에 따르면 당시 이 사냥꾼들이 하루에 40킬로미터 이상을 달리거나 걷는 것은 전혀 이상한 일이 아니었다. 우리는 이런 것을 '마라톤'이라 부르지만 옛날 사람들에겐 '저녁거리 구하러 가는 길'에 불과했다.

그들은 거친 땅을 오가며 대부분 뭔가를 들고 다녔다. 주로 3킬로그램에서 9킬로그램 정도 나가는 연장, 무기, 물항아리, 음식, 아이 등이었다. 때로는 내가 지금 알래스카에서 순록을 져 나르고 있는 상황과 비슷할 때도 있었다. 예를 들면, (아프리카 수렵채집 부족들의 사냥감이 되고 있는) 얼룩말의 뒷다리는 보통 36킬로그램 정도 나간다. 게다가 이들에겐 인체공학적으로 설계된 배낭 같은 것도 없었다. 그저 어깨에 둘러메고 집까지 걸어갔다.

옛 인간들은 감자 한 알을 찾기 위해 땅을 1미터씩은 파야 했다. 이 행동은 30분에 걸친 강도 높은 노동을 요구했을 것이고, 땅의 상태를 막론하고 200칼로리에서 300칼로리를 소모했을 것이다. 그들은 꿀을 찾아서 나무를 타고 절벽을 오르기도 했다. 빠르고 힘있게 창을 던지기도 했다. 적들과 야수들을 상대로 죽기 살기로 싸우기도 했다.

아무것도 하지 않는 것조차 쉬운 일이 아니었다. 조상들은 쪼그려 앉은 자세로 쉴 때가 많았는데, 이 자세는 몸의 거의 모든 근육을 약간씩 활성화해야 유지할 수 있다. 앉거나 눕는 곳도 맨땅일 때가 많았고, 땅의 거친 속성 때문에 자세가 너무 불편해지면 옮겨 앉거나 돌아누워야 했다. 쉬는 동안 편안한 상태를 찾기 위해 끊임없이 자세를 바꾸고 뒤척거리는 경우, 가만히 앉아 있을 때에 비해 하루에 400칼로리를 더 소비하게 된다는 것이 메이요클리닉 연구진의 설명이다.

데이비드 라이클렌David Raichlen은 서던캘리포니아대학교의 인류학자다. 그는 긴 세월을 아프리카의 오지에서 보내면서 수렵채집 부족인 하드자 부족에 대한 연구를 통해 인류의 선조들이 했던 운동이 건강과 심리에 미친 영향을 알아내고자 했다.

"우리는 몇 가지 수단을 써서 이 부족 사람들의 육체 활동을 측정했습니다. 허벅지와 손목에 걸음 측정기를 묶고, 심박수 데이터를 활용하고, GPS도 이용했습니다."

일련의 연구에서 라이클렌이 알아내고자 했던 것은 선조들의 하루 활동량과 칼로리 소모량, 신진대사 관찰이었다. 이와 동일한 정보를 평범한 미국인에게서도 수집했다.

연구팀은 두 그룹 사이에서 한 가지 뚜렷한 차이를 즉시 발견했다. 체격 차이였다. 하드자 부족의 남성 평균 체중은 51킬로그램, 여자가 43킬로그램이었다. 이에 비해 미국인은 각각 81킬로그램, 74킬로그램이었다.

위성 데이터를 분석한 결과 하드자 부족 남성은 하루 평균 14.5킬로미터를 이동하는 것으로 나타났다. 가끔 사냥을 나가는 날에는 32킬로미터를 훌쩍 넘기기도 했다. 이들은 걷고, 들고, 파고, 오르는 모든 신체 활동 덕분에 하루 평균 2,649칼로리를 소모했다. 이에 비해 미국인 남성들은 평균 3,053칼로리를 소모한다. 이것만 놓고 보면 미국인들의 소모량이 우세한 것처럼 보이지만 이 수치들은 상대적이다.

체중 대비 칼로리 소모량을 분석해보면, 하드자 부족 남성은 체중 1파운드(0.45킬로그램)당 하루 평균 24칼로리 정도를 소모했고, 이에 비해 앉아 있는 시간이 훨씬 많은 미국인은 17칼로리를 소모하는 데 그쳤다. 여성의 경우도 마찬가지였다. 하드자 부족 여성은 체중 1파운드당 20칼로리를 소모했고, 반면에 미국인 여성은 14칼로리 정도에 그쳤다. 결국 체중 대비 일일 소모량으로 따지면 전체 하드자족 주민들은 서구인들에 비해 칼로리를 40퍼센트를 더 태우는 것으로 나타났다.

미국 정부는 매주 150분씩 '중증도 및 고강도 운동moderate to vigoros physical activity, MVPA'을 실천하라고 권장한다. 하루에 20분 정도라도 이런 운동을 하는 미국인은 절반도 되지 않는다. 진공청소기나 잔디깎이를 돌리는 시간도 MVPA로 분류됨에도 말이다.

"그런데 하드자족의 MVPA 총량을 보면, 하루에 200분 이상을 해내고 있습니다."

라이클렌의 설명이다. 우리 조상들이 살았던 방식을 고수하고 있는 다른 부족들도 이들과 비슷한 활동량을 보여준다. 예를 들어 볼리비아 우림지대의 치마네Tsimane 부족과 파라과이의 아체Ache 부족의 경우 하루 평균 16킬로미터 이상씩을 걷는다. 여기에 더해, 살아남기 위해 반드시 해야만 하는, 강도 높은 지구력과 근력을 사용하는 육체적 작업까지 수행해야 함은 물론이다.

정부가 권장하는 주당 지구력 및 근력 운동 가이드라인을 충족하는 미국인들은 20퍼센트밖에 되지 않는다. 게다가 미국인들의 27퍼센트는 운동이라고 부를 만한 육체 활동을 전혀 하지 않는다. 운동 시간이 문자 그대로 0인 사람들이다. 침대 → 사무실 의자 → 소파 → 침대를 반복하는 삶이다.

운동 부족과 초가공 식품 선호 증가로 현대인은 10년 전보다 더 살이 찌고 근육은 줄어들었다. 그리고 또 그보다 10년 전은 또 그보다 10년 전에 비해 더 뚱뚱하고 덜 근육질이었다. 이러한 추세는 계속 악화되고 있다. 과학자들은 '지나친 게으름'이 심각한 근육 감소를 초래하고 있으며, 이제는 젊은 세대에게도 근감소증이 관찰되기 시작했다고 경고했다. 인류 역사상 전례가 없는 현상이다. 우리는 오래전부터 인간의 고유한 속성이 되어온 지능에 더해, 비만과 체력 부족으로도 유례없는 종이 되어가고 있다.

앞의 수치에서 알 수 있는 것은 오늘날 대부분의 사람들이 일주일에서 2주일 동안 하고 있는 것보다 많은 활동을 우리 선조들은 하루의 4분의 3밖에 안 되는 시간 동안에 해치웠다는 사실이다. 게다가 옛사람들은 대부분 이런 수준의 활동을 죽을 때까지 유지했다. 라이클렌은 "수렵채집 부족들을 보면 고령자들의 신체 활동 수준이 믿기 힘들 정도로 높다"고 말했다. 그의 동료 학자는 "80세 할머니들이 여전히 힘이 세고 활력이 넘친다"고 썼다.

"선택의 여지가 (계속 몸을 쓰는 것 말고는) 없기 때문이죠."

라이클렌이 덧붙였다. 만약 어떤 사람이 더 이상 노동을 지속할 수 없고, 식량 조달에 기여할 수 없다면, 곧 죽음에 가까워졌다는 의미였다. 요즘에는 나이를 막론하고 건강이 매우 나빠졌다고 해서 곧 사망에 이르는 경우가 흔치 않다. 대신에 요즘의 건강 악화는 심장병이나 당뇨병 같은 만성 질환을 거쳐 천천히 사망에 이르게 한다.

오늘날의 운동선수들조차 고대의 일반인과 비교하면 특출날 것이 없다. 예를 들면, 선사시대 여자들의 평균적인 팔 힘은 오늘날의 올림픽 조정 선수들보다 16퍼센트 더 강했다는 것이 케임브리지대학교 연구진의 결론이다. 또 다른 연구에 따르면, 선사시대의 옆집 아저씨는 오늘날 크로스컨트리 선수들의 지구력과 맞먹는 '오래달리기 능력'을 갖고 있었다. 그들에게는 나이키가 후원한 신발도, 경기력 향상 식단도, 보충제도, 과학적인 훈련 프로그램도 없었다. 가진 것은 오직 한 가지, 배고픔뿐이었다.

이것이 일부 작가와 사상가들이 '고대 및 현대의 수렵채집인이 초인적인 운동 능력을 가진 괴물 같은 존재'라고 주장해온 이유다. 그러나 하버드의 과학자들에 따르면 이것은 사실이 아니다. 이들은 이 잘못된 관점을 '운동하는 야만인의 오류fallacy of athletio savage'라고 부른다. 우리 조상들과 현대의 수렵채집 부족들은 다른 모든 호모 사피엔스들과 전혀 다를 바가 없다. 진실은, 모든 인간의 신체는 필요할 경우 언제든지 놀라운 육체적 위업을 달성할 수 있다는 것이다.

그럼 우리는 어떻게 해서 역사상 가장 초라한 건강을 지닌 인간들이 되었을까?

"테크놀로지가 발전할수록 우리의 신체 활동량은 줄어들었습니다."

라이클렌은 말한다. 이 진실은 심지어 하드자 부족에게도 통한다. 초기 인간들의 활동과 관련한 최상의 모델을 제공하고 있는 이들조차 과거의 수렵채집인들에 비해 활동성이 떨어지는 경향이 있다. 가령 하드자 부족은 '발사형 무기'를 사용해서 사냥하는데, 초기 인류는 그런 무기를 갖고 있지 않았다. 따라서 멀리서 화살을 쏘는 대신 '지구력 사냥'을 했다. 즉, 사냥감이 지쳐서 쓰러질 때까지 장거리 추적을 계속하는 것이다.

하버드대학교의 진화생물학자인 루이스 리벤버그Louis Liebenberg에 따르면, 실제로 칼라하리사막 지역의 원주민 남자들은 남아프리카공화국이 사냥을 전면 금지하게 된 10년 전까지만 해도 이런 사냥술을 사용했다. 이 사냥은 섭씨 42도의 기온 속에서 32킬로미터가 넘는 거친 모래땅을 1킬로미터당 약 6분의 페이스로 달려야 하는 것이다.

인류가 신체적으로 변하기 시작한 첫 번째 큰 전환점은 약 1만 3천 년 전 농업이 출현하면서부터였다. 연구에 따르면, 선사시대의 농사꾼들은 이전의 조상들에 비해 신체적으로 더 나은 점도 있었고, 그렇지 않은 점도 있었다. 곡식을 빻고 땅을 갈다 보니 상체는 더 강해졌지만, 먹을 것을 찾아 먼 거리를 이동하는 일이 줄어들면서 하체가 비교적 약해졌다. 그러나 데이터에 따르면 적어도 초기 농사꾼들은 초기 수렵채집인 못지않게 활동적이었다. 인류의 대부분이 농경 사회로 전환하면서, 문명인의 최소 80퍼센트가 농사를 짓게 되었고, 다시 한번 큰 변화가 찾아온다.

인간의 신체에 두 번째로 커다란 변화가 일어나기 시작한 것은 1850년 무렵이었다. 이 시기는 산업혁명의 시작점이었고, 과거의 농사일과 비슷할 정도로 힘든 노동이 필요한 작업은 13.7퍼센트로 줄어들었다. 약 4분의 3의 직업은 앉아서 하는 일이 되었고, 그 비율은 해마다 높아졌다. 지난 10년 사이에 미국인은 하루 앉아 있는 시간이 한 시간 더 늘었다. 성인은 6시간 반을 앉아 있고, 아이들은 8시간 이상 앉아 있다.

또한 앉는 자세도 변했다. 조상들은 쪼그리고 앉아서 하체 근육을 계속 움직이고 있었다. 반면 우리는 안락의자에 몸을 파묻은 채 아무 근육도 쓰지 않는다. 그리고 마침내 인간들은 힘을 들이지 않는 노동으로 완전히 전환하는 데 성공했다. 본능적으로 편안함을 선호하는 패턴 때문이었다. 이로 인해 우리는 잃어버린 움직임을 회복할 가능성이 점점 낮아졌다. 인간이 얼마나 본능적으로 편안함을 추구하는지 보여주는 숫자가 있다. '2퍼센트.' 계단과 에스컬레이터 중 선택할 수 있을 때 계단을 이용하는 사람의 비율이다.

비활동성 증가(1960년대에 존 F. 케네디는 "나약한 미국인들"이라는 표현을 쓰기도 했다)에 대한 반작용으로 잃어버린 움직임을 다시 삶 속으로 불러들이려는 시도도 있었다. 하지만 이런 노력은 엔지니어링 쪽에서 다소 너저분한 일을 하는 데 그쳤다. 우스꽝스러운 진동 벨트, 땀복, 8분 복근 운동 비디오 같은 것은 굳이 생각할 필요도 없다. 1960년대와 1970년대에 헬스클럽들은 미국 사회의 주요 산업이 되었다. 유산소 운동 기구, 웨이트 기구, 줌바 교실 같은 것이 생겨났다. 운동은 이제 더는 삶의 현실이 아니라 일주일에 두어 번 달라붙어서 하는 30분 수업이나 1시간짜리 강습이 되었다. 잃어버린 움직임을 되찾기 위해 특별히 따로 떼어낸 시간이다.

애초부터 운동은 편안함과는 거리가 멀다. 그런데도 헬스장들은 운동을 편안한 것으로 만들려는 시도를 한다. 오늘날 대부분의 사람들이 하고 있는 전형적인 운동은 에어컨 나오는 실내에서 리얼리티 티브이쇼를 보며 러닝머신 위를 달리는 것이다. 팔과 다리로 타원 운동을 반복할 수 있게 해주는 기구도 인기가 있는데, 이러한 움직임은 그 기구가 발명되기 전에는 결코 존재하지 않았던 동작이다.

혹은 패드가 부착된 의자에 앉아 관절을 또 다른 패드에 기대고, 인체공학적으로 설계된 손잡이를 잡고 고정된 경로를 따라 무게추를 움직인다. 이는 자연에서 마주칠 만한 그 어떤 상황과도 관련없으며, 중요한 안정화 근육들은 거의 사용하지 않는다.

사람들은 자유 단련실에서 완벽하게 균형이 잡힌 역기를 미리 정해놓은 횟수만큼 들어 올린다. 그런데 한 연구에 따르면, 우리 조상들이 들어 올렸던 제멋대로 생긴 물체들은 헬스장에서 들어 올리고 있는 균형 잡힌 물건들에 대해 훨씬 더 많은 근육 사용을 요구했다. 게다가 조상들은 단순히 정해진 횟수만큼이 아니라, 일이 끝날 때까지 짐의 무게를 감내해야 했다.

현대인들 중에는 엄청난 수준의 근육을 만드는 데 열심인 사람들이 많다. 이들에게는 근육을 만드는 것 자체가 목적이다. 인류 역사를 통틀어 근육을 키우는 일이 불가능했던 데에는 두 가지 이유가 있다. 하나는 자원 할당이 한정되어 있었기 때문이고, 또 하나는 불어난 근육의 위험성 때문이다. (사냥을 하고 포식자로부터 도망치는 데에는 놀라운 속도와 지구력이 필요하다.) 당시의 생활방식은 우리를 강하게 만들었지만 과도한 근육량을 갖도록 하지는 않았다. 체구가 보통인 사람이 엄청나게 힘이 좋을 경우 "농장 일꾼의 체력"을 지녔다고 하는 이유가 이 때문이다. 반면에 "헬스장 체력"은 몸은 좋아 보이는데 실제로는 강도 높은 육체 노동을 할 때는 쉽게 지치는 사람들을 비꼬는 표현이다.

라이클렌이 〈신경과학 경향Trends in Neuroscience〉에 발표한 연구 내용에 따르면, 실내에서 하는 운동에는 인간에게 중요한 뇌 자극이 결여되어 있다. 사냥과 채집은 신체 운동이면서 인지적 운동이기도 하다. 걷고, 달리고, 파고, 오르는 행위를 하는 동안 뇌는 행동 제어, 기억, 공간 탐색, 실행 기능 같은 임무를 수행한다. 그는 과거 인간을 두고 '인지적으로 몰입한 지구력 운동선수'라고 묘사했다. 시간이 흐르면서 신체적 노동과 정신적 노동이 서로 시너지 효과를 내며 뇌의 반응과 건강을 향상시키는 공생 관계를 형성했다.

리벤버그와 이야기를 나누면서, 나는 수렵채집인들과 관련해 사람들이 가장 많이 오해하는 것이 무엇인지 물었다. 나는 그가 다이어트를 언급할 줄 알았다. 권위 있다는 인류학자들이 흔히 비판하는 것이 세간의 구석기 다이어트peleo diet였기 때문이다. 그런데 그의 대답은 전혀 예상 밖이었다.

"모두가 지구력 사냥을 순전히 육체적인 행위라고 생각합니다. 그 행위의 지적 측면을 과소평가하고 있는 거죠."

부시맨들은 달리면서 동시에 생각한다. 동물 행동과 생물학에 대해, 지형 패턴에 대해, 추적의 방법과 속도 등등에 대해.

라이클렌은 "오늘날 우리가 하는 많은 운동은 실내, 헬스장에서 이루어집니다. 우리가 고정식 자전거에 앉아 30분 동안 페달을 밟는 것이 과연 인지적으로 얼마나 도전적인 활동인지는 아직 연구할 것이 많습니다"라고 말한다.

실내 운동이든 야외 운동이든, 모든 신체 활동은 중요하다.

"헬스장에서 하는 유산소 운동은 확실히 심혈관 계통을 자극하며, 이는 뇌에도 이점을 제공합니다. 하지만 그것이 신체가 가장 적합하게 적응한 운동 방식일까요? 사람들을 야외에 내놓으면, 그래서 예를 들어 자전거를 타거나 산책로를 뛰면, 길을 잘 찾아가는 일, 어디서 멈추고 속도는 어떻게 잡고 어디서 꺾을지를 결정하는 일 등등 온갖 인지적 과제가 추가로 따라붙게 됩니다."

이런 과정이 뇌 보호와 기능 향상에 도움을 준다고 라이클렌은 주장한다. 뇌가 더 똑똑해지고, 더 빨라지고, 병에도 덜 걸린다는 것이다. 그가 쓴 논문에는 다음과 같은 내용이 적혀 있다.

"현대 산업사회에서 흔히 볼 수 있는 것과 같은 만성적 비활동 상황에 처하면, 일반적인 운동 부족뿐만 아니라 운동 중 인지적 자극 부족으로 인해 뇌의 기능 저하 혹은 기능 유지의 최적화 실패로 이어질 수 있다. 이는 다른 장기 시스템에서도 볼 수 있는 현상과 유사하다. 우리의 뇌는 에너지를 절약하기 위한 전략의 일환으로 적응적으로 기능을 줄이며, 이는 나이가 들면서 뇌 위축으로 이어진다."

우리는 야외에서 운동을 할 때 보통 쿠션이 들어간 좋은 신발을 신고, 완벽하게 포장된 길을 달린다. 물론 이것은 헬스장에서 러닝머신을 뛰는 것보다 더 많은 칼로리를 소모하지만, 자연 그대로의 지형에서 달리는 것보다는 덜 소모된다. 미시간대학교의 생체역학자들은 고르지 않은 땅을 걷거나 달리는 운동이 포장된 바닥에 비해 한 걸음당 에너지를 평균 28퍼센트 더 소모하게 만든다는 사실을 밝혀냈다.

우리는 헬스장에서 운동을 하다가 피곤하거나 지루해지면 앉아서 쉰다. 아니면 시원한 음료나 정수기 물을 마신다. 또는 스마트폰의 노래를 바꾼다. 정해놓은 시간, 거리, 세트와 반복 횟수가 끝나면 사우나에 들어가 앉는다.

오늘 당장 먹을 것을 위해 애쓰던 시절로 돌아가자는 얘기가 아니다. 우리의 편안한 세상은 위대하다. 하지만 편안함으로 기울어진 결과, 우리의 신체는 도전받을 일이 거의 없고, 그 대가로 건강과 강인함을 잃어가고 있다.

순록을 짊어지고 가다 보니 묘하게 원시적이라는 느낌이 든다. 이것은 현대의 피트니스 세계에서는 보기 어려운 힘과 지구력의 독특한 결합을 요구한다. 오늘날의 인간은 조상이 했던 가장 중요한 행동 중 하나, 거친 지형 위에서 무거운 물건을 나르는 일을 거의 하지 않는다. 하지만 최근의 연구들은 그런 행동이 우리를 인간답게 만들었다고 말한다.

"거의 다 왔어요, 친구들!"

윌리엄이 말한다.

분지 정상에 오르니 시야가 사방으로 트인다. 동쪽에서 폭풍이 다가오고 있다. 북동쪽에는 브룩스레인지산맥이 환상 속의 백색 피라미드들처럼 서 있다. 까마귀 한 마리가 머리 위를 날고 있다. 20미터쯤 앞서 가던 도니가 걸음을 멈춘다. 윌리엄과 내가 거리를 좁혀간다.

도니가 남서쪽을 가리킨다. 분지가 휘어지면서 더 높은 구릉으로 이어지는 곳이다. 바로 그 아래에 돌산양 두 마리가 보인다. 젊은 암컷과 수컷이다. 둘 다 얼어붙은 듯 우리를 똑바로 건너다본다. 30센티미터 정도 되는 수컷의 뿔은 이제 막 휘어지기 시작한 듯이 보인다. 흰 털 밑으로 드러난 가는 다리 근육들이 햇빛을 받아 도드라진다.

"저 녀석들은 사람을 본 적이 없을 거예요."

도니가 말한다.

"어…. 솔직히 말하면, 나도 돌산양을 처음 봐요."

내가 말했다.

짐승과 인간 두 무리가 한동안 서로를 응시하며 서 있었다. 하지만 그것도 잠시, 어깨와 다리의 묵직한 통증이 나를 임무로 복귀시켰다.

이제 1.5킬로미터 남았다. 5,000보만 더 걸으면 된다.

# 23킬로그램

## 운반 본능을 깨워라

우리 조상들은 약 440만 년 전부터 지금의 우리처럼 두 발로 걷기 시작했다. 그 이유와 관련해서는 수많은 학설이 있다. 그런데 학자들이 모두 동의하는 지점이 있다. 음식을 비롯한 여러 가지 물건들을 나를 수 있는 능력에서 오는 진화적 이점이 주요한 역할을 했다는 것이다. 네발짐승들은 물건을 잘 나르지 못한다. (짐꾼 동물들의 경우처럼 사람이 짐을 묶어주지 않는 한.) 보통 동물들은 물건을 입에 물어서 옮기거나 질질 끌어야 하는데, 거리가 상당할 때는 불가능한 일이다.

영장류는 독특한 능력을 가지고 있다. 두 발로 이동하면서 손으로 물건을 운반할 수 있다. 원숭이, 유인원 등등은 대부분 실력이 좋지 않았다. 왜냐하면 그들에게는 비효율적이었기 때문이다. 예를 들어, 침팬지는 인간과 똑같은 거리를 이동할 때 에너지를 75퍼센트 더 사용한다. 그래서 침팬지와 같은 동물들은 주로 네 발을 이용해 이동하며, 인류학자들은 이 방식을 '너클 보행Knucle-walking'이라고 부른다.

원숭이들은 엉덩이를 뒤로 빼고 무릎이 구부러진 채로 비틀거리듯 걷는다. 상체는 걸음을 옮길 때마다 좌우로 춤을 춘다. 이렇게 불안정한 걸음에 짐을 더하는 것은 이동의 효율을 한층 더 떨어뜨리는 일이다. 반면에 인간은 자기 체중의 15퍼센트까지 들어서 옮길 수 있다. (평균적인 성인 남성의 경우 13.6킬로그램 정도.) 그러면서도 다른 유인원들이 아무것도 들고 있지 않을 때보다 더 적은 에너지를 사용한다. 침팬지들은 몇 킬로그램 되지 않는 물건을 한 손에 잡고 끌고 가는 일조차 버거워한다. 하지만 인간은 무거운 것을 쉽게 집어 들고 걸을 수 있다. 연구에 따르면 평균적인 성인 남성의 경우 34킬로그램을 그다지 어렵지 않게 끌어서 옮길 수 있다.

보스턴에서 레이첼 호프만을 만난 뒤에 나는 하버드를 찾아갔었다. 거기서 인류학의 세계적 권위자이자 하버드대학 교수인 댄 리버만Dan Lieberman을 만났다. 그의 주 관심 분야는 인체의 진화로, 특히 동작 및 물질성과 관련하여 인체가 현재와 같은 모습을 띠게 된 이유를 연구하고 있다.

진부한 표현을 빌리자면, 리버만의 연구실은 아이비리그 그 자체였다. 여기저기 자리잡은 오크 목재, 온갖 학술 문장紋章, 꽉 들어찬 서가, 커피 테이블 위에 늘어선 과학 저널들, 그리고 그 테이블을 둘러싼 고급 가죽 소파와 의자들. 연구실은 하버드 피바디 민족학 및 고고학 박물관Harvard's Peabody Museum of Archaeology and Ethnology 건물의 꼭대기 층에 있었다. (이 박물관에 대해 말하자면, 인디애나 존스가 자신의 유물을 보관할 법한 장소라고 생각하면 된다.)

인류학이 출범한 이래 학자들은 줄곧 달리기가 인간의 진화 방식에서 미미한 역할을 했다고 믿어왔다. 그들은 달리기를 현실에서는 아무 쓸모 없는 개인기 같은 것으로 여겼다. 그럴 만한 이유가 있다. 인간은 전력 질주할 때 다른 포유류보다 두 배의 에너지를 소모하며, 두 다리와 직립 자세 때문에 속도가 느리다. 예를 들면, 인간이 100미터를 가장 빨리 뛴 기록은 9.58초며, 평균 시속 37킬로미터에 해당하는 수치다. 게다가 이 속도를 몇 미터 더 유지하는 것조차 어렵다.

반면 가지뿔 영양은 시속 88킬로미터까지 달릴 수 있다. 회색곰은 시속 55킬로미터. 패리스 힐튼이 안고 다니는 작고 귀여운 푸들도 시속 48킬로미터로 달릴 수 있다. 게다가 이런 동물들은 몇 분 동안이나 속도를 유지할 수 있다. 뿐만 아니라 점프, 들어 올리기, 기어오르기, 민첩하게 움직이기 같은 종목에서 인간 선수들의 실력은 여타 동물에 비해 형편없는 수준이다. 두 발로 걷는 포유류인 우리 인간들은 리버만의 표현대로 그야말로 '운동 능력 면에서 형편없는 존재'인 것이다.

그런데 리버만은 2004년에 인류학계와 운동학계를 뒤흔들 만한 연구 결과를 발표했다. 인간은 빠르게 달릴 수는 없지만, 먼 거리를 이동하는 능력에서 탁월하다는 사실이다. 특히 더운 날씨에.

극소수의 사람들은 최고 시속 약 21킬로미터를 유지하면서 40킬로미터 이상을 달릴 수 있다. 예를 들면, 프로 마라토너들처럼 말이다. 주말마다 열리는 마라톤 대회에서 아마추어 러너들도 평균 시속 10.5킬로미터에서 14.5킬로미터를 유지하면서 마라톤 풀코스를 서너 시간 안에 끊는다. 더운 날, 비교적 건강한 인간은 장거리 경주에서 사자, 호랑이, 곰, 개 등 대부분의 포유류를 이길 수 있다. (참고로, 이 법칙은 추운 날씨에는 적용되지 않는다. 추운 날씨에는 썰매 개들이 압도적인 지구력을 지닌 운동선수가 된다. 이 개들은 여러 날에 걸쳐 1킬로미터당 6분대를 유지하면서 160킬로미터를 달릴 수 있다. 순록들의 실력도 나쁘지 않다. 그런데 이런 동물들을 지구의 적도 근처에 데려다놓으면 얼마 못 가 토스트가 되고 만다.)

〈네이처〉에 실린 리버만의 논문, 일명 'Born to Run(달리기 위해 태어난 존재)'이라 불리는 논문에 따르면, 인간의 이런 능력을 갖추게 된 것은 수백만 년 동안 진화한 여러 적응 덕분이라고 설명한다. 우리는 두 다리로 설 수 있고, 발에는 탄력 있는 아치 구조가 있다. 그리고 다리의 긴 힘줄, 큰 엉덩이 근육, 온몸에 분포한 땀샘, 털이 없는 피부, 공기를 가습하여 폐로 전달하는 복잡한 코 구조가 있다. 이 모든 요소들이 긴 거리를 달릴 수 있게 해주고, 또 그렇게 달리는 동안 체온을 효율적으로 조절할 수 있게 해준다. 다른 포유류의 경우 몇 분 동안 빠른 속도로 뛰고 나면 그 자리에 멈춰서 큰 숨을 내쉬면서 열을 내보내고 몸을 식혀야 한다.

인간은 지구력을 살아남기 위한 필살기로 삼아 진화했고, 이를 활용해 지구력 사냥을 했다. 사냥감이 열사병으로 쓰러질 때까지 천천히, 끈질기게 추적하고 달려가며 쫓았다. 동물이 탈진하면, 인간은 창이나 몽둥이로 마무리를 하고 식사를 해결했다.

리버만의 연구는 또 하나의 흥미로운 사실을 제시했다. 1970년대에 쿠션이 들어간 편안한 러닝화가 등장하면서 인간의 달리기 방식이 근본적으로 바뀌었다는 것이다. 일반적인 러닝화는 발뒤꿈치부터 땅에 닿는 방식으로 보행을 유도하는데, 맨발로 달리던 초기 인류는 발의 앞쪽이나 가운데 부분이 먼저 땅에 닿았을 것으로 학자들은 추측한다.

리버만을 비롯한 몇몇 인류학자들의 연구에 따르면, 원래의 보행 방식이 더 효율적일 뿐만 아니라 달리기 부상 예방에도 도움이 된다. 사실 리버만은 '맨발 달리기' 운동의 씨앗을 뿌린 장본인이다. (스스로는 '맨발 달리기의 옹호자가 아니라, 단지 그것을 연구하는 사람일 뿐'이라고 재빨리 선언하긴 했지만.)

나는 리버만의 달리기 연구에 대해 잘 알고 있었다. 하지만 알래스카 땅에서 무거운 짐을 져 나르기 위한 훈련을 하고 있을 무렵, 나는 그에게 전화를 걸어서 초기 인간들의 짐 운반 능력과 관련해 추천해줄 만한 자료가 있는지 물어보았다. 마침 그는 그 주제를 연구 중이라며 나를 연구실로 초대했다. 그렇게 나는 그의 사무실에서 '인간의 힘과 그것이 초기 인류에게 어떤 역할을 했는지'를 주제로 이야기를 나누게 되었다.

"근력은 흥미롭습니다."

리버만이 말했다.

"근력의 중요성을 강조하는 말들은 세상에 널렸습니다. 제 생각에는 저마다 무엇을 좋아하느냐에 따라 달라지는 것 같아요. 헬스장에서 역기를 들어 올리는 데 빠져서 유산소 운동을 싫어하는 사람들이 많습니다. 이런 사람들은 유산소 운동에 비해 저항력 훈련이 얼마나 좋은지 강조하곤 하죠. 그런데 그 반대도 사실입니다. 유산소 운동을 하면서 헬스장 가는 걸 좋아하지 않는 사람들은 근력의 중요성을 무시하는 경우가 많죠. 이건 일종의 로르샤흐 테스트Rorschach test\*입니다. 좌우 대칭의 잉크 무늬인 거죠. 근력과 지구력은 명백히 둘 다 중요합니다."

사람은 본능적으로 자신이 익숙하고 편한 운동을 선호하고, 그것을 가장 좋은 운동이라고 믿는 경향이 있다.

"하지만 말이죠. 양쪽의 증거들을 다 들여다보면, 치열한 과정을 거쳐서 결국 지구력과 유산소 활동이 선택되었고, 인간에게는 다른 동물들만큼 근력이 중요하지 않다는 결론에 이르렀다는 것이 제 생각입니다."

예를 들면, 수컷 침팬지들은 인간보다 몸집이 훨씬 작지만, 웬만한 보디빌더보다 두 배는 강하다. 그러니 인간은 운동 능력 면에서 정말 '형편없는 존재'인 셈이다.

"우리 조상들은 딱 일상적인 일을 할 수 있을 만큼만 근력을 키웠던 것으로 보입니다. 수렵채집인들의 근력이 상당한 수준이었다는 자료도 있습니다. 하지만 절대로 요즘의 헬스에 미친 사람들 같

---

\*　좌우 대칭의 불규칙한 잉크 무늬를 보고 어떤 모양으로 보이는지를 말하게 하여 그 사람의 성격, 정신 상태 등을 판단하는 인격 진단 검사법.

지는 않았어요. 그 시절에 벤치프레스 같은 게 있었을 리 없잖아요?"

그 시절에 가장 과격했던 근력 운동은 거친 땅을 밟아가며 짐을 멀리까지 옮기는 일이었다. 미국의 공공과학도서관PLOS에서 발간하는 온라인 과학 저널 〈PLOS One〉에 실린 연구에 따르면, 실제로 인간은 A지점에서 B지점으로 물건을 옮기는 데 "극강"의 능력을 소유하고 있다. 여기에 더해, 오랜 세월에 걸친 자연 선택 과정에서 운반을 가장 효과적으로 잘하는 인간들이 선택을 받게 되었다는 것이 〈해부학 저널Journal of Anatomy〉에 실린 한 논문의 설명이다. 이 논문에 따르면, 운반은 인간을 최상위 포식자로 만든 숨은 원동력 가운데 하나였다.

사냥감을 추적하고, 거주지까지 먼 거리를 운반하고, 잔치를 벌일수록 우리의 신체는 더욱 진화했다. 더위 속에서 멀리 달릴 수 있도록 적응한 다수에게는 멀리 짐을 나르는 능력도 생겨났다. 예를 들어 상체가 짧아지면서 더 강해지는 사이에 다리는 상대적으로 길어졌는데, 이런 체형이 짐을 지고 이동하는 데 더 유리했다. 우리의 손뼈는 손목뼈에 '잠금' 형태로 결합되어 있고, 중지를 통해 비정상적으로 강한 힘을 생성할 수 있다. 이러한 구조는 단순한 우연이 아니라 무거운 짐을 쥐고 먼 거리를 나를 수 있도록 진화한 결과다.

초기 인류는 오늘날의 기준으로 보면 벤치프레스를 잘하는 체형은 아니었을지 몰라도, 그들의 들고 다닌 동물의 무게는 엄청났다. 〈진화인류학Evolutionary Anthropology〉에 실린 한 자료에 따르면,

인간들이 사냥감으로 삼았던 동물들의 무게는 10킬로그램에서부터 최대 2,500킬로그램이었다. 평균 무게는 대략 100킬로그램에서 350킬로그램 정도였다. 이는 뒷다리, 앞다리, 등심, 허리, 목, 갈비 등을 해체하더라도 여전히 엄청난 무게를 지니고 있었다는 의미다. 특히 이런 고깃덩이들을 포장도 하지 않고 먼 거리를 운반해야 했다는 점에서 사정은 더 열악했다.

운반은 단순히 고기를 나르는 것에서 끝나지 않았다. 고대 유적지에서는 초기 인류가 260만 년 전부터 무거운 돌을 운반해 도구를 만들었다는 증거가 발견되었다. 예를 들어, 이스라엘의 한 유적지는 우리 조상들이 41킬로그램짜리 바위들을 운반했다는 사실을 증명했다. 그런데 다른 유적지에서는 더 가벼운 바위를 16킬로미터나 옮겼다는 증거도 발견되었다. 옛날 인간들은 "몇 시간에 걸쳐 바위를 옮기는 데 거리낌이 없었다"고 이 학자들은 말했다.

초기 인류는 삶의 터전 자체를 옮기는 일도 많았다. 한 연구에 따르면 36개의 서로 다른 수렵채집 부족들을 분석한 결과, 많은 부족이 해마다 수백 킬로미터씩 거처를 옮겼다. 캐나다 북동부의 이누Innu 부족은 마치 전문 이사꾼처럼 1년에 평균 3,500킬로미터를 이동하며 자주 거처를 옮겼다.

지금 내가 알래스카에서 실감하고 있듯이, 운반은 불편하다. 이 행위는 근력 운동과 유산소 운동 사이의 경계를 뭉개버린다. 걸을수록 짐은 더 무겁게 느껴지고, 무거울수록 숨이 차오르는 매우 고된 과정이 반복된다. 하지만 이 불편한 행위가 우리를 인간으로 만들었다.

실제로 옛날에는 나르기가 달리기보다 더 흔했을 가능성이 크다. 달리기는 사냥을 위해 아껴두었다. 그러나 평상시 채집을 위해 어슬렁거리며 움막을 나갔다가 획득한 것을 들고 돌아오는 일은 많았다. 대개 5킬로그램에서 10킬로그램 정도 되는 작은 것들이었다. 스페인 과학자들에 따르면 체중의 절반에 해당하는 무게를 운반할 때도 있었다. 즉, 인간은 'Born to carry(나르기 위해 태어난 존재)'라는 말이 그럴듯하게 들린다.

그러나 시간이 흘러 기술문명이 등장하면서부터 이 나르기에는 (그 동생뻘인 달리기와 더불어) 의문의 여지가 생겼다. 이제 우리에게는 쇼핑 카트, 바퀴 달린 캐리어, 유모차, 승용차, 수레, 트레일러, 지게차, 대형 트럭 등이 있다.

달리기와 달리, 요즘 사람들은 대부분 나르기를 일상 속으로 다시 편입시키지 않았다. 하지만 오늘날에도 나르기 전통을 잊지 않은 한 '부족'이 있다. 그들의 생존 자체가 '짐 나르는 능력'에 달려 있었다. 덕분에 이들은 지구상에서 가장 건강하고 강인한 사람들로 평가받는다.


대서양 해변의 온화한 겨울 아침 7시 45분, 나는 제이슨 매카시 Jason McCarthy의 집 앞뜰에 서 있었다. 새하얀 2층 건물에 청록색 셔터가 달린 그의 집은 대서양에서 한 블록 떨어져 있었다. 소금기를 품은 공기가 고즈넉한 거리를 휘감아 오는 사이, 매카시가 허리를 숙이고 세 살짜리 아들 라이언을 안아 올려서 유모차에 태운 뒤 안전끈을 매주었다. 그런 다음 매카시는 넉넉하게 디자인된 검정색 배낭에 노트북 컴퓨터, 아이 도시락, 그리고 20킬로그램짜리 철판을 집어넣은 뒤 등에 걸쳤다. 철판은 필요해서가 아니라 단지 배낭 무게를 무겁게 만들기 위해 넣은 것이었다. 이어서 매카시는 똑같은 무게의 철판을 집어서 똑같이 생긴 배낭에 넣었다.

"이건 선생 겁니다. 가시죠."

나는 그가 건넨 배낭을 어깨에 멘 뒤 무게 중심이 흐트러지는 것을 막기 위해 다리와 복근을 단단히 조였다. 그리고 야자수가 늘어선 거리를 걷기 시작했다. 무거운 배낭에도 불구하고 걷는 속도는 적당히 편안하게 느껴졌다. 적어도 매카시가 손목시계를 들여다보기 전까지는 말이다.

"아, 조금 서둘러야겠네요. 9시에 미팅이 있어서요."

우리의 미션은, 8킬로미터를 이동하면서 라이언을 유치원에 데려다주고, 매카시의 본부까지 가는 것이다. 매카시가 팔을 뻗어서 자신의 몸과 유모차 사이를 벌리더니 걸음보다는 빠르고 달리기보다는 느린 속도로 나아가기 시작했다. 항상 한 발은 땅에 닿아 있는 상태였다.

"우린 이걸 럭 셔플Ruck shuffle이라고 부릅니다."

조깅과 속보의 약간 어정쩡한 조합을 상상하면 된다. '럭'은 병사가 전쟁을 치르는 데 필요한 모든 물품을 넣는 무거운 배낭을 가리키는 군사 용어다.\* '러킹rucking'처럼 동사로 쓰이면 실제 전

---

\* 한국어로는 보통 군장이라고 하는데, 본문에서는 동사로도 쓰이고 있어서 원어 그대로 옮겼다. 이 경우 '럭 셔플'과 '러킹'은 둘 다 군장 구보 정도로 옮길 수 있다. '셔플'은 발을 끌면서 걷기라는 뜻이다.

쟁에서 배낭을 메고 행군하는 일, 또는 평상시에 병사나 민간인들이 고강도 훈련을 위해 배낭을 메고 이동하는 일을 가리킨다.

"전쟁에서 실제로 뛰는 일은 거의 없죠. 짐이 없는 경우는 절대로 없고요, 절대로. 하지만 러킹은 항상 합니다."

매카시는 거리를 빠르게 질주했다. 193센티미터 키에 86킬로그램. 지방 없이 마른 몸에 전신을 감싼 근육, 마치 디즈니 캐릭터의 이카보드 크레인Ichabod Crane*이 특전부대원으로 변신한 모습을 상상하면 된다. 실제로 매카시는 특전부대 출신이다. 2003년부터 2008년에 이르는 군 복무 기간 중 이라크와 아프리카에 파병되기도 했다. 원래 군인이 되는 일은 그의 계획에 없었다. 대학을 졸업한 뒤 CIA에서 제임스 본드 스타일의 일을 하고 싶었다. 그런데 지원 서류를 내고 1년이나 지났을 때 한 요원이 나쁜 소식을 전해왔다.

"CIA는 특수 작전을 위한 요원들을 양성하는 곳이 아닙니다. 우리는 군 특수부대에서 이미 훈련을 받은 지원자들 중에서만 선발합니다."

매카시는 1년이나 지나 알려줘서 고맙다고 말한 뒤, CIA에 들어가겠다는 희망을 품고 특수부대에 지원했다.

"처음 군대에 들어갔을 때는 러킹이 뭔지 몰랐습니다. 보병 학교에서 교관이 묵직한 군장을 던져주면서 '잘 간수해' 한마디를 했을 뿐입니다."

\* 디즈니 애니메이션 〈이카보드와 토드경의 모험〉의 주인공.

다음은 공수 학교였다. 그 다음은 특수부대 준비, 평가, 선발, 그리하여 매카시는 배움과 고통의 커리큘럼으로 점철된 53주간의 자격 인증 과정에 들어갔다.

"특수부대원 선발 평가 과정을 찍은 다큐멘터리들을 보면, 단체 훈련을 받을 때 교관들이 막 소리를 지르잖아요? 그런 건 3주 동안 4시간밖에 없습니다. 실제로는 보기보다 훨씬 조용하죠. 임무는 이런 식입니다. '지도, 컴퍼스, 군장을 준다. 이 지점으로 이동해.' 군장은 젖지 않은 상태에서 20킬로그램을 유지해야 합니다. 규칙은 '늦으면 안 된다, 분실하면 안 된다, 꼴찌를 하면 안 된다'였습니다."

매카시에게 떨어진 임무는 어둠 속에서 홀로 16킬로미터에서 32킬로미터에 이르는 노스캐롤라이나의 소나무숲을 신속하게 이동하는 것이었다.

"그래서 저는 러킹을 했죠. 지금 이것보다 빠른 속도로요."

출발한 지 10분도 되지 않아 얼굴에서 흘러내린 땀이 턱밑으로 뚝뚝 떨어지기 시작했다. 매카시와 내가 빈둥거린 것도 아닌데 여전히 시간을 맞추기가 쉽지 않은 듯했다. 매카시가 속도를 올렸다.

"좌회전."

그가 수산물 레스토랑들과 선원 컨셉 술집들이 늘어선 오션 스트리트 쪽으로 유모차를 밀고 나가면서 이어 말했다.

특수부대 훈련 막판에 매카시를 기다리고 있던 것은 녹색 베레모를 쓰기 원하는 병사들에게 주어지는 리트머스 시험인 로빈 세이지Robin Sage였다. 병사들을 작은 팀으로 나누어 야간에 숲 한가운데에 낙하산으로 투하된다. 비정규 전투 수행 능력을 시험하는 극한의 테스트다. 실전을 방불케 하는 게릴라전 훈련이 주 전체 면적을 무대로 펼쳐지는데, 이때 적군 역할을 하는 병사들은 공포탄을 사용한다.

"개인 군장이 56킬로그램이 넘는데, 여기에 장비까지 들어야 합니다. 이 훈련이 끝나면 18시간에 걸친 침투 훈련을 합니다. 상상을 초월하죠. 몸을 움직이기도 힘듭니다. 이런 훈련들을 받다 보니 어느 순간부터 군장이 몸의 일부처럼 느껴지더군요. 골격이 더 단단해졌고, 군살이 빠지면서 힘이 더 붙었습니다. 지구력이 하늘을 찔렀죠."

드디어 그는 특수부대원이 되어 이라크로 파병됐다. 그리고 러킹은 결코 그의 곁을 떠나지 않았다.

리버만 같은 인류학자들은 인간의 진화에서 운반이 지닌 근본적인 중요성을 이해하고 있다. 그런데 역사학자들은 인간들이 사냥, 수색, 싸움 같은 지극히 인간적인 행위를 하는 동안 운반을 한다는 사실을 진작부터 알고 있었다. 사냥꾼들은 창과 몽둥이, 그리고 사냥한 고기를 들고 이동했다. 기원전 1550년경 페니키아인들과 더불어 탄생하기 시작한 탐험대들은 생존에 필요한 자원들을 싣고 미지의 세계로 향했다. 성공적으로 임무를 마치면 값비싼 향신료, 금속, 정보 등을 싣고 돌아올 수 있었다.

"군대에서는 항상 뭔가를 나릅니다. 뭐가 됐든지, 항상. 러킹은 특수부대원이 되는 데 기본적인 기술입니다. 이걸 못하면 특수부대 병사가 아니죠."

선사시대의 동굴 벽화들에는 조야한 방패와 창을 들고 부족을 위한 전투에 나서는 전사들이 등장한다. 이런 물건들을 합치면 약 5킬로그램에서 10킬로그램 정도 되었을 것이다. 수천 년 전 그리스의 중장비 보병, 로마의 군단병, 비잔틴의 보병들은 14킬로그램 정도 되는 장비를 몸에 지니고 행군했다. 실제로 1800년대 중반까지도 세계 모든 군대의 병사들은 평균 16킬로그램의 장비를 지니고 있었다.

그 뒤 크림전쟁에 참가한 영국 병사들이 평균 30킬로그램 정도 되는 장비로 무장하기 시작했다. 제1·2차 세계대전, 한국전쟁, 베트남전을 거치면서 병사들의 짐은 계속 늘어났다. 미국이 이라크와 아프가니스탄에 개입할 무렵, 일반 병사들은 45킬로그램 정도를 지고 행군했다.

크림전쟁의 여파로, 영국의 과학자들은 병사들의 짐이 전투 수행 능력에 미치는 영향을 연구했다. 그 결과, 어떤 병사든 23킬로그램 정도를 지고 신속하고 안전하게 이동할 수 있다는 것을 알아냈다. 150년이 지난 2000년대에 들어서 미 육군, 해병대, 해군은 독립적으로 연구를 진행했다. 결과는 동일했다. 23킬로그램은 병사들이 죽어라 전투를 벌이고, 총알도 튕겨낼 만큼 강해지고, 빵빵한 근력과 지구력을 갖출 수 있는 최대 무게라는 것이다. 최근 군사와 산업 분야에서 병사들의 짐을 덜어주는 방안을 찾자면서 45킬로그램 군장으로 진행하고 있는 훈련 프로그램을 재검토하기 시작한 이유가 바로 이 때문이다.

"역사를 보면 전사 계급은 항상 육체적으로 가장 뛰어난 사람들이었습니다."

매카시가 말했다.

"그리스와 로마의 병사들을 포함해서, 어느 시대나 병사들이 받는 훈련은 비슷했습니다. 그냥 배낭을 지고 숲속으로 향하는 거죠. 미국 특전사도 이런 식으로 훈련합니다. 예전에는 전사 계급과 일반 시민 사이의 육체적 능력 차이가 별로 없었어요. 그런데 지금은 그 차이가 인류 역사상 가장 크게 벌어져 있죠. 지금 미국은 인류 역사상 가장 체력이 좋은 병사들을 보유하고 있습니다. 그 반대편에는 역사상 가장 형편없는 체력을 지닌 시민들이 포진하고 있죠. 이건 우리한테도 해가 되고 미국에도 해가 됩니다."

러킹은 군사력의 필수적인 요소다. 그래서 미국 정부는 이에 대한 연구에 수백만 달러를 쏟아부었다. 매카시는 이 논문들을 섭렵한 뒤 러킹에 미친 아마추어 과학자 비슷한 사람이 되었다. 그는 전국을 누비며 심리학자, 의사, 정부 관계자들을 상대로 러킹이 인체에 미치는 영향에 대한 강연을 해왔다.

"러킹은 근력과 유산소의 합체입니다. 달리기를 싫어하는 사람들한테는 유산소 운동이 되고, 역기를 싫어하는 사람들한테는 근력 운동이 되죠."

"러킹이 몸을 어떤 유형으로 만들어주는 겁니까?"

"우리는 그걸 슈퍼 미디엄이라고 부릅니다. 특전사 대원들을 생각해보세요. 너무 마른 것도 아니면서 지나친 근육질도 아니죠. 러킹이 몸매를 잡아주는 겁니다. 지방이나 근육이 너무 많다? 날씬해집니다. 너무 말랐다? 근력이 생기고 근육이 붙습니다."

이런 주장의 타당성은 최근에 스웨덴의 연구팀이 수행한 연구에서도 증명된다. 미국 특수작전사령부가 공개한 자료에서도 이 부대의 요원들이 평균 79킬로그램의 탄탄한 몸매를 지니고 있는 것으로 나타났다.

사우스캐롤라이나대학교의 연구에 따르면, 간헐적인 러킹이 걷기의 두세 배에 해당하는 칼로리를 소모하는 것으로 밝혀졌다.

"그런데 제가 짐을 좀 더 넣고 시간도 늘려서 러킹을 한 뒤에 먹는 양을 생각해보면, 그런 자료들에 나와 있는 것보다 칼로리 소모량이 더 많은 것 같아요. 저는 장시간 구보가 끝나면 땅콩버터 통을 끌어안고 앉아서 3분의 1을 먹어치웁니다. 그런 다음 그 통에다 M&M's 초콜릿하고 그래놀라를 쏟아붓고 잘 섞어서는 끝장을 내버리죠. 그런데도 체중이 계속 줄고 있어요."

군사 생리학 정상 회담에서 발표된 기밀 해제 자료에 따르면, 러킹의 칼로리 소모량은 속도, 짐의 무게, 지형의 경사 등에 따라 달라진다. 이 자료에 의하면, 매카시가 노스캐롤라이나의 소나무 숲에서 수행했던 그린베레 훈련은 시간당 1,500에서 2,250칼로리를 소모하는 일이었음을 알 수 있다. 이는 또한 툰드라의 가파른 비탈들을 넘어가며 순록 45킬로그램을 옮기는 일은 시간당 1,850에서 2,150칼로리를 소모하는 작업임을 암시한다.

러킹은 인체의 '전술 섀시tactical chassis(신체의 코어 구조)'를 강하게 자극한다. 이것은 산악인과 군사작전 요원을 위한 체력관리 프로그램을 개발하는 연구소이자 훈련센터인 산악전술연구소Mountains Tactical Institute의 수장 로브 숄Rob Shaul이 썼던 표현이다. 여기서 '섀시'는 어깨와 무릎 사이의 모든 부위를 말한다. 햄스트링, 사두근, 둔부, 복근, 사근, 허리 등등. 러킹은 이 섀시를 통합 시스템처럼 작동시킨다. 강하고 탄력 있는 전략 섀시는 특히 사냥이나 전투, 산악 스포츠에서 전반적인 체력 증진과 상처 회복에 결정적인 역할을 한다.

"안녕, 재닌!"

매카시가 교차로에서 한 여성과 큰소리로 인사했다.

"안녕, 제이슨!"

중년의 건널목 안전 요원이 한 손을 들고 다가오던 차량을 막아서며 소리쳤다. 우리는 버스를 기다리는 통근자들의 줄을 지나 고속도로를 가로질러 구보를 계속했다. 운전자들이 마치 마을로 쳐들어오는 게릴라군이라도 발견한 듯 놀라움과 걱정이 섞인 눈길을 던진다. 그렇게 150미터를 더 달린 끝에 라이언의 몬테소리 유치원에 도착했다. 매카시가 라이언의 손에서 유치원 반입 금지 물품인 땅콩이 잔뜩 섞인 견과류 믹스를 압수한 뒤, 아이를 유치원 안으로 들여보냈다.

그후 15분을 더 걷고 나서야 마침내 목적지 고럭 본사GORUCK HQ에 도착했다. 이 회사는 조지 루시어 주니어 빌딩에 있는데, 1968년에 지어진 벽돌 건물로, 해변에서 두 블록 떨어진 곳에 자리 잡고 있다. 본사 내부에 들어서니 널찍한 벽돌벽 공간이 눈에 들어왔다. 벽 여기저기에 군대 사진들과 영화 포스터들이 붙어 있었고, 가장 눈에 띈 것은 가로 3미터에 세로 1.8미터짜리 성조기였다.

책상들을 네 구획으로 배치했는데, 모든 컴퓨터 화면 앞에는 일반 사무원으로 보이는 직원, 아니면 문신을 잔뜩 새긴 전직 특전사 대원들이 앉아 있었다. 모두 탄탄하고 균형 잡힌 체격이었다. 매카시는 군대에서 전역한 뒤에 고럭을 창립했다.

"특전사 친구들이 지급받는 장비들은 전부 최상급입니다."

매카시가 배낭을 벗어놓으며 말했다.

"일반적인 배낭에는 15킬로그램만 넣어도 구보가 힘듭니다. 저는 군대 기준으로 배낭을 만들어서 구보를 하고 싶었는데, 뉴욕에서는 사람들 눈에 좋게 보일 것 같지가 않더군요. 그래서 출근할 때 들고 갔다가 퇴근할 때 물건을 집어넣고 러킹을 할 수 있는 배낭이 있으면 좋겠다는 생각이 들었죠."

그래서 그는 직접 배낭을 만들었다. 첫 번째 '고럭 백'을 개발하는 데 약 3년이 걸렸다. 컬러는 검정, 미국산, 용량은 26리터 크기로 보통 사람이 한번도 져본 적 없는 무게의 짐을 담을 수 있도록 설계되었다.

첫 고객들은 군인이었다. 이 병사들은 매카시가 만든 군장을 메고 이라크의 키르쿠크Kirkuk와 팔루자Fallujah 작전에 참가했다. 입소문이 퍼져나가면서 미군의 엘리트 병사들로부터 꾸준히 주문이 들어오기 시작했다. 하지만 일반 대중에게 제품을 알리는 것은 쉽지 않았다.

"솔직히 사람들이 제 가방을 사려고 줄을 설 거라고 생각했어요. 그런데 학교 체육시간에 러킹을 가르쳐주진 않잖아요."

그래서 그는 회사를 널리 알릴 획기적인 아이디어를 떠올렸다.

비즈니스 경험은 부족했지만 군사 분야에 대해서만큼은 빠삭했다. 그는 '고럭 챌린지'라는 이벤트를 만들었다. 참가자들은 팀을 만들어서 각자 15킬로그램 이상 되는 럭을 지고 12시간 안에 약 24킬로미터에서 32킬로미터에 이르는 코스를 주파해야 한다. 이 과정에서 각 팀은 단체 과제를 완수해야 한다. 140킬로그램짜리 통나무를 메고 약 2킬로미터를 이동한다거나 파도가 밀려드는 해변을 러킹으로 통과하는 과제 같은 것이다. 지금까지 25만 명이 넘는 사람들이 고럭 이벤트를 거쳐갔다. 이 모든 이벤트를 이끈 사람들은 각종 미국 육해공 특수부대에서 실전 경험이 풍부한 250명의 전직 특수부대 요원들이었다.

전 세계에 '러킹 클럽'도 수백 개 생겨났다. 이들은 그동안 수천 킬로그램을 감량했고, 육체적으로 강해졌으며, 활발한 커뮤니티들을 구축했다. 이들은 또한 엘리엇이 말한 '한계를 탐색하는 과정 edge surfing'도 경험했으며, 고럭이 제공하는 6시간에서 48시간짜리 다양한 이벤트에 참가하기도 했다.

"저는 도전과 힘든 과제를 해내는 것이 실제로 사람들의 DNA의 일부라는 것을 알게 됐습니다. 케네디가 했던 말처럼요. '우리는 달에 가기로 선택했습니다. 그리고 다른 것들도 할 것입니다. 그 이유는 그것이 쉽기 때문이 아니라 어렵기 때문입니다.'"

매카시가 말했다.

"그런데 이제 우리는 인류가 거둔 성공의 희생자가 됐습니다. 육체적으로 힘든 일을 기피하는 풍조가 지배하고 있어요. 모든 게 너무 쉬워지다 보니, 조금이라도 힘든 일을 만나면 까마득하게만 느껴지는 거죠. 특수부대 요원들에게 물어보세요. 신체적으로 힘든 일을 해내는 것은 엄청난 인생의 비결이에요. 힘든 일을 해내면 그 이후의 삶이 훨씬 쉬워지고, 모든 것에 더 감사하게 되죠. 육체적으로 힘든 일을 하지 않는 사람은 몸이 안 좋아질 수밖에 없습니다. 저 수많은 데이터를 보세요. 사람은 땀을 흘려야 되고, 밖으로 나가야 되고, 공동체의 일원이 되어야 한다고 얘기하고 있잖아요. 이건 새로울 게 하나도 없는 얘기예요. 우리가 원래 그렇게 만들어졌다는 걸 상기시킬 뿐입니다. 문제는 이제 신체적으로 힘든 일이 '특이한 것'이 되어버렸다는 거예요. 안 그래요, 모카?"

"옳소!"

몸 여기저기에 문신을 새기고 햇빛에 단련된 얼굴을 한 40대 후반쯤 되는 사내가 책상 앞에 앉은 채로 맞장구를 쳤다. '모카'는 매일 모카치노 에스프레소를 여덟 잔씩 마시는 습관 때문에 얻은 별명이었다. 나중에 안 사실이지만, 이 사내에게는 '백만 불의 사나이'라는 별명도 있었다. 30년에 걸친 군 복무 기간 동안 미국 정부가 특수 임무를 맡기기 위해 그의 몸에 장착해준 모든 장비의 총 비용이 그 정도는 될 거라는 의미였다.

매카시의 주장은, 나의 가장 친한 친구 중 한 명인 윌리엄 앨런 William Allen이 들려주었던 이야기와 일맥상통했다. 그는 미 해병대 소령 출신으로 현재 급성장 중인 국방 관련 벤처캐피탈 회사인 하푼 벤처스 Harpoon Ventures를 공동 창립했다.

"일부러 육체적인 불편함으로 뛰어든 뒤에 고통을 견디면서도 그 일이 왜 필요한지를 깨달으면 정신적 굳은살이 붙습니다. 우리는 이를 '인내의 우물Well of Fortitude'이라고 부릅니다. 내 사업 파트너는 미 해군 출신인데, 우리는 특별히 똑똑하거나 부유한 집안 출신이 아니지만 군 복무 시절 쌓아온 '인내의 우물'을 활용해 잘나가는 벤처캐피탈 회사를 만들었습니다. 스트레스를 견디고, 더 열심히 일하고, 결국 성공할 수 있었던 것입니다."

러킹의 매력에 빠지는 건 특수부대 요원뿐만이 아니다. 건강 분야에서 영향력을 지닌 인물까지 매카시가 파놓은 러킹이라는 토끼굴로 빨려 들어갔다.

그날 저녁 늦게 매카시와 나는 구내식당에 앉아서 배달시킨 태국 음식을 먹었는데, 이 자리에 메이요클리닉의 심장전문의인 피터 폴락Peter Pollak과 에이미 폴락Amy Pollak이 동석했다. 에이미는 여성의 심장 건강을 다루는 예방심장학 전문가다. 길게 내려뜨린 붉은 머리칼, 부드러운 말투, 떠날 줄 모르는 미소, 요컨대 최악의 건강 상태에 처한 환자의 신경과민조차 잠재울 수 있을 정도의 명랑함과 무장해제 능력을 갖춘 의사다. 에이미는 복잡한 의료 검사를 통해 환자의 심장 질환 위험도를 평가한 뒤, 해당 환자가 오랫동안 기피해온 운동, 바람직한 식단, 스트레스 해소 등 건강에 도움이 되는 모든 것을 하게 만듦으로써 수술을 피할 수 있도록 돕는다.

"제가 준 지침을 잘 따르지 않는 환자는 피터한테 보내요."

에이미가 말했다. 피터는 심장외과 의사로 수술용 메스와 스텐트 등의 침습적 도구를 사용해 환자의 사망 위험을 줄인다. 목 위쪽으로만 보면 그는 전형적인 40대 의사 느낌이다. 희끗한 머리카락에 안경 낀 모습이 살짝 촌스러워 보이기까지 하다. 하지만 목 아래를 보면 그는 매카시의 특전사 형제들만큼이나 몸이 단단하다.

운동을 처방한 최초의 의사는 기원전 600년경 인도 북부의 수슈루타Susruta였다. 그는 신체 활동이 부족한 환자들이 질병에 더 취약하다는 것을 관찰하고 이렇게 말했다.

"규칙적으로 운동하는 사람에게서는 질병이 달아난다."

고대 그리스의 의사와 철학자들은 운동이 인체의 유해한 불순물을 '따뜻하게 만들고, 묽게 만들고, 배출시킨다'고 믿었다. 로마 검투사들의 주치의였던 갈렌Galen은 '격렬한 움직임'과 '거친 호흡'을 동반하는 활동이 근육을 단련하고, 체내 혈액량을 증가시키며, 건강한 신체를 유지하는 데 도움을 준다고 주장했다. 한마디로 운동이 병을 예방하고 고쳐준다는 말이다.

산업혁명 직전, 세계 최초의 전염병학자였던 베르나르디노 라마치니Bernardini Ramanzzini라는 이탈리아 의사는 직업과 질병 사이에 연관성이 있음을 발견했다. 예컨대 우편물을 전하기 위해 뛰어다니는 배달부와 같이 활동적인 일을 하는 사람들은 양복장이나 구두장이와 같이 앉아서 일을 하는 사람들에 비해 병에 덜 걸린다는 것이었다.

산업혁명이 미국인들의 생활 양식에 한창 변화를 일으키고 있던 1915년, 미국 공중위생국은 이전까지 희귀했던 질환들의 발병 사례가 증가하고 있음을 강조하는 논조의 보고서를 발표했다. 그중 대표적인 것이 심장병이었다. (그때까지 최고의 사망 원인이었던 폐렴, 결핵, 설사는 현대 의학이 보급되면서 발병률이 떨어지고 있었다.)

이 보고서는 정적인 직업군에 속한 사람들 사이에서 심장병이 유행하고 있다고 지적했다. 5년 뒤에 발표한 또 다른 보고서는 직업에 필요한 신체 활동의 양과 그 사람이 사망한 나이 사이의 상관관계를 보여줬다. 즉, 몸을 많이 쓰는 직업일수록 더 오래 살았다. 하지만 이런 것들은 기껏해야 날카로운 '관찰'에 지나지 않는 것들이었다.

제2차 세계대전이 끝난 뒤, 런던의 전염병 학자 제리 모리스 Jerry Morris는 버스를 타고 가다가 중요한 가설을 떠올렸다. 런던의 2층 버스 운전사들은 하루 중 약 90퍼센트 이상을 앉아서 보낸다. 반면 버스 안내원은 승객들에게 표를 받기 위해 끊임없이 계단을 오르내렸다. 두 그룹의 체계적인 연구 결과, 버스 안내원들의 심장마비 발생률이 운전사들보다 61퍼센트나 낮다는 사실을 알게 되었다.

운동이 신체에 미치는 영향에 관한 연구는 지금도 계속되고 있다. 미국 국립보건원은 최근 MoTrPAC(Molecular Transducers of Physical Activity Consortium; 신체활동분자전달 연구 컨소시엄)이라는 연구 프로젝트에 1억 7천만 달러를 투입했다. 이 팀의 리더는 이렇게 말했다.

"우리는 아직도 운동에 대해 모르는 것이 많습니다. 이번 연구를 통해 운동이 인체에 미치는 영향이 낱낱이 밝혀질 것으로 기대합니다."

"제 환자 대부분은 그저 더 많이 움직이면 돼요."

에이미가 말했다.

"쉽고 간단한 처방이죠."

그의 환자 대부분은 최상의 신체 상태와 거리가 멀다. 하지만 운동을 추가하면 말 그대로 기적이 일어날 수 있다. 〈영국 의학 저널British Medical Journal〉의 편집장인 피오나 고들리Fiona Godlee 박사는 최근 '기적의 치료법'이라는 제목의 글을 발표했다.

"기적의 치료법을 찾기란 어렵습니다. 어떤 치료법이 100퍼센트 안전하고 효과적이라는 주장에는 언제나 강한 의심이 필요하죠. 하지만 예외가 하나 있습니다. 바로 신체 활동입니다. 운동을 하는 사람은 심혈관 질환, 암, 우울증의 발생률이 낮습니다. 이와 관련한 과학적 증거는 날이 갈수록 더욱 강력해지고 있습니다."

에이미가 자신의 접시에 카레를 덜으며, 운동의 종류별 장점에 대해 이야기하기 시작했다.

"걷기는 아주 좋은 운동이에요. 제 모든 환자들은 걸을 수 있거든요. 그렇게 맨몸으로 걷다가 조금 무게가 나가는 걸 메고 걸으면 도전 의식도 강해지고 심박수도 올라가게 되죠."

폴락 부부는 러킹의 열렬한 지지자다. 걷기처럼 누구나 접근할 수 있는 운동을 바탕으로 점진적으로 심폐 지구력을 키울 수 있기 때문이다. 수많은 의학 연구에 따르면 심폐 지구력이 높을수록 거의 모든 주요 사망 원인으로부터 멀어질 수 있다.

심장병은 현대 질병의 연쇄 살인범이다. 미국인의 25퍼센트를 죽음으로 몰아넣는다. 즉, 미국에서 37초마다 한 명씩 심장병으로 사망한다. 미국심장협회에 따르면, 체력을 조금만 올려도(예를 들어, 달리기 최대 속도를 시속 8키로미터에서 9.5키로미터로 올릴 수 있을 정도) 심장병 위험이 30퍼센트 감소한다.

다음은 암이다. 암은 사망 원인의 22.8퍼센트를 차지한다. 〈종양학 연보Annals of Oncology〉에 실린 논문에 따르면, 운동을 통해 탄탄한 몸을 유지하는 사람들은 암으로 사망할 위험이 45퍼센트 낮아진다.

그 다음은 교통사고다. 이건 6.8퍼센트다. 〈응급의학 저널 Emergency Meducal Journal〉에 실린 한 논문에 따르면, 심각한 교통사고를 당했을 때 신체적으로 건강한 사람은 사망할 확률이 80퍼센트 줄어든다. 이런 사람들은 수술을 받았을 때도 후유증이 상대적으로 적고 회복 속도도 빨랐다고 브라질의 과학자들은 말한다.

폐 질환은 5.3퍼센트를 차지한다. 노스웨스턴대학교의 연구에 따르면, 신체가 건강한 사람들의 폐는 그렇지 못한 사람들에 비해 질병 위험이 2.8배 낮았다. 최근의 코로나19 팬데믹은 사람들의 폐를 집중적으로 공격해 폐렴으로 인한 사망자를 양산했다. 〈전염병학 연보Annals of Epidemiology〉에 실린 한 논문은 건강한 사람은 상대적으로 낮은 폐렴 발생률을 보여주었다고 보고했다. 또 미국 질병관리센터는 코로나19 감염으로 입원한 환자들 중에 평소 운동 부족으로 인한 생활습관성 질병에 시달리고 있던 사람들이 그렇지 않은 사람들에 비해 여섯 배나 많다는 사실을 밝혀냈다.

나머지 사망 원인들을 비율 순서대로 보면 뇌졸중, 당뇨병, 알츠하이머 등의 순서다. 운동으로 다져진 몸은 거의 모든 병을 막아낸다. 운동 부족은 흡연에 버금간다. 흡연이 평균 수명에서 10년을 앗아가는 데 비해, 운동 부족에서 오는 복합적인 영향은 수명을 최대 23년까지 단축한다는 사실이 여러 연구를 통해 밝혀졌다.

미국국립암연구소와 존스홉킨스대학교의 공동 연구에 따르면, 운동에서 오는 불편함을 더 잘 수용할수록 사망 위험이 낮아진다. 이들은 대규모 연구를 통해 체력이 조금만 증가해도 걷다가 넘어질 확률이 15퍼센트 낮아진다는 것을 밝혀냈다.

'운동을 너무 많이 해서 건강이 나빠진다'는 말은 틀렸다. '지나친 운동' 같은 것은 존재하지 않는다. 존스홉킨스의 연구자들은 정부 권고치의 세 배에서 다섯 배에 이르는 양을 운동한 사람들의 경우 사망 확률이 급격히 떨어진다는 사실을 밝혀냈다. 시간으로 치면 한 주에 450분에서 750분, 즉 7시간에서 12시간에 해당한다.

많은 사람들이 '운동을 너무 많이 하면 심장마비가 올 수 있다'고 걱정하지만 정부 권장량의 10배(주당 25시간) 이상 운동한 사람들에게도 심장 관련 추가 위험은 없었다. 탄자니아의 원주민 하드자 부족은 늘 그 정도의 신체 활동을 하는데도 "심혈관 질환의 위험 요소와 관련된 증거를 전혀 발견하지 못했다"고 라이클렌은 논문에 썼다.

우리는 현대 생활에서 자연스러운 신체 활동을 잃어버렸다. 대규모 연구들이 조상이 했던 수준의 활동량을 유지하는 것이 질병을 예방할 뿐 아니라 치료제 역할도 할 수 있음을 증명하고 있다. 지난 인류 역사의 거의 모든 시간 동안, 우리는 삶에 주당 450분이라는 보약을 제공해왔다. 그런데 인공적인 환경으로 대거 전환하면서 스크린과 책상 앞에 앉아 있게 된 뒤로 이 공급은 끊기고 말았다.

"혹시 클레버CLEVER 연구에 대해 들어보셨습니까?"

피터 폴락이 물었다. 이는 심장학자들 사이에 큰 주목을 받는 연구다. (클레버 연구는 '파행: 운동 대 혈관내 재관류술'이라는 의미로 Claudication: Exercise Vs. Endoluminal Revascularization을 줄인 말이다.)' 이 연구는 운동 부족으로 인해 다리 동맥이 지방성 찌꺼기로 막히는 혈관 파행에 대한 두 가지 치료법의 효과를 비교했다. 파행은 비활동적인 사람들에게 흔하고 발병률도 계속 증가하고 있다. 이 상태는 통증을 유발하는 것은 물론 뇌졸중이나 심장마비 위험을 높이고 보행을 불가능하게 만들 수도 있다. 노르웨이의 연구진에 따르면, 이 상태가 일정 수준으로 악화되면 삶의 질은 급락하고 사망 위험이 치솟는다.

이 연구에서 한 그룹은 막힌 동맥을 뚫기 위해 스텐트를 삽입하는 시술을 받았다. 다른 그룹은 일주일에 3회, 1시간 걷기 운동을 했다. 6개월 후와 18개월 후에 두 집단을 추적 조사한 결과 놀랍게도 두 그룹의 결과는 거의 동일했다. 두 그룹 모두 통증이 감소했고, 걷기가 더 쉬워졌으며, 활동량이 증가했다.

물론 수술은 빠르고 편리하지만, 피터는 절대적으로 필요한 상황이 아니면 환자의 몸에 칼을 대지 않는다. 왜냐하면 수술은 위험을 수반하며, 증세의 기저 원인을 치료하지 못하는 경우가 대부분이기 때문이다. 만일 운동이 수술과 동일한 역할을 할 수만 있다면, 운동이 훨씬 더 안전하고 저렴한 치료법이 아닐까?

"두 집단 사이에 근본적인 차이는 없었습니다."

피터가 말했다. 두 그룹 다 통증이 줄었다. 보행도 편해져서 더 자주 걸을 수 있게 되었다.

"이 부분은 따로 측정하거나 하지는 않았다고 합니다. 그런데 걷기 운동을 한 그룹이 확실히 더 좋아 보였습니다. 운동이 단순히 혈관에만 좋은 건 아니니까요."

운동을 한 환자들은 모든 혈관이 좋아진 것은 물론 암에 대한 저항성이 높아지고 몸매도 개선되는 등 전반적인 건강 상태가 나아졌다.

운동이 일부 약물보다 효과적이라는 연구 결과도 있다. 〈뉴잉글랜드 의학 저널 New England Journal of Medicine〉에 실린 논문에서 연구팀은 2형 당뇨 초기 환자들을 두 집단으로 나누었다. 그리고 한 그룹에는 당뇨의 예방, 지연, 치료에 가장 널리 쓰이는 메트포르민 Metformin을, 다른 그룹에는 하루에 단 15분의 운동을 처방했다.

"저는 이 연구의 신체활동 개입 부분의 자문을 맡았는데, 처음에 크게 실망했던 기억이 있습니다. 운동 강도의 기준이 너무 낮다는 생각이 들었습니다."

이 연구에 참여한 미국국립보건원 소속의 웬디 코트 Wendy Kohrt 박사의 회상이다. 연구진들은 3년 후 추적 조사를 했다.

"운동 개입은 생각했던 것보다 훨씬 효과가 컸습니다."

코트 박사가 말했다. 약을 복용한 환자들은 당뇨 발병이 31퍼센트 감소했다. 나쁘지 않았다. 운동을 한 그룹과 비교하지만 않는다면 말이다. 운동을 한 그룹은 58퍼센트나 감소했기 때문이다. 운동이 두 배 가까이 효과가 있었던 셈이다.

"이 연구야말로 약을 먹지 않고도 질병을 예방하고 치료할 가능성을 보여줬다고 생각합니다."

코트 박사의 결론이다.

물론 운동이 만병통치약은 아니다. 하지만 운동은 뇌졸중과 우울증 치료에 약물보다 더 효과적일 때가 많다. 운동과 항우울제는 뇌에서 비슷한 변화를 일으킨다. 둘 다 기억과 감정을 조절하는 뇌 영역인 해마를 성장시키는데, 우울증 환자들은 이 부위가 위축되어 있는 경우가 많다. 미국심리학회가 정신과 의사들에게 운동 처방을 권장하고 있는 이유가 바로 이 때문이다.

"참전 용사들 사이에는 정신 건강에 대한 이야기는 많아요. 하지만 신체 건강에 대한 논의는 거의 없죠. 그런데 몸을 건강하게 만드는 것이 결국 정신 건강에도 좋은 영향을 줄 수 있습니다. 제가 바로 그 산증인입니다."

매카시가 말했다.

"저는 러킹에 근력이라는 요소가 필요하다는 점이 마음에 듭니다."

피터가 말했다. 그는 러킹을 하려면 걷기나 달리기를 할 때보다 더 많은 근육들을 동원해야 한다는 점을 지적했다.

"러킹을 하면 근육들이 목말라합니다. 더 많은 근육들이 더 많은 피를 달라고 합니다. 그러면 당연히 심장이 더 열심히 일하게 됩니다."

근력 연구도 심장 강화 연구와 다르지 않다. 근력이 강할수록 비명횡사할 확률이 낮아진다. 강한 근육이 강한 폐보다 중요하다고 주장하는 학자들도 있다.

"근육은 동작 능력을 촉발하고, 조절하고, 통제합니다. 근육이 기능하지 못하면 동작이 불가능해지고, 신체의 모든 기능이 급속히 저하됩니다."

캘리포니아주 플러턴에 있는 생화학 및 분자운동생리학 연구소를 운영하면서 NASA의 용역 연구를 수행하고 있는 앤디 갤핀Andy Galpin 박사의 말이다.

스웨덴에서 진행된 연구에서도 모든 연령대를 망라해 남성들을 분석한 결과, 근력이 가장 강한 사람들이 20년 동안 가장 낮은 사망률을 보였다. 근력 운동이 심혈관계에 줄 수 있는 모든 이점을 제거하고 조사했을 때에도 결과에는 변함이 없었다. 건강한 근육이 혈당 수치를 조절해주고 염증을 완화해준다는 연구도 있다. 알다시피 혈당과 염증은 사망률을 높이는 거의 모든 질병과 연관이 있어서, 헤아릴 수 없이 많은 질병에 관여하면서 현대인들을 죽음에 이르게 하고 있다.

약 2백만 명 가까운 건강한 사람들을 상대로 한 조사 데이터에 따르면, 악력과 하체의 근력이 가장 강한 사람들의 20년간 사망률이 각각 31퍼센트와 14퍼센트 더 낮았다. 거의 모든 학자들은 근력과 심장 강화가 택일의 문제가 아니라는 데 동의한다.

"지구력 운동은 근육을 키우는 것이 아닙니다. 심지어 근육을 유지하는 데도 충분하지 않을 수 있습니다."

코트가 말했다. 그는 미국 연방정부에서 권장하는 신체 운동 가이드라인을 작성한 장본인이다.

"이 때문에 매주 유산소 운동 150분에 더해서 근육 운동을 병행할 것을 권장합니다."

"그래서 러킹은 특히 여자들한테 좋은 운동이에요."

제이슨 매카시의 부인 에밀리 매카시가 말했다. 폴락의 집에서 우리와 함께 저녁을 먹고 있는 에밀리는 CIA를 그만둔 뒤로 남편과 함께 고럭을 운영하고 있다.

"헬스장에서 역기를 들지 않고도 근력을 키울 수 있죠."

"게다가 러킹을 한다고 해서 달리기 같은 데서 오는 부상 위험이 더 높아지는 것도 아니에요."

에이미가 덧붙인다. 운반은 평범한 사람들을 강인하게 만들어주는 것이 틀림없다. 더 강한 심장과 근육. 더 유연한 관절.

매카시는 최근에 워털루대학교로 날아가 스튜어트 맥길Stuart McGill 박사를 만났다. 맥길은 근력과 허리 건강의 권위자다.

"전 세계의 군대들이 강인함의 육체적·정신적 융합을 이끌어내는 수단으로 러킹을 선택한 것은 우연의 일치가 아닙니다. 러킹은 사람을 단련시키면서도 부상 위험이 낮은 방식으로 강인함을 기를 수 있는 방법이거든요."

한 분석에 따르면 "장거리 달리기 동호인과 선수들을 합쳐 27퍼센트에서 70퍼센트에 이르는 사람들이 해마다 과도한 부상에 시달리고 있다." 현대인들의 비활동적인 생활로 인해 자연스러운 움직임 패턴을 잃고 근육 불균형을 겪는다. 그러다 갑자기 달리기를 시작하면 부상이 발생하는 것이다. 예를 들어, 피츠버그대학교 연구진은 특수부대 병사들에게 가장 잦은 부상을 입히는 활동이 무엇인지 조사했다. 가장 큰 원인은 달리기였다. 달리기는 러킹에 비해 부상 위험이 여섯 배나 높았다. 특히 무릎 관절에 미치는 충격이 크다.

〈스포츠 및 운동의 의학과 과학Medicine and Science in Sports and Exercise〉이라는 저널에 실린 논문에 따르면, 달리기를 하면서 발을 디딜 때마다 체중의 여덟 배에 해당하는 힘이 무릎에 가해진다. 예를 들어 체중이 80킬로그램인 사람이 달리기를 하면서 한 발을 내디딜 때마다 무릎에 640킬로그램의 하중이 가해진다는 것이다. 걷기의 경우 충격량이 체중의 2.7배에 불과하다. 같은 사람이 걸을 때 하중이 224킬로그램이 된다.

'미니멀리스트 러닝'이나 맨발 달리기가 처음에는 많은 기대를 모았지만, 이런 방법은 대부분의 사람들에게는 일반적인 운동화를 신었을 때에 비해 부상 위험을 줄여주지는 않는다. 이것은 한 연구자가 〈스포츠 건강Sports Health〉이라는 과학 저널에 실렸던 모든 논문을 리뷰한 뒤 내린 결론이다.* "러너의 무릎runner's knee이라는 말이 괜히 있는 게 아니죠"라고 맥카시는 말했다.

---

\* 이것은 여러 요인으로 설명될 수 있다. 서구인들은 미니멀 러닝과 맨발 달리기를 너무 성급하게 받아들였다. 이 방법을 딱딱한 포장도로에서 적용했고, 그들은 평균적으로 체중도 더 나가는 편이다. 일반적으로, 개발도상국에서 (《본 투 런Born to Run》에 나오는 타라우마라 부족처럼) 맨발로 수십 킬로미터를 달리는 사람들이 발을 잘 다치지 않는 이유는 ①어릴 때부터 그런 식으로 달렸기 때문이고, ②부드러운 땅을 밟으면서 달리기 때문이고, ③몸무게가 별로 안 나가기 때문이다. (저자 주)

매카시는 러킹을 할 때 무릎에 가해지는 하중을 알아보기 위해 버지니아대학교 과학자들에게 자문을 구했다. 위와 마찬가지로 체중 80킬로그램인 사람이 약 14킬로그램을 지고 러킹을 하면 발을 디딜 때마다 무릎에 가해지는 하중은 254킬로그램 정도였다. (체중과 짐의 무게를 합한 뒤 2.7을 곱해서 나온 값이다.) 수치 자체는 중요하지 않았다. 단지 달리기의 3분의 1 정도밖에 되지 않는다는 것이 중요했다. 이 정도 하중만으로도 심장에 동등한 이점을 제공할 수 있다는 것이 사우스캘리포니아대학교 연구진의 설명이다.

걷기의 부상 위험은 1퍼센트 정도다. 물론 무거운 배낭을 멜수록 부상 위험은 올라가겠지만 미국과 영국 군사 연구에 따르면 약 23킬로그램 이하의 무게는 위험성이 거의 없다. (체중이 68킬로그램 미만일 경우에는 이보다 가벼운 짐을 지는 것이 나을 것이다.)

"럭에 들어가는 짐의 무게는 서로의 차이를 메워줘요. 그래서 더 함께하기 좋은 운동이죠. 저는 어머니와 함께 러킹을 하는데, 어머니는 4.5킬로그램을 지고, 저는 23킬로그램를 지죠. 그럼 같은 속도로 걷지만, 서로에게 적절한 운동 강도를 얻을 수 있습니다. 밖에서 함께 움직이는 것, 그것이 바로 인류가 진화해온 방식이고, 그래야 행복해집니다."

인간은 동료들과 함께 신체 활동을 하며 진화해왔고, 사회성과 육체적 노력은 깊이 연결되어 있다. 〈네이처〉에 실린 한 연구는, 인간들이 몸을 써가며 사냥하고 채집하는 가운데 생겨난 사회성이 성공과 생존의 가능성을 높여주었다고 말한다. 〈심리학의 변경 Frontiers of Psychology〉에 실린 한 연구에 따르면, 오늘날에도 사람들은 사회적인 운동 루틴일수록 더 오래 지속하는 경향이 있다고 말한다.

폴락 부부와 매카시 부부는 자주 함께 러킹을 한다. 가방을 메고, 아이들을 챙기고 개를 데리고 걸으면서 대화를 나눈다. 매주 수요일에는 고럭 본부에서 진행하는 단체 러킹도 있다. 이 정기 이벤트에는 잭슨빌 지역에서 50명 이상이 모여들기도 한다.

"러킹은 우리가 이미 하는 일상에 쉽게 녹아들 수 있어요. 출근하러 갈 때, 저녁 식사하러 갈 때, 커피숍을 갈 때도 가벼운 짐을 메고 갈 수 있죠. 마트에 갈 때도 배낭을 가볍게 해서 갔다가 물건을 채워서 지고 올 수 있어요."

에이미가 말했다.

이어 매카시가 말했다.

"운동을 헬스장에서 혼자 스크린을 보면서 30분 동안 하는 수업 정도로만 생각하는 게 지금의 흐름이에요."

라이클렌도 이 생각에 동의했었다. 그는 나와 대화할 때 벽에 걸린 사진 한 장을 가리켰다. LA의 한 헬스장으로 들어가기 위해 계단을 놔두고 에스컬레이터를 타고 있는 사람들의 모습이 찍혀 있었다.

"이 장면이 바로 우리가 운동을 바라보는 방식을 단적으로 보여줍니다."

라이클렌이 말했다.

"저렇게 헬스장에 가서 30분 동안 한바탕 법석을 떨고 나서 나머지 시간에는 내내 앉아 있죠."

매카시는 사람들로부터 '좋은 유전자를 타고나서 좋겠다'는 말을 많이 듣는다.

"그런 말을 들을 때마다 제 대답은 항상 '휴대폰 좀 보여주세요'입니다. 핸드폰에 기록된 걸 보면 하루 걸음 수가 보통 4천 보에 불과합니다. 사람들은 더 많이 움직여야 합니다. 러킹이냐 아니냐는 그렇게 중요한 게 아닙니다. 다만 러킹이 누구나 쉽게 가능하고 많은 이점이 있다는 거죠."

"그런데 가방을 팔고 계시잖아요. 사람들이 진짜 의도를 의심한 적은 없었나요?"

내가 물었다.

"맞습니다. 가방을 팔죠. 하지만 여기는 미국이고, 우리는 기업이 사회적 변화를 이끌어야 한다고 생각합니다. 우리는 사람들이 밖으로 나가 함께 활동적으로 움직이길 원해요. 우리가 성공을 정의하는 방식은 팔려 나간 가방의 수가 아니라, 실제로 그것을 사용하며 활동하는 사람들의 수로 결정됩니다."

매카시는 말을 이었다.

"생각해보세요. 저희는 새로운 물건을 발명한 게 아닙니다. 인간은 두 발로 서서 두 손을 해방시킨 순간부터 뭔가를 운반해왔습니다. 우리는 단지 단순하면서 인간에게 오래도록 효과적이었던 방식을 다시금 권장하고 있는 것뿐입니다."

갤핀 박사가 했던 말이 생각났다.

"제가 일행한테 이렇게 말했다고 생각해보세요. '이봐, 이제부터 우린 2시간 동안 하이킹을 할 거야.' 아니면 '헬스장에서 엄청 무거운 바벨을 들어 올릴 거야.' 또는 '그래플링이나 킥복싱을 할 거야.' 그래서 만일 일행이 불안감을 느낀다면, 그건 큰 문제죠. 그런 것들이 힘들게 느껴지면 안 된다는 말이 아닙니다. 다만, 어떤 육체 활동이든 아주 잘할 수 있어야 한다는 거죠."

더 나은 삶을 추구하는 과정에서 우리는 편안함에 익숙해져 우리의 자연스러운 동작들과 신체 능력을 점점 잃어버리고 있다. 의식적으로 불편함을 감수하고 목적 있는 운동을 하지 않는다면, 즉 편안함이 점점 우리의 삶에 침투하는 것을 적극적으로 밀어내지 않는다면, 우리는 갈수록 더 약하고 병든 존재가 될 것이다.

# 80퍼센트

### 감금된 인간

티피에 가장 먼저 도착한 것은 도니였다. 그가 배낭을 벗어 쿵 소리와 함께 바닥에 내려놓았다. 곧이어 도착한 윌리엄이 배낭을 내려놓는 사이 도니가 알루미늄 물병을 입으로 가져가 한참을 들이켰다. 마지막으로 도착한 나는 배낭의 한쪽 끈을 벗으면서 조심스럽게 무게를 한쪽으로 몰았다. 윌리엄이 다가와 잡아준다. 안쪽이 바닥에 닿도록 배낭을 내려놓으니 순록 뿔이 하늘을 올려다보는 모양새가 되었다.

멍한 정신을 추스리며 걸어나가 폭신한 이끼 땅을 찾아서 몸을 뉘었다. 눈발이 날리기 시작했다. 러너스 하이 runner's high는 잊으라. 이건 캐리어스 하이 carrier's high다. 엔돌핀이 온몸의 혈관을 타고 흐르고, 무게에서 해방되니 마치 몸이 툰드라 위로 공중 부양하는 듯한 느낌이 들었다. 에너지는 진작 바닥났고, 두 다리는 떨어져 나갈 듯하고, 어깨와 몸통 대부분에 감각이 없었다. 이끼를 깔고 누워 아늑한 평온 속에 젖어들었다. 눈송이들이 얼굴을 스쳤다.

그러나 평화는 잠시뿐.

"자, 이제 스테이크를 먹을까요, 친구들?"

윌리엄이 말한다. 누운 채로 고개를 들었다. 윌리엄이 고깃덩이가 들어 있는 배낭을 헤집더니 맨손으로 원통처럼 생긴 45센티미터 짜리 검붉은 고깃덩이를 끄집어낸다.

나는 즉시 몸을 일으켰다. 10시간 넘는 중노동, 그중 5시간은 내 평생 해본 적 없는 종류의 노동 덕분에 고차원적인 사고 능력은 완전히 꺼져버렸다. 하지만 좀비가 된 내 뇌는 본능적으로 저 고기가 나의 바닥난 칼로리를 보충해주리라는 생각에 반응했다. 티피로 들어가 스토브의 불꽃을 일으키는 사이 윌리엄이 순록의 등심을 다듬기 시작한다. 먼저 3센티미터 두께로 썰어낸 다음, 다시 한 입에 들어갈 수 있는 크기로 잘라놓는다.

"내가 뭘 가져왔게요?"

도니가 흥얼거리듯 말한다. 한 손에 양파와 함께 집에서 가져온 특별한 양념을 들고 있었다. 오로지 이 순간을 위해 먼 하늘길을 거쳐 공수해온 밀수품이다. 윌리엄이 그걸 보더니 엄마 아빠가 아이스크림을 먹으러 나가자고 했을 때 아이의 입에서 터져나올 법한 소리를 방출했다.

"끼야~"

그 소리는 막 걸음마를 뗀 아기와 새끼돼지의 중간쯤 되는 동물이 내는 소음과 비슷했다.

도니가 나이프를 펴서 양파를 두 조각으로 자른 뒤 껍질을 벗기기 시작했다. 팬으로 뛰어든 양파 조각들이 지글거리는 사이 윌리엄의 칼이 연신 고기를 토막 냈다. 붉은 고기 조각들이 치익치익 소리를 내며 팬으로 낙하했다. 윌리엄이 양파와 고기를 뒤섞어 헤집었다. 만찬을 예고하는 소리와 냄새가 티피 안을 가득 채웠다. 밖에는 눈이 점점 두껍게 쌓이면서 습도가 오르고 있었다. 세 남자가 숨을 뱉어낼 때마다 짙은 구름이 피어올랐다.

"자,"

도니가 나를 쳐다본다.

"잡은 사람이 첫 시식을 해야죠?"

윌리엄이 칼끝에 고기 한 점을 꽂아서 내밀었다. 거뭇하게 탄 고기를 손가락으로 집어 칼에서 빼냈다. 그리고 입에 넣고 씹었다. 최상급 갈비처럼 부드러우면서 더 진하고 담백했다. 양파 양념도 완벽했다. 이렇게 맛있는 고기는 먹어본 적이 없다. 뉴욕의 최고급 레스토랑을 상대로 블라인드 테스트를 한다면 그 어떤 것도 이 고기를 이기지 못할 것이다. 음식이 주는 즐거움은 맥락에 따라 달라진다. 연구에 따르면, 똑같은 음식이라도 다양한 요인에 따라 그 맛이 좋아지거나 나빠지거나 한다. 예컨대 어디서 먹느냐, 누구와 함께 먹느냐, 배가 얼마나 고픈가 등등. 그리고 여기에는 반드시 얼마나 애를 써서 얻은 것이냐 하는 것도 들어가야 한다.

우리는 마운틴하우스 정식을 즐기면서 1.4킬로그램 정도 되는 고기를 나누어 먹었다. 마침내 스토브가 꺼지고, 티피 안은 더 추워졌다. 우리는 모두 침낭 안으로 파고들었다. 도니는 고기 냄새가 "아마 틀림없이" 오늘 밤 회색곰들을 유혹할 거라고 말한다. 나는 그에게 고등학교 때 지리 선생님에게 들었던 이야기를 들려주었다. 회색곰이 풋내기 선원의 머리통을 날려버렸다는 그 이야기.

"뻥일 거예요."

도니가 내뱉고는 모두 침묵으로 들어간다.

나는 완전히 녹초 상태다. 허리, 엉덩이, 어깨, 옆구리 등등, 한 번도 시험에 든 적이 없었던 부위들이 10년 만에 잠에서 깨어나는 느낌이다. 그러나 나는 무너지지 않았다. 마음은 아픈 데가 전혀 없다. 이 피로감이 그저 만족스러울 뿐이다.

북극이 나에게 강요한 것은 기본적인 동작과 자세라고 할 수 있는 것들이었다. 나는 항상 짐을 지고 걸었고, 앉을 때는 아이스팩이나 다름없는 곳에 엉덩이를 깔고 앉거나 쪼그려 앉았고, 아니면 서리 덮인 바위를 깔고 앉거나 자갈들이 엉덩이를 파고드는 땅에 주저앉았다. 8시간 정도 몸을 숨긴 채 망원경으로 순록을 관찰할 때는 15분 이상을 같은 자세로 앉아 있지 못했다. 딱딱한 땅바닥이 엉덩이를 괴롭혀 올 때마다 끊임없이 자세를 바꿔야 했기 때문이다.

순록들을 추적할 때는 발이 뒤틀리고 몸을 뒤뚱거려가며 수백 미터씩을 걸어야 했다. 진창에 배를 깔고 몸뚱이를 질질 끌며 전진하기도 했다. 이상한 각도로 몸을 구부리고 잠을 청할 때도 많았고, 잠이 들고 나서도 얇은 매트리스 때문에 이리저리 몸을 비틀며 뒤척거려야 했다. 이곳에선 이런 동작과 자세들을 피할 수가 없었지만 현대 사회에서는 대부분 사라진 자세와 동작이다.

물리치료사이자 다양한 프로 스포츠팀 자문 전문가 켈리 스타렛Kelly Starrett은 이렇게 말했다.

"많은 사람들이 무한한 심폐 지구력이나 근력을 목표로 운동하지만, 그만큼 '움직임 능력'도 중요합니다. 사람들은 몇 달씩 관절을 완전한 가동 범위로 한 번도 펼쳐보지 못하고 지내요. 인간은 퇴화하고 있습니다."

일반적인 미국 사무직 노동자의 하루를 떠올려보자. 높은 베개에서 머리를 떼고 푹신한 침대에서 몸을 일으킨 뒤 두 다리로 미끄러지듯 방바닥을 걷는다. 잠시 집 안을 왔다 갔다 하다가 차로 걸어가서 운전석에 몸을 싣고 출근을 한다. 사무실에 도착해서 사무용 의자에 앉는다. 의자에는 황홀경을 선사하는 인체공학적 서비스 제공을 위해 고안된 다이얼과 스위치들이 다다닥 붙어 있다. 종일 앉아서 일을 하다가, 다시 차로 가서 운전석에 앉는다. 집에 도착하면 식탁 의자에 앉아 저녁을 먹고 나서 소파에 앉아 티브이를 본다. 그리고 조금 있다가 수평 자세로 침대에 눕는다. 은퇴할 때까지 이 과정을 반복한다.

생체역학자인 케이티 보먼Katy Bowman은 나에게 요즘 '감금병'에 시달리는 사람들이 많다는 말을 한 적이 있다. 그는 현대인을 수족관에 감금당한 범고래에 비유했다.

"수족관에서 자라는 범고래는 지느러미가 힘없이 쓰러지는 경우가 많아요. 자연에서 사는 범고래에게는 이런 문제가 생기지 않아요. 지느러미를 꼿꼿이 세우고 매일 수백 킬로미터를 헤엄칠 수 있을 정도로 부하를 견디는 힘이 세거든요."

인간 신체에 가해지는 이상적인 부하는 하루 동안 나르고 걷고 뛰고 쪼그려 앉고 파고 하는 만큼의 분량이었다. 감금 생활에서 우리가 얻은 결과는 덜렁거리는 지느러미처럼 빈약한 움직임, 통증, 만성 질환이다. 한 사람이 가진 동작 능력이 퇴보하는 것은 전적으로 그 사람이 살아온 방식에 따라 결정된다고 보먼은 말한다.

어린아이들은 자기 몸의 관절들을 완전히 장악한 상태에서 손쉽게 쪼그려 앉고, 뛰쳐나가고, 머리 위로 물건을 들어 올릴 수 있다. 하지만 이런 움직임들은 사용하지 않으면 사라지는 속성을 가진다. 어린이들도 결국 교실 책상 앞에 앉아서 지내다가 얼마 뒤에는 사무실 책상 앞에 앉아서 평범한 미국인의 삶을 살아가게 된다. 메이요클리닉의 연구가 지적했듯이, "간단히 말해, 인체는 하루 종일 앉아 있기 위해 설계되지 않았다."

우리는 움직임을 통해 활력을 찾는다. 여러 연구에 따르면, 자연스러운 움직임을 충분히 수행하면 노화 방지 기능을 하는 휴면 세포를 활성화할 수 있다. 반대로, 〈스포츠 및 운동의 의학과 과학〉에 실렸던 논문에 따르면, 움직임이 부족하면 잠재적으로 세포 부적응을 일으켜 노화를 앞당기는 원인이 될 수 있다.

수많은 연구들이 보여주고 있는 사실은, 잃어버린 움직임을 되찾는 것이 현대 사회에 가장 만연한 '감금병' 중 하나를 해결하는 방법이라는 사실이다. 바로 요통이다. (이건 딱 하나만 예를 든 것이다.)

미국인들의 약 80퍼센트가 일생에 한 번은 허리 통증을 겪는다.

미국인들의 네 명 중 한 명은 최근 몇 달 사이 허리 통증을 겪었다고 한다. 요통은 모든 통증을 통틀어 가장 흔한 증상이고, 사람들이 병원을 찾아가거나 직장에서 조퇴를 하는 가장 흔한 이유다. 허리 통증으로 인한 미국의 경제적 손실은 연간 1,000억 달러에 달한다.

허리 통증은 의사가 스캔이나 이미지 분석을 통해 진단을 내리기도 한다. 디스크 손상, 종양, 골다공증, 척추 측만증, 골절 같은 경우다. 그러나 허리 통증의 85퍼센트에는 '비특이성'이라는 딱지가 붙는다. 영상으로 확인할 수 없고 마치 허공에서 툭 튀어나온 것 같은 통증이다. 하버드의 과학자들은 비특이성 요통의 97퍼센트가 현재의 생활 방식에서 온 것으로 추정하고 있다. 즉, 현대의 포로 생활이 주요 원인이라는 것이다.

인류학자 대니얼 리버만을 만났을 때 그는 이 특이한 요통이 U자 형태의 곡선을 그린다고 했었다. 통증을 y축에, 활동 수준을 x축에 놓고 그래프를 그리면 데이터의 분포가 U자를 그리게 된다는 것이다. 이것은 활동을 가장 많이 하는 사람들과 활동을 가장 적게 하는 사람들이 통증을 가장 크게 느낀다는 것을 의미한다. 통증을 가장 적게 느끼는 사람들은 U자의 밑바닥에 분포하는데, 이들의 활동 수준은 중간에 해당했다. 리버만은 이 연구가 쉽게 말해 이른바 "허리가 휘도록 일하는" 사람들이 사무직 노동자들과 똑같은 정도의 통증을 겪고 있음을 보여준다고 말했다. 예를 들면, 중국 북부의 농부들 가운데 38퍼센트가 수개월간 요통을 겪었는데, 중국 내 모든 지역의 사무직 노동자들이 겪은 통증의 비율이 33퍼센트에서 46퍼센트 사이였다. 한편 오스트레일리아에서 나온 연구 자료에는 다양한 신체 활동을 수행하는 사람들이 허리 통증을 덜 경험한다고 밝혔다. 이것은 과도한 활동이 나쁘다는 것을 의미하는 듯 보이지만, 실제 문제는 특정한 한 가지 활동만 반복적으로 수행하는 데 있다.

"아마도 과거에는 하지 않았던 기이하고 이상한 동작들이 문제일 것입니다. 옛날에는 그 누구도 하루 종일 아마존 택배 상자들을 들어 올리지는 않았죠."

리버만은 말했다.

반면 운동이 너무 부족한 것도 같은 문제를 일으킨다. 즉 하루 종일 앉아 있고, 서 있고, 누워 있는 생활이다.

"이제는 일상에 필요한 다양한 움직임을 제대로 해내는 사람이 없어요."

보먼은 덧붙였다.

옛날 사람들은 비활동적인 순간에도 완전히 널브러져 있지 않았다. 여러 연구에 따르면, 수렵채집 부족들도 오늘날의 우리만큼이나 쉬는 시간이 많았다. 하지만 그럼에도 만성적인 요통에 시달리지는 않았다. 리버만은 말하기를, 이 현상을 이해하고 싶다면 리클라이너에 앉는 것, 등받이 없는 의자에 앉는 것, 쪼그려 앉는 것의 차이를 생각하면 된다고 했다.

"등받이가 있는 의자는 등받이 없는 의자에 앉아 있을 때나 쪼그려 앉는 자세에 비해 훨씬 적은 에너지를 요구합니다. 그래서 훨씬 더 편안한 거죠."

우리가 안락한 의자에 앉았을 때, (사실 앉아 있다기보다는 쿠션감에 녹아들어 있다고 하는 게 사실에 더 가깝다.) 마치 뇌사 상태에 빠졌을 때처럼 모든 근육이 풀려버리기 때문이다.

"그런데 우리 몸은 의자에 잘 적응되어 있지 않아요."

리버만이 말했다.

인류학자 데이비드 라이클렌은 수렵채집인들의 휴식 자세가 근육 활동에 어떤 영향을 미쳤는지를 실험하는 연구를 진행한 적이 있다. 수렵채집인들은 쪼그려 앉거나 맨땅에 앉았다. 예상대로 쪼그려 앉거나 등을 받치지 않고 앉는 자세가 허리 근육의 활동을 크게 증가시켰다. 쪼그려 앉거나 무릎을 살짝 굽힌 자세를 유지하려면 하체와 몸통의 모든 근육을 동원해야 한다. 등받이 없는 의자에 앉으면 더 적은 근육을 쓰지만, 상체를 똑바로 유지하기 위해 여전히 복부 근육과 허리 근육의 참여가 필요하다.

핵심은 이렇다. "인간 생리 구조는 꽤 많은 비활동 시간을 포함한 환경 속에서 진화했다. 그러나 그 시간 동안에도 근육은 활발히 사용되었다는 점이 중요하다. 이는 진화된 우리 몸과 현대 도시인들이 흔히 취하는 의자에 기대 앉는 자세가 불일치함을 의미한다."라고 라이클렌은 썼다. 이 이론은 '비활동 불일치 가설inactivity mismatch hypothesis'이라 불린다.

현대의 지나치게 편안하고 지지력이 극대화된 의자, 소파, 침대는 본래 우리 근육이 해야 할 일을 대신해준다. 근육은 사용하지 않으면 사라지는 특성을 가지고 있다. 예를 들어, 단 10일만 특정 근육을 사용하지 않아도 근력이 크게 감소하고 위축된다. 그렇게 의자에 의해 약해진 몸으로 허리를 숙이고 물건을 들어 올리거나 자세를 바꾸다 몸을 다치기 일쑤다. 근육이 끊어지기도 한다.

'움직임 만능주의자'의 씨가 마른, 이 더없이 편안한 세상에 요통이 넘쳐나게 된 가장 큰 원인이 바로 이것이다. 예를 들면, 쪼그려 앉은 자세로 휴식을 비롯한 여러 가지 활동을 하는 아시아와 중동 지역 사람들은 고관절과 허리에 이상이 생기는 경우가 거의 없다.

하루가 다르게 통증 환자가 증가하고 있는 현실을 보면서도 우리는 이 현상이 애써 말해주려 하는 것에 귀를 기울이지 않는다. 통증은 진화에 반드시 필요한 요소였고, 지금도 그러하다. 우리 몸은 통증을 통해 위험을 경고하고, 불편함을 이용해서 건강과 안전을 증진할 수 있는 변화가 필요하다고 소리치고 있다. 그러나 우리는 알약과 수술과 휴식으로 그 소리를 침묵시킨다. 하나같이 손쉬운 치료법들이지만, 모두 진정한 해결책은 아니라고 여러 증거들은 말한다.

"휴식, 강력한 진통제 오피오이드opioid, 척추 주사, 수술은 허리 관련 장애 및 그에 따른 장기적 영향을 감소시켜주지 못한다."

전 세계 의사 12인으로 구성된 글로벌 연구팀이 요통 치료와 관련한 모든 증거들을 연구한 뒤에 내린 결론이다. 요통은 오피오이드 처방에서 큰 비중을 차지하는 병증이다. 그러나 위 연구자들은 이 약물이 일시적으로 통증을 가라앉힐 뿐 장기적으로는 효과가 없다는 사실을 밝혀냈다. 결국 통증에 대처하기 위해서는 더 강한 약을 더 많이 투여해야 하고, 그 결과 환자의 20퍼센트를 약물 중독으로 몰아넣는다. 연구에 따르면, 요통에 대한 강력한 진통제 처방이 광범위한 오피오이드 유행의 핵심적인 원인이었던 것으로 밝혀졌다.

다음으로 수술이 있다. 비용은 논외로 치자. 신시내티 의과대학 연구진은 심각한 허리 통증으로 일을 할 수 없게 된 약 1,500명가량의 노동자를 추적 조사했다. 그중 절반은 수술을 받았고, 나머지 절반은 수술을 받지 않았다. 2년 뒤, 수술을 받은 환자의 75퍼센트가 여전히 극심한 통증으로 업무에 복귀하지 못하고 있었다. 이에 반해, 수술을 받지 않은 환자들은 67퍼센트가 직장에 복귀해 일을 하고 있었다. 메스로 살을 갈랐던 사람들 중에서 36퍼센트가 합병증에 시달리고 있었고, 27퍼센트는 추가 수술을 받아야 했으며, 전체 그룹이 더 강력한 오피오이드를 투약하고 있었다.

"그런데도 사람들은 컴퓨터의 노예가 돼서 이런 생각을 합니다. '아, 운동해야지' 그러곤 헬스장에 가서 45분 동안 강도 높은 운동을 합니다. 그러나 이처럼 강도와 운동량이 불균형한 방식은 생물학적 한계를 넘어서게 만듭니다."

허리 건강과 피트니스의 전문가인 맥길 박사의 말이다. 그의 연구에 따르면, 하루 종일 앉아 있다가 헬스장에 가서 갑자기 격렬한 운동을 하는 사람들이 소파에만 앉아 있는 사람들보다 오히려 허리에 이상이 생기는 비율이 더 높았다.

"누가 봐도 불공평하죠. 저도 알아요."

맥길이 말한다.

"제가 추천하는 방법은 가벼운 운동을 조금씩 하는 것입니다.

되도록 다양한 움직임을 활용하면서요."

스쿼트, 런지, 플랭크, 몸 접기, 매달리기, 비틀기, 물건 들고 나르기, 굽히기 등등. 라이클렌의 연구는 의자에 편안하게 앉아서 쉬는 것보다 쪼그려 앉거나 무릎을 꿇고 앉아서 쉬는 것이 허리에 더 좋다는 사실을 뒷받침한다.

일과에 운반하기를 넣어도 좋다. 러킹은 요통 유발과 아무런 관련이 없음은 물론 오히려 요통을 예방해준다는 사실이 증명되었다. 등에 진 짐의 무게가 사무직 노동자들 사이에서 매우 흔한 구부정한 자세를 교정해주기 때문이다. 러킹에는 모든 복근 근육과 둔근이 동원된다. 지나치게 오래 앉아 있는 생활로 인해 약해진 코어와 둔근을 강화하는 것이 요통에 대한 최상의 방어책이라는 것이, 클리블랜드클리닉Cleveland Clinic과 보먼이 내린 결론이다.

무게가 있는 것을 나를 때는 몸이 똑바로 세워지면서 척추를 보호하는 근육들이 고정된다는 것이 맥길의 설명이다. 한 예로, 맥길은 역도 챔피언의 척추 장애 재활에 여행가방 운반 운동(가방이 옆으로 오도록 들고 상체를 똑바로 세운 자세로 걷기)을 활용했다.

"효과가 아주 좋습니다. 게다가 이 운동은 아무 때나 할 수 있죠!"

눈을 떠보니 티피 안이 환했다. 침낭 지퍼를 열었다. 그 소리에 도니가 몸을 뒤척인다.

"몇 시예요?"

도니가 묻는다.

"오전 9시요."

우리는 거의 12시간을 잔 셈이다. 윌리엄은 아직도 꿈나라다. 도니와 나는 조용히 커피를 끓여서 밖으로 들고 나갔다. 경치를 바라보며 한 모금 마시려는데 컵에서 피어오른 안개가 두 눈을 가린다. 밤새 내린 눈이 사방의 땅과 산들을 하얗게 뒤덮고 있다. 반달이 아직도 지평선에 걸려 있다. 들리는 것이라고는 멀리서 흐르는 개울의 희미한 물소리뿐이다.

도니와 함께 어제 있었던 일들을 하나하나 되새겨본다. 순록이 분지 정상에서 모습을 드러내던 순간. 도니와 내가 절뚝거리는 다리를 알아채던 순간. 오랜 시간이 새겨진 순록의 몸과 웅장한 뿔이 들려준 길고 혹독했던 삶의 이야기들.

"나는 놈이 다리를 절게 된 사연이 궁금했어요. 아마 싸우다가 당한 것 같기도 하던데, 알 도리가 없죠. 그리고 기자님이 방아쇠를 당기던 장면. 더 포트를 등지고 있었죠. 굉장했어요. 정말 굉장했어요."

도니가 말했다.

나는 내가 그 무거운 짐을 어떻게 여기까지 끌고 올 수 있었는지 모르겠다고 했다.

"기자님 자신에 대해서, 그리고 여기 와서 기자님이 얼마나 강해졌는지 알게 됐을 거예요. 윌리엄하고 나는 기자님이 생각보다 훨씬 잘 해냈다고 감탄하고 있어요."

칭찬인지, 아니면 '너무 못할 줄 알았는데 그 정도는 하네'라는 의미인지 몰라 그냥 커피나 홀짝거렸다.

도니가 갑자기 생각났다는 듯이 말한다.

"이게 얼마나 힘든 일인지 아무도 모를 거예요. 사냥 가이드를 하는 친구가 걸핏하면 그러더군요. 사냥 준비를 한답시고 365일 내내 헬스장에서 몸을 만들어서 현장에 나왔다가 하루이틀 만에 포기하고 돌아가는 손님들이 널렸다고. 가이드한테 팁을 왕창 줄 테니 고기를 전부 운반해달라고 하는 사람들도 있답니다. 이런 경험은 헬스장에서 연습할 수 있는 게 아니죠."

윌리엄이 텐트에서 걸어 나온다. 긴 머리는 완전히 헝클어졌고 내복 바지에 신발끈은 묶지 않은 채 서 있다. 그러곤 한마디를 던진다.

"에이, 물이 떨어졌네."

다시 우리의 작업은 계속된다. 나는 물통을 집어들고 반쯤 얼어 있는 아래쪽 개울을 향해 800미터짜리 하이킹을 시작했다.

**에필로그**

# 81.2년

## 혹독한 불편함이 수명을 늘린다

그 뒤로 알래스카에 2주간 더 머물면서 트레킹과 사냥을 하는 동안 나는 문명 세계에서 한 번도 경험해보지 못했던 도전들을 수시로 겪었다. 더 가파르고 긴 비탈을 올랐고, 점점 더 흉폭해지는 날씨를 만나기도 했다. 계곡을 건너오는 회색곰들을 관찰한 적도 있었는데, 결국 그중 한 마리는 밤에 캠프에 쳐들어와서 밖에 널어놓았던 순록 가죽을 갈기갈기 찢어놓았다. 심지어 여우 한 마리는 우리 캠프 주변에 계속 머물렀다. 여우는 우리를 빤히 쳐다보며 티피 주변을 어슬렁거리다가 가까운 풀섶으로 고기 조각을 던져주면 냉큼 물고 달아나곤 했다. 그러고는 조금 있다 다시 돌아와서 또 던져주기를 기다렸다.

도니 역시 늙은 순록 한 마리를 사냥하는 데 성공했다. 옆으로 넓게 퍼진 뿔의 높이가 축구 골대 저리 가라 할 정도였는데, 그런 뿔을 머리에 인 순록의 몸뚱이가 차가운 툰드라 위에 미동도 없이 누워 있었다.

어느 날 이른 아침, 브라이언이 도니의 비상 GPS 장치로 메시지를 보내왔다. 거대한 눈보라와 맹렬한 바람이 몰려오고 있다는 소식이었다. 한동안 비행기 이착륙이 불가능할 정도라고 했다. 우리는 알래스카 원정을 5주나 연장하고 싶진 않았다.

"내일 아침 일찍 떠나야 할 것 같네요."

도니가 말했다.

그날 우리는 순록의 대이동을 제대로 볼 수 있었다. 마치 개미 떼가 언덕에 모여들듯 수천 마리나 되는 순록들이 일시에 한곳으로 모여드는 장면을 상상해보라.

"30년 동안 거의 매년 알래스카에 몇 달씩 와 있었는데 이런 건 한 번도 본 적이 없어요. 경이롭다라는 말밖에 안 떠오르네요."

도니가 말했다.

그날 밤, 나는 차갑고 고요한 밤을 마지막으로 느껴보기 위해 티피 밖으로 나갔다. 막 지고 있는 태양 아래 버드나무들이 거뭇한 골격처럼 변해가고, 마지막 남은 빛에 이파리들이 반짝거렸다. 길게 뻗은 잿빛 구름이 순록 떼처럼 남쪽으로 흘러가고 있었다.

다음 날 브라이언과 마이크가 나무쪼가리처럼 생긴 섬의 암반 지대에 착륙했다. 우리는 회색곰들의 흔적이 널려 있고 놈들이 찢어발긴 연어들의 시체가 쌓여 있는 이곳에서 일주일을 보낸 참이었다. 마침내 문명 세계로의 복귀가 시작되었다.

나는 램 항공에서 딸려 보낸 화물 상자를 보자마자 신선한 음식에 눈이 뒤집혀서 사과 네 개와 당근 한 봉지를 순식간에 먹어치웠다. 코체부에서 앵커리지로 가는 귀환 항공편에는 옆자리에 각각 4일 동안 사냥을 다녀온 두 명의 다른 사냥꾼이 앉아 있었다. 그들에게 우리가 북극에서 한 달을 보냈다고 말하자, 경악과 의심이 뒤섞인 표정을 지었다.

"한 달요?"

한 사내가 눈을 동그랗게 뜨면서 물었다. 나는 고개를 끄덕였다. 그가 내 얼굴을 어색한 눈길로 쳐다보고 있길래 내가 물었다.

"저, 혹시 그 땅콩 안 드실 건가요?"

앵커리지의 호텔로 들어가는 나의 모습은 종말 이후의 세계를 다룬 영화를 찍고 있는 배우나 다름없었다. 시커멓게 그을린 얼굴에 텁수룩한 수염. 몸 여기저기에 부르튼 자국, 멍, 상처, 굳은살, 체중은 5킬로그램이 줄어 있었다. 배낭과 바지는 순록 피로 얼룩져 붉게 물들어 있었다.

나는 완전히 더러웠다. 온몸에서 비린내와 가축우리 냄새가 진동했다. 한 달 동안 나는 더러운 곳에 앉고, 더러운 곳에서 자고, 더러운 곳에다 똥을 싸면서 지냈다. 나의 두 손은 죽은 짐승들의 배 속을 들락거렸고, 그 부속들을 맨손으로 들고 날랐다. 변덕스러운 바람이 오줌줄기를 내복 바지 쪽으로 밀어붙이는 바람에 온몸에 그 찝찔한 액체를 뒤집어쓰기도 했다. 심지어 지루함을 이기지 못해 곰 똥덩어리를 해부한 적도 있었다. 그리고 나서 그 손으로 아침을 먹고, 점심을 먹고, 저녁을 먹었다.

싱크대, 샤워기, 비누, 펌프식 손세정제 같은 건 반경 수십 킬로미터 내에서 구경도 할 수 없었기에, 눈이나 개울물로 손을 씻었다. 정제되지 않은 물이 내 몸을 적셨고, 내 몸 안으로 스며들었다. 나는 속부터 겉까지 완전히 더러웠다.

호텔 방에 들어서자마자 가장 먼저 한 일은 샤워기 수압을 최대로 틀고 옷을 홀딱 벗은 다음 피부에 코팅되어 있던 두꺼운 때와 이물질을 벗겨내고 씻어내는 일이었다. 비누칠을 하고 또 하다가, 욕실 바닥에 쌓여 있는 지저분한 옷 무더기를 내려다보면서, 인류를 위해 선한 일을 하려면 저것들을 싸그리 태워버려야 한다는 생각을 했다. 그렇게 해서 새로 태어나게 된 내 몸뚱이를 두 눈으로 훑다가, 내가 몸에 붙어 있던 천연 박테리아들을 박멸함으로써 선은커녕 악을 행하고 말았다는 사실을 깨달았다.

스테파니 슈노르Stephanie Schnorr는 라스베이거스에 있는 네바다대학교의 인류학과 교수다. 내가 그를 처음 만난 것은 알래스카로 떠나기 전이었다. 슈노르는 인체 내 미생물 생태계, 마이크로바이옴Microbiome을 더 깊이 이해하기 위해 오지 부족들의 배설물을 연구한다. 그는 인체 안팎에 2킬로그램이나 존재하는 세균, 박테리아, 곰팡이, 원생동물, 바이러스와 이것들이 건강에 미치는 영향에 관한 연구에서 세계적인 권위자로 꼽힌다. 이 분야가 생겨난 것은 20년 정도밖에 안 된다. 하지만 슈노르를 비롯한 학자들이 지금까지 연구해온 바에 따르면, 마이크로바이옴은 거의 독자적인 인체 기관으로써 머리에서부터 발끝에 이르기까지 인간의 생명과 건강을 유지해주는 존재다.

슈노르는 네바다대학교에 연구실이 하나 있고, 오스트리아에도 진화 관련 연구소를 갖고 있다. 하지만 주요 연구는 동아프리카 열곡대, 그중에서도 탄자니아 북서부에 위치한 에야시Eyasi 호수 부근에서 이루어진다.

"서부 텍사스에 가본 적 있으세요?"

슈노르가 물었다. 우리는 라스베이거스의 한 위생적인 커피숍에 앉아 있었다.

"하드자 부족의 환경은 서부 텍사스하고 거의 같아요. 건조하죠. 온통 바위와 관목이 우거진 곳이죠."

슈노르는 2013년에 하드자 부족 마을로 들어가 살면서 주민들이 야생초, 곤충, "껍데기에 싸인 막대같이 생긴" 덩이뿌리 식물을 채취하러 다니는 모습을 관찰했다. 그리고 개코원숭이, 새, 영양, 누 같은 동물들을 사냥하러 다니는 과정도 추적했다.

"어떤 때는 밤중에 물웅덩이 옆에서 꼼짝 않고 매복해 있다가 독화살을 쏴요. 그 독은 대개 사막 장미 식물에서 얻은 진액으로 만들어지죠."

하드자 사람들은 먹을거리를 전부 마을로 운반해 와서 맨땅에 앉아서 먹었다. 가끔은 익혀 먹기도 했다. 물론 날로 먹을 때도 있었다. 하루 종일 노천 생활이었다. 아주 가끔, 진흙이나 거름이 들어찬 웅덩이에서 목욕을 하거나 손을 씻었다. 똥도 밖에서 쌌다. 그리고 오줌을 눌 때는 가끔 자기 몸에다 뿌리기도 했다.

이런 생활 양식은 치명적인 감염으로 가는 지름길처럼 보일 수도 있다. 그러나 하드자 사람들은 많은 서구인들을 덮치고 있는 질병들 중 상당수와 무관해 보였다. 만성 장염인 크론병, 대장염, 염증성 창자 질환인 IBD는 물론 대장암에도 거의 걸리지 않는 것으로 나타났다. 특히 앞의 세 가지 질환은 거의 모든 선진국에서 급속하게 증가해왔고 개발도상국들이 서구화되면서 광범위하게 확산되고 있는 병이다.

 의사들이 특히 주목하고 있는 것은 대장암의 증가다. 대장암은 이미 가장 흔한 암 3위에 올라 있다. 그런데 문제는 젊고 건강한 사람들 사이에서까지 이 병이 증가하고 있다는 점이다. 예를 들면, 1990년에 태어난 사람은 1950년에 태어난 사람에 비해 대장암에 걸릴 확률이 두 배 높고, 직장암에 걸릴 확률은 네 배나 높다. 오스틴에 있는 텍사스대학교의 MD앤더슨암센터는 향후 10년 안에 20세에서 34세 사이의 사람들의 대장암 발병률이 90퍼센트까지 증가할 것으로 예측했다. 아직까지 청년층의 대장암 발병 위험은 상대적으로 낮은 편이다. 그런데도 이들의 사망률이 급증한 이유는 의사가 발견했을 때에는 이미 과도하게 진전된 상태일 때가 많기 때문이다.

 해답은 있을 수 있다. '위생 가설 Hygiene Hypothesis'이라는 신흥 이론을 중심으로 한 연구들은 이런 질병들의 증가 현상이 초살균 생활과 밀접한 관련이 있다는 결론으로 기울고 있다. 이제 신진대사와 면역 체계는 물론 우리의 기분까지 영향을 받는다.

 서구가 세균을 상대로 전면전을 벌이기 시작한 것은 1800년대였다. 이때가 세균이 감염성 질환의 원인이라는 것을 깨닫게 된 시기다. 이후 세균과의 싸움은 수많은 생명을 살렸고, 지금까지 계속

되고 있다. 하지만 의도하지 않았던 결과도 뒤따랐다.

"우리는 '세균이 병을 일으킨다'는 개념을 갖고 있습니다. 그런데 '세균'이라는 포괄적 용어를 모든 미생물을 가리키는 말로 받아들인 결과, 그것들을 전부 박멸해야 한다고 생각하게 됐습니다."

슈노르 박사가 말했다.

"사람들은 우리의 삶을 살균하는 온갖 방법을 개발해냈습니다. 접촉한 물건의 표면을 소독합니다. 음식을 과도하게 씻어서 소독한 다음 요리합니다. 수시로 씻으면서 몸을 소독합니다. 항생제를 써서 몸속을 소독합니다. 밖에서 더러워지는 것도 피합니다. 결국 우리는 '모든' 미생물에 극히 적게 노출된 생활을 하고 있습니다."

모든 세균이나 미생물이 해로운 것은 아니다. 그중 대다수 무해하며, 오히려 많은 경우 유익하다. 실제로 하버드대학교 인류학과의 크리스티나 워리너 Christina Warriner 교수는 인간의 배 속에는 은하계의 별보다도 많은 박테리아가 살고 있으며, 이 중에 건강에 해를 끼칠 가능성이 있는 것은 100종 미만이라고 밝혔다.

인류는 진화 과정에서 이러한 미생물과 호혜 동맹 관계를 맺어 왔다. 우리는 미생물들에게 거처를 제공하고, 미생물들은 우리에게 면역 체계와 스트레스 저항력을 선물함으로써 질병을 피하는 것은 물론 강건함과 회복력을 높여주었다. 이것은 혁신적인 개념이 아니다. 백신이 하는 일이 정확히 이런 것이다.

우리 몸은 특정 병원체를 모방한 항원을 경험하면서 면역력을 키운다. 자연계의 광범위한 미생물들에 대한 지속적 저수준 노출은 인간을 강하게 만들어주었다. 그러나 이런 생명체들을 말살하면서 우리는 그들과 함께 살던 세상에서 스스로를 추방시켰다. 미생물들과 접촉하지 못하게 되면서 사람들은 더 쉽게 병에 걸리게 되었고, 예전에는 보잘것없었던 미생물들과 길고 힘겨운 싸움을 하게 되었으며, 더 나아가 무해한 미생물조차 적으로 오인할 가능성이 커졌다고 슈노르는 말한다.

이런 이유에서 슈노르는 동부 아프리카로 떠나게 되었다. "비위생적인" 하드자 사람들의 배 속에 살고 있는 미생물들이 "위생적인" 서구인들의 배 속에 들어 있는 것들과 어떻게 다른지 알고 싶었던 것이다. 만일 이것을 알아낸다면 지나친 살균과 소독이 우리에게 어떤 짓을 하고 있는지 알 수 있을 것이라 생각했다. 장내 박테리아를 조사하는 가장 좋은 방법은 대변을 분석하는 것이다. 즉, 슈노르는 홀푸드에서 산 일회용 용기를 하나씩 나누어주면서 거기다 똥을 누어서 들고 오라고 부탁했다.

"연구에 대해 설명하자 다들 그 자리에 얼어붙더군요. 그러다 한 노인이 이러는 거예요. '우리는 보통 땅한테 주는데, 이번에는 저 여자한테 줘야겠네.'"

샘플들이 보여준 결과는 그야말로 충격적이었다고 슈노르는 말한다. 부족민의 장내에서는 당시 과학자들이 말하는 '유해한 박테리아', 즉 건강을 해치는 균으로 간주했던 미생물이 득실거렸다. 그러나 역설적으로 하드자 부족은 '청결한' 서구인보다 훨씬 건강했다.

"하드자 주민들의 마이크로바이옴은 이 사람들이 환경과 직접 연결되어 있다는 것, 그리고 그런 직접적 연결이 유익하다는 것을 보여줍니다. 미국인들보다 훨씬 건강해서 병에도 잘 안 걸리고, 특히 비전염성 질병이 거의 없었어요."

슈노르의 연구는 미생물학계를 뒤흔들면서 그때까지 "유익한" 박테리아니 "유해한" 박테리아니 했던 것들을 다시 생각하게 만들었다. 한편 슈노르는 우리의 위생적인 생활이 오늘날 유행처럼 번지고 있는 만성 질환의 원인이 되고 있다고 말한다.

"우리는 모든 것을 살균하고 소독합니다. 그런데도 더 자주 아프고, 부러지고, 쓰러집니다. 면역 체계가 실제로 무엇이 해롭고 뭐가 그렇지 않은지를 판단하는 능력을 잃어가고 있습니다."

이런 추세가 계속된다면 인체의 면역 체계는 "엉클어지고" 말 것이다. 면역 체계가 엉클어지면 이상한 일들이 벌어진다. 예를 들면, 안전해야 할 땅콩 같은 음식에 대해 과도한 방어 작용이 일어난다. 음식 알러지는 가장 위생적인 국가들의 시민들 사이에서 불균형적인 분포를 보여주고 있다. 2세 미만 유아의 10퍼센트가 일정 정도의 땅콩 알러지를 겪고 있으며, 입원 사례는 지난 10년간 두 배로 늘었다.

슈노르는 현대인들의 지나치게 위생적인 장내 미생물 환경을 '약한 갑옷을 두른 것'에 비유했다.

"그래서 우리의 건강은 훨씬 쉽게 흔들리고, 각종 질병에 걸리기 쉬운 상태로 변해버린 거예요. 작고 미묘하고 지속적으로 우리를 병이 드는 방향으로 몰아붙이는 거죠."

반면, 비위생적인 환경에서 자란 사람들은 더 강한 면역력을 갖는다. 이들은 건강에 몇 차례 타격을 입어도 큰 영향을 받지 않고,

병에 걸려도 더 빠르게 회복할 수 있다. 혹은 염증 반응 자체가 다를 수도 있다.

영국 유니버시티칼리지런던의 과학자들은 우리는 미생물에 대한 노출이 부족한 상태에서 만성 염증에 시달리고 있다고 말한다. 이들은 논문에 이렇게 썼다.

"미국을 비롯한 고소득 국가들에서, 임상적으로 명백한 염증 유발 요인이 없음에도 지속적이고 저강도의 염증이 존재하는 사례가 흔하다."

거기에 더해 평생 동안 스트레스, 수면 부족, 만성 질환을 초래하는 열악한 식단과 낮은 신체 활동 수준까지 더해지면서 만성 질환이 빠르게 나타나는 것으로 보인다고 슈노르는 말했다. 노스웨스턴대학교의 연구진도 같은 맥락에서 심혈관계 질환, 당뇨병, 신경퇴행성 장애, 관절염, 암 등을 포함한 모든 주요 질환은 만성적인 염증을 수반한다고 설명했다.

"물론 우리가 전부 다 죽음의 문턱에서 서성이고 있다는 뜻은 아니에요."

슈노르가 말을 이었다.

"서구 산업사회에도 건강한 사람들이 부지기수죠. 하지만 평균적으로 볼 때 만성 질환에 취약해진 건 사실이에요."

물론 하드자 부족의 건강이 미생물 덕분만은 아니다. 하지만 그것이 중요한 요소 중 하나라는 것만은 분명하다. 미생물 노출 부족은 정신 건강을 악화시키는 데에도 일조한다. 일부 박테리아는 신경 세포의 변환을 일으키는 물질을 생성하는 것들도 있기 때문이다. 불행하게도, 우리의 장내 미생물을 하드자 사람들과 비슷한 것으로 변환해주는 '기적의 알약' 같은 것은 존재하지 않는다.

미생물은 주로 음식을 통해서 들어오는데, 하드자 부족은 흙에서 직접 채취한 음식을 먹고, 공기와 대지를 통해 미생물을 지속적으로 흡수한다. 즉, 외부 미생물에 24시간 노출돼 있는 셈이라고 슈노르는 설명했다.

실제로 시카고대학교의 마이크로바이옴 연구진은 "흙은 건강에 좋다"고 선언했다. 밖으로 나가 흙과 가까운 환경에서 더 많은 시간을 보내며, 직접 흙을 만지는 것이 건강에 이롭다는 것이다.

앞의 유니버시티칼리지런던의 연구진에 따르면 식단도 매우 중요하다.

"식물에 들어 있는 섬유질과 폴리페놀polyphenol을 포함한 다양한 식단이 필수적이다. 섬유질이 부족한 식단은 중요한 미생물 군집을 점진적으로 사라지게 만들 수 있다."

오늘날 대형 마트의 진열대에는 수천 가지 먹을거리가 들어차 있다. 그런데 한 연구에 따르면 대부분의 미국인들이 소비하는 음식의 종류는 극히 한정적이다. 예를 들면, 미국인들이 가장 많이 먹는 음식들의 대부분은 껍질을 벗겨낸 정제 밀가루로 만들어진다. 이에 반해, 하드자 부족과 관련한 한 연구에 따르면 이들은 600가지 이상의 음식을 먹는데 그중 70퍼센트가 섬유질이 풍부한 식물을 가공하지 않은 것들이었다.

"저는 유기농 채소를 많이 먹어요. 그리고 많은 것을 생으로 섭취합니다."

슈노르가 말했다. 조리를 하면 미생물이 죽을뿐더러 섬유질 함량이 다소 감소할 수도 있다. 모든 야채를 날로 먹어야 한다는 말은 아니다. (토마토, 당근, 양배추 같은 야채에 들어 있는 영양소는 조리했을 때 인체에 더 쉽게 흡수된다.) 조리하지 않아야 더 좋은 야채가 있다는 말이다.

"꼭 필요한 경우가 아니면 항생제 사용도 피하는 것이 현명합니다."

슈노르의 말이다. 항생제가 생명을 살릴 수도 있다. 하지만 항생제는 감염균을 공격하는 과정에서 장내 마이크로바이옴까지 파괴해버린다. 미국 질병통제예방센터CDC는 미국 내에서 한 해 평균 최소 4,700만 건 이상의 불필요한 항생체 처방이 이루어지고 있다고 보고했다. 이어서 이 보고서는 항생체 과잉 처방이 "불필요한 알러지 반응과 치사율 높은 설사인 클로스트리듐 디피실Clostridium difficile 감염을 유발하고 있다"고 덧붙였다.

질병통제예방센터는 또한 항생제 과잉 처방이 위험한 세균들의 항생제 저항력을 높여주고 있다고 우려했다. 센터의 소장은 이로 인해 "생명을 위협하는 감염과 싸우는 데 반드시 필요한 가장 강력한 도구를 잃을 수도 있다. 항생제를 잃는다는 건 치명적 감염 환자와 암 환자를 치료하고 장기를 이식하고 화상 및 외상 환자들의 생명을 구하는 일에 대한 대응 능력이 약화된다는 의미다."

손소독제와 씨름할 수밖에 없었던 코로나19와 같은 집단 발병 상황이 아닌 이상 슈노르는 일반적으로 자신의 집이나 손을 소독하지 않는다.

"저는 소독제를 혐오해요. 그리고 사람은 샤워를 안 해도 죽지 않아요. 제 말을 믿으세요. 안 씻는 게 오히려 생존에 더 유리할 수 있어요."

하버드 의대 연구진은 매일 항균 비누로 샤워를 할 경우 피부 표면의 미생물 균형을 깨뜨림으로써 항생제 내성이 더 강해지면서 인체에 덜 우호적인 미생물들의 출현을 촉진한다고 지적한다. 연구자들은 "잦은 목욕이나 샤워는 면역 체계의 본래적 기능 발휘 능력을 감퇴시킬 수 있다"고 결론지었다.

불편한 사회의 미래가 어떤 모습일지를 보여주는 예가 하드자 부족만은 아니다. 연구자들은 오랫동안 세계의 여러 집단에 대한 연구를 통해 '더 강인한 생존력을 가진 집단'을 연구해왔다. 한국과 일본의 해녀들이 미 국방부의 레이더에 포착된 것은 네이비실 창설 작업이 한창이던 1960년대였다. 이 여성들은 인간이 불편한 환경에 반복적으로 노출되었을 때 어떤 일이 일어나는지를 보여주는 흥미로운 사례였다.

30분에 걸친 나의 격렬한 샤워는 지난 한 달간 경험하지 못했던 뭔가를 선사했다. 바로 온기. 기후적 안락함을 우리는 당연하게 여기지만, 이 또한 생각해볼 필요가 있는 주제다.

지금으로부터 대략 2~3천 년 전, 한국과 일본의 작은 어촌에 살고 있던 여인들은 동해와 태평양의 차가운 물속으로 다이빙을 하기 시작했다. 잠수복은 없었다. 호흡 장치도 없었다. 가진 것은 긴 통짜 옷과 샅바가 전부였다. 여인들은 노를 젓거나 헤엄을 쳐서 물

밑 3미터에서 30미터에 거친 돌바닥이 기다리고 있는 지점으로 나아갔다. 그리고 물밑으로 헤엄쳐 내려가 바위틈을 뒤지며 먹을 수 있는 해산물을 찾았다.

1분에서 3분이 지나고, 손 하나가 파도를 뚫고 올라와 조각배 옆구리를 붙잡는다. 그리고 이내 다른 손이 나타나 전복, 성게, 홍합, 미역 같은 바다의 보물들이 담긴 광주리를 뱃전에 쏟아놓는다. 여름철이면 해녀들은 매일 6시간에서 10시간을 차가운 물속에서 보내며 150회가 넘는 잠수를 했다. 늦가을에서 이른 봄 어간에는 바닷물의 온도가 섭씨 10도 안팎으로 차가워졌고, 기온도 얼음이 어는 수준에서 겨우 몇 도 위였다. 그래도 해녀들은 자신의 한계를 시험하듯 물질을 멈추지 않았다.

미 국방부의 연구 결과, 이 여인들은 조사 대상 열여섯 가지 질병 중 열네 가지에서 상대적으로 낮은 발병률을 보였다. 이들은 마을의 다른 주민들에 비해 감기, 심장병, 관절염, 간 및 신장 질환 등에 걸릴 확률이 낮았다. 게다가 이들이 지닌 질병은 모두 직업의 위험에서 오는 것들이었다. 예컨대 청력 상실은 고막에 가해지는 바닷물의 압력에서 비롯된 것이었다. 이후의 다른 연구들은 해녀들이 큰 폐활량과 강한 근육, 뛰어난 지구력을 지니고 있다는 사실을 밝혀냈다. 숨을 참고 헤엄치는 사람들에게 그리 놀라운 일은 아닐 것이다.

해녀들과 관련한 연구 결과는 학자들에게 생리학의 법칙을 다시 생각하도록 만들었다. 인간은 심부 체온이 섭씨 35도 이하가 되면 저체온증에 빠진다. 그런데 해녀들의 겨울철 평균 심부 체온은 생리학을 무색케 하는 34.7도였다.

학자들은 해녀들이 추위 속에서 보낸 시간들이 신진대사에 끼친 영향에 대해서도 호기심을 품었다. 차가운 환경에서는 몸이 체온을 유지하기 위해 칼로리를 더 많이 태우는 복잡한 내부 시스템을 가동한다. 연구자들은 해녀 20명과 일반 주민 20명을 무작위로 선정해 신진대사 속도를 측정했다. 그 결과, 해녀들이 1일 평균 1,000칼로리를 더 소모하는 것으로 나타났다.

해녀들을 대상으로 한 이러한 연구에 크게 힘입어, 이제 학자들은 1,000칼로리 연소의 동력원이 무엇인지 알게 되었다. 그것은 바로 갈색 지방Brown fat이었다. 갈색 지방은 신진대사가 활발한 조직이다. 기온이 떨어지면 갈색 지방은 백색 지방(사람들이 다이어트와 운동으로 빼려고 하는 유형의 지방)을 태워서 열을 생성하는 난로 같은 역할을 한다. 갈색 지방이 가동하는 데에는 근육과 뇌가 가동할 때보다 많은 칼로리가 필요하다. 네덜란드의 연구팀이 장시간 동안 추위를 견디는 것이 효과적인 체중 조절 전략이 될 수 있다고 생각한 이유가 바로 이것이다.

나쁜 소식이라면, 편안함을 추구해온 우리 생활 방식이 갈색 지방을 무의미하게 만들어버렸다는 사실이라고 이 연구진은 말한다. "지난 한 세기 동안 서구 문명에서 발생한 일상생활 환경의 몇 가지 극적인 변화가 건강에 영향을 끼쳤다. 예를 들면, 주변 온도를 조절하는 능력이 훨씬 더 발전했다. 이제 우리는 다양한 주변 온도에 노출되는 일이 거의 사라졌다. 주거 공간을 최대한 쾌적하게 유지하려고 냉방과 난방을 사용하면서, 신체 온도 조절에 필수적인 우리 몸의 에너지 소비를 최소화하기 때문이다."

학자들은 이런 에너지 연소를 '비떨림 열발생Non-shivering Thermogenesis'이라고 부른다. 연구에 따르면 이 작용은 어디서든지 대사를 최대 30퍼센트까지 끌어올릴 수 있다. 바로 이런 이유에서 연구자들이 이것이 훈련과 유사하다고 말한다.

"우리는 운동 훈련과 마찬가지로 온도 훈련을 권장합니다. 단순히 추위에 자주 노출되는 것만으로 세계를 바꿀 수는 없지만, 분명 진지하게 고려해야 할 사안입니다."

갈색 지방의 힘을 이용하는 데에는 물론 대가가 따른다. 추위에 용감하게 대면하는 것이다. 장점도 있다. 연구에 따르면 극한의 추위를 몇 시간 동안 견디지 않아도 충분한 효과를 볼 수 있다. 누구나 추위에 적응할 수 있으며, 나는 윌리엄과 도니를 통해 이런 현상을 목도했다. 추운 곳에서 많은 시간을 보낸 사람들은 온도 변화에 영향을 덜 받는다고 학자들은 말한다. 1~2주만 추운 곳에 나가 있으면 추위가 편안하게 느껴지면서 식어 있던 용광로가 최적으로 가동하기 시작한다.

과학자들은 겨울철에 실내 온도를 매주 1~2도씩 낮춰갈 것을 권장한다. 이렇게 '컴포트존'을 서서히 밀어내면 불필요한 고생 없이 불편함에 서서히 적응해갈 수 있다. 그러다가 섭씨 18도에서 멈추고 생활해본다. 미국 국립보건원의 연구에 따르면, 섭씨 18도 안팎의 공간에서 잠을 잔 사람들의 대사 활동이 약 10퍼센트 증가한 것으로 나타났다. 또한 혈당 수치를 비롯한 건강 지표도 향상된 것으로 나타났다.

물론 해녀처럼 얼음물에 몸을 담가볼 수도 있을 것이다. 실제로 일부 사람들은 얼음물 목욕을 하며 인스타그램에 드라마틱하게 사진을 찍어 업로드하기도 한다. 하지만 연구 결과들에 비추어볼 때 이것은 필요 이상으로 과한 일처럼 보인다.

시더스-시나이와 존스홉킨스를 비롯한 주요 의료 연구 기관들은 극한의 추위가 의학적 위험 상황에서 심각한 뇌 손상이나 사망을 방지하는 데 도움이 될 수 있다는 연구 결과들을 발표했다. 심정지 환자의 체온을 24시간 동안 32도에서 34도 정도로 낮추면 환자의 몸은 손상된 뇌를 보호하기 위해 뇌에 필요한 산소와 에너지의 양을 낮추고, 신경 세포의 사망을 막고, 염증과 유해한 활성 산소를 감소시키는 일련의 보호 효과가 나타난다.

네팔의 셰르파Sherpa는 인간의 신체 한계를 다시 생각하게 만드는 또 다른 집단이다. 이들은 극한 환경에서 인간이 어떻게 적응하는지를 연구하는 과학자들에게 중요한 연구 대상이 되고 있다.

앤드루 머리Andrew Murry 박사는 전 세계의 고산을 트레킹하는 데 수천 시간을 보냈다. 물론 산의 경치도 좋았지만 생리학자인 그를 더 사로잡은 것은 그의 짐을 날라주는 사람들이었다.

"꽤 완만해 보이는 비탈을 헐떡거리면서 기를 쓰고 올라가다 보면 저산소가 발목을 붙잡습니다."

앤드루가 나에게 말했다.

"그러면 짐꾼이 나를 스치면서 지나가죠. 나보다도 나이가 많아 보이는 사내가 내 짐에다 다른 사람들 짐까지 얹어서 공원을 산책하듯이 산을 타는 겁니다."

네팔 동부 지역의 소수 민족 집단인 셰르파는 높은 고도에서도 탁월한 신체 능력을 발휘하는 것으로 유명하다. 스포츠로써 산악 등반을 개척한 것은 서구인들이지만, 셰르파들은 에베레스트의 최고봉 등반 기록을 가장 많이 보유했을 뿐 아니라 대부분을 무산소로 등정했다. 등정 속도 기록도 대부분 이들의 몫이다. 펨바 도르제Pemba Dorje 셰르파는 에베레스트의 남쪽 베이스캠프South Base Camp에서부터 8시간 10분 만에 유산소 등정에 성공했고, 카지Kazi 셰르파는 똑같은 코스를 무산소로 20시간 24분 만에 완주했다.

최근에 앤드루는 셰르파들의 체력이 단순히 오랜 등반 경력에서 오는 것인지, 아니면 그들이 태어나고 자란 극한의 땅이 선사한 모종의 이점 때문인지를 규명하기 위해 연구를 시작했다. 그래서 얻은 데이터는 역설을 보여주었다.

평범한 사람이 고도가 높은 곳에 가면 몸에서 산소 운반 적혈구를 더 많이 생산하는 반응이 일어난다. 그런데 흥미로운 것은, 셰르파들의 몸에서 적혈구 생산이 증가하기는 했지만 평지에서 온 사람들만큼 급격하게 증가시키지는 않는다는 점이다. 이는 셰르파가 등반할 때 우리보다 혈중 산소 농도가 더 낮다는 것을 의미한다.

앤드루가 이끄는 연구진은 이 미스터리를 풀기 위해 셰르파들과 저지대 거주 서구인들을 모아놓고 허벅지 근육에 대한 조직 검사를 실시했다. 연령, 성별, 일반적인 체력 수준이 동일하도록 조정했다. 이후 두 그룹은 카트만두에서 에베레스트 베이스캠프까지 등반을 했다. 이들이 해발 5,365미터의 베이스캠프에 도착했을 때,

연구진은 동일한 생물학적 검사를 실시했다.

조직 검사 결과, 높은 고도에서 셰르파들의 미토콘드리아(인체에 에너지를 공급하는 세포 내 발전소)가 더 적은 산소로 더 많은 ATP(아데노신 3인산, 근육에 힘을 공급하는 주요 에너지원)를 생산한다는 것을 발견했다. 셰르파들이 체내 지방을 더 효율적으로 연료화한다는 사실도 밝혀졌다.

"흥미로운 것은 셰르파는 해발이 낮은 곳에서는 별다를 게 없다는 겁니다. 그들이 마라톤에서 우승했다는 말 들어보셨어요? 이들의 적응력은 고도가 낮은 곳에서는 특별할 게 없지만 산소가 희박해지는 고도에서는 초인적인 능력을 발휘합니다."

바꿔 말해 서구인들이 연료를 많이 소비하는 SUV 엔진이라면, 셰르파들은 연비가 뛰어난 하이브리드인 셈이다. 연료가 충분한 저지대에서는 두 엔진 다 잘 돌아간다. 하지만 연료가 희박한 고도로 올라가면 셰르파의 엔진이 최적의 효율을 발휘한다. 그래서 이들은 더 멀리, 더 빨리, 더 적은 노력으로 등반할 수 있다.

더 놀라운 사실이 있다. 연구팀은 두 그룹과 함께 에베레스트 베이스캠프에서 두 달을 보내고 나서 다시 한번 똑같은 검사를 했다. 저지대에 거주하는 사람들은 근육의 에너지 수준이 떨어져 있었다. 그런데 줄어든 산소 공급에도 불구하고 셰르파들의 근육 에너지 수준은 마치 햇빛을 받은 꽃처럼 개화하면서 점진적으로 상승하고 있었다.

앤드루는 네팔의 셰르파들이 높은 고도에서 초인 같은 능력을 발휘하는 존재로 진화했다는 언급과 함께 이 연구 결과를 〈국립과학아카데미 회보Proceedings of the National Academy of Science〉에 발표했다. 이 연구는 저산소증으로 고통받고 있는 중환자실 환자들을 위한 치료법을 개발하는 데 중요한 기반이 된다. 생명을 위태롭게 하는 저산소증은 고산에서 겪는 위험한 상태이며, 중증 환자에게는 매우 치명적일 수 있다. 현재의 대처법은 환자의 혈중 산소 농도를 높이기 위해 혈액에 산소를 주입하는 것이다. 그런데 이 방법은 혈액을 걸쭉하게 만들어 혈관이 막히는 등의 부작용을 유발한다.

그의 연구는 아직 걸음마 단계에 있지만, 궁극적 목표는 환자들이 셰르파와 같은 존재에 가까워져서 적은 산소를 더 효과적으로 사용할 수 있도록 만드는 것이다. 그렇게 되면 아픈 사람들에게 건강을 선물하는 것은 물론 운동선수들의 기량 향상에도 큰 도움이 될 수 있을 것이다.

과학 저널 〈스포츠 의학〉에 실린 한 논문에 따르면, 고도가 높은 지역에서 장기간 훈련을 할 시에 비슷한 효과를 경험할 수 있다. 1960년대 이후 지구력 훈련 코치들은 선수의 기량과 성적 향상을 위해 산소를 운반하는 적혈구의 수를 늘려주는 "높은 곳에서 훈련하고 낮은 곳에서 달리기"를 시도해왔다. 그리고 연구팀은 이런 훈련이 기대를 훨씬 뛰어넘는 결과를 가져왔다는 사실을 알아냈다.

이 훈련이 미토콘드리아에 변화를 일으켜 근육의 효율을 높여주고 운동에 따르는 젖산의 처리 능력을 향상시켜서 운동의 강도와 시간을 늘려준 것이다. 문제가 있다면, 단순히 주말 동안 하루 이틀 산에서 보낸다고 해서 당장 셰르파 같은 존재로 변신하지는 않는다는 것이다. 변화를 얻으려면 고지대에서 장기간 반복적으로 훈련해야 한다. 이를 '산악 극한 훈련'이라고도 부를 수 있다.

'불편함의 과학'의 미래를 연구하는 가장 유망한 프로젝트 중 하나가 아이슬란드에서 진행되고 있다. 내가 알래스카에서 돌아온 지 얼마 되지 않았을 때, 지구상에서 가장 생존력이 뛰어난 인구 중 하나를 연구하는 연구자를 만나기 위해 아이슬란드로 향했다. 그는 단순히 연구자가 아니라, 그 집단의 일원이기도 했다.

사실 카리 스테판손Kari Stefansson 박사에 대한 소문은 진작부터 듣고 있었다. 70대 나이에도 불구하고 미식축구 선수 못지않은 건장한 체격을 가진 그는 키 198센티미터에 체중 100킬로그램의 근육질 몸매, 백발에 푸른 눈을 지닌, 누가 봐도 전형적인 아이슬란드인이었다. 게다가 그는 천재였다.

그는 하버드에서 신경학 부문을 이끌었으며, 레이캬비크Reykjavik의 대규모 연구 단지에 들어 있는 디코드deCODE라는 유전학 연구 회사를 설립했다. 190명이나 되는 연구원을 거느린 그의 유전학 연구 회사는 아일슬란드 전체 은행 시스템이 가진 것보다 더 많은 데이터를 보유하고 있다.

그의 연구팀은 아이슬란드 인구의 약 60퍼센트에 해당하는 사람들의 유전자형을 서열 분석했고, 이들의 연구 결과는 약 20만 회 이상 인용되었다. 이 작업 덕분에 스테판손은 아이슬란드에서 가장 부유한 인물 중 한 명이자 전국적인 유명 인사가 되었다. 그는 인간 유전자를 탐사하는 야심찬 탐험가로서, 사람들을 사망으로 이끄는 수많은 질병들에 대한 치료법의 단서를 찾고 있다.

아이슬란드는 그의 연구에 이상적인 장소다. 아이슬란드는 손님들이 체크인을 하고 나면 결코 떠나지 않는 호텔 캘리포니아를 닮았다. 지금으로부터 1,100년 전쯤에 한 무리의 사람들이 아이슬란드로 건너와 살게 된 뒤로 이곳을 떠나거나 새롭게 들어온 사람은 거의 없다. 현재 아이슬란드인 대부분은 하나의 족보에서 비롯되었다. 이 나라에서는 얼굴도 모르는 사촌들이 있는 경우가 흔해서, 정부는 가족과 연인 관계가 되는 일을 피할 수 있도록 족보를 참고한 데이트 앱을 개발했다.

스테판손 같은 유전학자들에게 아이슬란드와 이 땅의 사람들은 과학적 탐구의 보고나 다름없다. 섬을 드나든 인구가 소수이기 때문에 아이슬란드인들 사이에서는 유전적 변이의 폭이 좁다. 그래서 이들의 유전자 데이터에는 혼란스러운 배경 잡음도 적다. 섬 전체가 하나의 거대한 자연발생적 통제 집단인 셈이다.

이 덕분에 스테판손과 연구팀은 질병이 어떻게 가족 계통을 따라 유전되는지를 더 쉽게 추적할 수 있었다. 그 과정을 통해 질병과 사망의 잠재적 원인이 되는 유전자를 특정해낼 수 있었고, deCODE가 수행한 연구들은 심장병, 알츠하이머, 정신분열증, 그리고 암에 관여하는 유전자(30억 개의 유전자 중 유해한 돌연변이)들을 찾아냈다.

연구에는 또 다른 면도 존재한다. deCODE는 사람들을 더 오랫동안 행복하게 살도록 해줄 수 있는 유전자들도 발견했다. 이와 관련한 연구에 집중한 결과, 스테판손은 APP 유전자 안에서 노화로 인한 인지 저하와 알츠하이머에 대한 완벽한 방어를 제공하는 변이를 발견할 수 있었다. 그리고 ASGR1 유전자 안에서 심장병 발병 위험을 현저히 낮춰주는 변이도 발견했다. 이 밖에 당뇨병과 전립선암의 발병 위험을 대폭 감소시켜주는 유전자 변이들을 발견했다.

한발 더 나아가, 스테판손은 아이슬란드인들을 다른 지역 사람들보다 더 강인하게 만들어주는 또다른 유전자가 숨어 있을 것이라고 생각했다. 세계보건기구는 최근 연구에서 아이슬란드 남성이 지구상에서 가장 오래 산다는 것을 알게 되었다. 아이슬란드 남성의 평균 수명은 81.2세다. 이것은 전 세계 평균보다 13.2년이 더 길고 미국인 남성보다는 5.2년이 더 긴 수치다. 50개국 300여 개 기관에서 500명 이상의 학자가 장수 데이터를 분석한 결과, 아이슬란드 남성이 가장 오래 사는 것으로 나타났다.

결과는 문화적인 요인 때문만은 아닐 가능성이 크다. 아이슬란드의 의료 시스템은 특별한 것이 전혀 없었다. 거의 모든 부문의 순위에서 눈에 띌 만한 것이 없었다. 또한 아이슬란드인은 비만율에서도 중간 정도를 차지하며, 식습관도 그리 건강하지 않다. 하루 평균 3,260칼로리를 소비하면서도 다른 유럽 국가들에 비해 과일과 야채를 적게 섭취한다. 신체 활동량도 특별히 높은 편이 아니다. 스테판손은 아이슬란드인의 장수 비결이 그들의 역사에 있을 가능성이 높다고 생각한다.

서기 874년, 노르웨이 북부의 바이킹족은 남쪽에서 나라를 차지한 호전적인 왕에게 질려버렸다. 그래서 가장 분노하고 위험을 감수할 줄 아는 남성 4,000명에서 6,000명이 가축과 말, 양을 배에 신고 그곳을 탈출했다. 바이킹들은 정착할 곳을 찾아 북대서양으로 배를 타고 나아갔다. 이들이 처음 향한 곳은 셰틀랜드제도와 아일랜드였다.

이건 크루즈 여행 같은 게 아니었다. 바이킹의 범선들은 폭이 좁고 가벼운 데다 선체도 낮았다. 빠르기는 했지만, 사나운 날씨에는 쉽게 뒤집어지기도 했다. 게다가 당시의 최첨단 폭풍 경보 시스템은 주로 기도와 간절한 바람으로 구성되어 있었다. 그나마 다행이었던 것은, 바이킹이 당대 최고의 항해사들이었다는 점이다. 이들은 바다 위에서 닷새를 고생한 끝에 마침내 목적지에 도착할 수 있었다. 울퉁불퉁한 바위와 얼음과 이끼가 뒤덮인, 넓이가 켄터키주 정도 되는 화산암 지대였다. 바람, 비, 눈, 추위가 끊임없이 몰려드는 땅, 1년 중 4분의 3이 어둠 속에 묻혀 있고, 먹을 수 있는 생명체는 거의 없는 땅. 그들은 그곳을 '얼음의 땅', 아이슬란드라고 불렀다.

이전에 켈트족 수도사들이 이 혹독한 섬으로 건너와 살고자 한 적이 있었다. 그러나 이들은 정체불명의 이유로 사라져버렸고, 다시는 그들의 소식을 들을 수 없었다. 그 후 100년이 흐르는 동안, 불만을 품은 노르웨이 남자 2만 명과 여성들이 건너왔다. 새 이주민들은 곧바로 가혹한 현실에 직면해야 했다.

"아이슬란드는 사람이 살아가기에 정말 최악 중의 최악인 곳"이라고 한 아이슬란드인은 나에게 말했었다. 척박한 땅에서 키울 수 있는 것은 건초용 풀이 거의 전부였고, 정착민들은 이것으로 양과 소를 먹였다. 그래서 양과 소와 유제품이 이들의 주식이 되었고,

다른 먹을거리는 거의 없다시피 했다. 그나마 이런 음식도 충분치가 않았다.

겨울은 아홉 달 동안 계속된다. 1년에 213일은 비, 우박, 눈이 온다. 바람이 시속 60킬로미터로 부는 건 예사이고, 때로는 그 속도가 시속 160킬로미터에 육박하기도 한다. 한겨울이 되면 낮이 가장 긴 날인데도 희끄무레한 햇빛이 네다섯 시간 동안 비치고 만다. 내가 아는 또 다른 아이슬란드인의 말을 그대로 옮기면, "겨울에는 해가 잠깐 얼굴을 내밀고 '엿 먹어' 하고 사라져버린다."

이것은 아이슬란드에서 살아가는 사람들에게는 일상적인, '불편한 백색소음'에 지나지 않는다. 이 땅은 종종 사람의 한계를 시험하기도 한다.

"우리는 1,100년 동안 이 나라에 살아온 것이 우리를 바꿨다는 것을 알고 있고, 그 증거도 갖고 있습니다."

스테판손은 자신의 검정색 포르쉐 SUV에 나를 태우고 레이캬비크 거리를 지나던 중에 말했다.

"여러 측면에서 불가피한 일이었습니다. 인간은 궁극적으로 DNA 거대 분자 다발과 거주 환경의 결과니까요."

DNA와 환경의 조합이 우리의 운명을 결정한다. 이것이 한 생명체와 그 생활 방식을 아우르는 공식이다. 1919년에 태어난 일란성 쌍둥이인 줄리안Julian과 에이드리언 리스터Adrian Riester의 사례를 보자. 이 둘은 동일한 유전자 코드와 동일한 생활 방식을 지니고 있었고, 둘 다 가톨릭 수도사가 되고자 했다. 형제는 똑같은 학교를 다녔고, 똑같은 것을 먹었고, 똑같은 숙제를 했다. 요컨대 생명과 삶의 공식이 동일했다. 두 사람은 2011년 6월 8일에 불과 몇 시간 차이를 두고 똑같은 병으로 세상을 떠났다.

아이슬란드 공식의 핵심 요소는 아마도 '불편함'일 것이라고 스테판손은 말했다.

"지난 1,100년 동안 이 땅에서 살아온 시간들은 결코 쉬운 게 아니었습니다. 화산 폭발도 여러 차례 있었습니다. 우리는 이렇게 추운 땅에서 천 년 이상을 난방 없는 집에서 살아왔습니다. 살아가기 위해 거친 바다에서 고기를 잡아야 했습니다. 전염병이 휩쓸기도 했습니다."

우리가 탄 포르쉐는 할그림스키르캬Hallgrimskirkya 교회 앞을 지나고 있었다. 교회의 높은 석조 건물이 아이슬란드답게 을씨년스러운 하늘을 가리고 서 있었다.

"그래서 우리가 어떻게 됐을 것 같습니까?"

스테판손이 물었다. 그것은 스테판손뿐만 아니라 이 섬의 수많은 사람들이 오랫동안 품어온 의문이었다.

"우리 역사는 수많은 역경을 겪었습니다."

아이슬란드의 역사학자인 오타르 구스문드손Ottar Guðmundsson은 이러한 어려움 속에서 수백 년 동안 인구가 늘지 못했다고 말했다. 예를 들면, 1846년에 아이슬란드는 1,000명 당 611명이라는 역사상 최악의 영아사망률을 기록했다.

"마치 이 땅이 여기서 살 수 있는 사람의 조건을 극도로 제한하면서, 살아 있는 사람들한테는 온갖 핍박을 가하고 있는 것 같기도 합니다. 그런데 바로 그것 때문에 우리가 다른 측면에서 꽃을 피울 수 있었던 것인지도 모릅니다."

구스문드손이 말했다.

복잡한 유전의학 분야에서 스테판손이 지닌 독특한 배경은, 아이슬란드인들을 이토록 생존력이 질긴 사람들로 만든 요인이 무엇인지를 알아내고자 노력하게 만든 동인이 되었다.

스테판손은 1,100년 된 아이슬란드 거주인들의 두개골에서 추출한 DNA를 노르웨이 북부와 영국에 살고 있는 아이슬란드인들의 DNA와 비교해보았다.

"우리는 아이슬란드의 옛 정착민들의 DNA가 현재 아이슬란드인들보다는 노르웨이와 켈트인들의 DNA와 더 유사하다는 것을 알게 되었습니다."

쉽게 말해, 아이슬란드 땅이 사람들을 몰라보게 바꿔놓았다는 것이다. 노르웨이와 아일랜드의 남자들은 약 79년을 산다. 오늘날 아이슬란드의 남자들은 자신들의 옛 고향 땅에 사는 남자들보다 2년에서 4년을 더 오래 살고 있다. 바로 이것이 "이 무자비한 작은 섬이 낳은 결과"일 것이라고 스테판손은 말한다.

"지난 1,100년 동안 우리를 가혹하게 벌해온 저 끔찍한 북대서양 바닷가의 젖은 바위들이 우리를 이렇게 만들었다는 겁니다."

스테판손이 내가 머무는 호텔 앞에 차를 세우면서 말했다.

"이건 단순한 감상적인 말이 아닙니다."

불편함과 재앙으로 점철된 이 땅의 호된 시련이 아이슬란드 사람들을 걸러낸 것인지도 모른다. 자연선택설에 따르면, 이런 환경을 버텨내지 못하는 사람들은 사라졌을 가능성이 높다. 그리하여 불편함을 잘 견뎌낸 사람들만이 번성했을 것이다. 우연하게도, 유전적 부동genetic drift*이 이 작고 고립된 섬나라의 유전자 풀에 변이를 일으켜서 모종의 유전자들이 더 빨리 전파되는 기회를 얻었는지도 모른다.

그 결과 아이슬란드인들의 유전자 코드 안에 이들의 장수를 설명해주는, 즉 이들의 목숨을 질기게 만들어주는 유전자가 자리잡게 되었는지도 모른다. 스테판손이 이 가설을 입증하고 특정 유전자를 찾아낸다면, 어쩌면 강인한 생존력을 전 세계로 확산시킬 방법을 발견할지도 모른다.

라스베이거스에 있는 집으로 돌아오자마자 나는 즉각 현대적인 삶에 적응해야 했다. 몇 주 동안 쌓여 있던 일들을 처리하느라 정신이 없었다. 강의도 나가야 했고, 산더미처럼 쌓인 이메일에 답장도 해야 했고, 참석해야 할 회의도 많았다.

그렇게 한 달이 지난 뒤, 냉동된 45킬로그램의 순록고기가 내 집 앞 현관에 도착했다. 알래스카의 도축업자가 보낸 것이었다. 그것을 보고 나서야 잠시나마 알래스카에서의 일들에 관해 생각에 잠길 수 있었다.

그날 저녁. 부드러운 루비색 등심 조각이 검은 무쇠 팬에 내려앉을 때마다 요란한 지글거림이 주방 공기를 채웠다. 집어든 고

---

\* 한 인구 집단 내에서 특정 경향이 우세해지도록 만드는 우연한 계기나 재앙적 사건.

기 조각에서 반짝이는 반투명 붉은 액체(전문 용어로 미오글로빈 myoglobin)가 흘러나와 한 방울씩 팬에 떨어질 때마다 불꽃이 피어 올랐다. 고깃덩이에서 흘러내리고 있는 이 액체가, 북극의 툰드라에 누워 있던 놈의 목덜미에서 천천히 흘러내리던 핏줄기를 떠올리게 했다.

"뭘 그렇게 생각해?"

아내가 주방 탁자에 앉아서 노트북으로 이메일 답장을 쓰다가 묻는다.

나는 아내를 건너다보았다.

"내가 다녀와서 좀 달라진 것 같아?"

"그런 것 같아. 돌아온 뒤부터 말수가 줄었어. 세상 편한 사람 같아."

그날 밤, 아내의 말을 곰곰이 생각해보았다. 확실히 내가 느끼기에도 달라진 것 같기는 하다. 그런데 한편으로 나의 이런 변화에는 내가 현대의 편안함을 누리느라 잃어버리게 된 것들을 파헤쳤던 지난 1년의 시간도 한몫을 했으리라는 생각이 들었다. 확실하게 말할 수 있는 것은, 문명 세계의 엄청난 안락함에 대해 새삼 가슴 깊은 곳에서 감사하는 마음이 들고 있다는 것이다. 돌아오고 나서 일주일 동안은 수도꼭지를 틀 때도, 차를 몰 때도, 비닐 팩에 들어 있는 재건조 음식이 아닌 진짜 음식을 먹을 때에도 계속 바보 같은 미소를 짓고 있었다.

한편 더 깊은 차원에서는 '시간'에 대한 인식이 달라졌다. 우리가 누릴 수 있는 시간이 얼마나 짧은지, 그래서 이 시간을 어떻게 사용해야 하는지를 더 깊이 이해하게 되었다. 마커스 엘리엇은 도전적 과제가 주는 가장 큰 선물이 "우리 인생 스크랩북에 추억을 남기는 것"이라고 했다.

"만약 우리가 매일 똑같은 일만 반복한다면, 나중에 삶을 돌아볼 때 그 스크랩북은 텅 비어 있을 거예요. 그러니까 더 많은 경험을 해야 하죠. 그래야 우리의 스크랩북에 더 많은 기억이 남고, 그러면 시간이 의미 없이 흘러간다는 느낌이 들 수가 없습니다. 새롭고 의미 있는 경험을 할 때는 모든 순간들이 머릿속에 기억되기 때문입니다. 그래서 평생 잊을 수 없는 추억으로 남게 되는 거죠."

30킬로미터에 이르는 태평양의 열린 바다를 헤엄쳐 건넜던 넬슨 패리시는 이렇게 말했다.

"예술가로서 나는 '파란색'을 안다고 생각했어요. 하지만 도전을 하면서 수많은 색조, 그라데이션, 생동감, 변화하는 푸른빛 속으로 완전히 빠져들었죠. 물이 그랬고, 하늘이 그랬습니다. 그때 비로소 '파란색'을 알게 됐습니다. 그 경험은 나의 예술에 엄청난 영향을 끼쳤습니다. 나는 결코 그 파란색들을 잊지 못할 겁니다."

알래스카에서의 힘든 경험과 새로운 도전은 나에게 엄청난 양의 새로운 기억을 선물했다. 나는 직접 윌리엄 제임스가 이론화한 현상을 경험했다. 새로운 사건들이 우리의 '시간 감각'을 늦춘다는 것이다.

나는 이런 깨달음을 일상생활에도 적용했다. 생각을 줄이고, 대신 더 많이 '느끼고' '관찰'했다. 아내와 가족들과 대화할 때 더 많이 들어주는 사람이 되었고, 자연 속에서 더 많은 시간과 고요함을 찾으려 노력했다. 스크린 앞에서 보내는 시간을 줄였다. 일주일에 적어도 두 번은 사막으로 나가 러킹을 하면서 붉은 바위와 선인장들이 늘어선 길을 몇 킬로미터씩 달리며 명상 상태 비슷한 것을 경험했다. 아내의 말이 맞다. 나는 나의 현대 사회의 문제들이 사실 그렇게 '큰 문제'가 아니라는 걸 깨달았다. 덕분에 나를 흔들 수 있는 것이 거의 없어졌다. '인간을 더 오래 살게 만드는 요소'를 탐구하는 과정에서 나는 역설적으로 '더 쉽게 살아가는 법'을 배우고 있었다.

알코올 중독에서 벗어난 사람들이 겪게 된다는 "핑크 클라우드 pink cloud" 현상이 있다. 금주에서 가장 힘든 단계를 막 벗어나 초기 회복 단계에 들어섰을 때 일어나는 강렬한 각성, 희열, 연대감, 자신감, 평화로움을 가리키는 말이다. 천천히 죽어가던 상태에서 탈출해, 살고자 하는 열망이 끓어오르는 상태.

그러나 결국 핑크 클라우드가 희미해지면서 실제 삶이 닥쳐온다. 그러면 많은 사람들이 다시 병 속에서 위안을 찾으려 한다. 나의 핑크 클라우드는 정상적인 생활이 자리 잡을 때까지 2년 정도 지속되었다. 다시 술을 마시지는 않았지만 어느 순간부터 왠지 모를 불안과 불만이 계속 꿈틀거렸다.

알래스카에서 돌아온 뒤, 핑크 클라우드가 다시 찾아온 듯한 느낌이 들었다. 알래스카는 나에게 어마어마한 불편함을 안겼고, 그 가르침이 나를 변화시켰다. 이 상태가 영원히 지속되지 않으리라는 것도 알고 있었다. 또다시 '편안함에 의한 침식'이 하루하루 조금씩 스며들 것이다. 그래서 나는 다음 도전을 계획 중이다.

이 책을 마무리하고 있는 지금 우리는 전 세계적인 팬데믹 한가운데에 있다. 지금 이 순간, 너무 '편안하다'고 느끼는 사람은 거의 없을 것이다. 많은 사람들이 세상을 떠났고, 더 많은 사람들이 심각한 병을 앓았으며, 수백 만 명이 생계를 잃었다.

하지만 팬데믹이 자연에 '재야생화'의 기회를 준 것처럼, 우리에게도 비슷한 기회를 주었다. 베네치아의 운하가 깨끗해지고, 텅 비다시피 한 금문교를 어슬렁거리는 코요테에 이르기까지, 자연은 빠르게 변화하고 있다.

이 팬데믹은 우리가 여전히 자연과 깊이 연결되어 있음을 상기시킨다. 그리고 인간의 기술적 진보가 모든 것을 즉시 고칠 수 없다는 사실을 다시금 되새기게 한 사건이었다. 동시에 그것은 예측할 수 있는 일상에서 벗어날 수 있는 드문 기회이기도 했다. 이제 자신을 되돌아보고, 우선 순위를 다시 정하며, 변화를 향해 나아가야 할 시점이다.

### 감사의 말

누구보다도 아내 레아의 도움과 격려와 지지에 감사한다. 아내는 원고의 모든 대목을 하나하나 읽으면서 "여긴 지루해" 하고 말해준 유일한 사람이다. 그녀는 나를 '컴포트존'에서 밀어냈고, 덕분에 글이 더 나아질 수 있었다.

싱글맘이자 잔소리꾼으로서 엄마 아빠 역할을 동시에 해내면서 내가 계속 글을 쓸 수 있도록 격려해준 어머니에게 감사한다.

이 책을 편집하면서 문제점들을 집어내는 비상한 안목을 보여준 매튜 벤저민Matthew Benjamin에게 감사한다. 내가 보낸 두서없는 의식의 흐름 속에 묻혀 있던 괜찮은 문장과 개념들을 찾아내서 세상에 내놓을 만한 것으로 탈바꿈시켜 주었다.

이 책과 관련한 아이디어를 짜내는 초기 단계에서 "뭐 잘못 먹었어?" 하면서 더 진실한 이야기를 쓰라고 압박했던 나의 두 저작권 대리인 얀 바우머Jan Baumer와 스티브 트로하Steve Troha에게 감사한다.

그토록 장엄한 모험에 함께할 수 있도록 허락해준 도니의 크나큰 배려에 감사한다. 그 모험은 내 인생을 바꾸었다. 다음 원정을 고대한다.

　이 책을 위해 자료의 사용과 인용을 허락해준 여러 출판사에 감사한다. 또한 해당 내용을 이 책에 어울리도록 매만져준 편집자들과 해당 출판사의 관계자에게도 감사드린다. 특히 벤 코트Ben Court, 애덤 캠벨Adam Campbell, 빌 스텀프Bill Stump에게 감사한다.

　나의 성가신 질문과 순진한 언사들을 견뎌내며 자신의 시간과 지혜와 인내심을 아낌없이 베풀어준 이 책의 모든 정보제공자들에게 감사한다. 특히 트레버 캐시에게는 열 배의 감사를 보내며, 마커스 엘리엇, 레이첼 호프만, 카르마 우라, 제이슨 매카시, 카리 스테판손, 더그 케치지언, 대니얼 리버만에게 감사한다.

　끝으로 내가 정직하고 자발적이고 수용적인 마음을 잃지 않도록 채찍질해준 빌에게 감사한다.

# 편안함의 습격

1판 1쇄 발행　2025년 6월 24일
1판 17쇄 발행　2025년 12월 18일

| | |
|---|---|
| 지은이 | 마이클 이스터 |
| 옮긴이 | 김원진 |
| 발행처 | (주)수오서재 |
| 발행인 | 황은희 장건태 |
| 책임편집 | 최민화 |
| 편집 | 마선영 박세연 |
| 마케팅 | 황혜란 안혜인 |
| 디자인 | 스튜디오 포비 |
| 제작 | 제이오 |
| 주소 | 경기도 파주시 돌곶이길 170-2 (10883) |
| 등록 | 2018년 10월 4일 (제406-2018-000114호) |
| 전화 | 031 955 9790 |
| 팩스 | 031 946 9796 |
| 전자우편 | info@suobooks.com |
| 홈페이지 | www.suobooks.com |
| ISBN | 979-11-93238-69-1 (03300) 책값은 뒤표지에 있습니다. |

ⓒ마이클 이스터, 2025

이 책은 저작권법에 따라 보호받는 저작물이므로 무단전재와 복제를 금합니다. 이 책 내용의 전부 또는 일부를 사용하려면 반드시 저작권자와 수오서재에게 서면동의를 받아야 합니다.